フィールドにみえた〈社会性〉のゆらぎ

霊長類学と
人類学の
出会いから

河合文
川添達朗
谷口晴香 編

京都大学
学術出版会

多様なくらし
私たちの知らぬ〈社会〉
みえてくる関係

上流で採ったドリアンを拠点の家族に
持って帰るバテッの親子（第１章）

くつろぐチンパンジーたち（第８章）

かつては住まいでもあったモーケン
の伝統的な船（第11章）

金華山で観察された
ニホンザルのオスグループ（第２章）

多様な身体からなる「人間の塔」(2018年９月24日　岩瀬裕子撮影)(第３章)

伝え合うことで
つながる

虫釣りをやってみせるおとな(第９章)

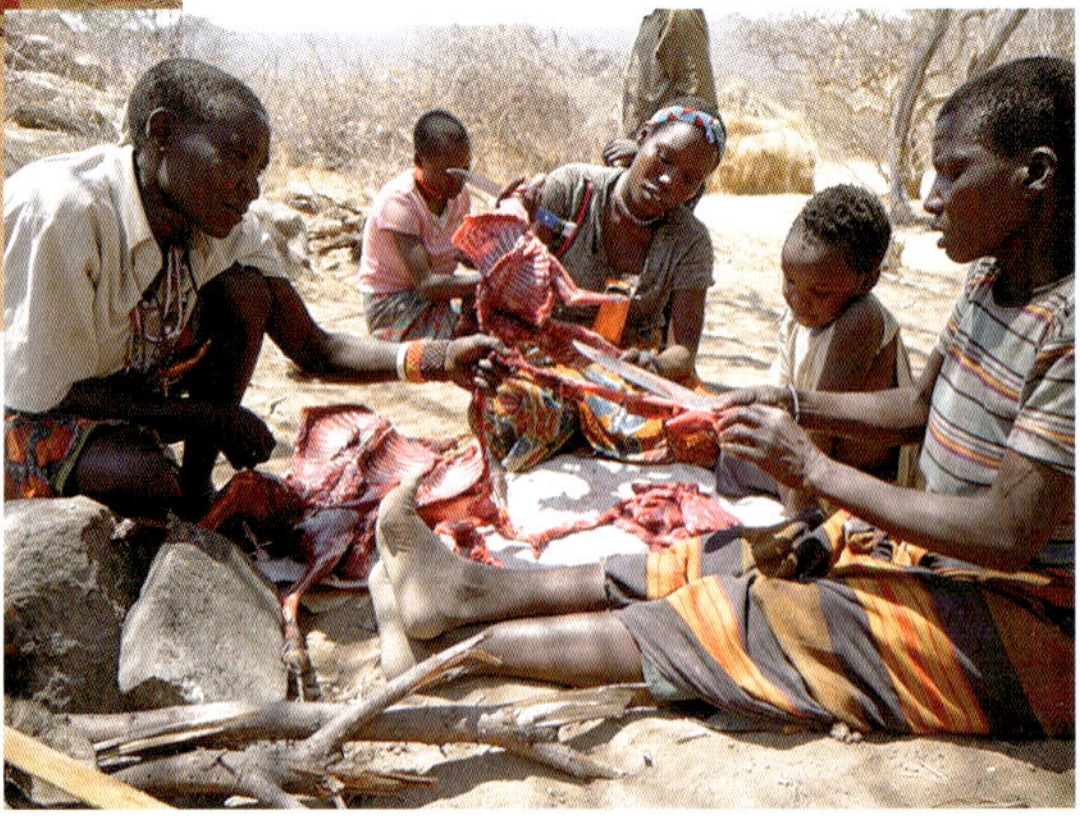

獣肉を解体するハッザたち。
この日は解体後すぐに肉の分
配が始まった(第５章)

淡路島では血縁関係の無い個体がアカンボウと関わることが多い（第６章）

ジャックフルーツをひとり占めするアンフランジオス。周囲にメスが集まり、食物分配が行われる（撮影：柏倉陽介）（第４章）

贈与財の授受を伴うコンペンセーションの場面（2011年８月撮影）（第７章）

寛容であることが〈社会〉を生むのか？

〈社会〉と環境が交わるところ

ニホンザルのアカンボウたちが体をよせあい休息する様子（第12章）

アヤワスカの原料の1つである *Banisteriopsis caapi* の蔓。写真はcaupuriと呼ばれ、球状のこぶが発達する品種（第13章）

日当たりのよい谷に集まって毛づくろいや休息をするニホンザル（第10章）

フィールドにみえた〈社会性〉のゆらぎ

――霊長類学と人類学の出会いから

金華山島：第 2 章
淡路島：第 6 章
屋久島：第10章、第12章
マレーシア・サバ州：第 4 章
ソロモン諸島：第 7 章
ブラジル・ブラジリア：第13章

本書に登場するフィールド

目次

第Ⅱ部　ゆらぐかかわり

序論

人類や霊長類が、一人であるいは単独ではなく、かかわりの程度に違いはあれど他者とともに生活し、多様で複雑なかかわりを持つことについて、これまで様々な場で「社会」や「社会性」という言葉を用いて、その実態の記述や行動の機能を解明する試みが重ねられてきた。そのなかではしばしば、特定の相手と「うまくやる」ことに焦点がおかれてきたが、実際には「かかわらない」、あるいは「敵対する」ことも頻繁に起きており、それらは表裏一体の関係にある。こうした営みのどのような実態が「社会的」とよばれてきたのだろうか。

そもそも社会性という語は、霊長類だけでなく、高度なコミュニケーション能力をもつ「イルカの社会性」、群れで協力する「ゾウの社会性」などと多様な生き物に用いられてきた。そのなかでもヒトやそれ以外の霊長類は一度は樹上生活に適応した生物という進化史的な共通点をもつ。現生人類（*homo sapiens*）の祖先は、チンパンジーの祖先とおよそ七〇〇万年前に分岐したといわれ、樹上生活から地上での直立二足歩行という形での適応を強めたのが我々の祖先だと考えられている（篠田 二〇二二）。

地上で生活するようになった人類は新しい環境に適応しただけでなく、さまざまな形質や社会的な特徴を他の霊長類と共有しており（大塚他 二〇一二）、これらの形質は互いのコミュニケーションや生活にも大きく関係する。枝を伝っての移動に適し指先の細かい動作を可能とする平らな爪、そして親指が他の指と向かい合う拇指対向性をそなえた手は、モノをつかむことや細かな作業を可能にするだけでなく、握手やハグ、毛づくろいといった非言語コミュニケーションにも大きな役割を果たし、他者との関係の構築と維持、集団の形成にかかわっている。また、妊娠期間や成長期間が長く、子どもをどう育てるのか、あるいは誰と育てるのかという点において、母―子に限定されないさまざまな関係を築く。

こうした進化史的な共通点をもつことを前提に、ヒトとそれ以外の霊長類を対象として、「構造」、「システム」、「互酬」、「協力」、「成長」など、「社会」にかんする多くのテーマのもとで議論が重ねられてきた。本書の執筆者は、それぞれに人類社会を対象とした文化人類学や生態人類学（以後これらをまとめて「人類学」と記す）、また霊長類を対象とした霊長類学という異なる学術的背景をもつ。特に文化人類学では、その学史において、世界の特定の社会が霊長類に近い「未開」のものとされ、近代社会への発展段階にあると位置づけられ、植民地支配等の正当化に使われたという歴史的背景のもと、人類の社会や文化の多様性の重要性と、「普遍性」について語る難しさが再認識されている。一方、霊長類を対象とした行動の研究では、その一般法則や種特異性を明らかにすることや、ヒトを含むさまざまな種の比較によってヒト化（ホミニゼーション）を理解しようとする見方が多い。また、社会や関係をどうとらえるかも両分野で大きく異なっている。霊長類学では、個体間の行動や相互行為をもとに関係を類推し、そのような関係を積み上げることで社会や社会構造を考えることが多いが、人類学ではその場における社会的文脈も強く意識される。それぞれに異なるアプローチを試みてきた分野間で議論をすることの難しさがここにある。さらに、同じ語を使用していてもその意味が異なっていたりと、これら二分野で議論をしても、互いに分かり合えたようでいながら話がかみ合わないまま内実漠然としたものになる。

かみ合わない議論

次のような二つの場面を思い浮かべてほしい。一つは、庭でとれた野菜を「おすそ分け」として近所にあげたり、釣ってきた魚を調理して友人にふるまったりする場面。もう一つは、あるオランウータンが持っている食べ物を他個体がじっと見つめてきたりさらにはそれを食べるかのように口を寄せてきたときに抵抗なくそっと渡す場面。この二つの場面でみられる行為はどちらも「分配」と言い表せるだろうが、はたして同じこととして理解できるのだろうか。食べ物の「分配（やり取り）」は、それに関わった者たちの間にさまざまな関係を生じさせるが、先の場面で登場する人々やオランウータンたちは同じような関係を結んでいるのだろうか。

さらに、餌付けされているニホンザルが、餌場にまかれた食物を群れの多くの個体と密集した状態で一緒に食べる場面と、狩猟採集民が、キャンプに持ち帰った食物を皆で食べる場面は、資源をめぐり他者とどのようにかかわるかという点で、「寛容」や「平等」といった概念に関係する。こうした場面にたいして霊長類学者や人類学者が論じてきた「寛容」や「平等」の実態とは同じことを指しているのだろうか。

それを明らかにすることは、人類社会と霊長類社会に通底する共通項を探る試みでもあり、それぞれの社会の独自性に迫ることでもある。そうすることで、人類とその他様々な霊長類の各々の社会の、なにが異なりなにが似ているのか、より高い解像度で見えてくるはずである。

こうしたことを念頭に、人類を対象とする人類学分野の研究者とヒト以外の霊長類（以降、霊長類）を対象とする霊長類学分野の研究者が互いの成果を比較参照する方法を探りつつ、考察してみようというのが本書の試みである。

本書の執筆者らは研究会でも議論を重ねてきたが、そこでしばしば「議論がかみ合わない」という状況に陥った。これには各分野の、データ収集や分析、考察といった方法論的差異、また「母系」といった字面としては同じキーワードを使用しながらもその意味が分野（や時に個人により）異なるという現実に由来する。これまでも先述のようなテーマの下で人類学と霊長類学が協働する試みが多くなされてきたが、各研究者がよって立つ分野の学史や潮流、重視される点、分野に特異な専門用語の意味のズレにより議論がかみ合わないことが多くあった。しかし、そのズレ自体が、二重写しのフィルムのように、それぞれ異なる接近法で写しだしたものを重ねていたために、ゆらぎやズレが生じていたことを示しているように感じる。そしてそこにこそ、フィールドでは観察されていたにもかかわらず各分野の手法では拾えずに、議論から零れてしまってきたことを拾い出して再考する鍵があるのかもしれない。

冒頭の事例もこうした差異に関連する。ニホンザルでは、密集して食物を食べることは必ずしも全ての群れで観察されるわけではなく限られた地域のニホンザルでのみみられる。食物を争って取り合うような場面でさえ優劣関係が表面化せず（しにくく）、近くにいながらも争わずに食べることができるような個体間関係を霊長類学では「寛容」とよぶことがある。一方、日本の社会では、例えば、隣に座ってラーメンをすすっていても、それをわざわざ「寛容」な社会などとはいわないだろう。「寛容」という語は個人や行動にたいして使うことが多く、社会や集団の傾向として使うならば、異質な他者を受け入れるというような場面が思い浮かぶ。一方、先に示したような食物を分け合って食べる狩猟採集民の社会は「平等主義」社会と論じられてきた。ではこれは、霊長類学で用いられる「寛容」とは異なるのだろうか。

このような差異に目をつぶりまとめるのもひとつの方法だが、それぞれの異なる点と同じ点をありのままに並べて示し、ズレを検討していくことで、各分野が用いるカメラのレンズや写し方の違いなど、フィールドでの調査法や分析法、考察の仕方を細かく検討し零れ落ちていた部分に目を向けることもできる。前者はより大きな枠で議論できるが経験的事実とかけ離れたり、抽象的議論にならないよう留意する必要がある。一方、後者はより現実に忠実な形で考察しやすいが個別の考察から全体としての大枠での議論に結びつけるまでに長い道のりが求められる。しかしその過程で、二つの分野の差異と共通点が明確になり、それぞれの特徴や限界が明らかになるだけでなく、新たな視点を取り込むための土台、学際性を高める土台を確認することができるだろう。そしてそこでは、「議論がかみ合わない」という課題に正面から向き合う必要が生じ、特定の分野では「当たり前」であるはずのことがもう片方の分野では異なるというズレを直視することで、これまでの「当たり前」が「ゆらぎ」あるものとして現れる。

その際に手掛かりになるのは、理論ではなくフィールド調査という両分野の共通項である。人類学も霊長類学もフィールド調査という経験的なデータに基づくことで発展してきた分野であり、本書の執筆者もそれぞれがフィールド調査をおこない、そうしたフィールドから議論を立ち上げている。両分野はこれまで同一テーマのもとに議論しながら、扱う事象や各分野の概念といったものの異同については曖昧なまま進められ残されてきた。それにたいし、本書はそうした異同を検討しなおすことを試みる。フィールドでの生の経験をもとに前提とされてきた理論をも問い直すことで、異なる社会の実態をつきあわせることが可能になるだろう。各章では、両分野で取り上げられてきた「社会性」をめぐる諸々の概念を手掛かりに人類学者と霊長類学者がそれぞれフィールドの経験的事実に基づいて考察を深める。それによって、人類とその他霊長類を比較した際の共通点や個々の特異性が明らかになると同時に、ある面では明瞭でありながらも他の面では明確な定義を拒むという「社会性」が「ゆらぎ」をもって示されるであろう。

本書の構成

本書は序論に続き、「まとまりのゆらぎ」、「ゆらぐかかわり」、「環境のゆらぎ」という三部一三章から成る本論、そして終章で構成される。本論部分は、人類学者が執筆した七章と霊長類学者が執筆した六章より成り、これらを交互に配することで両分野とそれぞれが対象とする社会を相互に比較参照できるようにした。また、これら一三編の論文をそれぞれが扱うテーマに応じた三部構成にすることで、対象となる種や社会は異なるものの、そこで紹介される個別具体的な事例に、異種間での類似点や相違点を読み取ることができるだろう。このような構成は、人類学と霊長類学の相互理解を深め、同じ課題に学際的に取り組むための一つの方法を示すものでもある。

まとまりのゆらぎ

第1部「まとまりのゆらぎ」では、人類学、霊長類学においてそれぞれに用いられてきた「社会組織」、「親族」といった枠組みが検討され、人びとや様々な個体の「まとまり」が「分配」やモノのやりといった実践によっていかに形成されているのかといった点が検討される。

第1章河合文による「〈経済〉が変える親族・家族のかたち――狩猟採集民バテッの『つながり』」は、日本社会でも当然視されがちな「家族」という枠組みについてマレーシア半島部の狩猟採集民バテッの事例から問い直すものである。「つながり」という観点から親族・家族関係の変化について考察し、人類学と霊長類学との接点を探る。環境や経済の変化という状況において、血縁・婚姻関係のみに捕らわれない形で人々がいかに共に生きるのかを具体的な交渉の現場から提示し、「つながり」の変化を考察する。そのうえで、人類学と霊長類学の接続のために相互行為に着目する必要を指摘する。

続く第2章、川添達朗による「組み変わる境界――ニホンザルのオスの空間的まとまりと相互行為」では、霊長類学でしばしばみられがちであった群れやオスグループを自明のものとする立場を離れ、相互行為を記述することによって集団の境界が顕在化するプロセスを描く。群れを移籍するニホンザルのオス集団の境界さえも絶えず変化することを明らかにし、群居の動的な側面を議論する。

では、このようにまとまりが動的であるのなら、そのまとまりはいかに維持されるのか、という点について論じるのが第3章「協働における『適切な距離』――スペイン・カタルーニャ州の『人間の塔』造りを事例に」である。岩瀬裕子はスペインの民俗芸能である「人間の塔」をとりあげ、人々が集い、離れることを繰り返しながら塔をつくり続けてきたことを提示し、個人的なものであるが故に共有しえない身体を人々が持ち寄りながらも、繰り返される塔づくりの実践によって生まれる意味の共有について考察する。あえて個々の身体や感覚全てを共有しようとするのではなく、異なることを認めたうえで「適切な距離」を保つことで共有される世界というものの重要性を指摘する。

また、田島知之による第4章「『分かちあい』の進化――オランウータンの雌雄における分配ダイナミクス」では、群居を前提としない半単独で暮らすオランウータンにみられる食物分配を、特に非血縁個体間での関係を構築・維持する手段としてとらえなおす。そのうえで、このような他者と共存する方途としての分配が、ヒトにも霊長類にもみられることを指摘し、ヒトと霊長類の食物分配の差異について論じる。

第5章「わけるトウモロコシ、わけない肉――観光に従事する狩猟採集民ハッザの食物分配」で八塚春名は、複雑な現金経済が関係する人間社会の分配についてとりあげる。タンザニアに暮らすハッザという狩猟採集民の分配を事例に、観光で集団が得た収入と個人が得た収入、さらには狩猟によって得た獣肉をめぐるやりとりから分配にキャンプの大きさや、資源を得るための労働にかかわるかといった要素が関連することを明らかにする。そしてさらに霊長類と比較し、ハッザの食物分配の特徴についても論じる。

ゆらぐかかわり

第2部「ゆらぐかかわり」では、集団を形成する個人や個体間の関係や集団の関係、そしてその変化や重層性について論じると同時に、個人や個体がいかにそうした「社会的存在」となるのかについても検討する。

特に集団内の関係について議論するのが、霊長類学で頻繁に用いられてきた「寛容」という語について検討する貝ヶ石優の第6章「霊長類学における『寛容社会』とは何か?」である。貝ヶ石はこの語が、社会全体の特徴から、個体間の関係性、個体の気質に至るまで、幅広い文脈で使用されてきた点を指摘し、霊長類における「寛容さ」について、ニホンザルの地域個体群間の攻撃交渉と協力行動の比較を通じて検討する。そのうえでヒトと霊長類の「寛容さ」を比較するには、その語が指し示す行動や相互行為の内実に即して整理する必要があると指摘する。

それにたいし藤井真一は、第7章「もめごとを避ける技、他者を赦す術——ソロモン諸島ガダルカナル島における利害調整と関係操作」において、異なる集団成員として認知される個人をいかに自らの側に位置づけるか、あるいは好ましくない相手との関係をいかに落ち着かせるかといった点について考察する。メラネシアのガダルカナル島でみられる食料や貝貨などの贈与財の授受を伴う儀礼をとりあげ、それが当事者の関係を一定の安定した状態に定位させるものであることを明らかにし、関係を友好的なものにしたり将来的なもめごとを避ける知恵、同所的に生きる技でもあることを指摘する。さらに、両者を仲介するだけでなく、儀礼を見守る目撃者としての第三者は、結ばれた関係の将来的持続という点においても重要であると論じる。

松本卓也による第8章「『生き方』を捉えるものさし——ヒトとチンパンジーの生活史の種間比較を目指して」は、ヒトとチンパンジーの生活史を比較するために、個体の行動をいかに定義し観察するかといった方法論的課題から議論を始める。さらに、様々な群居のスケールを射程に入れることで、単なる個体の集合としてではない社会におけるチンパンジーの生き方をえがく。

では、人間の場合はいかに社会の一員になっていくのか、他の霊長類とどのような点が異なるのか、という点について園田浩司は第9章「同化するサル、教示を操るヒト」で考察する。コンゴ盆地（カメルーン）に暮らす狩猟採集民バカの子どもを対象に大人との相互行為を細かく分析する。そのうえで、チンパンジーと比較し、あえて自らを学習者と定位させる文脈をつくりだすことで養育者から教示をみちびきだすという特徴を浮き彫りにする。そうした主体的な社会化が人類に特異な成長を支えているとも考えられる。

環境のゆらぎ

第3部では、「環境」に人類や霊長類が順応するだけでなく、それを作り変えるというように、行動と環境が両方向的に変化してきたことをとりあげる。人類の場合は環境を大きく改変し、そこで食糧を生産する技術を発達させてきた。しかし、食糧を生産するのではなく、環境に存在する資源に強く依存する場合は、その分布状況に応じて生きものは移動し、個体間距離も変化する。

西川真理による第10章「離れて集まるニホンザルの日常」はこうした離合集散について論じる。はじめに霊長類の社会構造について概説し、その後集団メンバーの空間的な広がりの程度とその変異をもたらす要因、そして、集団メンバーが集まりから離れる、離れた後に集まるメカニズムについて自身のニホンザル研究を軸に事例をあげ紹介する。そのうえで、定量データを統一した枠組みのなかで比較する重要性を指摘する。

続く第11章は鈴木佑記による「狩猟採集民モーケンの離合集散」という論考である。タイからミャンマーにかけて広がるアンダマン海を生活の場としてきたモーケンの「遊動時代」から定住化した現在の離暮らしを提示し、環境や経済の変化、近代国家制度による離合集散への影響を含めて考察する。そのうえで霊長類学における離合集散との比較も試みる。

環境によって「誰と何を食べるか」も変化することを論じるのが第12章「環境としての他者——ニホンザルのアカンボウの伴食相手の変化を事例に」である。谷口晴香は、モクタチバナという植物の利用時に観察されたニホンザルのアカンボウの伴食相手の変化について報告する。食物（モクタチバナ）のかたさや採食場所の社会的な危険度に応じ、アカンボウが伴食相手を変える現象を分析し、環境に応じてどのような他者と共に食べるかという社会的な面が調整されることを明かにする。

そして第13章は、後藤健志による「生態・生理・認知が交わるところ——サイケデリック宗教の観点から考える社会性の進化」という論考である。後藤はブラジルにおけるアヤワスカというサイケデリックの摂取を伴う宗教実践を、変性意識状態を介した環境との関係の調整と維持という点から考察する。そして、こうした宗教実践は認知の硬直化を打開するアブダクションを活用する試みだと述べる。象徴的思考が人類の社会関係の発達だけでなくその硬直化にもかかわってきたことを再認識する必要があるだろう。

これらの論考から、人類学と霊長類学の類似点と相違点が明かになると同時に、「社会性」というものが確固としたものとして存在するのではなく、現場からゆらぎをもって立ち現れてくるであろう。

参考・参照文献

大塚柳太郎・河辺俊雄・高坂宏一・渡辺知保・阿部卓（二〇一二）『人類生態学』東京大学出版会。
篠田謙一（二〇二二）『人類の起源――古代ＤＮＡが語るホモ・サピエンスの「大いなる旅」』中公新書。

編者一同

第Ⅰ部

まとまりのゆらぎ

第1章

〈経済〉が変える親族・家族のかたち

――狩猟採集民バテッの「つながり」

河合文

はじめに

日本で幼い子どもを育てている親には、祖父母を頼りにしている人も多い。そして自分の親でもある祖父母が世話をしてくれた際、あるいは世話を依頼した際に、どのように謝礼をするか、特に謝礼という形をとらずにいるかは様々である。すぐに金銭や物品を渡す場合もあるだろうし、同居の場合は日常生活でバランスをとることもあるだろう。幼い頃祖父母に面倒をみてもらった人なら、孫の世話を「経済的」謝礼なしにするのは当然だと思って依頼するかもしれない。しかし託児所等のサービスがそれなりに普及した現在、孫の世話に「自分の時間や労力を費やした」のだから対価を受け取るのが当然と感じる人もいる。

こうした議論には、社会変化とそこにおける親族・家族のあり方、それをめぐる認識のズレが表れている。ケアや助け合いの権利―義務の関係が現金経済の文脈で強く意識されるのか、親族関係やコミュニティないし集団の再生産という文脈で認識されるのかが表れると同時に、過去―現在―未来において自己をどう位置付けるかが表出するのがこうした場面である。自己が家族や親族関係のなかで強く意識される場合には、個人の活動は親族・家族成員の行いとして認識・実践される。しかし、家庭、職場、趣味の集まりなどと複雑に分節化された社会では、個人の活動は多様な社会関係の網の目のなかで意味づけられ、常に家族や親族が意識されているわけではない。

現金経済化や労働の商品化によって、家族や親族集団、地域集団など一定の集団内で実践されてきた経済活動が広い社会システムに強く結びつけられると、人々の社会関係はいかに調整されるのか、というのが本章の主たる問いである。これに関連する先行研究として、近代化とともに広く使われるようになった「family」や「家族」にかんする議論が挙げられよう。

「family」[1]という語は、血縁や婚姻関係にある人々だけでなく、使用人も含め同じ屋根の下で生活する人々やその財産までをも表すfamiliaを語源とし、家庭に関する事柄を表す「domestic」も家内奴隷や使用人を含めた人々が暮らす家屋domusを語源とするという（Flandrin 2009［1979］; Saller 1984）。しかし一八～一九世紀までにはfamilyは夫婦や親子の集合を表す用法が主流になり、domesticは「家庭の」という使用と同時に「国内の」という意味でも用いられるようになった。この時期イギリスでは、生産活動を行うひとつの経済単位であったfamilyが外部に開かれると同時に、輸送手段の改良や国家通貨の普及が相まって国内市場が確立し、輸出産業も拡大しつつあった（ブローデル 一九八六、一九八八；ポラニー 二〇〇九）[2]。一方日本でも、現在のような意味で「家族」が広く使用されるようになったのは明治半ば以降、身分となりわいの縛りが緩み多くの家業集団が解体されつつある風潮でのことだった（上野 一九九〇；山田 一九九四）。

（1）ラテン語由来のこの語は、それまでアングロ・サクソン系社会で使われていた「hiw」やその派生語に置き換わったのだと考えられている。*hiw*は多義的であるが、土地と結びついた世帯メンバーや領地の住民を表しており、派生語であるhi(gi)dは土地所有の単位、またhiwungは婚姻、hiwgedalは離婚の際に使われたという（Stanley 2008）。

（2）こうした過去は完全に消え去ったわけでなく、その名残はfamilyの構成員の個々の意志とは別に世帯（household）や家系（linage）が重視されるケースなどでみられ、個人間の結婚も家同士を結ぶ婚姻として戦略的に実践される地域や社会もある（ブルデュー 二〇〇七）。

このような「近代家族」成立の過程で、男性は生産者、女性は子の世話といった再生産役割への限局化が進み、一定の年齢に達すると「小さな大人」として親と一緒に働いていた子どもは、学校教育をうける特別な存在として、成長し市場に労働力を提供することが期待されていった（アリエス 一九八〇）。日本の場合はこれに並行して、「結い」という協働や農具等の貸し借りが衰退し、家族が外部から切り離され閉じたものになっていったことが明らかにされている（上野 一九九〇；落合 一九八九）。

他方本章が対象とするのは、マレーシア半島部に暮らすバテッという狩猟採集民である。彼らは急激な経済変化を経験している点で先に述べた問いに深く関わる。しかしこうした変化は多くの社会が経験し議論されてきたことであり、ここでは経済面での変化に加えモビリティ（移動性、mobility）やモティリティ（運動性、motility）という観点を分析に含めることで、新たな側面から理解を深めたい。

「モティリティ」は二〇〇〇年代初頭より人文社会科学分野での使用が高まってきた語で、乗り物へのアクセス可能性といった差異を扱う概念として登場した（Kaufmann 2002）。この語が使用されるようになった背景には、移動可能性、つまりどの程度の距離を移動できるかや移動速度が個人によって異なり、それが生活に強く影響する現代社会の特徴を捉えるという目的があった。なお、こうした現実はしばしば「移動格差（mobility gap）」という形で論じられてきた。

モビリティ（人々の移動）とモティリティ（その人の移動可能性）の区別は、バテッのように狩猟採集活動に強く依存する人々においても重要であろう。環境の改変が進む以前、彼らは筏や徒歩といった移動手段を用いて河川に沿った遊動生活を営んでいた。筋力や体力のある若い男性は他の人々より長距離を移動できたという違いはあれど、モティリティの差は身体能力程度に限られており、人々のモビリティもほぼ同様であったといえる。しかし現在、プランテーション開発によって河川沿いの森が分断され、川に沿って長距離を移動するのが難しくなった一方、車やバイクで道路を移動できるようになった。こうした乗り物は乗車人数が限られているため、それを使って移動できる人とできない人というモティリティの差が生じている。こうした変化は、彼らの「家族」や「親族」にどのような影響を与えているのだろうか。

1……「つながり」への着目

先述の近代家族成立に関する議論からもわかるように、「家族」や「親族」のかたちは普遍的ではないので、本書が掲げる霊長類学との接続を視野に人類学における議論を振り返ってその捉え方について確認しておきたい。初期の親族研究で知られるモーガン（Lewis Henry Morgan）は、狩猟採集に依存した遊動的な「未開（savagery）」社会は、定住と農耕の開始によって「野蛮（barbarism）」状態になり、その後の「文明（civilization）」社会で一夫一妻制が生じたと考えた（モルガン 二〇〇三［一八七七］）。こうした考え方は「社会進化論」とよばれ、進化の頂点に西洋社会をおいて帝国主義を正当化する根拠としても使われたことで、自民族中心主義や自文化中心主義と批判されたことは広く知られる（バーナード 二〇〇五）。一方、二〇世紀に入ると、親族体系や社会制度といった社会的側面ではなく、慣習や生業等の文化的側面に重心を移した形で進化論的観点の見直しが高まった。考古学を応用した取り組みや、エネルギー使用量の変化に着目した研究が行われたが（e.g. Childe 1946, 1951; White 1943）、これらは諸社会の個別性を認めつつもその平均的傾向を元に人類に普遍的な文化を論じるなど不明瞭さを伴っていた（Barrett 1989; Steward 1953）。

この頃アメリカを中心に人類学者の間では、文化、社会の多様性と相対的価値を重視する動きが高まっており、人間文化として大文字で記される文化（Culture）ではなく個々の人間集団の文化（culture(s)）を丁寧に研究しようという転換が生じていた。[3] こうして共時的観点からのアプローチが主流になるなか、スチュワード（Julian H. Steward）は進化論的議論を「単系進化（unilinear evolution）」、「普遍進化（universal evolution）」、「多系進化（multilinear evolution）」に整理して多系進化の視点の重要性を説き、共時的視点と通時的視点の両方から人類社会・文化の多様性と共通性を理解する必要があるとした（Steward 1953）。なお「単系進化」とは、社会は特定の支配的系統に従って段階的に変化するというモーガンの様な考え方であり、「普遍進化」は文化の進化と共にエネルギー使用量が増加すると議論したり「母系社会から父系社会へ」などと抽象的に想像された型の移行を議論するなど、特定の側面のみに着目して普遍的法則を引き出そうとするものである。

「単系進化」や「普遍進化」のアプローチでは個々の社会変化を説明できないと批判したスチュワードは、変化に規則性はあるが必ずしもそれは普遍的とは限らないという前提にたつ「多系進化」の取り組みの必要性を指摘した。これは、異なる地域や集団の文化を機能や形式、変化の順序といった観点で比較し、有意味な類似性が明らかになった場合にそれが定式化可能であるか考察する限定的試みだという（Steward 1953）。またサーリンズとサーヴィスらも類似の観点から検討し、進化には適応的変化を通じて多様性が生じる面と複雑性を増す形で発展する面という二側面があると指摘し、前者を「特殊進化（specific evolution）」、後者を「一般進化（general evolution）」とよんだ（Sahlins and Service 1960）。こうした「多系進化」や「特殊進化」の考え方は、個々の生態環境への適応という形で生態人類学や環境人類学の分野に受け継がれている（Townsend 2018）。

多系進化や特殊進化の議論をふまえると、何等かの人間家族と大文字で記されるような型を想定しそれへの進化としてヒト以外の霊長類と比較するのは避けた方が良いだろう。したがって本章では、まずは人々が築く関係を丁寧におったうえで霊長類学の成果と比較検討し、ヒトの特徴について考察するために「つながり（relatedness）」という捉え方をしてみたい。人類学ではこれまで親族関係を血縁に基づく「本当の関係」とそうでない「擬制的関係」と区別することもあったが、近年はそうした区別に捉われずに、配偶（mating）、出生（birth）、世話（nurturance）というヒトが誕生から死ぬまでに経験する事象を軸に築く関係を解釈学的に理解するアプローチがとられている（Lavenda and Schultz 2020; Parkin and Ston 2004; 上野 二〇二〇）。本章も同様の手法を用い、血縁や婚姻に基づく関係に限定せずに、ケアや分かち合いなど実際の人々のやり取りの場から共に生きる人々のつながりとして親族・家族関係について考察することにする。(4)

対象とするのはバテッという人々である。彼らはこれまで狩猟採集と森林産物の交易、短期労働を組み合わせて暮らし、核家族や個人が離合集散するバンドを形成すると記述されてきた（Endicott 1984; Endicott and Endicott 2008）。バンドとは人々が離合集散する小規模な社会組織で、メンバー構成は流動的ながらも互いに血縁や婚姻関係で結ばれているとされる。狩猟採集のように環境より獲得した食糧に強く依存し、資源のある場所へ移動する生活を営む人々をフォレージャー（forager）というが、こうした人々はバンドの形態で社会を築くことが多い。(5) バンド内では食物の分かち合い（sharing）が頻繁にみられ、分かち合いを通じて生まれる紐帯は共に暮らら

（3）当時の人類学における動向については第9章園田の注1も参照されたい。

（4）霊長類学との接続を視野におく本章ではこうしたアプローチを試みるが、集団遺伝学や分子生物学も応用する古人類学といった分野との関連で血縁・婚姻関係から比較検討を行う際に血縁・婚姻関係に着目する重要性を否定するわけではない。

す連帯を生むと同時に、離合集散を繰り返す暮らしにおいて重要な移動のツテの維持や拡大にも一役かう。さらに、食物の貯蔵や携帯が困難な遊動生活では、分かち合いで得られる食物がセーフティネットとしての役割もはたすと説明されてきた（Woodburn 1982, 1998, 2005）。

一方、イーミックな視点から彼らの「親族」についてみてみると、バテッは父、母、祖父、祖母、孫といった語は使うが、「血縁」や「婚姻」、「親族」という語はバテッ語には存在しない。また彼らは食物を分かち合うことを規範としており、それを破ると様々な災難が生じるという（Endicott 1979）。興味深いのは、いくら見た目や話す言語が似ていても、食物を分けてくれない相手はバテッと認めなかったことである。彼らに身体的特徴がよく似ており非常に近い言語を話す人々がパハン州に暮らしているが、この人々は一九世紀と早い時期に遊動生活をやめて農耕への依存を高めた。そして筆者が調査してきたクアラ・コのバテッの年長者はこの人々をメンテール（Mentil）とよんで自らと区別する。なぜなら彼らは「我々に食べ物をくれない、分かち合わない」人々であるためだそうだ。「メンテール」には侮辱的なニュアンスがあるため、この人々はメンテールと呼ばれることを好まず「バテッ」と自称しており、現在は行政に「バテッ」と認知されている。しかしそれでも、クアラ・コの年長者にとってこの人々はメンテールなのである[6]。

つまり血縁や婚姻といった関係以上に、食物を分かち合う行為、少なくとも求められたら分ける行為はバテッであるか否かに関わるほど重要であるということだ。ところが調査をしていると、そうした食物の分かち合いの実践は変化し、場面によっては特定の人々の関係が優先され他の人々との関係が薄れているように感じることがあった。こうした状況について、具体的な交渉の在り方を手がかりとしつつ、彼らがいかに紐帯を築いているかみていき、経済活動やモティリティという観点から変化について考察していく。

2……クアラ・コのバテッ

バテッ(7)はマレーシア半島部の北東部内陸、行政的にはクランタン州、トレンガヌ州、パハン州に暮らし、人口は一五〇〇人ほどである。一九六〇年代頃まで狩猟採集、森林産物の交易、マレー農民などの労働手伝いを組み合わせて川に沿った遊動生活を送っていた。そのため、現在も居住地を超えて一定の交流や人の移動があるが、ここではクランタン州のクアラ・コ村(Kuala Koh、コ合流点)のバテッを中心にとりあげる(図1―1)。

クアラ・コ村はオラン・アスリであるバテッに対して政府が一九九〇年代半ばに設置した村である。「オラン・アスリ」とはマレーシア半島部の非マレー系「先住民」(8)の総称であり、マレー語で「元々の人」を意味する。言語や慣習、居住域の異なる約一八の民族がオラン・アスリに含まれ、その多くが第二次世界大戦後より国家に位置付けられてきた。これらの人々の大半は森林部や奥地を居住域としていたこともあり、マレーシア独立後より急激な経済開発を経験してきた。クアラ・コ村も、ルビル上流域が開発される際にそこで遊動生活を送っていたバテッが定住するようにと政府が設置した村である。

(5) バンドについては鈴木による第11章に詳しい。
(6) 学術的な記録では二〇世紀でもメンテールと記述しているものもある。
(7) バテッとは彼らの言葉(バテッ語)で「人」を意味する。英語ではBatek、マレー語ではBateqと表記する。
(8) マレーシアは「ブミプトラ(bumiputra、土地の子)」という「先住民」に対して優遇政策を実施してきたが、ブミプトラに当てはまるは必ずしも国家的マイノリティというわけではない。そのこともあり、「オラン・アスリ」が本当の「先住民(indigenous peoples)」だという意見もある。

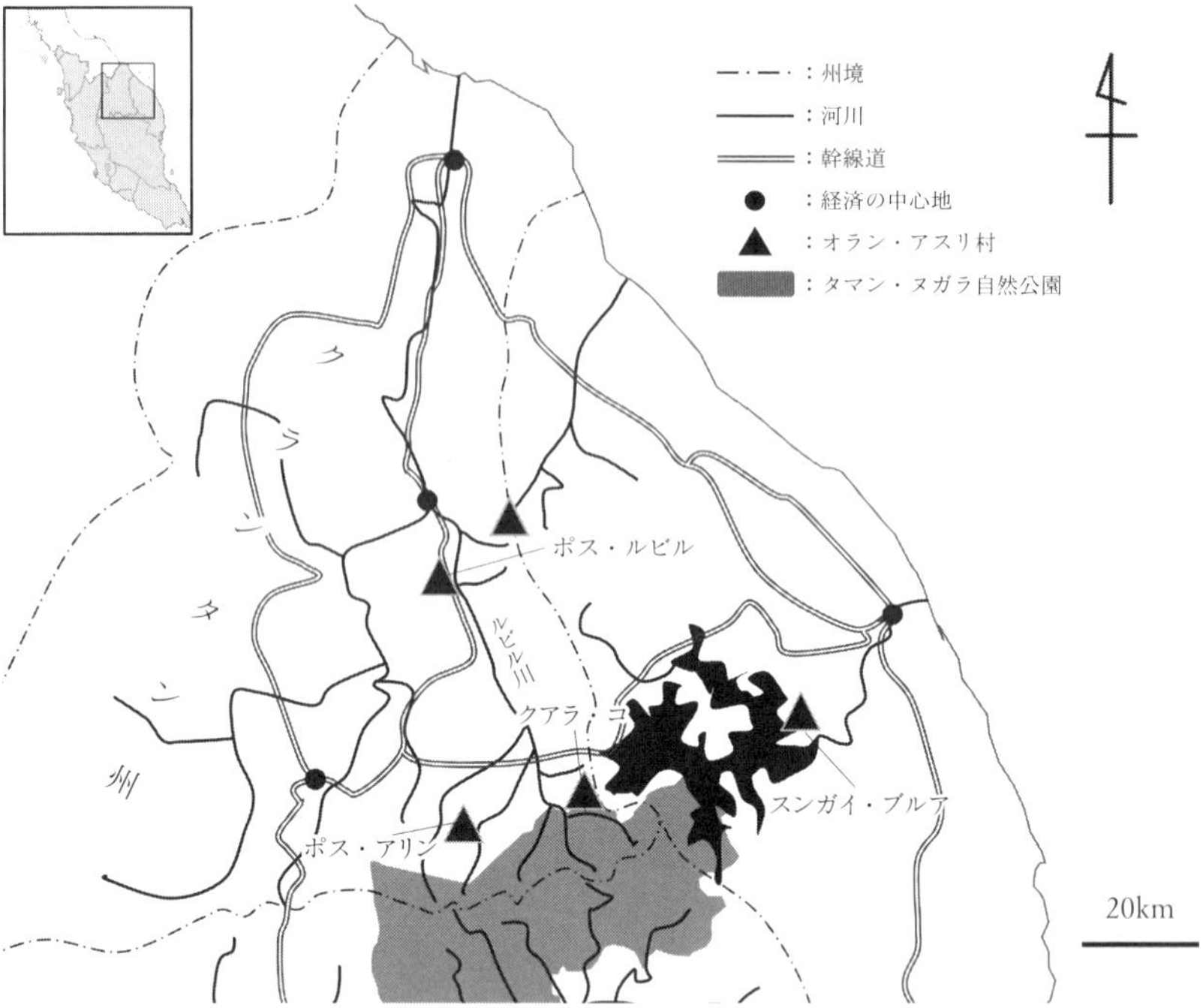

図1-1　クアラ・コの位置

クランタン州では、クアラ・コ村の他にもポス・ルビル村（Pos Lebir）[9]とポス・アリン村（Pos Aring）にバテッが暮らしている。クアラ・コ村は他の村より二〇年ほど後に設立されたうえに家屋の支給が遅く、タマン・ヌガラ自然公園の森の近くに位置するため、人々は現在も森でキャンプ生活を行う。このことから、他の村に比べると食物の分かち合いが広範囲で頻繁にみられると考えられ、その点で本議論が全てのバテッに当てはまらない可能性があることを但しておく。[10]

1 環境・モティリティ・「経済」の変化

1……川に沿った遊動生活

一九七〇年代半ばのルビル流域の様子を人々の語りと先行研究を基に図1—2に示した（Abdullah and Yaacob 1974; Endicott 1979, 1984, Endicott and Endicott 2008）。ルビル川沿いには森林や村落跡が広がっており、バテッは川に沿って移動していた。川沿いに村をつくっていたマレー農民は共産主義ゲリラ活動をうけて発令された非常事態宣言下で下流に集団移住させられていた。しかしゲリラ活動が再活性化したため、(11) ゲリラの潜伏地と考えられた森林奥地へ政府は介入を強め、オラン・アスリであるバテッを保留地に定住させようとしていた。ルビル村の前身であるポス・ルビルは一九五六年には最初の設置が試みられ、流域の四〇〇人あまりの人々が集め

（9） パスィール・リンギッ（Pasir Lenggi）とマチャン（Macang）という二つの村を合わせた名称である。

（10） また筆者が調査を始めた二〇一〇年代初頭と二〇二三年の現在では彼らの生活環境は変化し、村周辺はプランテーションに開発され、コンクリート家屋が増えてガスコンロの利用が始まり、二〇二一年には電気の開通という変化があった。しかしコロナ禍もあって長期の調査を行えない期間が続いたため、本章は主に二〇一五年頃までの調査に基づいて進めた。

（11） 最初の共産主義ゲリラの反乱は植民地時代の一九四八～一九六〇年でマラヤ危機とよばれ、そのゲリラ活動が再活性化し一九六八～一九八九年まで共産主義の反乱（第二次マラヤ危機）が続いた。

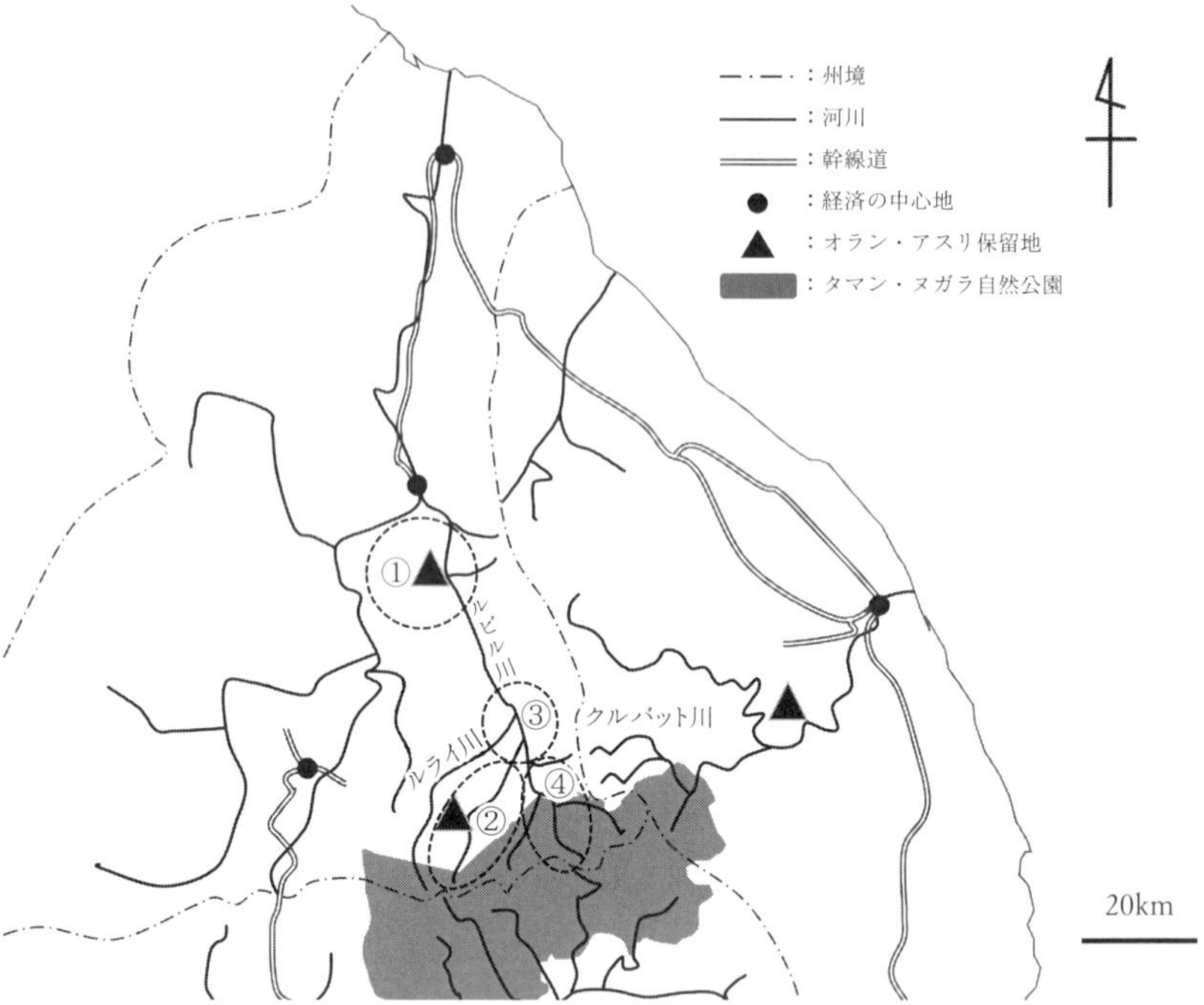

図1-2　1970年代半ばのルビル流域

られた（Abdullah and Yaacob 1974）。人々は支給される食糧を消費しつつ保留地に留まったが、支給がなくなった約一年後に元の生活場所へ戻っていった。クアラ・コの人々の一部の親もこのメンバーに含まれる。

そして一九六九年、ポス・ルビルにおける本格的な定住化計画が実施され、保留地近くを主な生活圏にしていた人々がそこに留まった。また一九七四年にはアリン村の前身であるポス・アリンが設立されてアリン支流を利用していた人々がそこを利用することになった。それぞれの保留地には、バテッを近代化させ狩猟採集に依存せずに暮らしていけるようにと現金収入源となるゴムが植樹されたが、樹液を採取できるようになるまでには一定の年数を要したうえに人々は遊動生活を好み一カ所に定住することはなかった。

一九七五〜一九七六年に調査を行ったエンディコットによると、ルビル川筋のバテッは、①下流のポス・ルビル一帯を利用する人々、②ポス・アリン一帯を利用する人々、③ルビル中流〜ルライ支流を利用する人々、そして④ルビル最上流を利用する人々と四つのまとまりを形成しながらも、メンバーは入れ替わり互いに交流し、下流から上流までがひとつの生活世界として成立していた（Endicott 1979, 1984; Endicott and Endicott 2008）。

遊動性と集団メンバーの流動性についてみてみると、彼らは筏か徒歩で川に沿って移動し、最短で一日、長くて一ヶ月程を同じ場所で過ごし、キャンプ規模は四〇人（大人二〇人、子ども二〇人）[12]が平均的、最も規模の小さいキャンプは二家族、最大は一〇家族だった。また、最も多くの人々が一緒に生活したのはルビル中流（ルライ分岐点辺り）で定住化計画が実施された際の一六五人で、上流にいたバテッ八九人とアリン川にいた七六人が集まったという。これは非常に大規模なキャンプだが食糧支援があったために生じた特殊なケースで、三ヶ月ほどで物資の供給が止むと人々は元の遊動的な生活に戻った。

また、彼らは狩猟採集だけでなく、月に一度、仲買人が下流より運んでくるコメや砂糖とトウを取引し、トウモロコシの植え付けなどの農耕も組み合わせて遊動生活を営んでいた。仲買人から食物を前払いで受け取る際には七五人と多くが集まり、それ以外は二〇人ほどのグループに分かれたり六〇人程に集まったりと流動的なメンバー構成で生活していた。雨期を除く二〜六月はこのような生活で、集団成員の流動性が高いバンド社

（12） バテッは親とともに寝起きし生活を親に依存する状態を子ども、親とは別々の寝床で寝起きした状態を大人とみなす。エンディコットもそうした基準に従ったと考えられる。

会を形成していたことが分かる。

しかし一一月半ば、雨期に入り川が増水すると仲買人が上流を訪れることはなくなり、再上流にいたグループも下流に移動できずほぼ孤立状態になった。現在もそうだが、雨期の間は川が増水し、筏での移動はもってのほか、ボートですら移動が危険なほどに流れが速くなる。この時期、彼らの遊動性とメンバーの流動性は低下していたといえるだろう（Endicott 1979, 1984; Endicott and Endicott 2008）。

まとめると、一九七〇年代はルビル川沿いに森や村落跡地が広がっており、クアラ・コのバテッの親や祖父母にあたる人々は、ルビル中流～上流域を利用しながら、ポス・ルビルやポス・アリンの人々とも交流し通婚も行っていた。また、ルビル上流から山越えして辿り着くトレンガヌ州のクルバット川を利用していたスマッ・ブリという人々とも交流し通婚していたが、スマッ・ブリも保留地に定住するよう働きかけられていた（口蔵一九九六）。川沿いに森が存在していた当時、男女間のモティリティの差は少なく、彼らは広囲を移動し通婚や食物の分かち合いを通じて広く社会ネットワークを構築していたといえる。

けれども一九八〇年代に入ると、ルビル下流～中流域は連邦土地開発局（Federal Land Development Authority: FELDA）のアブラヤシプランテーションになり、トレンガヌ州側のクルバット流域はダム湖の底に沈んだ[13]。その後、プランテーション開発はルビル上流にまで及び、一九九〇年代半ばには上流一帯を利用していたバテッのためにクアラ・コ村が設立された[14]。村一帯を利用する人々は血縁や婚姻関係で結ばれた「親族関係」にあるといえるが、そこには当人が互いの関係をすぐに語れない程に離れた人々も含まれる。さらに以前は頻繁に交流していたルビル下流～中流域やクルバット川の人々は、ポス・ルビル村やポス・アリン村、スンガイ・ブルア村に暮らすことになり、日常的に交流することはなくなっていた。こうした状況におけるクアラ・コの人々のモティリティとモビリティ、そして集団メンバーの流動性についてみていきたい。

2……拠点型移動生活

政府はクアラ・コ村を設立してバテッに支援物資を与え定めた場所に留まるよう告げたが、次第によそへ移動する人が増えていった。二〇一五年時点でクアラ・コ村とその周辺を拠点として暮らす人々は約二〇〇人であった。村までは舗装道でアクセスでき、人々は近くのプランテーション村の売店で食料や日用品を購入できるようになった一方、以前利用していた下流域に筏や徒歩で移動する事はなくなっていた。

車やバイクがあれば遠くまで短時間で移動でき、現金さえあれば必要な時に食糧も購入できる。しかしクアラ・コに走れる状態の車は一～三台しかなく、基本的に車は男性が現金獲得用の森林産物の探索に使い、女性や子どもは村や拠点に留まることが多い。こうした理由から彼らと他の村の人々が共にキャンプすることはなく、特に女性や子どもの日常的な交流相手は限定されメンバーの流動性は低下している。

また、当時バテッは村を含めて大きく三つの拠点に分かれて暮らしており、約二〇〇人全員が一箇所にまと

(13) 近代化に伴って需要が高まるであろう電力を水力発電によって確保する、という名目でダム建設が行われクンニャー湖（Tasik kenyir）というダム湖が出来上がった。

(14) クランタン州では現在もプランテーション開発は続いており、クアラ・コはアブラヤシプランテーションに囲まれた村となり、タマン・ヌガラ自然公園の森がクアラ・コのバテッにとっての徒歩圏内の唯一の森である。

まるよりは数十人ずつ分かれて生活するのを好んでいた（図1—3）。彼らは利用する水場の名前を用いてその場所を表すので、水場を共有するか否かを基準にすると、最も多くの人が同じ水場を利用する拠点は九世帯五六人（大人一七人、子ども三九人）、最も少ないのは皆から離れて一世帯で暮らすというケースだった。[16]一九七〇年代の定住化計画の際の一六五人や、仲買人と取引する為に集まった七五人という値より少ない。その理由として、彼らが暮らす場所まで伐採道が張り巡らされている、あるいは伐採道から離れた上流にいても男性が下流の伐採道近くまで移動して政府役人や仲買人とやり取りするようになったことが関係する。また単純には比較できないが、一九七〇年代の平均的なキャンプ四〇人の内訳である大人二〇人対子ども二〇人と比較すると、現在の大人一七人対子ども三九人では、子どもの割合が増加しているといえよう。

さらに一九七〇年代は雨期になると数家族毎に分散して暮らし、遊動性とメンバーの流動性が低下していたが、二〇一〇年代は雨期になると川の上流に暮らす人々が村の近くに移動していた。村の近くならばバイクや車で食料を買いに行けるうえ、山からパイプで水を引いているので危ない川の近くまで行かずに生活できるためである。森に果実が溢れる乾期と比べ雨期は利用できる資源が限られているが、自分達で食糧を購入できるようになった事もあり密度の高い状態でも生活できるのである。

表1—1は村を拠点にするA世帯[17]とバライ拠点を主な生活場所にするB世帯[18]のキャンプ場所とその目的を示したものであり、各番号は図1—3と対応する。A世帯は二〇一一～二〇一二年一月までの移動、B世帯は二〇一二年一月末～八月までの移動を示してある。彼らのキャンプは雨期明けや果実の季節に資源豊富な森に全員で移動するものと、収入源になる森林資源獲得のために男性が遠くへ移動するものという二つに大別でき、それに加えてごく稀に、山越えして辿り着くパハン州の親戚訪問キャンプなどがある。

各世帯のキャンプについてみてみると、A世帯は村に滞在しがちで、キャンプは頻度、日数ともに少ない。約一四ヶ月のうち全員でのキャンプは三四日、一度のキャンプ日数は平均一一・三日である。これは政府がA父を村のリーダーに任命しており村に滞在していることを求めていることや（同時に多少の手当ても受け取っている）、彼が比較的高齢であることが関係する。一方B世帯はというと、約七ヶ月のうち七九日をキャンプで過ごし、一回のキャンプ日数は平均三九・五日である。またA、B両世帯ともに父親は収入源となる森林資源獲得キャンプに出かけており、B父においては妻や子どもが拠点に滞在する期間の一割程（二七日間）はそうしたキャンプに出かけている。(19)

この頃彼らは、ラタン、沈香、(20)そして数種の野生生物を得て現金収入源にしていた。現金収入を目的に獲得される資源は特定の種に限定され、しかも国外へ輸出されるので市場が大きく、需要が狩猟・採集圧に結びつく。その為これらの資源は既に拠点近くでは枯渇傾向にあり、遠くまで探索に出かける必要がある。幼い子ど

---

(15)「何々川の曲流」というように川の特定の場所や、村の場合は山から水を引いてきたパイプの水場を使っていた。こうした水場で飲料水の確保、水浴び、洗い物を行う。

(16) なお家族（世帯）数が最も多いときは一三家族四二人（大人二三人、子ども一七人）だった。また二〇一五年に彼らが拠点としていた場所（バライ拠点）を含め村の周りの森がプランテーションにされた後より、より多くのバテッが村に集住するようになっている。

(17) A父（五〇代）、A母（四〇代後半）、二人の子（七歳男児、三歳女児）の四人より成る。しかし父母ともに再婚で、A父は前妻とのあいだに未婚の子三人、A母は未婚の子が1人おり、こうした子ども達も一緒に食事をしたり同じ場所で寝たりすることがある。

(18) B父（三〇代）、B母（二〇代後半）、娘四人（五歳〜一〇代）の六人より成る。

(19) こうしたキャンプは森林産物の獲得が目的だが、キャンプに行っても資源を獲得できずに帰ってくることも多い。

(20) ジンチョウゲ科の植物。

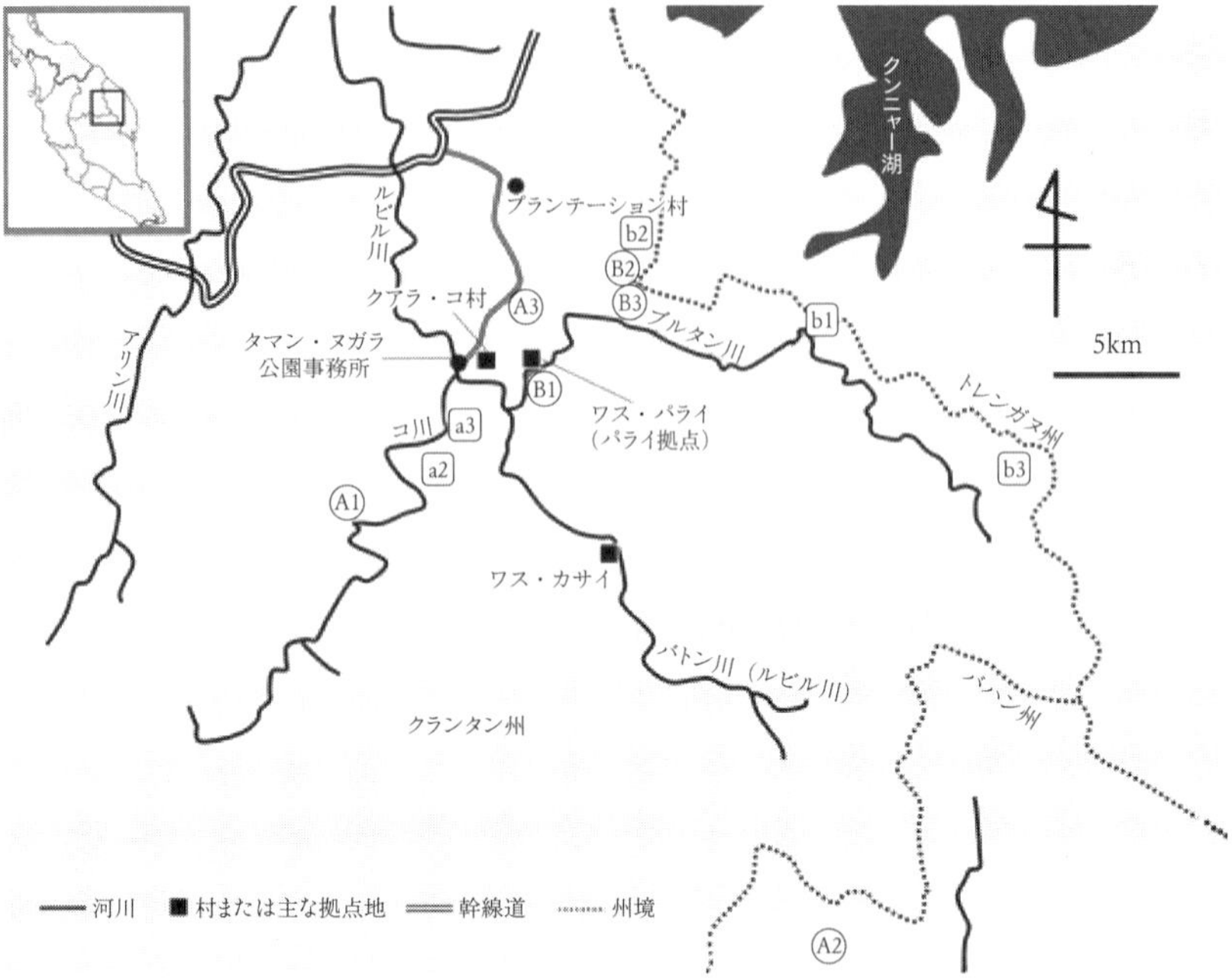

図1-3　クアラ・コ村と周辺の主な拠点とキャンプ地（河合2021、P29図1-1を引用）

もを一緒に連れて行くのは大変なので、子どもは母親と一緒に拠点に留まり、資源獲得活動に従事する男性が遠くまで歩いて移動するか、乗り物に乗って出かける。ジェンダー間のモティリティの差が経済活動を支えているのである。

一九七〇年代にはルビル川に沿って移動しながらラタンを採集し、同じ川筋に暮らす人々や山を越えたトレンガヌ州のスマッ・ブリとも広く交流していたが、川沿いの森が分断された二〇一〇年代、彼らの遊動性は低下し拠点型の移動生活に変化するとともに集団メンバーの流動性も低下した。女性と子どもはクアラ・コ村やその近くの拠点に滞在し、男性は遠くまで現金収入源になる資源の獲得キャンプに出かけ、森に資源が増える時期になると皆でキャンプを行う。モティリティとともに男女間のモビリ

表1-1　キャンプの詳細と目的

A家族　（夫：50代、妻：40代、子ども2人）　期間：2011年1月1日～2012年1月27日）			
	期間	キャンプに出掛けたメンバー	主な目的
A1	2011年3月3日～3月13日	夫婦と子ども	沈香採集、雨期明けの森を楽しむため
A2	4月3日～4月12日	妻と子ども	大きい魚を食べるため
A3	8月6日～8月16日	夫婦と子ども	親戚訪問
A4	2012年2月23日～3月16日	夫	沈香採集
A5	2月23日～3月16日	夫	ラタン採集
A6	11月8日～11月12日	夫	沈香採集
A7	11月14日～11月15日	夫	沈香採集
A8	12月24日～12月25日	夫	ラタン、沈香採集

B家族　（夫：30代、妻：20代、子ども4人）　期間：2012年1月27日～2012年8月12日			
	期間	キャンプに出掛けたメンバー	主な目的
B1	2011年1月27日～2月8日	夫	ラタン採集
B2	2月10日～2月23日	夫婦と子ども	森を楽しむため
B3	2月23日～3月16日	夫婦と子ども	森を楽しむため
B4	3月19日～5月3日	夫婦と子ども	ラタン採集
B5	6月20日～6月28日	夫	ラタン採集
B6	7月13日～7月19日	夫	ラタン、沈香採集
B7	8月12日～不明	夫婦と子ども	ラタン採集

ティも変化していることが明らかだが、これに伴う経済活動の変化について次に確認したい。

3……経済活動[21]にみる男女差

図1—4は先述のエンディコットの調査データ（Endicott and Endicott 2008）をもとに口蔵が算出した一九七〇年代の生業活動時間と、二〇一〇年代の筆者の調査時における成人男女の活動時間の平均値を示したものである[22]（口蔵二〇一三）。雨期と乾期、また拠点滞在中と森のキャンプでは違いがみられたが、全体をまとめた値を示してある[23]。

一九七〇年代の一日あたりの生業活動時間をみてみると、男性は平均二四七分、女性一七五分と女性の方が少ない。男性は交易に充てるトウ採集が生業活動時間の三六・九％（九一分）と最も多くの時間を費やしており、その次に吹矢猟などの狩猟活動が三五・九％（八八分）、そしてヤムイモ採集が一五・八％（三九分）と続く。一方女性は、ヤムイモ採集が生業活動時間の六五・一％（一一四分）と最も多く、続いてトウ採集が一七・二％（三〇分）、漁撈が九・七％（一七分）である。男女差がありはするが、女性も一定の時間を交易用のトウ採集に費やし、逆に男性も彼らの主食であるヤムイモ採集に一定の時間を費やしていたことが分かる。一九七〇年代は男女ともに交易ないし外部で消費されるモノの生産活動と自給的生産活動の両方に従事しており、片方がもう片方に全て依存するという状況ではなかった。

二〇一〇年代はというと、男性は一日平均二三八分、女性は平均一〇五分を経済活動に費やしている。一九七〇年代と比べると男性は九分、女性は七〇分の減少である。内訳をみると、男性は沈香やトウなど現金収入

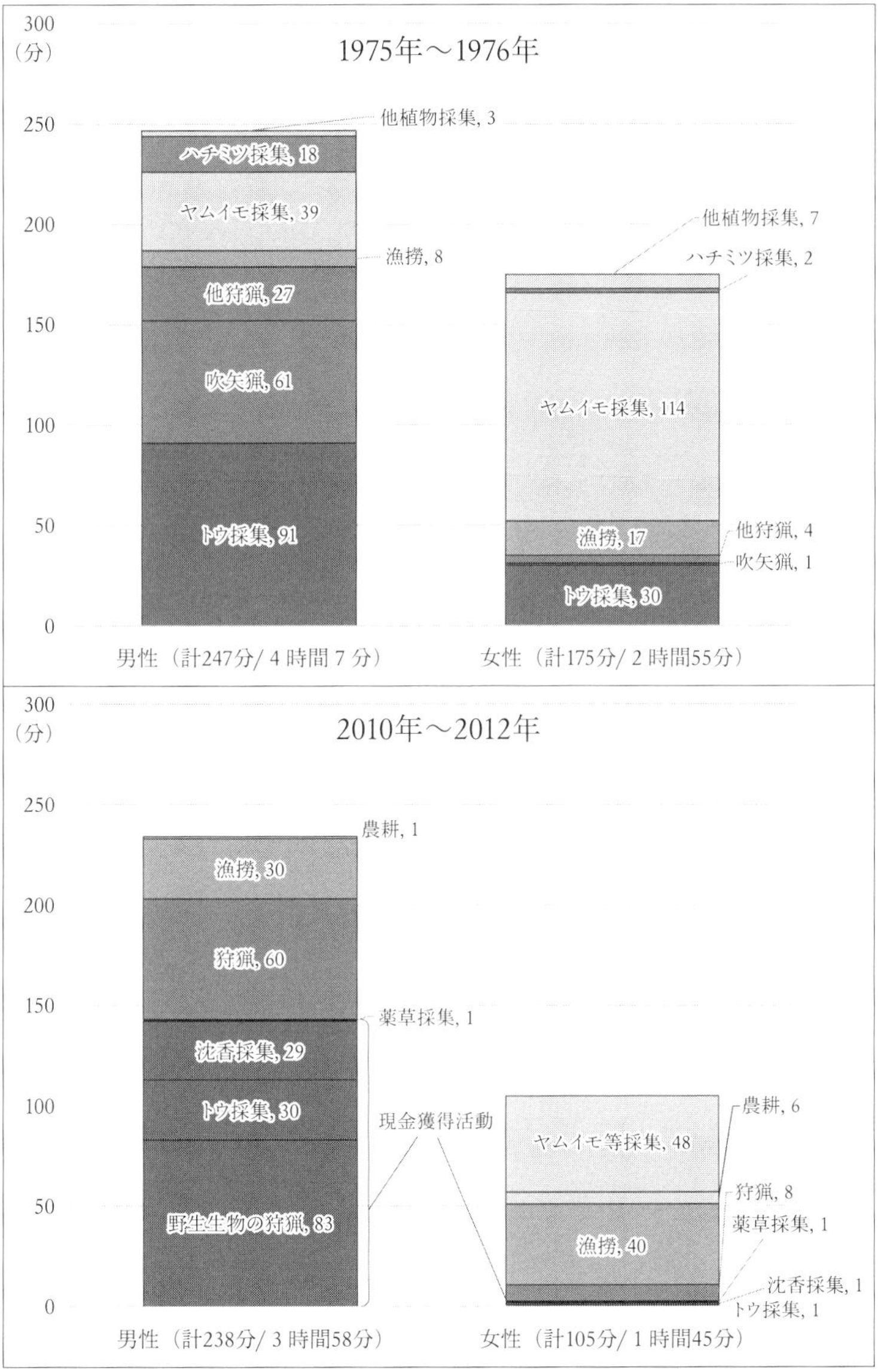

図1-4　男女の生業・経済活動時間（1970年代と2010年代の比較）（河合2021、P141図4-5を一部改変）

源である森林資源の獲得に60％（一四三分）と最も多くの時間を費やし、その次に吹矢猟や手づかみ猟などの狩猟に25％（六〇分）を費やしている。なおヤムイモ採集は全く行っていない。他方女性が最も多くの時間を費やしたのはヤムイモ採集で全体の45・7％（四八分）、その次に漁撈の38％（四〇分）となり、現金収入に繋がる活動は平均三分と微々たる時間しか行っていない。

これより明らかなのは、男性が現金獲得のための活動に多くの時間を費やすようになり自家消費のヤムイモ採集からは手を引いたのとは逆に、女性は現金獲得に繋がる活動が激減したうえに自家消費の食糧獲得の時間も減少したということである。なお以前はヤムイモがバテッの主食の第一位を占めていたが、現在はコメが主流であり、それは男性が獲得した森林資源の収入によって賄われる。さらに彼らは現金収入源になる森林産物の獲得活動を「仕事（クルジャ）」とマレー語を用いて表現し、ヤムイモ採集や吹矢猟などの食物獲得と区別する。そして、ときたま「誰々の父はクルジャしない」という言葉を耳にする一方で「誰々の母はクルジャしない」といわれることはなく、性差に基づく分業が社会的役割として形成されつつあることが窺える。

こうした変化の背景には、森林の減少とパッチ化によって気軽に移動できる生活圏が局地化したこと、市場への供給を目的とした狩猟採集により村や拠点周辺の資源が減少したこと、さらにコメを購入できるようになったことがある。そうしたなか、モティリティの低い女性と子どもは村や拠点に留まってコメを消費し、モティリティの高い男性が遠くまで出かけ広域を探索して現金収入源を得る生活様式が形成された。夫婦一緒に川に沿って移動する遊動生活は困難になったが、現金経済により強く結びつき、それぞれ異なる活動を分担することで環境の変化に対処してきたのである。

冒頭でふれた日本や西欧における「近代家族」の成立は、ドムスや家業集団という異なる役割を担う人々の集まりという経済組織が崩れ、別の形で再編される過程だったと考えられる。それに対しバテッの場合は、元は一定の自律性をもつ人々が離合集散しながら暮らしており、ジェンダー役割を含め家内分業は明確でなく、特定の確固としたリーダーも存在しない面が平等主義の観点から着目されてきた（Endicott and Endicott 2008）。しかし環境の変化や新たな乗り物の導入によってモティリティの差が生じ、女性は経済的により男性に依存するようになったのと同時に、子どもの世話においては女性への依存が高まった。確固としたジェンダー役割といえるほどではないにせよ、個々に期待される役割がより明確化された形で夫婦と子どもの関係が強化されてきたと考えられる。次節では、こうしたなか彼らが築く「つながり」について、具体的なやり取りからみていきたい。

（21）生業活動も人間が生活に必要な物を手に入れる営みであり、人類学では生業経済（subsistence economy）として経済活動の一つとして分析されてきた。そのためここでは、財や貨幣と関わる活動に限定せずに「経済」という語を使う。

（22）二〇一〇年一〇月〜二〇一一年八月の間、基本的に毎月五〜七日間、男女三〜六人に対して朝八時〜夜九時までの活動を三〇分ごとに活動を観察しそれを記録して平均値を算出した。なお対象者が出かけていた場合などはインタビューで活動を確認した。

（23）季節変化や拠点滞在中とキャンプ中の詳細については河合（二〇二一）を参照のこと。

2 やり取りの場に立ち現れる関係

1……築かれる親族関係

バテッがふだん接する人々をどのように呼び合っているかを表1―2に示した。こうした呼称は互いのかかわり方を方向付ける働きがある。しかし彼らは生まれた時からこのような社会関係の網の目に位置付けられている訳ではなく、何等かの固有の位置づけをもった存在になるのは生後一定の期間を経過し命名されてからである。

近年は病院での出産も増えたが、多くの女性は母親など年長の女性に手助けしてもらって拠点やキャンプで出産する。そして生まれた子どもは、大体三ヶ月ほどして生存が見込まれると命名され、幼い間はこの「生まれ名」で皆に呼び捨てにされる。それと同時に親になった夫婦は子どもの生まれ名を使って「エイ誰々／ナ誰々（誰々の父／母）」と呼ばれるようになる。一方子どもはこうした男女を「パ（お父さん）」、「ナ（お母さん）」と呼び、「お腹がすいた」などと頼ることができる。

このような関係で結びついた人々を彼らは「クマン」といい、クマンは夫婦とその世話を受ける子どもだけでなく、父と子、母と子という場合にも用いられる「親子」を表す語である。また「エイ何々／ナ何々」という呼称は子どもの血縁に限定して使われる訳ではなく、名づけ前の子どもが出産女性とは異なる夫婦に渡され、

表1-2　呼称の一覧

名称	対応する日本語	説明
イエ（yeʔ）	私	
パ（paʔ）	父	
ナ（naʔ）	母	
バ（bah）	オジ	父/母の兄弟、父/母の姉妹の夫、親世代の男性
ブ（bəʔ）	オバ	父/母の姉妹、父/母の兄弟の妻、親世代の女性
タ（taʔ）	祖父	両親の父、祖父母世代の男性
ヤ（yaʔ）	祖母	両親の母、祖父母世代の女性
ト（toʔ）	兄、姉	兄、姉、エゴより年長の同世代
ベル（bɛr）	弟、妹	弟、妹、エゴより年少の同世代
クスイ（kəsij）	夫	
カネ（kəneh）	妻	
アワ（ʔawāʔ）	子ども	子ども、妻の子、夫の子
カンチョ（kaɲcɔʔ）	孫	孫、孫世代の人
クナッア（kənʔac）	義父母	夫/妻の父母、元夫/妻の父母
ムンサウ（mənsaw）		子の夫/妻、前夫/妻の子
ハバン（habaŋ）		夫/妻の兄弟姉妹、兄弟姉妹の夫/妻

命名された場合はその夫婦に対してこの呼称が用いられる。つまり、「エイ何々／ナ何々」、あるいは「パ」や「ナ」と呼ばれる夫婦はその子の日々の世話を中心的に担う大人であり、それを怠ると批判される。

一方で子どもはこうした男女から「アワ イエッ」と呼ばれることがある。「アワ」とは「子ども」という意味、「イエッ」は「私」、つまり「私の子ども」という意味だ。幼い子どもが危ないことをしていると「アワッ イエッ」と言いながら父や母が駆けつける姿をよく目にし、特に気にかけて世話をする関係であることが分かる。

皆に呼び捨てにされ男女一緒に遊ぶことの多かった子どもも、一〇代に入り別々に過ごす時間が増える思春期になると、「誰々の父／母」というテクノニミー式のニックネームを好むようになる。これは、生まれ名で呼び捨てにされるのは世話をしてもらう存在だという認識があり、そのように呼ばれるのを「恥ずかしい」と感じるためである。そして彼らは、ブ（オバ）やバ（オジ）、さらに友達を頼って父母と別の場所で生活する機会が増え、特に男性は他の村に長期間滞在することが増えていく。

そうした間にパートナーを見つけ寝床を共にする状態が続くと、彼らは「結婚した状態」になる。なおバテッ語で「結婚」は「テック ダ」と表現し、直訳すると「寝た（ダは完了を示すマーカー）」という意味である。そして女性が男性を「クスイ イェッ（私の夫）」、男性が女性を「カネ イェッ（私の妻）」と呼びあい、人々も彼らを「誰々の夫／妻」と表現するようになることで二人の関係は社会的に承認されていく。またこれを逆手にとって好きな相手に言及する際に「私の夫／妻」ということで好意を示す場合もある。

こうして寝床を共にし夫や妻と呼び合う二人に世話をする子どもが加わると、彼らは先述のとおり「誰々の父／母」とテクノニミーで呼ばれるようになる。なお子どもが複数の場合は、長子の名前を用いることが多い。また子どもには父や母が複数存在することもあり、これは死別や離別によって複数の大人が世話にかかわったためである。夫と妻の場合は新たな関係が過去の関係を抹消するのに対し、親子の場合は過去の関係が保たれたまま新しいつながりが結ばれるのである。

さらに子どもの世話には、先述のオジやオバに加え「タ／ヤ 誰々（誰々の祖父／祖母）」と呼ばれる人々もかかわる。こうした人々は、その子がある程度成長すると「カンチョ イェッ（私の孫）」とよんで、水汲みなどの用事を気軽に頼むことができる。なお「アワッ」が世話を受ける存在を意味するのに対し、祖父や祖母を表す「タ」や「ヤ」は成熟した大人を表し、肯定的な意味合いが強い。そのため彼らは、この「ヤ」や「タ」を用いて敬意や好意を抱く相手を「この年長男性／女性（タ／ヤバケスデ）」と表現することでそれとなく気持ちをほのめかしたりもする。

さらに年長者は孫が多数いることもあって、単に「あの年とったおじいさん／おばあさん（タ／ヤバケスオン）」と特定の子に結びつけずに言及されることもある。しかし同時に、こうした年長者を「ヤ／タモッ（あなたのおばあちゃん／おばあちゃん）」と親が子に説明することもあり、直系の血縁関係にない年長者でも下の世代と結びつけられる。この慣習によって「架空の親族関係」が築かれているとみることもできるが、先述のように研究者側が「架空」の親族と「本当」の親族という区別をするのではなく、柔軟に人々が築くつながりに着目すると、こうして相手を積極的に自らの親族関係に位置づける実践によって、彼らが広くつながりを築いてきたことが分かる（Benjamin 1985, 2012）[24]。

同様の実践は同世代でもみられる。村や拠点、あるいは森のキャンプであっても、同じ水場を共有する人々は生まれ名やテクノニミーで呼び合う仲であり、当人が血縁関係を辿れない場合でも、近しい年長者を「ト（兄／姉）」、年少者を「ベル（弟／妹）」と外部の人に説明し、食物の分かち合いもそうした関係のなかで行う。特にキャンプ中は「ハヤ」というほぼ屋根だけの「家」で寝起きし、その周りで獲物の調理や雑談、そして濡れた衣類からの着替えなどを行う（図1―5）。そのため、本当にプライベートな閉じた空間は寝る時に吊るす蚊

（24）なお、テクノニミーで呼び合ったり親族名称を拡張して使わない相手は、彼らにとってはバテッ（自らと同じ人）ではないので食べ物を分かち合うことはなく社会ネットワークにも位置づけられない。バテッにとっての親族名称は、相手が結婚可能な相手かということや、相手とどう関わるかといった社会関係の構築様式をゆるやかに定める指標ともいえるだろう。

帳の中だけともいえる。そしてキャンプ中はハヤの構造上の理由からメンバーが互いの様子を否応なく知ることになるのである。

一方村や拠点に滞在中はキャンプ時のように頻繁には移動しないため、耐久性のある高床式のハヤを作るか、政府支給のコンクリート家屋で過ごす。高床式のハヤを建てるようになったのは政府が村を設立した一九九〇年代からで、このハヤは壁があるので内部を見ることは出来ない。しかし、竹でできた壁や床には多くの隙間があり音が十分に伝わるため、誰かが夜中大きくせき込む音で目覚めることもあるし、大声で別のハヤの相手に「ホーイのお父さん、吹き矢の毒を持っているか」と尋ねることもある。

図1-5　森のキャンプにおけるハヤ

基本的に夫婦と子どもは同じハヤで寝起きするが、パートナーを亡くし歩行に杖が必要になった高齢のバテッは、自分の子ども（とくに娘）が暮らす拠点の使い古されたハヤで寝起きし、周りの人々に食べ物をもらったり洗濯を依頼したりして過ごす。老いると歩く速さはもちろん、日常生活にも独自のテンポがあるため、活発な幼い子が多いハヤでは落ち着かず、代謝が落ちて夜は寒いのでハヤ内部に自分専用の火をおこしてそばで寝起きしたいのである。

こうして利用される使い古しのハヤは、壁が壊れ取り払われている[25]（図1―6）。そのため、誰かが洗濯に行くのを見かけたら掛布を渡して洗濯を依頼できるし、何か食べている人を見かけたら欲しいと言えば分けてもらえる。また周りの人々は様子をみて食事を届けたり、薪を分けてあげることもある。他者の助けが必要な程

図1-6　年長女性が寝起きしていた「家」（ハヤ）

に老いたバテッは、呼称だけでなく日常生活においても特定の関係に固定されることなく様々な相手に世話をしてもらい、決まった人にケアの負担が集中することはない。これには彼らが広く拡張的につながりを築くことが関係する。しかしそれだけでなく、病気や怪我で回復できない場合は比較的短期間で死亡し、日常生活に他者の助けを必要とするまで長生きする人が少ないことも大きい。そのため、高齢や祖父母を表す「タ」や「ヤ」という語に「成熟した人」というイメージが保たれているのだろう。

2……暮らしの変化と分かち合い

老いた人だけでなく子どもの世話も「家族」や「親族」といった特定の人々に責任が求められがちな日本と比べると、彼らはより広くゆるやかに関係を築いているようにみえる。食べ物を分け合ったり世話をしたりする行為は規範と共に相互扶助の網の目として人々を結び付けているため、こうした行為に対して直接返礼を期待するのは野暮であり、返礼を求めると批判される。当事者間の助ける―助けられるという関係は「バテッで

(25)　誰も使っていないハヤの壁は、壊して火の焚きつけに使われるためである。壁がなくても普段の生活に問題はないが、大雨や嵐の際には近くの頑丈なハヤに避難する。

あるから」という一般化された理由によって支えられ、単純なその場限りの二者間の関係とは捉えられていない。

このようなやり取りを人類学者のサーリンズは、「一般化された互酬性（generalized reciprocity）」[26]という概念で捉えた（Sahlins 1972）。何かを与える―受けるというやり取りが一般化された文脈に位置付けられて実践されているためである。「互酬」という語の使い方に批判がありはするが、この見方は社会交渉にみられる関係を個々に切り離すことなくシステムとして捉えているため、バテッが築く関係の変化について考える参照軸にしてみたい。

少しこの「互酬性」の全体について述べると、返礼が意識されない「一般化された互酬性」の極の反対には略奪のような交渉が位置付けられ、それらは「否定的互酬性（negative reciprocity）」と概念化されている。もちろんこの場合当事者の関係も否定的で「仲間」ではない。そして、一般に「交換」と呼ばれるような等価のものを短期間でやり取りする交渉にみられる関係は「均衡のとれた互酬性（balanced reciprocity）」といわれるが、これらの違いは漸次的で明確に区切られるものではなく、おおくの中間領域を含む。

そしてバテッが現在キャンプや拠点メンバーで行うやり取りは、一般化された互酬性として理解できる。キャンプ中に獲れる大きい獲物はメンバーに分けられ、また村や拠点でも、調理中にニンニクや味の素など調味料を加えたいが手元にない、というような場合に「ナ・ピズィ（ピズィのお母さん）のところで味の素を探してきて（チャムアジバナピズィ）」と伝えると、子どもがそのハヤへ行き「味の素ある?・」あるいは「誰々が味の素を探している」と伝えて持ってくる。普段使う砥石やナベ、そして男性ならば吹矢の修理に使う樹脂や針に塗る毒、女性ならナベを磨く金タワシや洗剤なども、「ちょっと持ってきて（ボバカウレ）」と子どもに伝えて持ってきてもらうか、場合によっては自分で取りに行って「何々ある?」または「何々が欲しい」と伝えて分けてもらう。蚊帳や寝る時に使うマット(ゴザ)も、持ち主が不在なら別のハヤで生活する仲間が使うこともある。

しかし、全てのモノが常にこうした広い範囲でやり取りされる訳ではない。二節でみたように環境の変化とともに経済活動やモビリティが変化し、特定の場所を拠点化するなかで共に暮らすメンバーも固定化されつつある。また食事にもコメをはじめ多くの購入品を取り入れている。現在の彼らの食事は、炊いたコメの上に野草や肉や魚などの「おかず」をのせたものが基本であり、さらに朝、昼、夕の三回は砂糖のたっぷり入った甘い紅茶を飲む。こうしたコメや砂糖は保存がきくので買い物に出た際にまとめて購入し、家の隅に置いておいて必要な時に出して使う。沢山あっても他の世帯と分かち合うべきとはみなされていないのである。

そしてここに、世帯メンバーとそうでない相手との区別がみられる。世帯メンバーならばモティリティの高い夫が「仕事(クルジャ)」に出かけて得た収入でコメや砂糖を購入し、彼がいない間に妻や子どもがそれを消費しても問題ない。もちろん彼らは5章で八塚が述べるように狩猟や採集に一緒に出かけるなど協働した人々の間で分かち合いを行うこともあるが、「クスイ(夫)」や「カネ(妻)」、そして「アワッ(子ども)」と呼びあ

(26) サーリンズの「互酬性」の議論は、直接的な二者間のやりとりだけでなく、富が一カ所に集められたうえで人々に分配される再分配までをも視野に入れたものであり、モノやサービスの流れといった様々なやり取りを連続体として捉えるシステム論的な見方に基づく(Sahlins 1972)。本章では関係の変化と空間的側面を論じるために、「贈与」やモノを与え合うという意味の「互酬」ではなく、サーリンズの「互酬性」の議論を中心に用いた。なお、この「互酬性」をめぐる議論については第5章八塚の一節も参照されたい。

う人々のこうした依存関係にはまた別の論理も垣間見える。このような関係が、日常を共にするなかで構築されてきた「一般化された互酬性」を支える「つながり」だと考えられる。

しかしもちろん、こうした関係にない人々についても分けるか否かの判断は時と場合に応じてフレキシブルでもある。例えば収入がなくコメや砂糖を切らし、ヤムイモでは満足できない子どもがコメを食べたいとぐずることがある。そのような場合は、よその子の食事中に分けてもらうか、子どもがコメを食べたがっていると伝えて焚いたコメを皿に分けてもらう。また大人であっても、雑談の場でお茶があるか尋ね、「もう何日も砂糖入りのお茶を飲んでない」などと言いながらもらうこともある。他の調味料と同様に「もってくる」形で砂糖を分けてもらうことも多い。このようなやり取りでは、自らの「台所」の延長に他の「台所」が位置づけられているかのように所有が強く意識されずに、あるいはそれを上回る形で社会関係が前景化してやり取りがなされる。互いの関係や規範に支えられた、相手のモノを受け取る代わりに自分のモノを渡すという交換とは質の異なるやり取りである。「一般化された互酬性」の極により近いものといえるだろう。

ところで彼らの遊動性やメンバーの流動性と「一般化された互酬性」の関連について先述したが、サーリンズは定住社会における「互酬性」と親族・地縁集団（kinship-residential grouping）の関係をモデル化している。モデルということで粗削りではあるが、バテッの遊動性の変化と社会関係について検討するうえで参考になる。そのモデルでは、エゴの周りに、世帯、地域リネージ、村落、部族、他の部族と親密圏が広がっていく形で描かれ、中心近く、エゴの近くに暮らす親族とは頻繁に社会交渉が行われることで関係が「一般化された互酬性」の性質を帯びるという。しかし、中心から遠ざかり相手との物理的距離も離れるに従って交渉の性質はその場限りのものへと傾斜していき、「均衡化された互酬性」、さらには「否定的互酬性」へと変化していくという

(Sahlins 1972: 198–199)。遊動性の高い生活を送ってきたバテッの場合、このような空間的事情に縛られず多くの相手と「一般化された互酬性」のかたちで交渉することで移動を支える人間関係を維持・構築してきたのであり、それは年少者や年長者など他者の助けを必要とする人に柔軟に対応できる絆を築くことにもなった。

ところが拠点型生活に変化したことで共に暮らす人々の流動性が低下し、同じ拠点で暮らす人々とそれ以外の人々、というように差別化が生じた。これと共にサーリンズのモデルにみる地縁集団のような状況が生じているようである。例えば二〇一三年八月、普段バライ拠点で生活するフーイの母は子どもと一緒に村へ移動し、支給されたコンクリート家屋で寝起きしようとしていた。短期間の滞在だったため少量のコメとナベ、ヤカンを持って移動したが、砂糖を忘れていた。到着してお茶を飲もうとしたが砂糖がない。しかし村にいる人々は彼女が普段生活を共にするメンバーでなかったため、「砂糖を持って来る」のが躊躇われたようで、沸かしたお湯を前にお茶を飲むのを諦めた。そこに他の拠点に暮らす彼女のブ（オバ）であるホーイの母が到着し、お茶を催促した。「砂糖がないからお茶が飲めない」と伝えたところ、そのオバは「借りればいいでしょ」と言って、クンサウの母の家から砂糖をもらってきた。そして、この砂糖が後に返されることはなかった。

砂糖を分けたクンサウの母はフーイの母と同じくホーイの母をブ（オバ）と呼ぶので、クンサウの母とフーイの母は「イトコ」同士である。しかし彼らに「イトコ」を表す語はなく特別な関係とはみなされていない。またオバが発した「借りる（ピンジャン）」という語はマレー語であり、バテッ語には「借りる」という語は存在せず、「誰かのモノ」を使いたいならば「持ってくる（ボッ）」と表現するのが一般的である。

この事例からは、現金経済と強く関わるようになった影響と、日常生活を共にするメンバーが固定化されつつあることの影響が読み取れる。彼らは購入品を消費目的で「持ってくる」のが躊躇される場合にマレー語由来の「借りる」という語を使っており、フーイの母はクンサウの母から砂糖を分けてもらうことに躊躇したが、普段より同じ拠点で暮らすガガウの母からは砂糖を「持ってきて」使うことが頻繁にあった。ガガウの母はクンサウの母の姉なので、フーイの母にとっては両者ともに血縁的に同じ距離にある。しかし同じ拠点で長く生活するガガウの母は「つながり」のある相手として「一般化された互酬性」の形のやり取りがなされ、クンサウの母とはそれがなされなかった。

以前は様々なメンバーが入れ替わる遊動生活を送り、砂糖やコメのように保存可能な食物の利用が少なかったこともあり「一般化された互酬性」が広く保たれていたが、拠点型移動生活に変化した現在、人々のやり取りには意識の変化が読み取れる。世界各地の事例をもとに贈与について論じたモースは、クラン等の集団内では贈与はみられず人々は「自分を他から区別することを知らない」と述べたが、これは「一般化された互酬性」に関する指摘ともいえよう（モース 二〇一四［一九二四］：一九四）。「ボッ（持ってくる）」という形のやり取りには、こうした人々の関係が前提とされている。しかし別の拠点で暮らす人々の間ではその関係性が揺らぎ、相手と距離を感じると同時に購入品かつ保存可能という食物の性質から、従来のやり取りにきまり悪さを感じる状況が生じている。「借りる」というやり取りには、相手と自分の区別、つまりそのモノに対する所有や経済主体の個別性という感覚が垣間見える。しかしなぜ、バテッ語には「エーック（もらう／与える）」という語があるにも関わらず、マレー語由来の「ピンジャン（借りる／貸す）」を使うのだろうか。

これについては、やり取りと共に生成される関係が水平的な平等関係なのか、垂直的な上下関係なのか、という点が影響するのだろう。中川（二〇一一［一九九二］）は、三つの交換を挙げてその性質の違いを論じている。他人との間で行う売買、あるいは「厳格な互酬性」は経済的利益が第一目的である一方、モノを与える／受け取る「互酬性の欠如した」やり取りは上下関係を、モノを分かち合う「ゆるやかな互酬性」は友達関係という人間関係を生むことが重要であるという。そしてバテッの場合は相手からモノを受け取ることが「一般化された互酬性」としての「当たり前」ではなく、上下関係を生みだす「贈与」に感じられ、生じる負い目に対処するためにこの語を使うのだと考えられる。現金経済が関係する文脈で「ピンジャン」という語を使用するようになった人々の間では、「つながり」が薄れてきているのかもしれない。

3……関係の変化と夫婦と子ども

広く築かれてきた関係が変化しつつあることは、彼らが日本の「養子」と似たことを行うことにも表れている。実はこれまで、狩猟採集への依存や遊動性の高い社会においては「養子」の実践について報告されてこなかった。[27] バテッも同様で、家督のように継承される地位や相続される財が存在せず、年長者のケアも広く様々な人が関わるために、わざわざ特定の大人が養子を迎えてまで次の世代を必要とすることはなかった。一方で産後の肥立ちが悪いなどの理由で母親を失う乳幼児は一定数いるので、そうした場合は祖父母や母方の姉妹が中心となってその子を育ててきた。

ところが近年これとは異なり、子をもたない夫婦が世話をするための子どもを求めもらい受けるようになっている。表1―3に二〇〇五～二〇一八年に生物学的両親とみられる夫婦とは異なる夫婦に育てられた子ども

(27) 狩猟採集民のなかでも例外的にイヌイトは養子の慣習があることが以前から報告されてきた。

表1-3　子を「もってくる」実践の詳細

子どもの詳細	受入れ夫婦（と子ども）の詳細	送り出し夫婦と子どもの詳細	両夫婦の関係	受け入れ理由
2009年生男児	夫40代、妻40代、娘2人、息子1人	夫20代、妻20代、息子2人	姪とオバ	父親が育児を放棄
2015年生女児	夫30代、妻20代	夫30代、妻30代、娘2人、息子1人	とくになし	子どもが欲しい
2014年生女児	夫20代、妻20代	夫30代、妻30代、息子1人、娘2人	とくになし	子どもが欲しい（特に妻が希望）
2016年生男児	夫30代、妻30代	夫40代、妻30代、娘4人、息子2人	家が隣同士	子どもが欲しい

四人の詳細を示した。彼らに「養子」という名詞は存在せず、こうした子については「持ってきた／行った（ボッアワッ）」と表現する。なおこの「ボッ」という語は先述のように『持っていく』だけでなく「持ってくる」場合も表す語で、モノや人を移動させる行為を示す。

四例中三例は子をやり取りした夫婦の関係はオジ・オバや兄弟姉妹ではなく、「子どもが欲しい」と思っていた二〇～三〇代の夫婦が、生後数日～数か月の乳児をもらい受けていた。残る一例は、「自分の子でない」という理由で夫が世話を拒んだために妻のオバが引き取ったというものであり、これは妻方の親族が中心となって育てるこれまでの事例に類似する。なお、これら四件全てにおいて、親となった夫婦も周りの人々も当人の前で誰が生みの親であるかについて隠すことなく話題にする。もちろん本人も自分の産みの親が誰であるか知ってはいるが、ふだん世話をしてくれる男女を「父／母」と呼んで成長する。

やり取りの背景をみてみると、オバが親になった例を除く三件は、親になった夫婦は既に数年間共に生活したが、子どもが生まれなかったという。クアラ・コには身体的理由から生殖に関われない人がおり、こうした夫婦の片方はそうした不妊の人だと考えられていた。(28) 彼らにとって「誰々の父／母」とテクノニミーで呼ばれることは成熟した一人前の大人である証なので、実際に子をもつことは一定の重要性がありはするが、子を持たない大人にもテクノニミー式の名前を使っているので、それ以外の理由もあると考えられる。北米の事例ではあるが、一九五〇年代頃からの養子は、相続といった理由よりも子をもたないカップルが「普通の家族」になりたいという気持ちから行われており、養子をとることが夫婦の社会的位置づけや自己認識と関係することが指摘されている（Howell 2009）。先の三例の背景にも、子をもつ夫婦が「普通である」というような認識があるのだろう。

また特に女性は男性が森林産物獲得キャンプに出かけている間、独りで過ごすのが寂しい、「子どもがいれば、寝るときや食事をするのも独りではなく、水浴びにも子どもを連れて行ける」と語っていた。筆者も経験があるが、ススのついた鍋を独り水場でこすり続けるのは少々心細く、夫婦一緒に水場に行くのでないならば、友達を誘うか子どもを連れて行くのが一般的である。男女のモビリティに大きな変化が生じ夫婦別々の時間が増えたことも、子どもをもらい受けようと思った背景にあるのだろう。なおその子を出産した女性も同じ場所で生活しているので、生後数か月であっても頻繁にミルクをもらいに行け、夜は粉ミルクを与えて育てられる。他方、子どもをあげた夫婦は既に三人以上の子の世話をしており、これ以上の子どもの世話をするのは負担だと感じていた。経済活動とモティリティの変化に伴い、広く築かれてきたネットワークが変化し夫婦と子どもの間に特殊で相互依存のあるつながりが生じるなか、それを理想とし子どもをもらい受ける夫婦もいるのだろう。

（28）バテッ語で「マノール」（マレー語でmandul）といい、男性不妊も女性不妊も同じ語を使う。一九七〇年代後半〜一九八〇年代初頭生まれの世代に多く、幼児期の感染症の影響だという。また、子どもをもらい受けた後に夫婦の間に子が誕生したケースもあるので、全員が不妊なのかは定かでない。

広範な親族関係から、個別化した濃淡のある関係へという変化は、政府支給のコンクリート家屋が普及するにつれて進行するかもしれない。こうした家屋は内部の様子が分かりにくく、鍵をかけることもできる(図1—7)。気軽に調味料を「持って来る」ことが難しくなるし、木陰のある森のキャンプや拠点とは異なり、木々が大きく取り払われた空間は暑く、気軽に談話の時間ももてない。コンクリート家屋で寝起きすると腰や体が痛くなるため、年長者は高床式の家をつくって寝起きしている。しかしそうした家をつくる空間さえなくなると、他者の助けが必要になった人はコンクリートでつくられたハヤ(家屋)のなか、限られた人の目にしかつかなくなり、特定の人々に世話も集中するようになるのだろう。拡張的に築かれてきた関係が、「近代家族」のように閉じられたものに変化していく可能性もある。

図1-7　村に建てられたハヤ(政府支給の家屋)

おわりに

本章ではバテッの「家族」や「親族」について、「つながり」という観点から経済やモティリティの変化に着目して考察してきた。川に沿って移動し離合集散する遊動生活を営んでいた頃は仲買人が外部経済との仲介を果たしており、男女ともにトウ採集に従事すると共に野生動植物への依存も高かった。そしてバテッならば分かち合いをするという規範意識と、多くの食物を携帯しない頻繁な移動のもとで、様々な人と食物を分かち合って拡張的に親族関係を築いていた。現在でもこの傾向は親を亡くした子や高齢者の世話、そして「持ってきて」というモノのやり取りにみることができる。

しかし、環境が変化し直接的に現金経済に関わるようになったことで、年に数回のキャンプを除くと、男性は現金獲得活動のために遠くへ出かけ女性と子どもは拠点でコメを消費して過ごすという拠点型生活に変化した。そうしたなか、普段異なる拠点で生活する人々が購入食物のやり取りに躊躇して「ピンジャン」という語を使ったり、子どものいない夫婦が子どもをもらい受けるようになっている。血縁や婚姻関係が一定の影響をもちつつも、それらの近縁性と人々が築くつながりは必ずしも一致せず、同じ拠点に暮らす人々の交渉の重要性が増すと同時に夫婦と子どもというまとまりが明確になりつつある。所有権が意識されずにモノをやり取りする「一般化された互酬性」においては社会関係がモノの流れを支えていると指摘されてきたが、そうしたやりとりを広範に支えてきた社会関係が変化していることが分かる（Sahlins 1972）。

バテッは現金経済への依存を高めることで森林の減少に対処したが、資源と人口のバランスが崩れると「一般化された互酬性」の範囲が狭められ小規模な経済単位が強固になる傾向がある。広く食物を再分配していたオセアニアのビッグマン社会[29]では飢饉が生じると分配の範囲が世帯や家族にまで狭められ、またとある牧畜民でも人口増加が進むと共有財であった家畜が世帯ないし家族の所有財に変化したという（Sahlins 1972）。バテッの場合は現金経済という広い社会システムに接合すると同時に遊動性とメンバーの流動性が低下したことで、拠点メンバーや「夫婦と子ども」という特定の関係が強化されたとまとめられよう。

第6章において貝ヶ石は、霊長類学における「寛容性」の使用法を整理し、この語が①相手に資源を譲るか否かといった個体どうしの関係と、②優劣関係（順位）の厳格さといった社会の特性、という異なる文脈で使用されてきたことを指摘し、優劣関係の緩やかな社会が寛容ないし平等主義的（egalitarian）とされてきたと説明する。人類学における議論と照らし合わせると、①は食物の分かち合い、②は社会階層や階級に関連する議論といえ、狩猟採集民のようなバンドはどちらにおいても「平等主義的」な社会と捉えられてきた。

「つながり」や「一般化された互酬性」との関連からこれらの議論について考えてみると、特定の個体間で頻繁に資源を譲り合うが他の個体とはそれがみられないというような差異があるかが鍵であり、こうした方法は河合香吏らが論じる「相互行為からのアプローチ」と重なるものである（河合・竹ノ下・大村 二〇二三）。それと同時に、ヒト以外の霊長類が資源を「譲る」状態とヒトが資源を「分かち合う」状態の異同についても詳細に検討する必要がある。また、ニホンザルであっても地域や集団によって寛容性が異なるのなら、資源と人口のバランスという観点から比較するとヒトと同様の傾向がみられるのかという点や、あるいはバテッの広範な分かち合い場合は遊動性や集団メンバーの流動性が大きな意味をもっていたことから、ニホンザルの「寛容性」もこれらと関係するのかという点もヒトの社会性や霊長類の社会性について考えるための比較軸になりうると考える。

バテッの話に戻ると、「ピンジャン（借りる／貸す）」という語の使用に加えて今後彼らが、「親子」を表す「クマン」を「夫婦とその子ども」という意味で使うようになったりマレー語の「keluarga（家族）」を使用したりするようになるのかをみていく必要がある。なぜなら、「一般化された互酬性」として理解されるモノのやり取りは集団内の連帯をうみ社会を統一する働きを担うが、単なる交換は集団間の関係や対称性を再生産するのみであると指摘されてきたためである（Polanyi 1957）。食物を広く分かち合いあい拡張的に関係を築く平等主義とされてきた人々も、互いを完全に切り離された別個の経済主体と認識するようになり貧富の差が生じていくのか、それとも別の規範が働くのかは日本社会について考えるうえでも参考になるだろう。

現金経済と深く関わるようになったインドネシアの先住民コミュニティでは、カカオブームを通じて土地の所有者と労働者という資本主義的関係が内部に生じたという（Li 2014）。雇用者―労働者のあいだには血縁・婚姻関係で繋がった人々も存在する。しかし財は家庭ごとに相続されるようになり、土地の所有という生産手段の私有化と相まって特定の人々の関係を強化した。他方それ以外の人々とは、労働力さえも均衡化された互酬性の下で取引されるようになり、コミュニティ内の平準化には結びつかなかったという。階層性のない平等主義的といわれてきたバテッの社会も、いつの日かこのように変化するのであろうか。

参考・参照文献

アリエス、フィリップ（一九八〇）『〈子供〉の誕生――アンシァン・レジーム期の子供と家族生活』杉山光信・杉山恵美子訳、みすず書房。

上野千鶴子（一九九〇）『家父長制と資本制：マルクス主義フェミニズムの地平』岩波書店。

（29）ビッグマンという威信を得たリーダーが存在する社会。その地位は世襲的ではなく、人々に富を再分配したり調停を行ったりする政治能力によって承認される。こうした社会は再分配といった平準化機構が働き階層化が留められると論じられてきた。

――（二〇二〇）『近代家族の成立と終焉』岩波書店。

落合恵美子（一九八九）『近代家族とフェミニズム』勁草書房。

河合文（二〇二一）『川筋の遊動民バテッ――マレー半島の熱帯林を生きる狩猟採集民』京都大学学術出版会。

河合香吏・竹ノ下祐二・大村敬一編（二〇二三）『新・方法序説――人類社会の進化に迫る認識と方法』京都大学学術出版会。

口蔵幸雄（一九九六）『吹矢と精霊』東京大学出版会。

口蔵幸雄（二〇一三）「マレーシア半島部の1970年代における狩猟採集集団の生業戦略――BatekとSemaq Beriの「混合経済」の比較」『岐阜大学地域科学部研究報告』三四：三一―七七。

中川敏（二〇一一［一九九二］）『交換の民族誌――あるいは犬好きのための人類学入門』世界思想社。

バーナード、アラン（二〇〇五）『人類学の歴史と理論』鈴木清史訳、明石書店（Alan Barnard (2000) *History and Theory in Anthropology*. Cambridge University Press.）。

ブルデュー、ピエール（二〇〇七）『結婚戦略――家族と階級の再生産』丸山茂・小島宏・須田文明訳、藤原書店。

ブローデル、フェルナン（一九八六）『物質文明・経済・資本主義Ⅱ 15-18世紀――交換のはたらき1』山本淳一訳、みすず書房。

ブローデル、フェルナン（一九八八）『物質文明・経済・資本主義Ⅱ 15-18世紀――交換のはたらき2』山本淳一訳、みすず書房。

ポランニー、カール（二〇〇九）『大転換――市場社会の形成と崩壊』野口健彦・栖原学訳、東洋経済新報社（Polanyi, Karl. (1942) *The Great Transformation: The Political and Economic Origins of Our Time.*）。

モース、マルセル（二〇一四）『贈与論』森山工訳、岩波書店。

モルガン、L・H（二〇〇三）『古代社会』（上下）、青山道夫訳、岩波文庫（Morgan, H. Lewis. (1877) *Ancient Society*. Henry Holt and Company.）。

山田昌弘（一九九四）『近代家族のゆくえ――家族と愛情のパラドックス』新曜社。

Abdullah, Khadizan and Yaacob Abdul Razak. (1974) *Pasir Lenggi: A Bateq Negrito Resettlement Area in Ulu Kelantan*. Pulau Pinang: School of Comparative Social Science Univiersiti Sains Malaysia.

Barrett, A. Richard. (1989) "The Paradoxical Anthropology of Leslie White." *American Anthropologist* 91, 4: 986–999.

Benjamin, Geoffrey. (1985) "In the Long Term: Three Themes in Malayan Cultural Ecology." In Karl L. Hutterer, Terry A. Rambo, and George Lovelace (eds.) *Cultural Values and Human Ecology in Southeast Asia*, pp. 219–278. Ann Arbor: University of Michigan Press.

Benjamin, Geoffrey. (2012) "The Aslian Languages of Malaysia and Thailand: an assessment." In S. McGill and P. Austin (eds.) *Language Documentation and Description*, vol.11. pp.136–230. London: SOAS.

Childe, V. Gordon. (1946) "Archaeology and Anthropology." *Southwestern Journal of Anthropology*, 2: 243–251.

Childe, V. Gordon. (1951) *Social Evolution*. London: WATTS & CO.

Endicott, Kirk. (1979) *Batek Negrito Religion: The World-view and Rituals of a Hunting and Gathering People of Peninsular Malaysia*. Oxford: Oxford University Press.

Endicott, Kirk. (1984) "The Economy of the Batek of Malaysia: Annual and Historical Perspectives." *Research in Economic Anthropology*, 6: 29–52.

Endicott, Kirk and Karen Endicott. (2008) *The Headman was a Women: The Gender Egalitarian Batek of Malaysia*. Long Grove: Waveland Press.

Flandrin, Jean. (2009) [1979] *Families in Former Times: Kinship, Household and Sexuality*. Cambridge University Press.

Howell, Signe. (2009) "Adoption of the Unrelated Child: Some Challenges to the Anthropological Study of Kinship." *Annual Review of Anthropology*, 38: 149–166.

Kaufmann, Cincent. (2002) *Re-Thinking Mobility: Contemporary Sociology*. Aldershot: Ashgate.

Lavenda, Robert H. and Emily A. Schultz. (2020) *Concepts in Cultural Anthropology* 7th Edition. Oxford: Oxford University Press.

Li, Tania Murray. (2014) *Land's End: Capitalist Relations on an Indigenous Frontier*. Durham: Duke University Press.

Parkin, Robert and Linda Ston. (2004) *Kinship and Family: An Anthropological Reader*. Oxford: Blackwell Publishing.

Polanyi, Karl. (1957) "The Economy as Instituted Process." In Karl Polanyi, Conrad M. Arensberg, and Harry W. Pearson. (eds.) *Trade and Market in the Early Empires*, pp.243–270. Glencoe: The Free Press.（カール・ポランニー（1975）「制度化された過程としての経済」『経済の文明史』玉野井芳郎・平野健一郎訳、二五九―二九八頁、日本経済新聞社）

Sahlins, Murshall. (1972) Stone Age Economics. Chicago: Aldine.（マーシャル・サーリンズ（一九八四）『石器時代の経済学』山内昶訳、法政大学出版局）

Sahlins, D. Marshall., and Elman R. Service, Thomas G. Harding, and David Kaplan. (1960) *Evolution and Culture*. Ann Arbor: University of Michigan Press.

Stanley, G. Eric. (2008) "The familia in Anglo-Saxon society: 'Household', rather than "family, home life" as now understood." *Anglia-Seitschrift fur Englische Philologie*, 126 (1): 37–64.

Saller, P. Richard. (1984) ""Familia, Domus", and the Roman Conception of the Family." *Phoenix*, 38, 4: 336–355.

Steward, H. Julian. (1953) "Evolution and Progress." In A.L. Kroeber. (ed.) *Anthropology Today*, pp. 313–326. Chicago: University of Chicago Press.

Townsend, K. Patricia. (2018) *Environmental Anthropology: From Pigs to Politics* (Third Edition), Long Grove: Waveland Press.（パトリシア・K・タウンゼンド（二〇〇四）『環境人類学を学ぶ人のために』岸上伸啓・佐藤吉文訳、世界思想社）

White, A. Leslie. (1943) "Energy and the Evolution of Culture." *American Anthropologist* 45, 3: 335–356.

Woodburn, James. (1982) "Egalitarian Societies." *Man*, 17 (3): 431–451.

——— (1998) "'Sharing is not a form of exchange': an analysis of property-sharing in immediate-return hunter-gatherer societies." In C.M. Hann (ed.) *Property Relations: Renewing the Anthropological Tradition*. Cambridge: Cambridge University Press.

——— (2005) "Egalitarian societies revisited." In Thomas Widlok and Wolde Gossa Tadesse (eds.) *Property and Equality: Ritualization, Sharing, Egalitarianism*. Oxford: Berghn Books.

第2章

組みかわる境界

——ニホンザルのオスの空間的まとまりと相互行為

川添達朗

はじめに

ヒトを含め霊長類は様々な形の集団を形成している。非ヒト霊長類（以下、霊長類）においては、家系や群れ、地域個体群、ヒトでは家族や親族、地域集団、さらには国家など、さまざまなレベルの集団がみられる。そこでは、性、年齢、血縁（遺伝子構造）、体の大きさ、性格、経験など様々な異なる背景を持つ他者（他個体）が、互いに関係を持たない独立した存在としてただそこにいる（共在）わけではなく、友好的あるいは敵対的／競合的な直接的な関わりや、時には無視や無反応といった明示的ではない関わりをもちながら共存している。

霊長類は、空間的に凝集し安定したメンバー構成を持つ群れをつくり、群れを構成する個体数やオスとメスの人口学的な比率と凝集性のパターンにより、社会組織とよばれる社会の類型化が行われてきている（Kappeler and van Schaik 2002）。このような霊長類社会を類型化する試みからは、霊長類の群れやその境界が自明なものとしてとらえられがちであるが実態はそうではない。群れを移籍する個体は、群れの安定したメンバーとみなせるのかどうか明確ではないことがあるし、群れの外で生活する個体同士の関わりも決して一様ではない。

本章では、群れを移籍するニホンザルのオスを対象として、その社会の概観を紹介するとともに、空間的なまとまりや相互行為の実態を紹介する。これは、類型化された社会を参照しつつ、それに固定されない動的な側面に迫る試みである。社会の類型化は、ある種が持つ社会の概観や全体像のようないわば静的な状態を提示する視点であり、一方、相互行為は、まさに今ここで現場をともにしている個体同士で繰り広げられる個別具体的な動的な現象である。相互行為の積み重ねによって全体の特徴が浮かび上がり類型化が可能になるし、全体の類型をもとに相互行為を観察できるようになる。この全体性と現場性という社会をめぐる二つの視点は、互いに独立なものではなく往還的なものであるが、その点は十分には意識されていないように思う。類型化された社会を素地として相互行為のプロセスを詳細に記述することで、相互行為が起きている現場と社会の全体とのつながりが見えてくるはずである。

1 霊長類の社会の類型化

1……社会組織と社会分散

霊長類の社会を特徴づける要素として、社会組織、社会構造、配偶形態の三つを挙げることができる(1) (Kappeler and van Schaik 2002)。これらのなかで社会組織は、霊長類の生活の基本単位である群れの「かたち」を、群れ内のオスとメスの人口構造によって分類する考え方である。群れにいるオスとメスがそれぞれ一頭だけであるか

(1) これらの他に、親による育児形態を要素として加える考え方もある。そのような考え方や、社会組織、社会構造については第10章の西川がより詳細に紹介している。

それとも複数頭いるのかによって、単独、ペア、単雄複雌、複雄単雌、複雄複雌の五つのパターンに分類することができる。現生霊長類に最も多くみられるのは一頭のオスと複数頭のメスからなる単雄複雌（ハーレム型）であるが、本章で取り上げるニホンザルは複数頭のオスと複数頭のメスが群れをつくる複雄複雌の社会である。

社会の「かたち」を考えるときにもう一つ重要になってくるのが、オスとメスどちらの性が群れから移出するかという分散の問題である。ニホンザルに限らず、ほとんどの哺乳類でオスかメスもしくは両方の性が、性成熟にともなって生まれた群れ（出自群）から移出することが知られており、このような移出のパターンは社会分散と呼ばれている。例えばニホンザルの場合、メスは生まれてから死ぬまで生涯を通して同じ群れに居続け、群れ内に母―娘関係を中心とした家系集団が存在するのに対し、オスは性成熟を迎える五歳ころに出自群から移出し、他の群れに移入したりどの群れにも加わらない群れ外オスとして生活したりすることになる（Sugiyama 1976; Nishida 1966; 川添 二〇一七）。このように、メスが出自群に残りオスが移出入するような分散の仕方は母系と呼ばれている[2][3]。それとは逆に、チンパンジーのようにオスが出自群に残りメスが分散するようなパターンが父系である。このような分散は群れ内での近親交配を防ぐことに寄与しているといわれている[4]。

2……オスの生活史

前節で紹介したように、ニホンザルは母系の複雄複雌という社会に類型化されている。性成熟を迎えるころに出自群を離れたオスは、他の群れに移入し群れオスとなるか、群れ外オスとしてどこの群れにも加わらずに生活する。群れ外オスのうち、ある個体は他の群れ外オスと一緒にオスグループと呼ばれる同性集団を形成し、またある個体は集団を作らずヒトリザルとして単独で生活する。そして、他の群れに移入して群れオスになったとしても、約三年程度その群れに滞在したあと（Sprague et al. 1998）、再び群れを離れ、群れ外オスとして過ごすか、さらに他の群れへの移籍を繰り返すと考えられている。このように、オスが絶えず移出入することによって、その時々の群れのメンバー構成や群れ外オスの顔ぶれ、社会的なかかわりをもつ個体は変わり続ける。かつて餌付け群での研究が主だったころには、オスの移籍は稀な現象と考えられたこともあったが、現在では、群れ外オスとしてどの群れにも属さない期間は、多くのオス個体が経験する、生活史におけるごく一般的な状態であるとみなされている。

3……集団と境界――共にいることと相互行為のつながり

これまで紹介してきたようなニホンザルの社会組織と分散、オスの生活史を模式的に表したのが、図2―1である。この図はニホンザルの場合であって、同じようにチンパンジーの社会やオランウータンの社会を模式

（2）ハナレザルやヒトリオスと呼称されることもある。
（3）霊長類の社会の類型化において母系／父系という概念は、オスとメスどちらの性が出自群にとどまるかということを表している。財の継承の原則などに焦点を置いた、人類学にみられる母系／父系という概念とは指し示すものが異なっていることには留意が必要である。
（4）出自群を移出しないケースや出自群内で子どもを出産するケースも報告されている。本書の第8章で松本が、父系であるチンパンジーのメスが出自群にとどまる事例について報告を行っている。

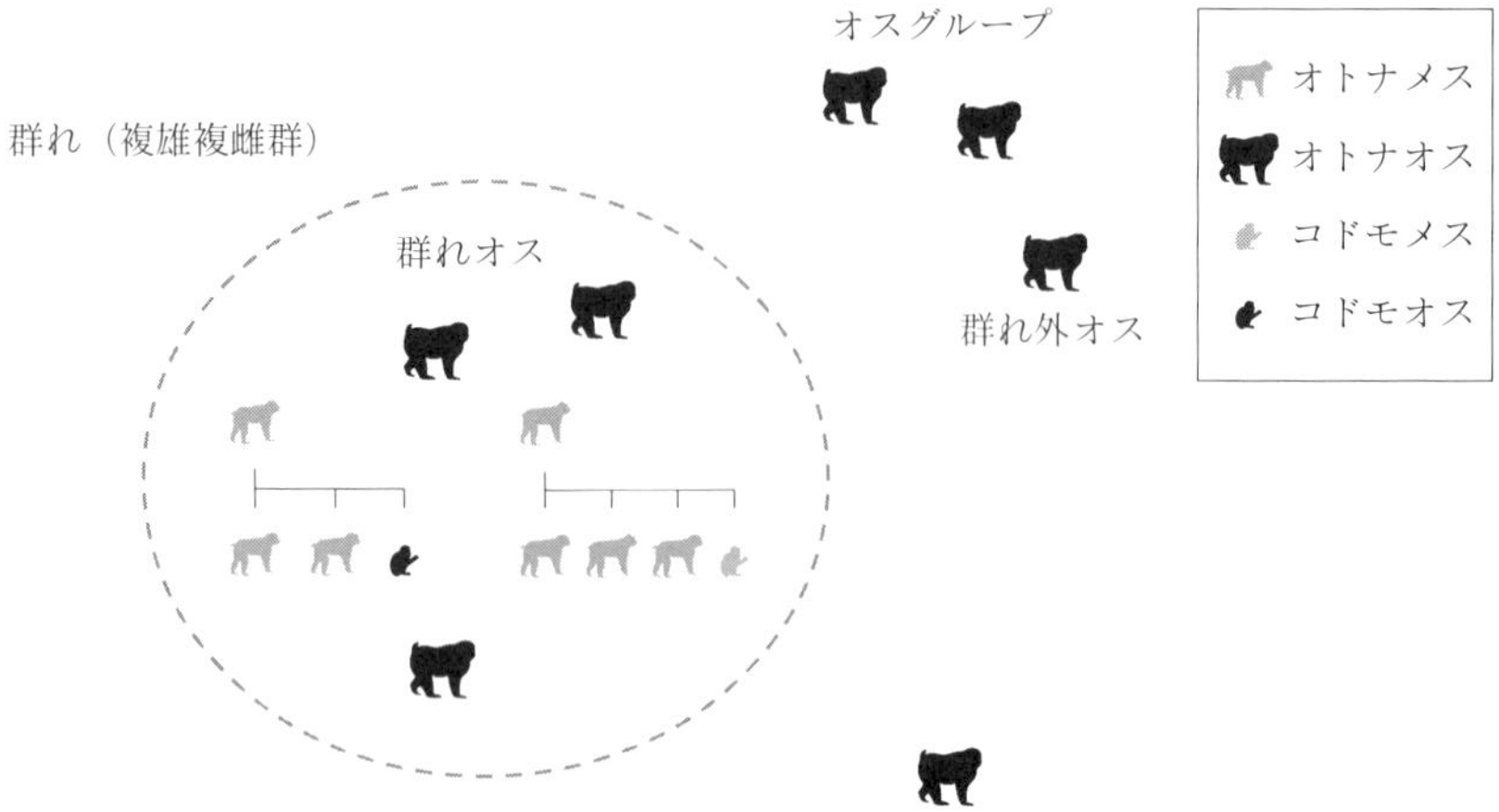

図2-1　ニホンザルの群れの模式図。複雄複雌の群れを作り、オスは性成熟にともなって出自群から移出する。

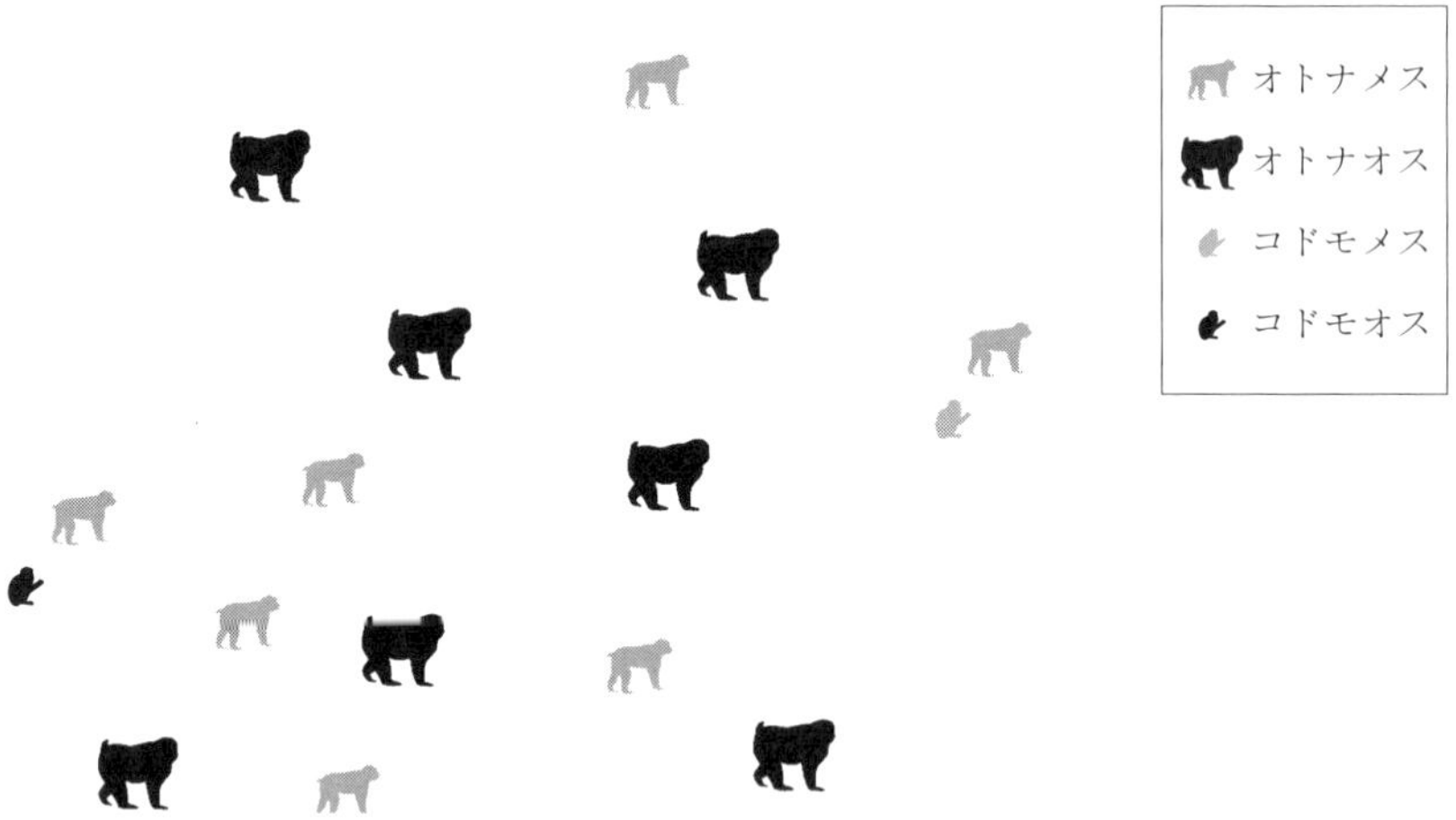

図2-2　図2-1の模式図から、群れの境界を示す点線を削除し、個体の配置を変更したもの。

的に示すことができる。このような図を提示されると、なるほどニホンザルは群れを作ってその内部には血縁でつながったメスたちがいるのだなと思ったり、オスのなかには群れの外でオスグループを作っていることがあるのだなと理解したりするだろう。しかし、霊長類を対象とした研究者がフィールドという現場で見ているものは、この図のように明確な境界をもった集団ではない。実際にフィールドで複数頭のニホンザルを目の前にしたとき、だれとだれが血縁関係にあるのか、だれが群れのオスでだれが群れ外のオスなのか、どこまでを一つの群れとしてとらえたらいいのか、すぐにその判断ができるわけではない。

図2―2は、図2―1から群れの境界を取り払い、個体の配置を若干変更したものである。こうなると、どこに群れの境界があったのかわからなくなる。群れのメンバーと判断できないオスが群れの近くで観察される(Sprague et al. 1998)ことがあるように、フィールドで実際に私たちが目にしている状況は、むしろこちらの図に近いのではないだろうか。もちろん、ニホンザルの社会を模式的に示した図2―1が間違っているというわけではない。フィールドという現場での見え方が、必ずしも模式的に示される類型化された社会とパラレルではないということである。

そもそもこのような集団の模式図はどのようにして描かれるのだろうか。霊長類の群れやオスグループのような集団を顕在化させるものとして、空間的なまとまりとそこでの親和的な社会関係の二つが考えられる。つまり、安定したメンバーとみなせるくらいに複数頭が近くにいる状態が維持され、そこにおいて毛づくろいなどの親和的な社会交渉が行われることが肝要である。

例えばニホンザルの群れの場合、採食や休息の時には多くの個体が同じ場所にいることがよくあるし、観察を一日中つづけるなかで誰がいたのかという出欠記録を付けていくと、ほとんど連日同じ顔ぶれになる。このような個体たちは、安定したメンバー構成をもつ集団（群れ）を作っているとみなすことができる。メスを含む複数頭と安定したメンバー構成を持つ集団を作るのが群れオスであり、一方で群れ外オスは群れのメンバーの近くで見つかることもあるがその機会は少ない。さらに群れ外オス同士がつくるオスグループに至っては、数か月という長期的な視点で見れば一定のメンバー構成を持つが、日々の観察においては、一緒に行動しているメンバーに決まりはなく、群れに比べるとその流動性が高いという特徴がある。

親和的な社会交渉は集団内の多くのメンバー間で見られるが、必ずしもすべてのメンバー同士が毛づくろいのような親和的な相互行為を行うわけではない。集団に含まれる個体数が増えると、時間的な制約もありすべての個体と毛づくろいをするわけにもいかなくなる。このように集団の中には、一緒にいるけれども親和的な関係が希薄な個体同士がいることがあり、誰と誰が親和的な相互行為を行っているのかというネットワークを描くと、互いに近くにいるという空間のまとまりと相互行為のつながりから描かれるまとまりが必ずしも一致するわけではない。複数頭のニホンザルがいる群居という状態の中に群れやオスグループという社会的なまとまりがあることに疑いはない。それは、何頭ものニホンザルがランダムにそこにいるのではなく、空間的なまとまりや相互行為のつながりのなかに境界を見出すことができるからではないだろうか。また、メンバーの流動性が高いオスグループの相互行為を検討するには、その行為が起きている現場一つ一つに注目する必要がある。

本章では、このような一緒にいる／いないから浮かび上がる空間的な境界と、相互行為をする／しないから抽出される相互行為の境界を、ニホンザルのオスの観察から検討していく。また、自然科学でよく採用されるように、得られたデータをひとまとめにして全体の傾向を探るのではなく、一つ一つの事例をもとに空間的なまとまりと相互行為のプロセスの詳細について議論する。

2 調査対象

1……調査地の概要

宮城県東部、太平洋に突き出た牡鹿半島の先端にある港町鮎川を定期船で出発し、半島を南からぐるりと回ると洋上に突き出た標高四四四メートルの小さな島、金華山島が見えてくる（図2―3）。金華山は青森県恐山、山形県出羽三山とならぶ東奥三大霊場の一つとして古くから島全域が信仰の対象であり、かつては女人禁制の地であった。そのような宗教的な理由もあり、戦後のわずかな期間を除いて、狩猟や大規模な森林伐採は行われておらず、島の動物相や東北地方太平洋岸によく見られる植物相が保たれている。通常の森林では、樹木が強風や枯死によって倒れると、自生している若木や幼木が生育し新しい樹木個体に置き換わる森林更新が起きる。しかし、面積わずか一〇平方キロメートルの島にはニホンザルの他にニホンジカ（*Cervus nippon*）が高密度で生息しており、彼らが草本や芽生えたばかりの実生を好んで食べるためにこのような森林の更新がおきず、地表近くの下層植生は乏しくなっている（図2―4：Takatsuki & Gorai 1994）。島の植生は垂直的に変化し、クロマツ（*Pinus thunbergii*）やモミ（*Abies firma*）などの針葉樹帯、その上には、ケヤキ（*Zelkova serrata*）やシデ（*Carpinus* spp.）、さらに標高が高い地域にはブナ（*Fagus crenata*）が優占する落葉広葉樹林が広がっている。そのため、秋から冬に

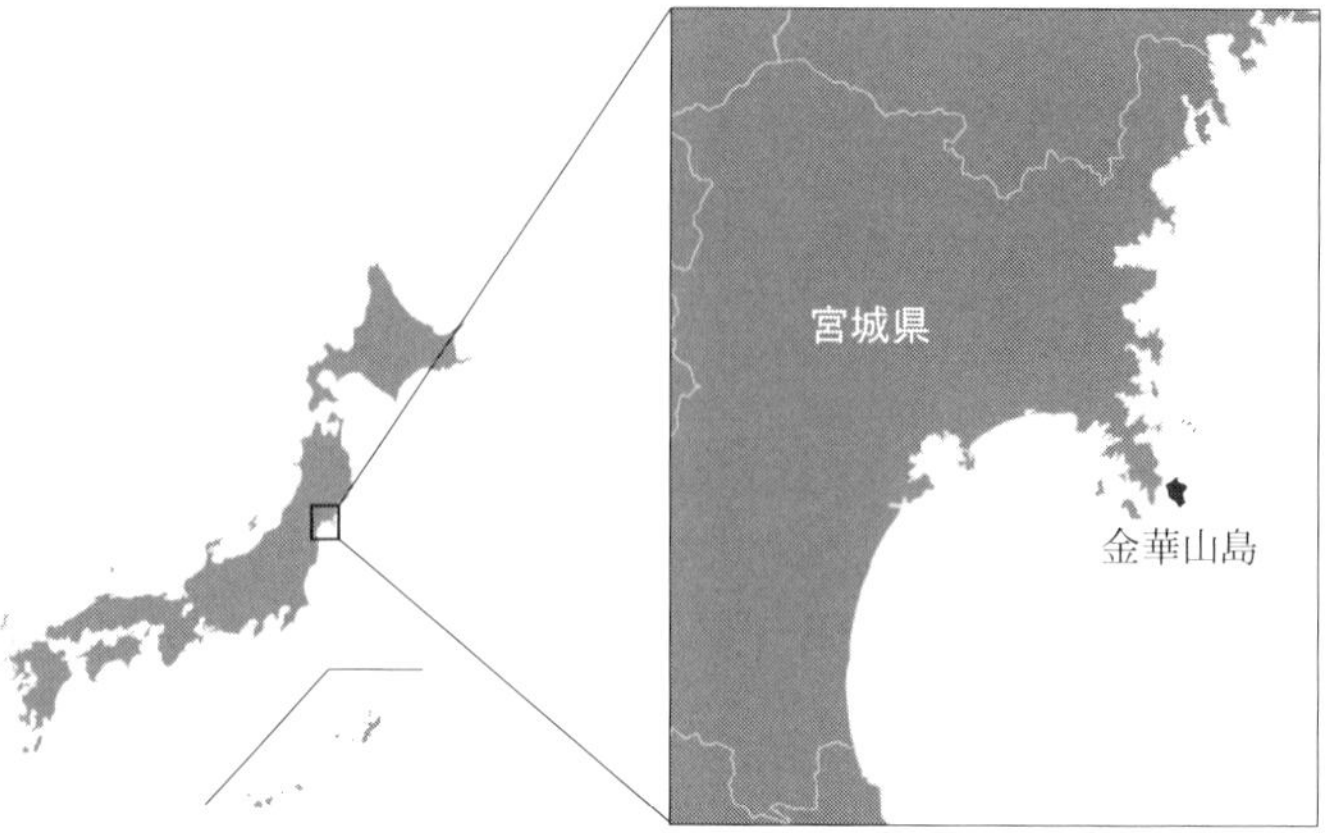

図2-3　本章で紹介する調査を実施した宮城県金華山島の位置

かけて、島内のほとんどの場所で木々は落葉する。このような金華山島の植生は地表近くだけでなく季節によっては樹上でも、ニホンザルや観察者にとって非常に開けた視野をもたらすことになる。金華山島と同じくニホンザルの長期調査地である鹿児島県屋久島の西部沿岸部には常緑の亜熱帯性森林が広がっていて、森林内での視界が一六〜二二メートル（中央値：二〇メートル）であったのに対し、金華山島では三五〜五六メートル（中央値：四二メートル）もあり、ニホンザル同士あるいは観察者がニホンザルを視認できる範囲が異なっている（Koda and Shimooka 2008）。金華山島ではこの範囲が広いこともあり、少数で行動することが多いオスの追跡や観察が他の地域に比べると行いやすいという特徴がある。

2……調査の方法と対象

霊長類の行動を研究するために、さまざまな観察方法や記録方法が考案されてきている（井上ら二〇一三；Martin and Bateson 2021）。自然科学の分野では、できるだけデータに恣意性が入ることを避けて客観性を保つために、一定の規則に則った体系だった行動データの収集法を採用することが多い。これは言い換えれば、科学的な追試可能性を保証する重要な柱である。

観察方法と記録方法は混同されがちであるが、異なるレベルのものである。前節でも紹介したように霊長類の多くは、多くの同種他個体と群れを作って生活している。観察者の目の前では何頭もの個体が、毛づくろいのような友好的な行動であったり威嚇のような敵対的な行動であったり採食行動であったり、一見するとただ座っていて何をしているのか判然としない状態であったりと様々な行動をしている。しかも、そのような行動があちらこちらで同時多発的におきている。このような状況でまず観察者が直面するのは、誰を観察するのか、それは特定の個体なのか群れのできるだけ多くの個体なのか、そしてどの行動を観察するのかを、研究の目的に即して決めなければならないという問題である。霊長類の行動観察においてよく使われているのが個体追跡法（Altmann 1974）である（図2―5）。この方法は、あらかじめ決められた一定の時間で特定の個体を追跡し、その個体がだれといつ何をしたかを観察する方法である。決められた観察時間が経過すると、それまで追跡していた個体の観察を終了し、他の個体の追跡を開始する。このように注目する個体を順繰りと変えながらできるだけ多くの個体の行動を同じような時間の長さでおこなう――すなわちデータ量をできるだけ揃える――方法である。個体追跡というと、同じ個体をできるだけ長く徹底的に観察し、特定の個体の生活を詳細に記述するという印象を持たれることが多いが、必ずしもそうではない[5]。すでに述べたように、追跡する個体を適宜変えることによって、科学的な追試を可能にするための方法の一つである。

データ収集の二つ目のポイントは記録方法である。観察対象の行動を、いつどのようなタイミングでどのよ

（5） 個体追跡法をめぐる議論については、竹ノ下（二〇二三）に詳しい。

図2-4　金華山島の風景。ニホンジカによる高い食圧のため、草本や実生の生育がほとんどなく、地表の見通しがいい。

図2-5　ニホンザルの個体追跡の様子。5～10mの距離をとって、追跡対象となる個体についていき、毛づくろいなどが起きた時刻やその相手を記録する。

うに記録するかを決めるための方法である。本章で扱うニホンザルの空間の境界と行為の境界を探るためには、個体同士の距離や一緒にいる頭数などの凝集性を調べる必要があるし、毛づくろいや攻撃などの相互行為が誰とどれくらいの頻度で交わされているかを知る必要がある。個体同士の距離や一緒にいる頭数は絶えず変化していて、それを正確に把握し続けることは非常に困難である。例えば、歩き回るニホンザルを追跡しながら周りにいる個体との距離を測り続けることはほとんど不可能である。このような場合、データ収集を行わないインターバルを設定し、一定の時間間隔で追跡個体の行動を記録する瞬間記録という方法がよく使われる。この方法ではデータをとらない時間があるために、捨象されるものが多く、細かい行動の記録や頻度を調べるのには向かないが、長く調査を続けデータを積み重ねることで、群れのまとまりのような全体像を知ることができる。一方で、毛づくろいや攻撃は常に起きているわけではないし、誰とどれくらいの頻度でその行為が繰り返されているのかが、行為の境界を顕在化させるために重要になってくる。このような目的のためには、連続記録と呼ばれている、毛づくろいや攻撃といった着目する行動が起きるたびに、その時刻と相手、終了した時刻などを記録する方法がよく使われている。

本章で紹介する内容は、空間の境界を調べるために、瞬間記録によって記録された追跡個体の周囲にいる他個体の数や追跡個体との距離のデータと、行為の境界を考えるために、連続記録で収集した追跡個体が関与した友好的な行動としての毛づくろいや、威嚇や追走、噛みつきなどを含む敵対的行動の観察と記録による。個体追跡の対象となったオスは、二〇〇七年一月から二〇一〇年一二月にかけて観察されたオスたちである。このオスたちそれぞれについて顔や体の特徴を見分け覚える個体識別をすることで初めて、だれがだれと交渉したのかを記録することができる（図2―6）。このオスたちと、その近くに行動圏をもっているC_2群と名付けら

図2-6　調査対象としたオスたちの一部。顔や体の外見的な特徴から1頭1頭を見分けて名前を付けることで、個体間の交渉の記録をとることができる。

れた群れのメスたちとの、行為のやりとりの記録をもとに、ニホンザルにおける集団の境界を考えていく。

3……オスグループ

出自群から移出したオスは、群れから離れることもあり、移出後の足取りを追うことが困難である。しかし、金華山島は、島という閉鎖された環境のため、群れに残り続けるメスだけでなく、移出した後のオスも島内のどこかにいるはずである。金華山島ではそのような環境の利を活かして、一九八一年から毎年、島内に生息しているニホンザルの個体数調査が実施されている。毎年度の一一月二三日の勤労感謝の日と三月二〇日の春分の日を含む前後数日にかけて、島内にいる群れの数と、それぞれの群れの性（オス／メス）と年齢[6]（オトナ／ワカモノ／コドモ／アカンボウ）の構成が調べられている。この調査では、群れのメンバーとはみなされていない群れ外オスについても、カウントされている。それらの群れ外オスは、群れのすぐ近くで見つかり少し距離を置きながら同じ方向に移動することもあるし、群れがいる場所からは遠く離れたところで見つかることもある。さらに、群れ外オス同士が集まった集団（オスグループ）でいることもあるし、単独でいることもある。金華山で見つかるオスグループの集団サイズ、すなわち何頭のオスが一緒にいたのかということについては、最大一二頭が、互いに視認できるような距離を保ちながら同じ方向に移動することが観察されている（川添二〇二二）。

実はこのようなオスグループにはきちんとした定義があるわけではない。数頭のオスが互いに近い距離にいるのを発見したときに、あたりをぐるりと見まわして他に誰もいなかったり、いたとしてもオスだけであったりしたとき、このオスだけの集まりをオスグループと呼ぶことがある。さらに、オスグループが群れと異なるのは、群れはメスを中心とした同じメンバーで空間的に良くまとまった凝集性の高い集団であるのに対し、オスグループは大まかにはメンバーが決まっているが常にすべてのメンバーが一緒にいるわけではなく、観察されるオスは流動的である。チンパンジーやクモザルは、群れのメンバーがパーティーとよばれる小集団に離合集散して生活しているが、ニホンザルのオスグループにも離合集散的な一面があることが指摘されてきている（宇野二〇〇五）。

観察者である私たちがグループと認識しているからには、そこには個体同士のまとまりがあり、何かしらの

（6）個体識別をもとにした継続調査をしている場合には、出生年や個体の正確な年齢が分かることがあるが、多くの研究では体の大きさや生殖器官の発達具合をもとにした年齢カテゴリに区分しカタカナ表記することが多い。ニホンザルの場合、生まれてから一年以内の個体をアカンボウと呼び、一〜四歳までをコドモ、性成熟に達するまでをワカモノ、それ以降をオトナと区分することが多い。

空間的な境界が想定されている。そのような空間的な境界の中ではどのような相互行為が起きているのだろうか。次節以降では、上述したような方法によって得られた量的なデータとともに、空間の境界と行為の境界を考えるうえで示唆的な事例についてみていく。

3 群れの境界

1……オスとメスの関係からみる群れの境界

ニホンザルのオスが作る群れやオスグループといった様々な様態の集団の中で、境界が最も明確に現れるのが、群れの境界、言い換えるとメスとの関わりの有無やその程度である。群れにいるオスとそうでないオスの定義がいくつもあることや、オスと群れとの関わりには密なものから疎なものまでグラデーションがあることはすでに述べている。それでもなお、オスグループの境界に比べると、群れの境界とくにオスとメスの空間の境界と相互行為の境界をはっきりと見ることができる。

二〇〇六年の調査時に個体追跡を行った一二頭のオスのうち四頭のオスは、調査時間のほとんどの時間(八七〜九七%)でメスを視認することができる状態であったのに対し、残りの七頭は森林内での視界がいいにもかかわらず、追跡中にメスを視認することはほとんどなかった(メスを視認できたのは調査時間の〇〜六一%)。調査当時、C_2群には八頭のオトナのメスがいたが、四頭のオスを追跡している時には、その半数の四頭以上が見えていることがほとんどだったのに対し、その他のオスではせいぜい二頭か三頭が見える程度であった。これらの結果からは、空間的にメスの近くにいるオスと、メスから離れたところにいるオスという、空間的なまとまりを区分する境界を認めることができる。以下のオスとメスの一連のやり取りは、観察記録をつけていた当時のフィールドノートをもとに書き起こしたものである。(7)

（事例①：二〇〇七年六月七日のフィールドノートから）

この日は、5:15に調査を開始し、6:47から〝ブラン〟（以下、BLと表記する(8)）と名付けられたオトナのオスの個体追跡を行っていた。BLの個体追跡を開始してからしばらくは、BLから一〇メートルほどの距離を保ってずっと彼の移動について行っている私には、他の個体は全く見つからなかった。この間BLは単独で低木のカマツカ（*Pourthiaea villosa*）の花やケヤキの新葉を採食したり、樹上で太い枝に横たわって休息をとったりしていた。11:48に、BLが急に二本足で立ちあがり、彼がいる場所よりも東側の尾根の方向に視線を向け、そのまま三〇秒ほど動かなくなった。

11:52　地面でセルフ・グルーミング(9)を行っていたBLが、再度立ち上がり四ノ沢の尾根（上述した東側の尾根）

（7）以下の記述はフィールドノートの記録そのままではなく、記録内容をもとにして状況が分かるように、一部文言を補いながら修正している。

（8）フィールドノートへの記録の簡略化やソフトウェアを使った分析のために、個体名を二〜三文字のアルファベットで表すことが普通である。本章では、オスは大文字二文字で表記し、メスは大文字と小文字の組み合わせで表記する。

を再び見る
11:53　(東へ) 動き出す、移動が速い
11:55　一気に沢を横切り、東側へ移動
11:59　クーコール[10]が聞こえる、群れか?
12:00　肩をいからせながら四ノ沢の尾根を歩く、尾が立っている
12:07　BLが尾根から沢へ下り灌木のブッシュを抜けると、目の前に〝ツクシ〟(Tu:オトナのメス)がいた
12:08　BLは威嚇することもなく、Tuから離れる方向に走り一五メートルほど移動
12:10　BLは再びTuへ近づき約一〇メートルまで近づくが、Tuに威嚇されると尾根上まで移動
12:15　メスの姿は見えない
12:18　クーコールが聞こえる

これ以降、BLを追跡しながらメスの姿を見ることはなかったが、15:30頃まで二〇〜三〇分に一回の頻度でクーコールが断続して聞こえていた。

BLは、この事例ではおよそ半日、その他の観察では少なくとも三日以上にわたってメスが見える範囲にいないことがあり、言い換えると、群れから空間的にも離れた状態で生活していると言える。また、BLは、いざメス(Tu)が近くにいると、彼女から離れるような行動をとっていて、そこに空間の境界と親和的な行為の境界

が浮かび上がっている。

しかし、BLがメスや群れを常に避けているのかというと決してそうではない。オスグループの中でクーコールが発せられることは稀で、ほとんどは群れのメンバー間でクーコールの鳴き交わしが起きる。11:48に立ち上がって一方向に視線を向けていた時点で、おそらく群れの存在を認識できていたのだろう。そちらの方向にそれまでよりも速いスピードで移動したこと、12:18以降も、姿は見えないけど声は聞こえるような距離間で群れに付いて行っていることも、群れやメスと近い距離を保つことはせずともそれらを認識できていたことが示唆される。そこに境界はあるものの、群れやメスと群れ外のオスは互いに関わりのない独立した存在ではなく、互いに影響を及ぼしあっていると言えるだろう。

さて、オスとメスの毛づくろいに目を移してみる。ニホンザルに限らず霊長類の多くは他個体との毛づくろいを通して、親和的な関係を築いたり、その関係を維持したりしている。二〇〇七年の一月から九月にかけての調査でメスと毛づくろいをするところが観察されたオスはわずか四頭で、この四頭はメスの近くにいるオス四頭と一致していた（図2―7）。こういった観察からも、「群れオス」に分類されるオスたちは、メスの近くにいて親和的な相互行為を行うオスであると言っていいだろう。そして、その他のメスに近づくことが少なかっ

（9） 二頭が互いに行う毛づくろいを他者毛づくろいまたは単に毛づくろい（allo-grooming）とよび、一頭が自分自身の足などに行う毛づくろいを自己毛づくろいまたはセルフ・グルーミング（self-grooming）と呼ぶ。

（10） ニホンザルが発する音声の一つで、「クー“Coo”」と乾いた音がする。この音声を使って互いの位置を把握することで、群れの空間的なまとまりを維持することができると考えられている。

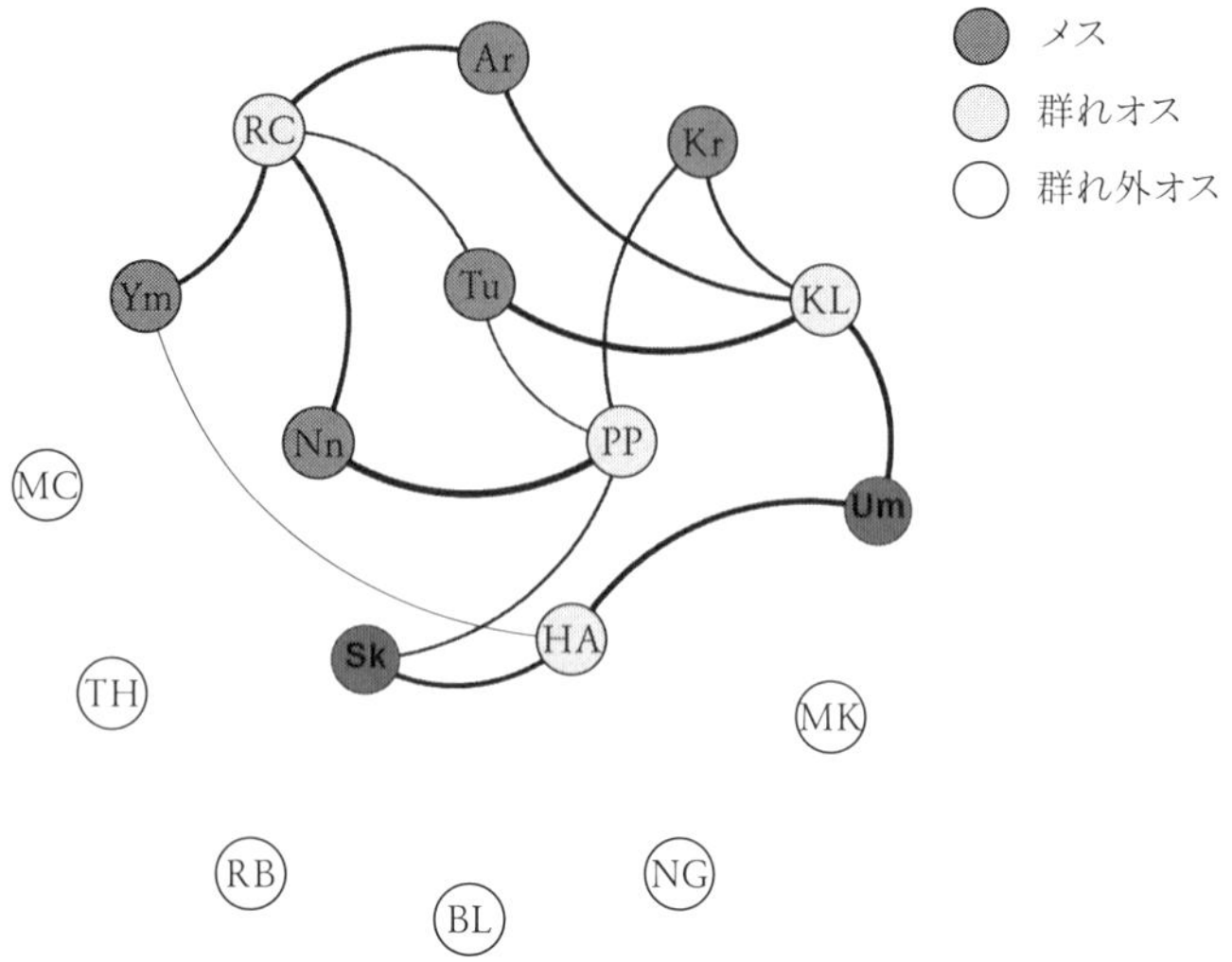

図2-7　ニホンザルのオトナオスとオトナメスの間で観察された毛づくろいネットワーク。実線で結ばれた個体間で毛づくろいが行われたことを意味している。線の太さは毛づくろいの頻度を表し、線が太いほど頻繁に毛づくろいが行われている。

ただけでなく、毛づくろいをするところが一度も観察できなかったオスたちを「群れ外オス」とみなすことができる。すなわち、毛づくろいという相互行為から見ても、メスと毛づくろいをするオス／しないオスという違いが明確にあり、かつ、それは空間的なまとまりの境界と一致していた。

ニホンザルのオスのように、群れを移籍する個体は、どの群れに移入するのかを判断しなければならない。群れへの移入はランダムに起きるわけではなく、ここで挙げた事例のように、群れに近づくことによって、何頭の群れなのか、オスは何頭いるのか、メスは何頭いるのかといった群れの情報を把握し、繁殖の可能性を判断しているという指摘もある。一方で、オス同士の社会関係が、新しい群れへ移籍する一因であるということも考えられている。次の節では、今見たような群れの境界を〝またぐ〟オス同士の交渉を紹介する。

2……群れの境界を超えるオス間の相互行為

オスとメスの空間的なまとまりや毛づくろいという相互行為からは、そのいずれからも群れを顕在化させるような境界が浮かび上がり、両者の境界が一致することが示唆された。ニホンザルの社会を説明するとき、「群れを作って生活し、群れに属していないオスは単独であるいはオスだけで構成されるオスグループで生活する」というような表現をされることが多い。もちろん、この説明は正しいし何も間違っていない。ただしこのような説明や前節のような分析からは、あたかも群れの中と外がそれぞれ全く別物で、互いに混じることのない集団であるという印象を受けるかもしれない。しかし前節でも少し触れたように、群れ外オスがメスと直接的な交渉を避けながらも、群れから付かず離れずの距離で付いて行くこともあるし、群れのオスと群れ外オスの間では親和的な交渉も敵対的な交渉も見られる。オス同士の相互行為に着目するとその境界は、オス―メスの関りから見えてくる群れの境界とは全く違うものが見えてくる。

〈事例②：二〇〇七年六月二三日のフィールドノートから、図2―8〉

群れオスのKLは、8:45~11:10の間メスと一緒にずっと同じケヤキの樹上で新葉を食べたり休息をしたりしていた。その後、11:15頃からメスやその子ども、他の群れオスたちはケヤキの木から降りそのまま移動していったが、KLだけは群れのほとんどの個体が移動した方向には行かず単独で別方向へ移動を開始した。

11:15　ケヤキの樹上で休息と採食が行われている
　　休息しているのは、KL、RC、PP、HA、Tu、Kr、Hmのオトナ七頭(+その子どもたち)、採食しているのは

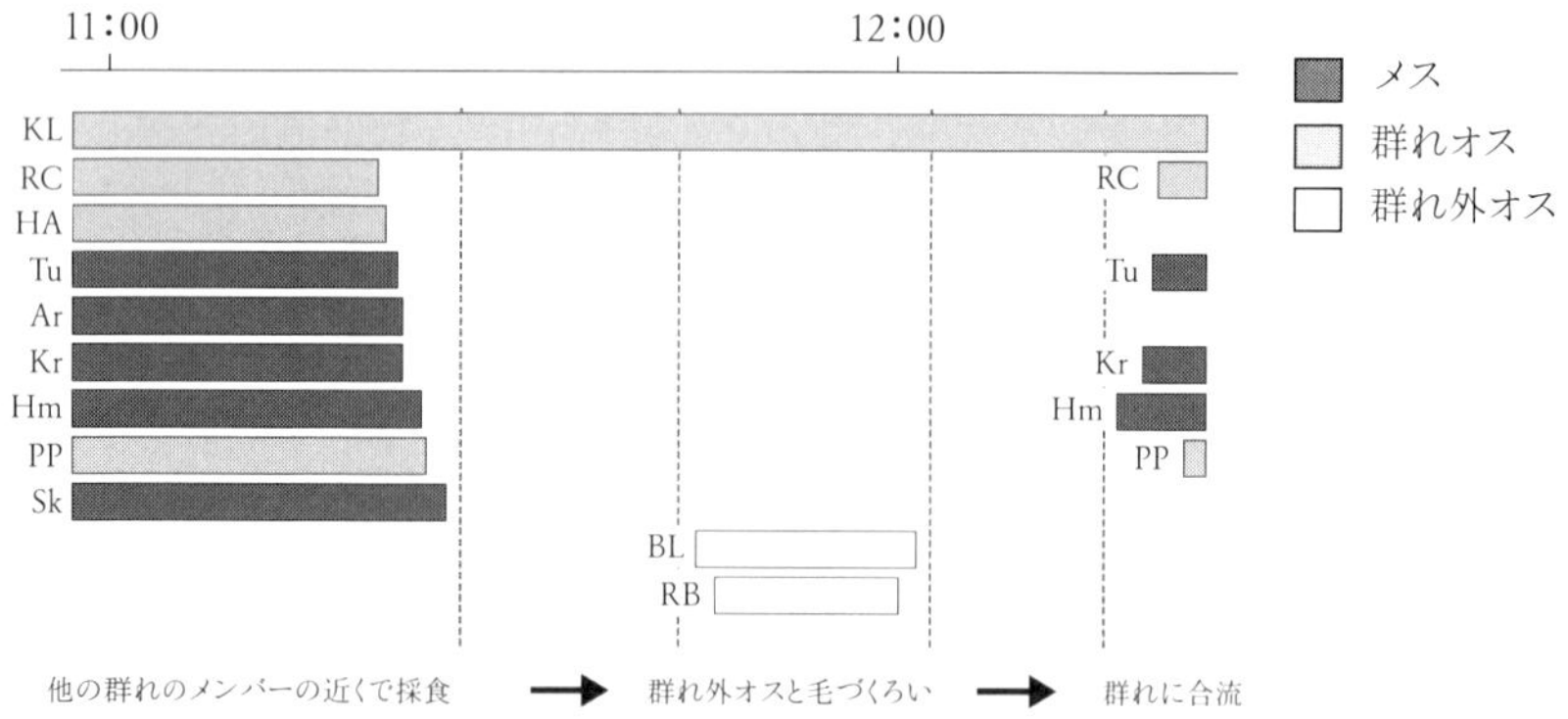

図2-8　2007年6月23日に観察した個体の空間的なまとまりの変遷（事例②）。KLの個体追跡を行いながら、観察者が視認できたオスとメスの個体名とその持続時間を表している。

Ar と Sk（＋その子どもたち）を確認できる

11:17　寝転んでいたRCが起き上がりセルフ・グルーミングを始める、TuやHmも座り直している、そろそろ移動し始める？

11:19　木を降り始める、順番はRC↓HA↓Tu↓Ar↓Kr↓Hm↓PP↓Sk↓KL
降りた個体は仁王峠方向（北東方向）に向かっている

11:31　最後にKLが木を降りた、他に樹上にいる個体は確認できない

11:32　KLは地上に降りてそのまま三ノ沢方向（西の方向）へ移動する、他のサルとは別方向

11:39　尾根を越えたところで、BLとRBがケヤキの葉を採食しているのが見える、二頭が見える位置でKLは座る

11:40　BLとRBが採食を止めKLへ近づいてくる、KLからRBへ、続いてKLからBLへマウンティング[11]、そのままBLからKLへ毛づくろいが始まる

11:40以降、KL、BL、RBの三頭での毛づくろいが続いた。毛づくろいには、毛づくろいをする／されるという行為の方向があり、それを二頭の間で交代しながら行うのがふつうである。この時も、三

頭で毛づくろいの相手と方向を交代しながら、全員が毛づくろいをしていたし、毛づくろいをされていた。三頭での毛づくろいが12:17まで続き、寝転びながらRBから毛づくろいを受けていたKLが立ち上がり移動を開始したことで、この三頭のまとまりは解消された。KLは12:19に群れの他のメンバーが向かった方向へと移動を開始し、先に移動していた群れのメンバーたちと合流した。

この事例は、群れオスが群れのまとまりを離れて群れ外オスと合流し、親和的な相互行為が行われたことを意味している。そしてこの観察中に威嚇や攻撃など敵対的な行動やサプランティング[12]のような優劣関係が表出するようなことはなく、三頭が緊張している様子もうかがわれなかった。この一連のやりとりを観察した私には、これが例外的な出来事ではなく彼らにとって「いつものこと」であるように見えた。先に紹介したオス―メスの関係から生じている群れの境界とは関係なく、オス同士の間では相互行為が交わされていると言える。この事例以外にも群れオスと群れ外オスの間で毛づくろいが行われることは全く珍しくない。観察された毛づくろいを図示してみると、群れオス同士、群れ外オス同士だけでなく、群れオスと群れ外オスの間での毛づくろ

---

(11) 主にオス同士の間で見られる馬乗り行動を指す。一頭のオスが四つ足で立ち、もう一頭のオスがその上に馬乗りになる。オス間の優劣関係を表していると考えられていたが、低順位のオスが高順位のオスにマウンティングすることもあり、緊張緩和の意味合いが強いとされる。

(12) 複数頭が群れやオスグループを作って一緒に行動する場合、採食場所や交渉相手をめぐって競合（争い）が起きる。この時に直接的な敵対的交渉を避けるために、ある個体が移動し場所や交渉相手を譲ることがある。このような行動がサプランティングであり、移動した個体が劣位である。

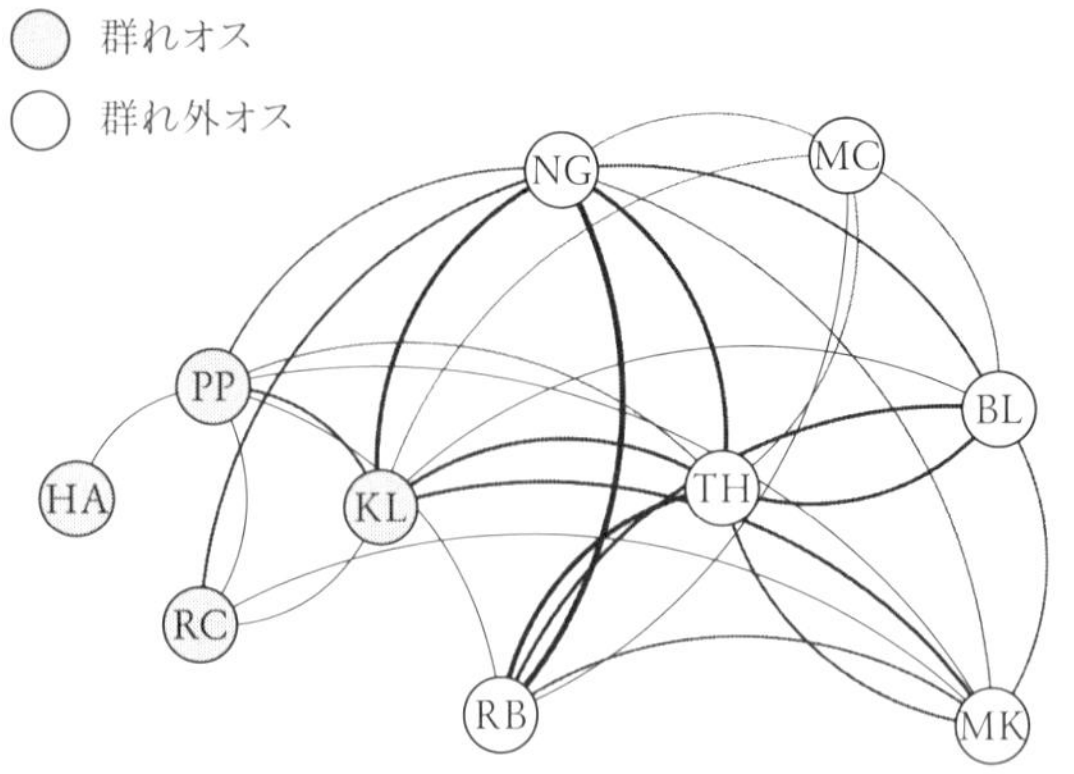

図2-9　ニホンザルのオス同士で観察された毛づくろいネットワーク。

いも高頻度で観察されていることが分かる（図2―9）。オス同士にとっての相互行為の境界は、群れの境界とは違うところにあるのだ。

4　オスグループの離合集散と相互行為

1……群れ外オスが集まるとき

これまではニホンザルの群れの境界をオスとメスの空間的なまとまりや毛づくろいという友好的な相互行為からみてきた。ここからは、オスグループのまとまりとそこで行われている相互行為に目を向けたい。

これまでに紹介したように群れ外オス同士が集まり、オスだけで構成されたオスグループを作ることがある。このオスグループは一日のうちでも短期的に一緒にいるメンバーが変わる離合集散的なまとまりをもっている。例えば、図2―10は二〇一〇年五月一四日に観察したオスグループのメンバーの移り変わりを表したものである。この日は7:51にTHという名前のオスを発見し、その日の個体追跡の対象として観察を開始した。その後、8:32にBLが、そして8:37にRBが合流し、それから約一時間のあいだ、この三頭で採食や毛づくろい、休息などを繰

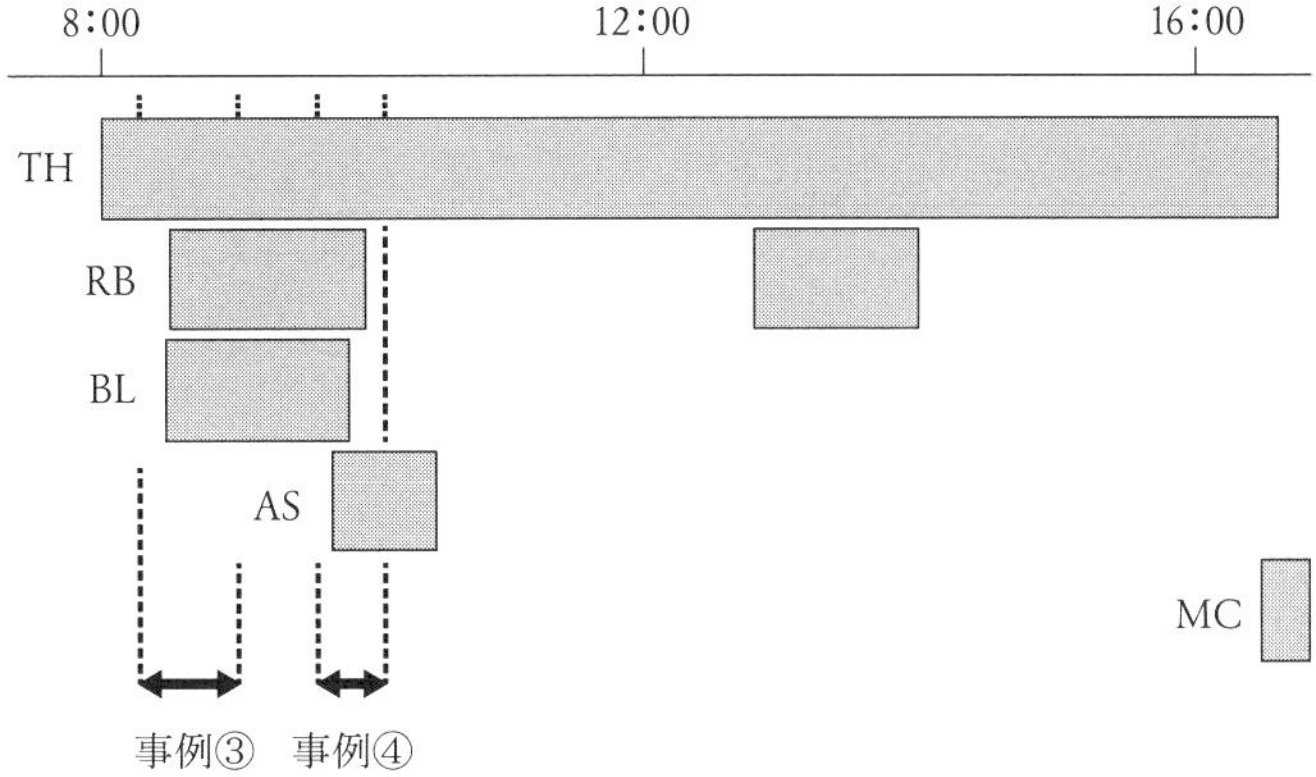

図2-10　2010年5月14日に観察したオスグループのメンバーの変遷（事例③・事例④）。THの個体追跡を行いながら、観察者が視認できたオスの個体名とその持続時間を表している。

り返していた。

（事例③：二〇一〇年五月一四日のフィールドノートから、図２—10）

8:25　THは樹上でブナの花を採食

8:28　採食を中断して西の方向を一五秒見つめ、木を降りてくる

8:29　地上に降りてセルフ・スクラッチ(13)の後、セルフ・グルーミング

8:32　西の方向からBL、座っているTHにまっすぐ向かい、BLからTHへマウンティング、直後にTHからBLへマウンティング、BLからTHへの毛づくろいに移行

（中略）

8:37　西の方向からRB、BLから毛づくろいされていたTH

（13）セルフ・グルーミングと似た行動であるが、毛づくろいのように毛をかき分けるのではなく、体をぼりぼりとかきむしるような行動である。セルフ・グルーミングとセルフ・スクラッチを合わせて自己指向性行動と呼び、緊張や不安が高まったときに頻度が多くなることが知られている。

が立ち上がりRBへマウンティング、その後BLからTHへの毛づくろい再開、RBはその場に座る

8:39　BLが毛づくろいを中断、RBからTHへ毛づくろい

この後、三頭は場所を移動することなくその場で毛づくろいをする／されるという役割を交代しながら過ごしていた。この観察中には威嚇や攻撃などの敵対的な交渉は全く観察されなかったし、サプランティングのように誰かが場所を譲るといったこともなかった。ニホンザルでは比較的年齢の若い性的に成熟しきっていないオスたちがオスグループを作りがちであるようだ（Kawazoe 2016）。BLとRBは体の外見的な特徴からはほぼ同じ年齢の若いオスだと考えられている。この二頭はこの事例でもそうであるし、それ以外の場面でも一緒に行動していることが比較的よく観察されている。もしかしたら血縁関係があるかもしれないし、もともと同じ群れで生まれこれまでに長い時間を一緒に行動してきたという経験があるのかもしれないが、二頭の来歴に関しては情報がなく、当時の観察だけからは血縁や経験の影響を考えることはできなかった。

まとまりのいい群れとは違い、群れ外オスは図2―10にみられるように単独で過ごすことも多く、いつ誰と出会えるかということに不確定性がともなう群れ外オスたちは、社会交渉とくに毛づくろいのような親和的な交渉の機会が少ない。毛づくろいには体に寄生しているシラミやその卵を取り除くという衛生的な機能もあり（Zamma 2002）、まったく毛づくろいをしてもらう機会がないと不衛生な状態になるので、社会交渉の機会を得るために互いに集まるということも、一時的にオスグループを作る動機の一つとして考えられている。THも含めた三頭の間で敵対的な場面が全く観察されなかったことからは、このような他者を必要とする動機のもとに親和的な相互行為が繰り返し行われてきたことが示唆されるし、それによって彼らの社会関係が成立しオスグ

ループとしてまとまることに寄与しているといえるだろう。

2……群れ外オスが離れるとき

群れ外オスが交渉相手を求めているからといって、いつもオス同士が敵対的な交渉がないまとまりを作れるかというとそうではない。事例③には続きがある。図2—10にも登場しているように、9:51に四頭目としてASというオスが、この三頭のオスグループに合流してきた。そして、ASが合流するや否や、RBとBLはその場から移動してしまった。ごく短い時間の間に、筆者の目の前では、三頭の集まりが四頭になり、そして二頭になるという、メンバーシップの変動が起きていた。

（事例④：二〇一〇年五月一四日のフィールドノートから、図2—10）

9:45　TH、BL、RBの三頭で五メートル以内にまとまっている、RBからTHへ毛づくろい
9:49　THからRBへの毛づくろいに交代、三頭のまとまりには変化なし
9:50　対岸の尾根からオスが降りてくる、ASか？
9:51　ASが合流、ASがBLとRBにマウンティング、その後THに毛づくろい開始
　　　BLがASにグリマス(14)
9:52　BLとRBはセルフ・グルーミングを開始
9:55　BLがセルフ・グルーミングを止め、東へと移動を開始、ASからTHへ毛づくろい継続

9:58　RBもセルフ・グルーミングを止め、BLと同じ方向へ移動
9:59　THからASへ毛づくろいが交代
10:01　BLとRBは尾根を越えて見えなくなる

この事例では、事例③とは違い、グリマスが行われたことで、四頭の間に優劣関係が表面化した。ニホンザルの群れでは個体間に優劣関係に基づいた順位があることはよく知られているが、群れ外オスの間にも、優劣関係を表すような行動の頻度自体は低いものの、このようなはっきりとした優劣関係があることが分かってきている（Kawazoe 2021）。宮崎県の幸島に生息するニホンザルの研究からは、群れの外でのオスは基本的には単独であることが議論されている。ニホンザルには優劣関係があるから、三頭以上が集まっても二頭と一頭というように複数の社会的なまとまりに移行することが指摘されている（菅原 一九八〇）。ASの合流にともないオスグループ内に優劣関係が表面化したことに加え、THから毛づくろいを受けていたRBは毛づくろい相手をASにとられたことになる。事例④は、このような優劣関係の表出やインタラクションの相手をめぐるやり取りによってオスグループの維持ができなくなった例だと考えられるだろう。

事例③では、インタラクションを動機としたオス同士の集まりが生じ、優劣関係が顕在化しない状況で親和的なインタラクションが継続的に繰り返された。また、事例④からは、優劣関係やインタラクション相手をめぐるいわば競争的な状況が生じていた。

これらの事例は、筆者が観察した中でもごく一部の例である。必ずしもオスが三頭集まった場合や、四頭集まった場合に起きる典型的な例というわけではない。BLとRBが普段から比較的よく一緒にいるペアだからこそ

起きた例であるかもしれないし、その場にいるオスの個体数や誰がいたのかという組み合わせや、毛づくろい中だったのか、あるいは採食中だったのかという活動状況などによって、オスグループが大きくなるのか小さなグループに分かれるのかは状況依存的に変わるかもしれない。筆者自身、群れ外オスが単独でいるところを何度も観察しているし、ときに一〇頭を超えるようなオスグループも見ている。その場に共存しているオスたちの間で交わされる多様な親和的あるいは敵対的な相互行為によって、オスグループという集団のまとまりは絶えず変化するのである。

おわりに

本章では、ニホンザルの社会組織や分散、生活史といった、社会を類型化する視点をもとにしながら、類型に固定されない相互行為の動的な側面に注目してきた。ここで主張したかったことは、決して社会を類型化するというアプローチを否定することではなく、実際にフィールドという現場において、複数の個体が同所的にいる場面では、類型に依拠しないさまざまなやり取りが行われていることを示すことである。それは、複数の

(14) ニホンザルにみられる表情の一つで、口角を上げながら口を軽く開け、上の歯を見せるような表情。ニホンザルでは劣位な個体から優位な個体に対して向けられる。グリメイスと表記されることもある。

個体がさまざまなやりとりをしながら同所的にともに生きる、共存することの術・方途としての社会性（河合二〇二二）を考える試みでもある。これはなにもニホンザルに限ったことではない。たとえば第8章で松本がチンパンジーのメスの移出や居残りの事例を紹介し、メスが移籍するのが当たり前とされてきたチンパンジーの社会において、行為のあり方によっては異なる像が見えてくることを指摘している。オスとメスの空間的なまとまり方や毛づくろいに関するデータや、事例①からは、群れにいるオス／いないオスといった群れの境界が明確に見えてきた。しかし、だからと言って、この群れの境界はオス同士のまとまりや相互行為を規定するようなものではない。群れオスとされる個体であっても、時にはあえて群れのまとまりから離れて群れ外オスと一緒にいたり毛づくろいをしたりしている。それはオス同士の空間的なまとまりや相互行為から見ると、群れの境界とは異なる関わり方があることを示している。またそのオス同士でも、ある時は共通した動機のもとに集まり親和的な交渉が続くこともあれば、優劣関係が表面化することで集まりが崩れることもある。フィールドという現場で起きていることに着目すると、そこにいるオス同士でその都度、親和的あるいは競合的な交渉が繰り返され、まとまりの境界は絶えず変化している。

このような研究をしていると必ず、「結局このオスは群れオスなのかそれとも群れ外オスなのか、誰がオスグループのメンバーなのか」と言ったことを聞かれる。図2―1のように社会を類型的にとらえる視点からそのような質問が出るのはもっともである。そのような質問には、オスとメスの関係から群れオス／群れ外オスを判断するし、誰か他のオスと一緒にいる群れ外オスはオスグループのメンバーであると答えるしかない。しかし、事例②で紹介したKLのように、群れオスでもあり群れ外オスでもあるというのが、フィールドでの観察から見えてくる実際のやり取りであるし、オスグループにしても、そこにいる個体の組み合わせによっては、まとまりが維持されることもあるしさらに小さなまとまりに分かれることもある。繰り返し観察することで一定の傾向は見えてくるはずだが、そこにいる個体の組み合わせが同じだったとしても、毎回必ず同じ現象が起きるとも限らない。社会の境界を決めることは非常に困難なのである。

彼らは群れオスでありながら、同時に群れ外オスのようにふるまうこともある。これは、群れオスや群れ外オスといった境界が存在しないということではない。本章では紹介していないが、実は、交尾期になると様相は一変する。交尾期には図2—9にみられるような毛づくろいのうち群れオス同士の毛づくろいは頻度が少ないながら継続されるのに対し、群れオスと群れ外オスの毛づくろいは全く見られなくなる。この観察からは、群れオス／群れ外オスという明瞭な違いが実は彼ら自身にもあるということが示唆される。彼らは群れオス／群れ外オスという異なる社会的立場の分類を持ちつつも、場面依存的にそれらの分類とは異なる集団を形成し相互行為を継続していく、それは人々が所属するコミュニティに限定されずその時々で関り依拠する人々を変える非境界的世界（堀内 二〇一五）にも通じるものである。

親和的であれ競合的であれ、さまざまな行為が絶えず接続されることで集団のまとまりやそこにいる個体の関係が変化することは、群れを作る霊長類だけでなくヒト社会においてもごく当たり前の現象であるだろう。本書においても、第3章で岩瀬がスペインの民俗芸能である人間の塔を造る現場において、個々人が寄り集まり「ともにあること」を達成すると同時に、不服従や非関与という態度を示すことで不確定で流動的な関係性が生み出されることを指摘している。また、第7章の藤井は、民族間の対立という構造のなかでも実際の現場では友好的なやりとりがみられることを指摘し、全体の構図と現場の行為の差を明らかにしている。どのようにしてそのような状況が達成されているかという点において、直接的な行為を基盤とする霊長類とは大きく異なるが、まさに現場で起きている事象に着目しながら社会全体のあり様を検討することは、霊長類とヒトの社会性を考えるうえで大きな示唆を生むかもしれない。

参考・参照文献

井上英治、中川尚史、南正人（二〇一三）『野生動物の行動観察法　実践日本の哺乳類学』東京大学出版会。

宇野壮春（二〇〇五）「金華山のサル・オスグループの存在様式――その2」『宮城県のニホンザル』二〇：一―五。

河合香吏（二〇二二）「共存の諸相――他者と関わり、他者を認めるとはどのようなことか」河合香吏（編）『生態人類学は挑む SESSION5 関わる・認める』京都大学学術出版会、三〇三―三三四頁。

川添達朗（二〇一七）「オスの生活史ならびに社会構造の共通性と多様性」辻大和・中川尚史（編）『日本のサル――哺乳類学としてのニホンザル研究』東京大学出版会、一〇〇―一一九頁。

川添達朗（二〇二二）「群れの「外」の関わり合い――ニホンザルの互恵性からみる社会」河合香吏（編）『生態人類学は挑む SESSION5 関わる・認める』京都大学学術出版会、一六七―一九八頁。

菅原和孝（一九八〇）「ニホンザルハナレオスの社会的出会いの構造」『季刊人類學』一一：三―七〇。

竹ノ下祐二（二〇二三）「サルを記述する〈ことば〉――サルを経験する主体として扱う」河合香吏・竹ノ下祐二・大村敬一（編）『新・方法序説』京都大学学術出版会、八六―一二七頁。

堀内正樹（二〇一五）「まえがき」堀内正樹・西尾哲夫（編）『〈断〉と〈続〉の中東――非境界的世界を游ぐ』悠書館。

Altmann, J. (1974) "Observational Study of Behavior: Sampling Methods," *Behaviour* 49: 227-266.

Bateson, M. and Martin, P. (2021) *Measuring Behaviour: An introductory guide*. Cambridge University Press.

Kappeler, P. and van Schaik, C. (2002) "Evolution of primate social systems," *International journal of primatology* 23: 707-740.

Kawazoe, T. (2016) "Association patterns and affiliative relationships outside a troop in wild male Japanese macaques, *Macaca fuscata*, during the non-mating season," *Behaviour* 153: 69-89.

Kawazoe, T. (2021) "Male-male social bonds predict tolerance but not coalition formation in wild Japanese macaques," *Primates* 62: 91-101.

Koda, H. and Shimooka, Y. (1998) "Effects of caller activity and habitat visibility on contact call rate of wild Japanese macaques (*Macaca fuscata*)," *American Journal of Primatology* 70: 1055-1063.

Sprague, D., Suzuki, S., Takahashi, H., and Sato, S. (1998) "Male life history in natural populations of Japanese macaques: Migration, dominance rank, and troop participation of males in two habitats," *Primates* 39: 351-363.

Takatsuki, S. and Gorai, T. (1994) "Effects of Sika deer on the regeneration of *Fagus crenata* forest on Kinkazan Island, northern Japan," *Ecological Research* 9: 115-120.

Zamma, K. (2002) "Grooming site preferences determined by lice infection among Japanese macaques in Arashiyama," *Primates* 43: 41-49.

第3章

協働における「適切な距離」

――スペイン・カタルーニャ州の「人間の塔」造りを事例に

岩瀬裕子

1 協働のなかの「適切な距離」

サルでも見にきたのか（二〇一五年一〇月一六日のフィールドノートより）。

これは、私がスペイン・カタルーニャ州の祭りで見られる「人間の塔」（*Castells*）（図3―1）を調査中に調査集団の男性A（当時四〇代）から掛けられたことばである。私がどのようなスタンスで調査地に通い続け、私がいかに――「サル」の木登りのように――人が人の上を上り下りする「人間の塔」を観察しているのかを尋ねる質問だった。それは、ある種、私という「人間」を探るような問いでもあった。ただし、私には、Aがこの「サル」を否定的には捉えていないように思えた。なぜなら、Aは、前段のことばに続き、「サルみたいなおかしなこと（*cosa rara*）してるから見に来たんだろう」と加えたあと、「野蛮（*salvatge*）」で「今どき、こんなことをしているのだ」と認めつつも「ここに、子ども達に伝えたい世界があるから続けている」と語ったからである（二〇一五年一〇月一六日のフィールドノートより）。つまり、私には、Aが、からだ一つで塔造りを行うAを含めた人々に「サル」としての誇りさえ感じているように思えたのである。[1]

大人も子どもも一緒になって造る「人間の塔」は、スペイン・カタルーニャ州で二三〇年以上にわたって続く民俗芸能である。「人間の塔」は各市町村の大祭や守護聖人祭などで見られるもので、塔造りの継承集団は血縁と地縁を主なつながりとしている。カトリックの教会暦で生きる人々にとっては、たとえ、積極的な信者でなくても、反復される祭りの中に塔造りがあることで協働が要請され、その都度、血縁や地縁的なつながりが呼び起こされていく。つまり、現代において失われつつあるとされる「伝統的」な関係性が定期的に掘り起こされているといえる。

しかし、呼び起されるのはそうした「伝統的」なつながりだけではない。「人間の塔」造りにはポジションごとに望ましいとされる体格が伝わっており、塔の安定性を保つための選択とメンバー配置には背格好が重視される。例えば、塔の同じ段に上るメンバーの身長が大きく異なってしまうと塔に余計な傾斜がもたらされて落下を誘発してしまう。そのため、極力、水平を損なわないような配置が行われる。加えて、塔を支える最下部の核にも、要請される身体の特徴が伝わっており、塔のすきまを埋める小柄な人も含めて、さまざまな身体が持つ形質や特性の差異と類似性があってこそ成立するのが「人間の塔」なのである。ただし、ユニークなのはその要請があくまでも望ましいありかたの一つであって、たとえ、その望ましさが完全に揃わなくても、その時に参加しているメンバーを組み合わせ、考え得る塔を造っていく。塔の土台を構成する人には落下の際のク

（1）霊長類学者をはじめとした読者の中には、「サル」を「野蛮」で「おかしなこと」をしていると発言したAと、Aの言葉を引用した筆者に違和感を覚えた人もいるだろう。しかし、Aも筆者も自分達が持つ野蛮さに自覚的である。なぜなら「人間の塔」造りに参加し、例えば、人の上に落下しても「塔の上りは成功したから」といって喜んだり、ライバルグループの落下に対してしたり顔を共有する「野蛮さ」を体感しているからである。だからこそ、「サル」に対するステレオタイプを自分達にも向け、サルと人間の類似性を想起させつつ、果敢に塔造りをする「サル」に価値を見出して従来の諸価値をひっくり返そうとするAの術を取り上げた。

図3-1　タラゴナ市の市役所前を埋め尽くした観客と「人間の塔」（2011年9月18日筆者撮影）

ッションの役目があることから（Andreu Giner i Brotons Navarro 2018: 12）、いかに多くの人を集め、強固で大きな土台を造れるかが塔造りの鍵とされる。つまり、「人間の塔」造りには、その時、その場で立ち上がる望ましさの集合が塔の落下との駆け引きを行っているのであり、必ずしも日頃の人間関係に還元されない物体としての数を持ち寄る協働が求められるのである。

ただし、人間が質量を持った壊れ得る物体である以上、塔造りには必ず、危険がつきまとう。過荷重や落下などによる怪我によって集団からの離脱が生じることもあれば、そもそも危険な状態から距離を取る者もいる。せっかく塔造りを始めても進学や就職で地元を離れ、継続的になされる塔造りから足が遠のくメンバーもいる。ジオリによると、毎年三〇％のメンバーが入れ替わる（Giori 2012: 208）。

つまり、メンバーの流動性もこの実践の特徴の一つといえる。[2]

とはいえ、筆者が「人間の塔」造りを続けていると、どこか自分が守られているようにも感じる。調査集団のメンバーに所属年数を質問したところ、〇〜五年までの参加者が二二%、六〜一〇年が一九%、一一〜二〇年が一六%、二一〜三〇年が一六%、三一〜四〇年が一〇%、四一〜五〇年が七%、五〇年以上と回答したメンバーに「変更なし」と「ずっと」と回答した者を加えると計一一%となった。つまり、アンケートに参加した四五%ちかいメンバーが、参加の強度に違いはあっても二一年以上の長期所属者であった（岩瀬 二〇二〇：八五─八六）。筆者も二〇一一年三月に現地での住み込み調査を開始して計三八か月、一三年が経過している。[3] 筆者の調査集団ではメンバーの出入りがあっても、ある程度、長い関わり合いが続いているといえる。

本章で扱うのは、こうした密着した身体接触の反復が生み出す「社会性」──「複数の個体がさまざまなやりとり（社会的相互作用／行為）をしながら同所的にともに生きる、共存することの術・方途」（河合 二〇二二：二）──である。それも、生存を脅かすような危険と隣り合わせのそれであり、後述するように、ヒトの特徴に挙げられる「寛容（tolerant）」（Tomasello et al. 2012）とは、一見、相いれないようにも思われる人々の不服従や

（2）例えば、筆者は、調査開始一二年目に入ったところで塔のしなりを強く受けて頸椎を痛めた。塔造りで初めて「死」の文字を想起するほど、自分の身体に起きている可能性に怖くなり、調査中初めて練習と祭りを休む決断をした（二〇二三年四月二二日のフィールドノートより）。つまり、どんなに気をつけようとも予期しない怪我などによって集団から離れざるを得なくなる時もあるのである。

（3）二〇一一年から二〇一九年まではベリャのメンバーおよびファン宅に断続的に住む込み、合計約一二か月にわたって塔造りと私生活の参与観察を行った。二〇二二年からは家族同伴の継続的な住み込み調査を実施中である（KAKEN 23H03893）。

非関与などによって支えられたパラドックスを含み込む「社会性」である。こうした態度が生まれる背景の一つには、多数の身体からなる集合的な実践が人々を強烈な圧力と重力にさらすことで、相互に共有しえない身体感覚や経験、思いを露わにするからであろう。冒頭のように、私達は共有しやすいステレオタイプを流用して言語・非言語を交えたやりとりを試みる。ただそれでも「共有しえないもの」は残り続ける。しかし、同時にそれが塔の安全を守ったり、グループの存続に寄与したりもしている。つまり、本事例から見えてくるのは「ともにある」ために「共有しえないもの」を見えにくくしないような社会性、あるいは「共有しえないもの」が生成・維持する共同性といえる。

本章では、一見、対立するものを単純な対立としてではなく両立可能なものと捉え、そこで見出されるものを「適切な距離」という用語で説明する。本章では、二三〇年以上にわたって「人間の塔」を継承している最古参の集団を事例に、人と人との協働(4)がいかに編まれ、それらの相互行為がどのように維持されているのかについて、参与観察と聞き取り調査の手法を用いて得た民族誌的データをもとに明らかにしていく。まずは、「人間の塔」とそれを造る人々について見ていこう。

2 「人間の塔」とその担い手達

「人間の塔」は、社会の最下層に位置していた人々の副業として始まった(Ferrando Romeu 2011: 24—31; 岩瀬 二〇一八：二〇—二一）。農閑期にやることのなかった農民が、近隣のまちを回って塔造りをすることで裕福なパトロンや自治体から金銭を受けてきたとされる[5]（Suárez-Baldrís 1998: 85; Sans Guerra i Martínez del Hoyo 2013: 29）。ただし、巡業するメンバーは限られており、塔の最下部は行った先々の住民に手伝ってもらうことで成立してきた。したがって、現在でもそうした相互扶助の様子は確認できる。自分が暮らす町だけでなく近隣の祭りへも出掛けていき、互いのグループが造る塔の最下部を手伝いあうことで塔造りを継承している。よって、一年の中で行われる塔造りは地元外の祭りも含めると二〇〜四〇回になる。塔の最下部は他のグループのメンバーだけでなく観光客を含めた観客にも開かれていることから、誰でもその場で参加できる。しかし、最下部の中央に建てられる塔には誰もが簡単に上り下りできるものではないことから、継承集団では一年のうち八〜九か月のあいだ継続的に集まり、週に二〜三回のリハーサルを繰り返すことで祭り本番に備えている。

現在、「人間の塔」は最高で一〇段、一一メートルを超える。一段あたり一人から九人で造られる塔に加え、

（4）人の認知と社会性の個体発生をさぐるトマセロは、人の進化の過程で超強力的なライフスタイルへの移行はその社会的関係を変えたと語る。そして、人に特有な社会道徳的な動機や態度によって支えられた共有主体である「わたしたち」を形成し、協働のために共同コミットメントをし、それを支える責任を感じさせるようになるという（トマセロ 二〇二三：一八一）。本章はトマセロの方向性と重なるものであるが、一方、第5節第4項でまとめるように、生まれながらの身体が持つ責任には還元しきれない「身体の普遍性」に触れるところに本章の独自性があると考える。

（5）現在、筆者の調査集団において塔造りで金銭を受けている者はいない。一般的に祭りの主催者である自治体から各グループへ助成金が支払われると、グループではそれを祭り会場へ移動するための大型バスのレンタル費用に充てたり、メンバーの家族を招いた食事会での材料費に補填したりと、グループ運営のための活動資金にしている。

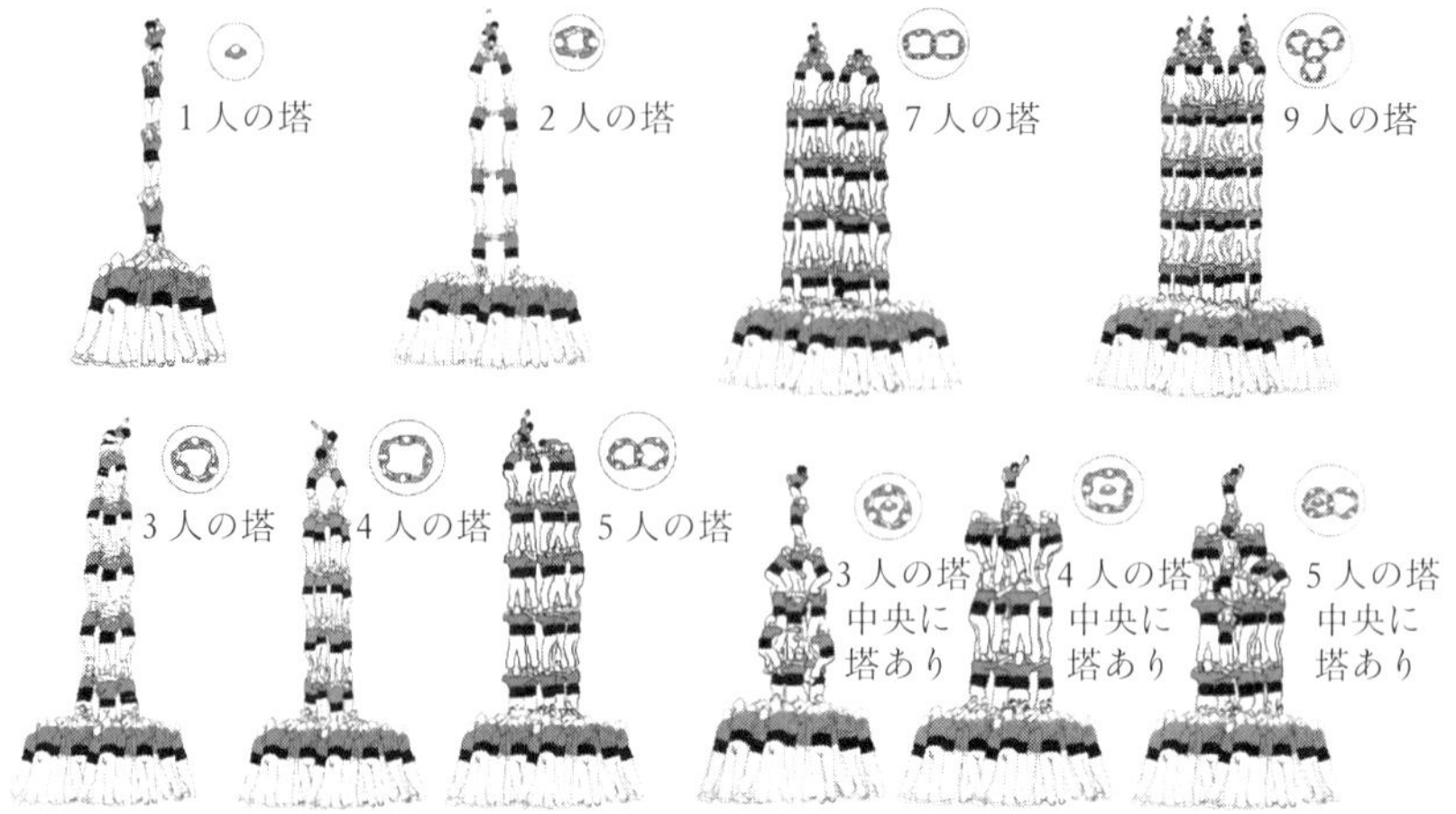

図3-2　さまざまなタイプの「人間の塔」
（出典：Andreu Giner i Brotons Navarro 2018, pp.14—15をもとに筆者作成）

それらの塔内にもう一つの塔を造る形態など、その構造は多種にわたる（図3―2）。塔の最下部内は薄暗い。塔の先端を見上げていると、落下を受けて頸椎を痛める危険性があるため、塔の進捗を目で追うわけにもいかない。そこで、そうした目視の限界を補うのが、各グループに所属する音楽隊[6]である。音楽隊は塔造りの進展にあわせて演奏する。つまり、塔造りのメンバー達は音楽隊が奏でるメロディーとその変化を聞くことで、現在、塔がどのくらい進んでいるのかが分かるのである[7]。塔造りにおいては、現代のコミュニケーションで優位に作用しがちな視覚が閉ざされることで逆に聴覚や触覚といった他の身体感覚が活性化され、一度に大勢の人が力を合わせる場を下支えしている。

　塔造りを継承する人々は、居住地域をほぼ同じにする老若男女である。塔造りをするメンバーはお揃いの公式シャツに白いパンツと黒の腰巻を着用している。中には、赤地に白玉模様のハンカチを腕の踝や頭部に巻きつけて汗が垂れるのを防いだり、腰巻の上に巻くことで腰部を補強したり塔へ上り下りする際のはしごとして役立てたりする者もいる。「人間の塔」の継承集団は、祭りを主催する自治体からの助成金によって活動している。加えて、民間企業などの各種イベントに参加し、余興としての塔造りをすることでも活動資金を得ている。

このような「人間の塔」を造る集団を束ねる組織に「カタルーニャの人間の塔のグループコーディネーター（La Coordinadora de Colles Castelleres de Catalunya。以下、コーディネーター［C.C.C.C.］）」がある。一九八九年五月二七日にカタルーニャ州政府の助成金を受けて設立した。現在、コーディネーターには一〇二の継承集団が登録されている（C.C.C.C. 2024）。

筆者は、カタルーニャ全土に広がる一〇〇を超えるグループの中でも、カタルーニャ南部に位置し、「人間の塔」の集団が初めてできたとされるバイス（*Valls*：図3―3）を主な調査地としている。バイスには二つのグループが現存する。[8] そのうち、筆者は一七九一年を創立年とする（Cervelló Salvadó 2017: 68–69）「コリャ・ベリャ・

（6）音楽隊が奏でる楽曲は、グラーリャ（*gralla*）と呼ばれる大衆的なオーボエの形態をした木管楽器とティムバル（*timbal*）と呼ばれる小太鼓とで演奏される。それぞれの演奏者を、グラリェース（*grallers*）とティムバレッツ（*timbalets*）と呼ぶが、本章では総称して音楽隊と記述する。

（7）たとえ、メロディーが耳に入らなくても、進捗をわずかながらでも確認できる者が大きな声を挙げ、塔の進捗を周囲に伝えるのが一般的である。

（8）バイスには、後述するベリャ以外に「コリャ・ジョバス・チケッツ・ダ・バイス（*Colla Joves Xiquets de Valls*。以下、ジョバス）と呼ばれる集団がある。ジョバスはベリャのライバルグループとして知られる。ベリャとジョバスは塔造りにおいて激しい争いを見せるものの、双方にバイスの政権与党に所属する議員がおり「人間の塔」の普及活動をはじめとしたバイス市の文化推進などにおいて協働している。

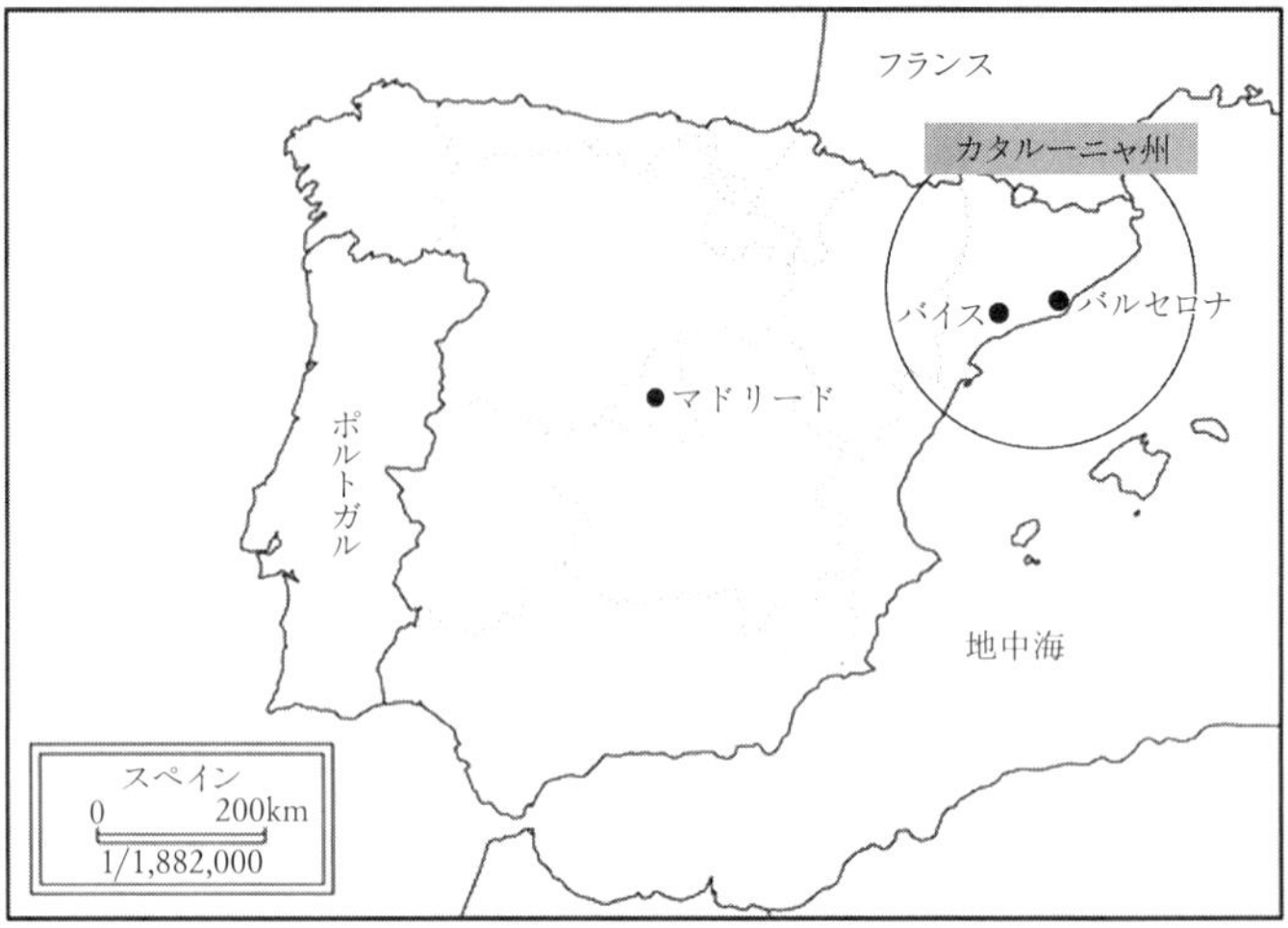

図3-3　カタルーニャ州南部の内陸に位置するバイス市（筆者作成）

ダルス・チケッツ・ダ・バイス（Colla Vella dels Xiquets de Valls 以下、ベリヤ）」で塔造りをしながら住み込み調査をしている。ベリヤは「人間の塔」のグループの中で最も歴史があるだけでなく、二年に一度、公式的に順位を争う競技会で九回の優勝を誇る強豪でもある。[7] 筆者が実施したアンケート調査によると、[10] 回答したメンバーの七四%がベリヤ内に家族や親族がいる、もしくは過去にいたと答えた。ベリヤを「一つの家族のようなもの」と評すメンバーもいるように（岩瀬二〇二〇：八二―八六）、ベリヤでは依然としてその歴史で伝わるように地縁と血縁を主なつながりとしている。[11] そのつながりは、前述したように、反復される祭りの中に塔造りがあることで維持・強化されていく。どんなに金銭があっても人がいないところに塔は建たないことから、ベリヤでは、賛助会員のように年会費を払わなくても、理事会[12]から塔造りへの継続した貢献が認められれば、ピンク色の公式シャツを手にした正員になれる。逆に、年会費を払っても公式シャツは買えないことから、伝統あるベリヤのシャツに袖を通せることは各人のこの上ない誇りになっている。

ベリャでは、塔造り以外にも家族や友人を招いた共食の場で親睦を深めている。とりわけ、シーズン終了後の一二月初旬に実施される慰労を兼ねた「友愛の食事」は、一年のうちでも人気な恒例行事である。塔造りの正員だけでなく、広く「一つの家族のようなもの」を育むことで集団への継続的な関与を高める工夫をしている。ベリャは、一〇〇を超える継承集団の中で唯一、グループの共同住宅と共同墓地を持つ。現在、共同住宅

(9) 一九三二年に開かれた第一回大会からすでに二八回の競技会が実施されている。本章ではベリャの発表資料をもとに「ベリャ」と名付けられたグループの優勝回数をもってその回数としている。

(10) 二〇一八年一〇月に行われた競技会とサンタ・ウルスラ祭の合間に、ベリャのメンバー二四三人に対して質問紙を用いたアンケート調査を行った。回答者の七五%が実際に塔造りをしている正員であった。塔造りはせず年会費でベリャを支える賛助会員が一一%、音楽隊が二%、ファンが二%の割合であった。居住地で見ると、六三%がバイスで暮らしている。

(11) 注10でも触れたように、ベリャの会員には二つのカテゴリーがある。「人間の塔」を造る正員が七一七人(音楽隊の人数も含む)、賛助会員(「人間の塔」を造る正員を兼務する者を含む。賛助会員は公式シャツをもらえない)が五七七人いる(二〇一七年九月三〇日の名簿調査より)。

(12) ベリャの理事会は、グループを技術的に率いるリーダーと運営面を担う会長を筆頭に、リーダーが選んだメンバー達の自主的な参加によって成り立っている。ベリャの場合、会長の任期は二年(再任あり)であるが、リーダーに任期はない。リーダーが辞意を示すと、次のリーダーに立候補する者は水面下で理事会メンバーとして望ましいと考える会長や副会長、技術スタッフなどを探し始める。そして本人達に事前に打診して承諾を得られたら、ベリャが指定する期日までに理事会メンバーの候補者リストを、前理事会に提出する。そうして初めて、選挙権を持つベリャの正員で構成される総会で諮られ、過半数を得ることで承認される。この理事会が、実質、ベリャのさまざまな企画・運営を担う実行部隊である。筆者は、その理事会の下部組織となるベリャの「歴史・アイデンティティ委員会」のメンバーに誘われ、二〇二三年五月一三日より、毎月一回招集されるミーティングに参加しながら、おもにベリャの学術分野での企画・運営に参加している。

で暮らすメンバーは少ないが、大祭の朝にはその共同住宅を訪れてから塔造りに向かう。後述する「マティナーダ」と呼ばれる慣習がそれである。正式なメンバーになると、ベリャから正員やその家族の出生や逝去にかかわる一斉メールなどが送られ、集団への関わりがより促進される。つまり、ベリャには、塔造りを越えてメンバーの情報を共有しあうシステムがあり、互いの生と死、あるいは、その一部を分かち合う仕組みが埋め込まれている。まさにベリャは塔造りと社会生活の接点として機能しているのである。

次節では、実際の塔造りにおいて、どのような協働の工夫や継続のための知恵が見られるのか、その術や方途を記述していく。

3 塔造りの場での工夫

1……力学的・生理学的要請への不可避的対応

「人間の塔」は、人体で造る構造物である。塔の最下部の核には、名前のついたポジション（図3―4）があり、望ましいとされる背格好が伝えられていることは冒頭で述べた。ここでは、そのポジション名と役割を塔を組み立てる順番に従って簡単に紹介しておこう。

まず、塔の真下に来るのが背の低いバッシ（*baix*）である。バッシの人数は塔の柱の数に匹敵し、塔の土台となる安定性が求められる。バッシはそれぞれ内向きの円形（正確には、柱の数によって異なる多角形）に配置され、肩の高さで隣り合ったバッシと双方の腕を組み合う。(13) そのバッシのすぐ後ろに立つのがオマ・ダ・ダレラ（*home de darrere*）、あるいはコントラフォル（*contrafort*）である。バッシが後方に倒れないように壁となる働きをする。一般的にバッシより背が高い。かわって、バッシの目の前にできた空間を埋めるのがアグーリャ（*agulla*）である。アグーリャは、バッシが前方に倒れ込むのを防ぐだけでなく、バッシの上に上る二段目のメンバー（*segon*）が、塔の重さで膝を曲げてしまわないように、自分の腕をクロスして二段目のメンバーの足を固定する役目を担う。続いて、地面に足がついた唯一の柱であるバッシを下方から押し上げるのが、筆者のポジションでもあるクロッサ（*crossa*）

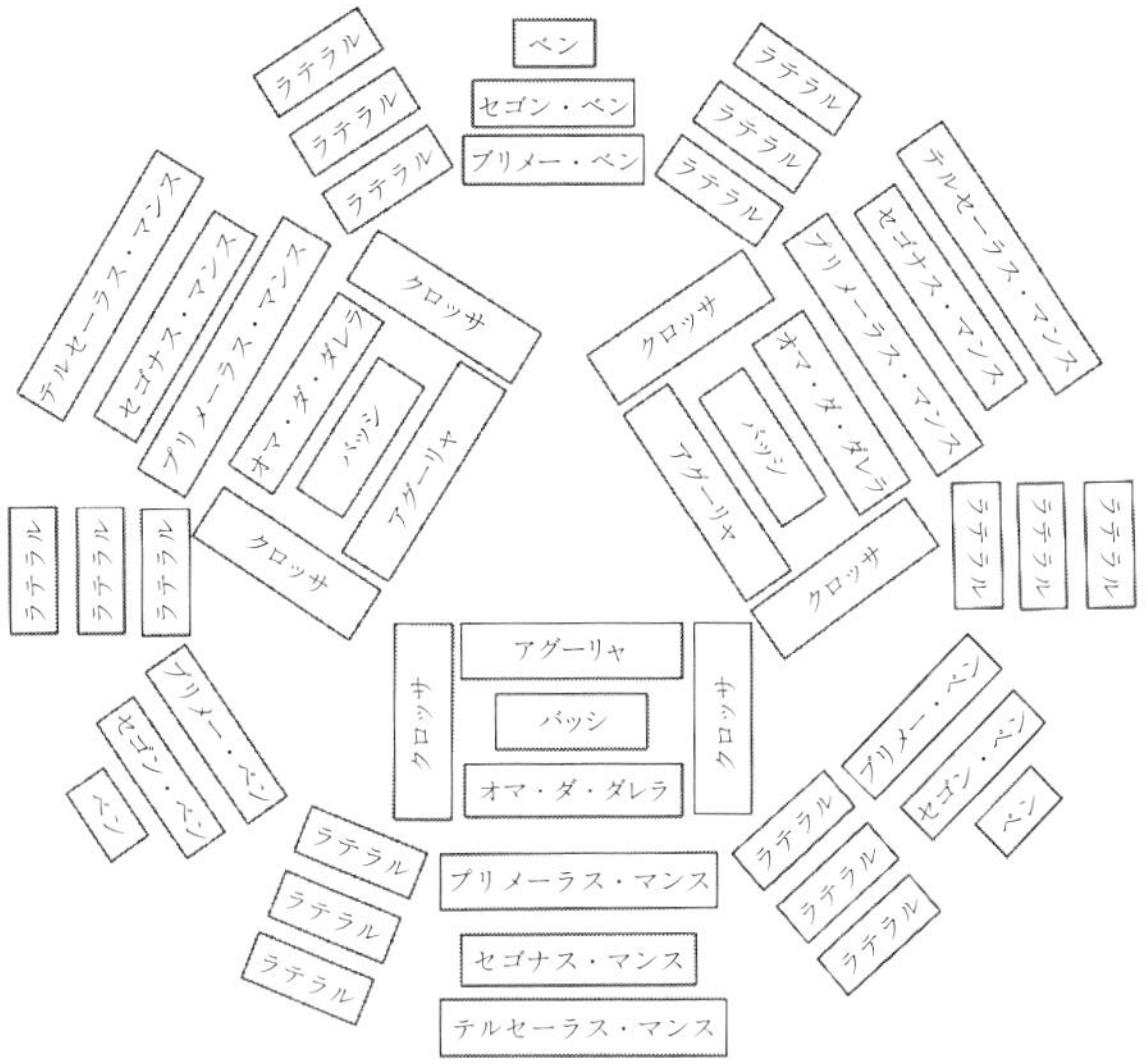

図3-4　最下部の核となるポジション（筆者作成）

（13）その際、バッシは必ず自分の右腕を相手の腕の内側に置くようにする。なぜなら、多くのメンバーの利き腕が右だからである。重力に耐えながら平衡を保とうとすると、無意識に利き腕に力が入るという。よって、大抵の落下は、メンバーの利き腕の方向である右へ回転することで起こるとされる。したがって、その右にひねりが加わらないように、自分の右腕を内側に置くことで相手の左腕でそれを食い止める工夫が施されるのである。こうした知恵は実践の中で生み出され、口伝えで伝承されているが、これも力学的・生理学的要請への対応の一つである。

図3-5　2段目の補強部分で塔を支えるメンバー達（ベリャ撮影）

である。一人のバッシを二人のクロッサで支える。クロッサは、バッシの脇の下に左右一人ずつもぐり込み、神輿を担ぐようにバッシの腕を担ぎ上げ、塔の重さでバッシの腕が下がらないように下方空間を物理的に埋める。

こうして成形された比較的小さくコンパクトな核を囲むように、背が大きく腕の長いプリメーラス・マンスなどのメンバー達が位置につく。両腕を高く伸ばし、二段目に上るメンバーの大腿部や臀部、さらには腰を両手で支えて全方向から力を加える。そこから、さらに人々は中央の核に向かって重なり、自分の胸部を使って前方やや上方に力を掛け、最下部を固めていく。その際、柱役のバッシにしっかり力が加わるように、基本、長身メンバーから順に前方を見ながらまっすぐ並び、圧を掛けていく。そうした中、隙間を埋める小柄なメンバーも求められる。幾重にも重なる人々を一番外の最後尾から中心に向かって自分の手で押す者もいる。塔の最下部が重さで開いてしまわないようにするためだ。最下部は、人体を密着させることで物体の動きを連動させ、塔の重力を水平に流す働きをしている。塔は柱の数が少なく、かつ、高くなるとより不安定になるため、二段目以上にさらに補強部分を設けることで、塔の過度な揺れを抑える工夫もしている（図3—5）。

しかし、塔は、互いがどんなに協力しても落下する時には落下する。人々は落下の危険性を少しでも減らそうと、塔の形成中、ゆがみを修正する指示や互いを励ます声を多方面からあげている。例えば、バッシの後ろにいるオマ・ダ・ダレラには、バッシから「もう少し、左の背中を押して」や「いや、押しすぎ」という声が断続的に発せられる。またバッシを支えるクロッサとしての筆者には「もう少し、下に下がって」、「ああ、そのくらい」といった具合に、微調整の声が掛けられる。そして、お互いの身体感覚に少しでも沿えるように細かなケアがなされ続ける。他方、最下部の中央に造られる塔の上り手には、塔を支える筋力と塔の揺れをやり過ごすバランス能力が求められる。加えて、塔のバランスが良くないと思われた際に、塔の継続を試みない判断や途中で塔から下りることも認められている。つまり、塔造りで対峙する重力に伴う「縦方向の力」と塔の水平を保つための「横方向の力」と共生する必要があるのである。そのため、メンバー達は自分が考えたり感じたりしていることを「ことば」にかえて伝えたり、塔の良し悪しを見定める判断にかえたりすることで、物理的・社会的実践の適切さを探っている。

しかし、それでも塔造りが難しい理由の一つには、お互いの気持ちや身体感覚が完全には重なり切らないことが挙げられる。とりわけ、塔造りにおける危険性が高まると、次項で見るようにメンバー間の摩擦や違和感の表明が盛んになされるのである。

図3-6　メンバーの前で話すグループリーダー（2023年6月24日筆者撮影）

2 ……重力と圧力に触発される違和感の表明

二〇一九年に一〇二グループで造られた一万二〇九塔のうち、塔の落下がみられたのは一・九%である（C.C.C.C. 2020）。一九九六年の七・一九%からは大幅に減少しているものの、一九四塔は塔造りに失敗した計算になる。そのような中、祭りで、どの塔をどのメンバーで造るかは、一般的にグループを率いるリーダーとそれを支える複数人の技術スタッフが最終決断する。彼らは、その塔を成功させるために週内のリハーサル内容を考え、祭りで造る塔の種類を決定する（図3―6）。

二〇二三年八月一三日、筆者がベリャの塔造りを参与観察していた時のことである。夏休み中のメンバーが多いことが予想されたこの日は、一本目の塔造りに成功したものの、二本目の「一段あたり九人の七段の塔」は、頂上まで組み上げることなしに崩壊し、落下を受けた複数のメンバーが怪我をした[14]（二〇二三年八月一三日のフィールドノートより）。通常、三本の塔と「一段あたり一人の塔」を造って終わりになるが、この日はリーダーBの意向により、五本もの塔造りを特別に実施した[15]。

リーダーのBは、五本目の塔も、二本目で落下した塔と同じ塔を繰り返すという。筆者は幸い落下が起きた位置とは異なる最下部にいたため、大きく落下の衝撃を受けることもなければ、怪我をすることもなかった。それでも、ずどん、ずどんと鈍い音がして衝撃を吸収する感覚が二度もあったことから、筆者には、失敗したばかりの塔を繰り返すことに怖さがあった。しかし、落下の際、筆者の比較的そばでクロッサをしていた女性メンバーCは「今度はうまくやるため［同じ塔を繰り返す］よ」と、思いのほか明るい表情で、反復される「一段あたり九人の七段の塔」を捉えていた。彼女も筆者も、リーダーの考えは読めた。このまま落下のイメージで終わらせるのではなく、この逆境をプラスに変え、この日の祭りを締めくくりたい。そのためには、失敗したばかりの塔に立ち向かってこそ価値があるのだ、と。

にもかかわらず、五本目に臨むCと筆者の態度は、当初、異なっているように思えた。塔内の身体感覚やそれぞれの経験の違いなどから気持ちにずれが生じたり、リーダーの判断に対する評価が異なったりする。つまり、リーダーと各々のメンバーの関係性は、その都度、さまざまな現れ方を見せるのである。

結果的に、その日二度目となった「一段あたり九人の七段の塔」は落下せずに終わった（図3―7）。しかし、

（14）安全な「人間の塔」造りのためにスポーツ医学の知見から貢献してきたジャウマ・ルゼットによると、補強部分の加わった高い塔になればなるほど、塔の最上部と上部の怪我の率は低くなり、逆に、それを支える補強部分と最下部のメンバーの怪我の率が高くなる（Roset i Llobet 2018: 176）。つまり、高い塔ほどそれを支える側の危険が増すのである。

（15）二年に一度の競技会では参加グループに対して共通のルールが設けられるが、祭りには書かれたルールが存在しない。よって、塔造りをしているメンバーですら、その日の流れが分からないことはよくある。この日も、そうした先が見えない祭りの一つであった（二〇二三年八月一三日のフィールドノートより）。

図3-7　落下せずに成功したベリャの「1段あたり9人の7段の塔」（2023年8月13日 Arantxa Machuca撮影）

落下した塔を繰り返す判断をしたリーダーの周囲には、祭り終了後、代わる代わるに経験あるメンバー達が近づいた。そして、時に厳しい表情を交えながらことばを交わしていた。筆者に明るい表情を見せていた女性メンバーのCもまた、Bに歩み寄り、何やら声を掛け始めた。リーダーのBが急に眉間に皺を寄せ、表情を変えた。このことから、CがリーダーのBに対して決して好意的な発言をしたわけではないと考えられた。この日は、リーダーの決断に対し、メンバー達が思い思いに違和感を表明する日となった。

3……リーダーへの不服従とグループへの非関与

前項の祭りから、ちょうど一週間後のことであった（二〇二三年八月二〇日のフィールドノートより）。筆者はベリヤの塔造りをしながら調査を継続していた。

リーダーであるBは、またしても重量のある「一段あたり九人の塔」を組みたいとクロッサのまとめ役であるDに、最下部のまとめ役であるEを通して打診してきた。筆者の隣にいたDの表情は一気に険しくなった。そして「人数が少ないから［九人の塔は］無理」とEに言い放った。

リーダーであるBが一段あたりの人数が多い大型の塔を望む理由は筆者でも想像がついた。大型の塔にはより多くのメンバーを上らせることができるからだ。筆者には過去にそう教わった経緯があった。普段、なかなか塔に上れないメンバーにとって、大型の塔は貴重な経験の場となる。それが、リハーサルではなく観客が見ている公共の広場ともなれば、より多くのメンバーの士気を上げられるからだ。例えば、「一段あたり一人の七段」であれば、二段目以降はわずか七人しか上れない。[16] しかし「一段あたり九人の七段」ともなれば、三九人が一度に塔の上り下りを経験できるのである。

しかし、Dをはじめとした塔を支えるクロッサ達はそれを受け入れられない事情を抱えていた。塔の重量が増せば増すほど、塔を支える最下部と補強部分に負担がかかるからだ。「一段あたり九人の七段の塔」ともなれば、単純に九つの柱に二人のクロッサが配置されることから、比較的、小柄なメンバーが一八人必要なことになる。しかも、クロッサはその柱役となるバッシの脇の下に潜るため、通常バッシより背が低いことが求められる。つまり、頭数でどうにかなっても、背格好の不一致はメンバーへの不要な負荷につながるだけでなく、塔全体の水平を脅かす危険性があるのである。

筆者が、あるリハーサル中に、ベリャの現役メンバーとしては最高齢である八七歳のFに塔の出来をたずねた。すると、今シーズンは「単に人が少ないんだ」と返答があった（二〇二三年八月一八日のフィールドノートより）。ベリャでは、新型コロナウィルスの影響で休止していたリハーサルと祭りが、二〇二二年四月以降、マスク着用なしで全面的に戻ってきた。といっても、依然としてコロナ前までのようなリハーサルはできていなかったのである（二〇二三年八月一八日のフィールドノートより）。したがって、たとえ、塔の上り手達を養成したいと考えるリーダーBの気持ちは理解できても、最下部の持続可能性を考えるDには、到底、受け入れられないBからの打診だったのである。

このほかにも、グループを率いるBに対してその運営方針が気にいらない時や塔造りの危険性が高まっている時などはメンバーが参加を取りやめてしまうことがある。例えば、ベリャが、秋の大祭を前にしてバイス市内の広場で本番を想定したリハーサルをした時のことである（二〇二三年一〇月一一日のフィールドノートより）。現在、もっとも高くて重い「一段あたり四人の一〇段、二段目と三段目に補強ありの塔」は、そのリハーサル中、最下部の一部が重さに耐え切れず、雪崩が起こるように崩れてしまった。固められた最下部が開いてしまうことは、重力がそのまま塔の真下にかかることを意味するため、もっとも危険な崩壊の形とされる。塔の補強部分にいたメンバーが崩れるように立て続けに足場を失っていった様子は、その場に立ち会った人によって映像に収められ、一気にメンバー達のソーシャルネットワークサービスを通して拡散されていった。

その映像を共有していたメンバーGに話を聞いたところ、「怖いから、リハーサルには行かない」という（二〇二三年一〇月一三日のフィールドノートより）。そして、その週末に控えていた塔造りにGは来なかった（二〇二三年一〇月一四日、一五日のフィールドノートより）。つまり、落下がつきものだとはいえ、その度合いが強まり過ぎると、正員の一部はすぐにリハーサルを休み、祭りとも距離を取ることでグループへの非関与を示すのである。

4　ベリャというグループを維持する営み

1……偶然性と不確実性が生む力

こうして多数の生きた身体を持ち寄る実践には、常に予期しない流れがつきまとう。ベリャでは、第3節第2項のように塔造りが成功するか分からないという偶然性に加え、第3節第3項で触れた正員達が示す不服従

（16）　通常であれば「一段あたり一人の七段」は難度が非常に高いため、一段目に補強部分（*folra*）を用いて造られる。

図3-8　コロナ禍で造られた「1段あたり1人の5段の塔」（2021年6月24日 Vanesa Blánquez撮影）

図3-9　44年にわたって8段以上の塔に上ってきたメンバーを記し続けるF氏（2017年9月20日筆者撮影）

や非関与に対応するため、その場、その場で事前の計画や判断を組み替えることで、なんとか凌ごうとしている。さらに事前の準備段階においても、例えば、メンバーを固定しすぎずにリハーサルしたり、リハーサルでは塔の全てを造らなかったりすることで安全を確保しつつ、あえて実践に不確定性を組み込んでいる。なぜなら、特定のメンバーで固めてしまうと選ばれなかったメンバーの士気が下がるだけでなく、本番で落下が起きて怪我人が出た際、代わりのメンバーで対応することが難しくなるからである。とりわけ、重力と圧力が掛かる塔の真下へメンバーを配置する際には、本人の意向がたずねられる。本人が望まなければ、それを断ることも認められている。

ここで重要なのは、リーダーの意向に不服従を示したり、リハーサルや祭りに参加しなかったりする者がいても塔造りは行われているということである。つまり、参加に対するこのようなゆるやかさが、塔造りが可能であることと関係していると思われることである。前述のとおり、コロナ以降、これまで活動していたメンバーが完全には戻りきっていない（図3—8）。しかし一方で、参加に対するこうしたゆるやかさがあるからこそ、出ていったメンバーがまた戻ってきたり、新しいメンバーの受け入れをたやすくしたりしている。

前述した最高齢のFは、自分がグループリーダーを務め始めた一九七九年から現在に至るまで、ベリャが造った八段以上のすべての塔のメンバーを克明に記録し続けている（図3—9）。実に四四年にわたる手作業である。しかし、最近になって、Fは塔の上り手が分からないという（二〇二三年八月一八日のフィールドノートより）。なぜなら、そのメンバーリストにはFの手には負えないほど新たな若手メンバーの名前が増えているからである。つまり、現在のベリャには新たに「共有しえないもの」を抱えた身体が続々と持ち寄られているのであり、塔造りにさらなる偶然性と不確実性を持ち込んでいるといえる。しかし、そのことが、よりスムースで、持続可能な集団運営のための世代交代を後押ししてもいる。塔の落下と、それがもたらすメンバーの怪我は、グループのまとまりを損なう大きな要因の一つである。しかし、同時に、その落下がグループをまとめることもある。ベリャでは、次項で見るように、実践の不確かさによって揺れ動く集団の流れを揺れのままで受容する基盤があるように思われる。なぜなら、集団の凝集性を脅かすように思えるネガティブな側面や感情ですらも、人々に新たな〈つながり〉をもたらす「生」の声として機能しているからである。

2……感情の交差を通して人となりを知る

一九世紀にカタルーニャで活躍した有名な詩人に、ジュゼップ・アンセム・クラベー・イ・カムプス（*Josep Anselm Clavé i Camps*）がいる。彼は一八六七年に発表した「バイスの人間の塔のメンバー達（*Els Xiquets de Valls*）」の中で「人間の塔」の四つの要素に触れている。力（*Força*）、バランス（*equilibri*）、勇気（*Valor*）、理性（*Seny*）がそれである。ある日、塔の核で筆者と組むことが多いHが、そのクラベーに異議を唱えた（二〇一七年九月のフィールドノートより：岩瀬 二〇二〇：六二）。

クラベーは「人間の塔」をつくった経験がないと思うなあ。だって、気持ち（*sentiment*）を表す単語がひとつも入っていないから。ほら、あの喜び（*alegria*）とか苛立ち（*ràbia*）、満足（*satisfacció*）とか。クラベーが「人間の塔」をやったことがあれば、絶対、［気持ちを表す単語を］入れると思うし、俺だったら、絶対に入れるけどなあ。

とりわけ、落下してしまった時の苛立ちを表すHの「ラビア（*ràbia*）」のいい回しには、舌を丸めてRと発音する際の巻き舌が強調されており、落下のくやしさが滲み出ていた。「人間の塔」造りでは、このように、前述した各々の肉体の声だけでなく、さまざまな人のさまざまな感情が交差する。そうした完全には「共有しえない」身体感覚や感情を持ち寄り、生きた人々が集うのが「人間の塔」という実践なのである。

ある日、筆者が、ベリャ内で巻き起こっていた内部分裂を心配して、当時ベリャに参加して三八年だという

Iに筆者の気持ちを伝えた。すると、Iは次のように表現した（二〇一八年一二月二九日のフィールドノートより：岩瀬 二〇二〇：一二三）。

もっともだろう。俺達は生きているんだよ。生きているっていう証拠だろ。みんなが、自分のこととしてベリヤのことを考えているから意見が出てくる。みんなが考えてるってことだろう。心配？ そんなもの、放っておけばいいんだよ。俺は、何とも思ってないね。

つまり、Iは、筆者の気持ちをよそにグループ内のいざこざをさして意に介していなかったのである。私達は、とかく、意見が割れた際、なんとかして一つの意見に集約させようとしないだろうか。誰かがいがみ合っていれば、なんとか間に入って、はやく仲直りしてほしいと考えないだろうか。しかし、所詮は「共有しえないもの」を持ち寄った者達である。人に好き嫌いはつきものともいえる。Iは、煮え切らない状態をいかにも煮え切ったと断じて早々に片付けてしまうことの方が功罪が大きいと考えているようである。Iによると、いざこざは関心の表れである。たとえ、一つの意見にまとまらなくても、お互いが何を考え、何に対して怒り、何に気持ちをぶつけているのかが見えてくるという。Iは、筆者の「ベリヤの好きなところは？」という問いに対して、次のように回答した（二〇一八年一二月二九日のフィールドノートより：岩瀬 二〇二〇：一二三）。

いいこととひどいことによって成り立つグループ（*La colla per lo bo i lo dolent*）

Iは、「人間の塔」が持つ社会的な部分が好きだとも語った。つまり、Iが考える社会的側面は、良い面と悪い面を含み込む、まさに、生きていることを確認できるための空間なのである。このことは、「共有しえないもの」を持ち寄ることによる〈つながり〉が、ベリャに存在していることの現れなのではないだろうか。次項では、その〈つながり〉を支えていると思われるベリャの試みのいくつかを共有しよう。

3……〈われわれ〉ベリャの形成とその強化

「人間の塔」造りの正員は、お揃いの色の公式シャツを着用していることはすでに述べた。ベリャでは、グループに対する貢献を「継続した参加」という形で認めて初めて、ベリャの紋章が入った公式シャツを贈り正式なメンバーに迎える。人によっては二〜三か月もかからないこともあれば、一年以上かけてもなかなか正員になれないこともある。筆者は調査開始から八シーズンを要した。こうしてシャツ獲得までの時間に差がある背景には、その時点でのシャツの無料配布と担い手の必要性といった経済面と運営面でのバランスに加え、ベリャ内にすでに家族や知り合いがいるかどうかにあると考えられる。とりわけ、後者については、初めて練習に参加する段階で知り合いがいれば「○○の娘」や「○○の友達」のような形で正員などからのお墨付きやその人の人柄を含めた身元の連帯保証が得られているからである。

ベリャでは、年に複数回、リハーサル終了時に正式なメンバーを迎えるセレモニーを開催している。大勢の既存メンバーが見守る中、新しくベリャの正員となる人々は自分の名前が大きな声で呼ばれるとリーダーと会長のもとへ歩み寄り、公式シャツを受け取る。新規メンバーの中には割れんばかりの拍手を受けて「ようこそ、ベリヤへ」と祝福の言葉が掛けられると感動のあまり泣き出す者もいる（二〇二三年一〇月二〇日のフィールドノートより）。感情の波はその場ですぐに伝播し、もらい泣きする既存メンバーもあれば、思い思いの抱擁や握手で喜びを共有する者もいる。こうしてベリヤではグループの雰囲気づくりや団結力を強化・確認するために、公式シャツの贈呈式を継続している。つまり、息長く継続して協働しあえるように〈われわれ〉（shared agent "we"）ベリヤとしての土台を大事に扱っているのである。

このようにベリヤという枠組みが維持・強化されるのはなにもリハーサルのような閉じた空間だけではない。例えば、開かれた祭りの広場でも、ベリヤが難度の高い塔を成功させた際にこだまする「ベリヤ、ベリヤ、ベリヤ」という掛け声がそれを後押しする。どこのグループにも塔造りをするメンバーだけでなく、そのグループを応援する家族や友人などからなるファン（支援者）がいる。祭りの広場は、観客を含めたさまざまな人が思い思いに感情を示すことから異様な空気に包まれる。時に耳を引き裂くほどの絶叫が聞こえたかと思えば、「人間の塔」をよく知らない人による場違いな拍手が起こり、塔造りのリズムが乱されることもある。そうした中、塔造りを知るベリヤのファンが、グループを勢いづけるために拍手を送ったり、集中を要する場面で他の観客に「シー」という制止の音を発したりすることで、その時のベリヤが必要とする熱狂と静寂が使い分けられる。そして〈われわれ〉ベリヤとしての時空間が浮かび上がることで、「これがベリヤの塔造り」だと体感させるようなグループのアイデンティティ（同一性）が強化される。[17]

ベリヤではまた、大祭当日の朝に街中を練り歩くマティナーダ（*matinada*）[18]と呼ばれる儀礼的行事を続けている（図3―10）。毎回、マティナーダを先導する音楽隊が企画し、共同住宅を出発することでマティナーダを始める。音楽隊からの打診を受けたベリヤの有志四〜五組は自宅を開放し、マティナーダに参加するメンバー達に甘いパンやクッキー、飲み物などの朝食を善意でふるまう(図3―11)。そしてその御礼に「人間の塔」造りにかかわるレパートリーの中から希望の楽曲を演奏してもらえる。ベリャではマティナーダに友達を連れ立って参加する若者が増えている(二〇二三年一〇月二二日のフィールドノートより)。ともに歩く楽しさに加え、タダで朝食にありつけることや「ここには○○が住んでいる」といった具合にメンバーの名前と顔、そこに紐づけられた家族関係や生活環境を知れるからともいう。こうしてある意味、相互の生活スペースに人々を招き入れることで、自分が暮らす町に知り合いをマッピングしていく。

ベリャには共同墓地があることにも触れた。共同墓地は、バイス市の中心街と工業地域の境にあるバイスの市営墓地内にある(図3―12)。ベリャでは、毎年一一月一日[19]にかつてのメンバー達にベリャの塔を捧げる。ベリャを支えた往年のリーダーの命日には記念イベントを開催するなど、生者と死者の境界を崩して、より大き

図3-10　大祭の朝に町中を練り歩く恒例の「マティナーダ」(2023年10月22日筆者撮影)

図3-11　朝食をふるまった後はお気に入りの「人間の塔」にかかわる演奏を受ける(2015年10月25日筆者撮影)

図3-12　ベリャの共同墓地。ラバソと呼ばれる有名なリーダーの死後100年を記念する式典の様子(2018年12月30日筆者撮影)

な〈われわれ〉ベリヤを共有する。こうした試みは、二三〇年を超えるベリヤの歴史にそれぞれの正員が含まれることを実感させる。そして、伝統に根差したベリヤとしてのアイデンティティを生成・強化する。つまり、ベリヤへの帰属意識が時空を超えて醸成されるベリヤの土台となり、協働を支える一つの力として駆動していると考えられる。

(17) ただし、アイデンティティ(同一性)は〈われわれ〉の中を同定し、集団内のつながりを生み出す仕掛けである一方、集団外に向けては排除の論理を持ち込む態度であることを忘れてはならないだろう。危険と隣り合わせの「人間の塔」にとって、こうした態度は、集団(あるいは個)に境界を設けることで自他の生を比較し、とりわけ他者の生を軽視する姿勢を誘発してしまう可能性がある。バイスで続くベリヤとジョバスのライバル関係も、そこに居合わせた人々の協働からもたらされるアイデンティティがあってこそであるが、人々の生を託し合う塔造りにおいては、たとえグループが違えど「同一性」という誘惑から自律的に「適切な距離」を取ることも「人間の塔」全体の実践を継続させていく秘訣であると、筆者は考えている(岩瀬 二〇二〇:二六八)。

(18) マティナーダ自体はほかの地域でも祭りの朝に行われる慣習である。

(19) 一一月二日が「死者の日(*dia de difunts*)」であるが、前日にあたる一一月一日が「諸聖人の日(*Tots Sants*)」として祭日なことから、ベリヤではその日にあわせて共同墓地での献花と塔造りを継承している。

5 揺れの中で、揺れとともに

本章では、各々の異なる身体を持ち寄ることを通して、身体感覚や経験、思いといった「共有しえないもの」が生み出す摩擦と、アイデンティティに彩られた集団の形成が同時に並走している様相を見てきた。本事例で見てきた協働には、非ヒト霊長類の協力行動とどのような同異があるのだろうか。本節では、ヒトとヒトとの協働における「適切な距離」の模索についてまとめた後、非ヒト霊長類における「離合集散」を「適切な距離」の議論に重ねることで、それらの比較を試みたい。

1……「適切な距離」とは

「適切な距離」という用語は、二〇世紀最大の人類学者と評されたフランスのレヴィ＝ストロースが『神話論理』をはじめとする様々な箇所で、神話の目論み——ものごとが適正な距離を置いて配置されているのはなぜかを説明すること——と主張しているもので、神話では「二項対立」、「媒介」、「変形」を用いて「適正な距離」を示しているという（出口 一九九三：六四）。具体的には、「過剰な分離」と「過剰な接近」の中間に、両極端の「過剰」を中和するような「適切な距離」を設定する試み（配列）である。加えて、「適切な距離」とは、出口によれば、互いに隔たった、あるいは、差異化された要素と要素の、もしくは項と項の関係において見出されるべきものである。しかし、その適正あるいは適当ということも、時と場所を問わず普遍的・客観的に定義できるものではなく、その都度の場面・状況に即して見出していくべきことである（出口 一九九三：六九）。

また、出口が加えるように、「適切な距離」の設定はその都度、見出すものであるから反復という行動と結びつく。しかし、その反復も全く同一のものの反復ではなく、差異を孕んだ「異なるものの反復」（出口 一九九三：六九）となる。そして反復というからには、一回きりの単独的な出来事がそのまま生かされるだけではなく、繰り返し語られ共有されることで、物語＝表象へとも変えていけると出口は指摘する（出口 一九九三：六九）。つまり、「適切な距離」をその都度はかり続けていくことは、一回性という出来事（個別）と、反復することで共有される物語（普遍）といった、一見、対立するものを、単純な対立としてではなく、出口のことばを借りれば、「異なるものの反復」のうちにパラドクシカルな関係（出口 一九九三：六四―七四）を生み出すことであり、それらを「同時に一挙にすくいとれる」試みなのである。

本事例で考えるならば、継続した「適切な距離」の模索は、個別・具体性を持った個々の身体感覚や経験、思いといった交わり切らない要素や関係性の反復によって、二者以上からなるある種の物語――例えば、冒頭で触れたAと筆者が共有する思い出や伝統的な「べリヤ」の歴史を〈われわれ〉の歴史とすることなど、その都度、立ち上がる流動性ある二者以上からなる物語――の共有も可能にすることである。つまりは、個々には「共有しえないもの」を持ち得ながらも、塔造りやべリヤを共有することで共存を可能にしているのである。この点は、北村が、ルーマンの社会システム理論を参照しながら、人間以前の霊長類社会の進化プロセスに「パラドックスの克服による新しい秩序の生成」があると指摘した（北村 二〇二一：一七）こととも重なると思われる。(20)

北村は、人間社会の場合の秩序形成のありかたの一つとして「意味の共有」とそれに基づく協働による問題対処というやりかたを挙げているが（北村 二〇二一：三〇）、まずは本事例の整理をした上で、北村の指摘に戻っていこう。

2……塔造りにおける「適切な距離」とその取り方

「人間の塔」の歴史においては、塔造りを通して金銭の授受があったことが知られており、協働して塔を造ることは生きるための経済的な糧になっていた。しかし、現在では報酬を得ている者はおらず、金銭よりも余暇の時間に人々と集い、協働を通してゆるやかで持続的な人間関係を促す営みになっている。

「人間の塔」は、カトリックの教会暦に埋め込まれた祭りの中で続いていることから、毎年、やってくる祭りが人々に協働を要請させるものである。その協働は、塔造りが生み出す個々の体験だけでなく、二者以上で共有されるベリャの物語でもあり得る。また、「人間の塔」は、力学的な実践であることから、たとえ、メンバーの好き嫌いや組み合わせの妙はあるにしても、塔の重力と水平を保つための背格好が重視される。それは、日頃の人間関係を脇に置いてでも、顔のない物質として協働することを人々に求めるということでもある。塔の最下部は人が多ければ多いほど良いとされることから、人々の継続した参加を絶やさないために、そして、互いに持続した関わりができるようにそれぞれを気遣い、相互の状況を確認しあう声掛けを大切にする。

さらに、ベリャの公式シャツが持つ希少性を維持することでメンバーの忠誠心を高め、集団内の凝集性を調整している。公式シャツは、人々の参加を通した協働とシャツを手にした時に生まれる喜びや名誉といった感情を通して培われる共有財である。また、塔造りの広場で協働するファンの役割も塔の成功の鍵を握っており、ベリャの帰属意識を強化している。加えて、塔造りのメンバーとその家族や友人をつなぐ共食も塔造りで生まれた人間関係をより維持させたり、ひとやすみさせたりしている。気の合う仲間との親睦の場は「もう一つの家族のようなもの」を想像させる絶好の空間である。

あわせて、慣習的な儀礼的実践として定着しているマティナーダは、〈われわれ〉ベリャを強化するだけでなく、メンバーの人となりを含めて、その人の生活を知る一つの手段として機能している。ベリャが継承している共同墓地での塔造りも互いが「ベリャ」の一員であることを想起させる慣習である。生者と死者の垣根が壊されることで、メンバー達はより大きな時間の中に自分と〈われわれ〉ベリャを置き直し、歴史を守っていく責任と関与の重要性を内面化させる。たとえ年齢が若くても、ベリャのように伝統ある集団の一員であると感じられることが、メンバーひとりひとりに、歴史に彩られた居場所の観念を与えていると考えられる。その居場所は、塔造りで生み出されるさまざまに異なる感情からも生まれ、〈われわれ〉ベリャとしての物語を強化し、より協働に向かわせる力となっているのではないか。これは、ある意味、集団への引力として働く力の方向性である。

と同時に、塔造りにおいては異なる身体を持つ人同士が集うため、共有しえない身体感覚や経験、感情が各々

(20) マイケル・トマセロの『トマセロ——進化と文化の発達心理学』の訳者でもある心理学者の大藪泰は「訳者あとがき」の中で、筆者が主張する相互行為における「適切な距離」を模索するプロセスを後押しするような、人の心に特有な働きとして「情動性」と「静観性」(大藪 二〇二三:三三一)の二重化を紹介している。

に沸き上がり、集合的な身体には摩擦やいざこざがつきまとう。ベリヤでは、絶え間ない協働の一方で、リーダー達への不服従やグループへの非関与といった緊張関係も存在する。しかし、集団の斥力とも捉えられる緊張関係は、塔造りの安全や持続的な実践が危ぶまれる際に生まれることから、集団の方向性にバランスを求める動きとしても機能する。そのバランスはまた、生身の身体が抱える偶然性と不確実性によっても揺さぶられることから、その変動によってもさまざまな感情がその時々で交差する。

ベリヤではこうした実践の流動性に対応するために、リハーサルの段階でさまざまなメンバーの組み合わせを試したり、本番と全く同じ高さの塔をリハーサルでは造らなかったりすることで、メンバーの安全を気遣い、当日の予期しない実践にも柔軟に対応できるようにしている。つまり、不確定性をあえて担保した形でなされるのがリハーサルであり、それは集団の判断に余白を残す工夫でもある。日頃のリハーサルの時点で実践の固定化から距離を取り、さまざまな方向転換に対応できるような実践の幅を確保しているともいえる。

こうした考えの前提には、たとえ、リーダーであっても自分と同じ人間として判断を誤り得る存在だと人々が想定していることとも関係があるだろう。なぜなら、リーダーの判断に疑義があれば、すかさず人は歩み寄り、自分の考えを伝える行動に出るからだ。このことは、いざこざを意に介していなかったIのことばで見られたように、個と集団の安全はメンバーひとりひとりの不服従や非関与を含む関与や関心によって守られると人々が考えていることの現れではないだろうか。

このように「人間の塔」の実践には、一見、相反するように思える二重化された方向の力が働いている。しかし、それらは二律背反的にしりぞけ合うものではなく、それぞれの力の強みを維持したまま、その二重性を維持していることが重要なのであろう。このことは、実践の中で、メンバーの流動性や実践のゆるやかさを維持しながらも、塔造りが継続できていることと関係している。つまり、ここに、実践のバランスを保ち得る「適切な距離」の模索を反復するという動的な過程があり、それによって生きた「社会性」、言い換えれば、複数の人々がその都度さまざまなにやりとりをしながらともに生きる方途の動態が見て取れるのだ。

本章の冒頭で取り上げたAが「サルでも見に来たのか」と筆者にたずねてきた事例もまた、「適切な距離」の模索によって生み出された試みといえる。Aは、塔造りが内包する「野蛮」さの象徴（記号）としての「サル」を用いて筆者に説明を始めた。しかし、Aは「人間の塔」に対して抱かれるステレオタイプが放つイメージを用いつつも、決して「サル」をマイナスのイメージで使用していたわけではないと考えられる。なぜなら、前述したとおり、その「サル」にはA自身も含まれており、同時にAは、そこに「子ども達に伝えたい世界がある」と話していたからである。「野蛮なサル」が行う塔造りが、彼にとって「野蛮」一色であるならば、Aは夫人と子ども二人を誘ってまで家族ぐるみで危険を伴う塔造りを続けていないであろう。つまり、Aの問いかけには、私達が抱きやすいステレオタイプを利用しつつも、その固定化されたイメージからも「適切な距離」を取り、自分の主張を伝える、ヒト特有の比喩を用いた言語操作上の巧みな知恵があったといえるのではないか。

「人間の塔」造りを通した人と人との協働には、こうして非言語・言語を問わず、その都度、その場で編まれていく「適切な距離」の模索という社会的相互行為がある。予期し得ない「共有しえないもの」を持つ者同士の協働は、誤解を含めて危険と隣り合わせである。しかし、人々は、ある種、読み切れない相手の身体感覚や心情、時に期待通りにならない相手の出方などにさらされながらも、それでも自主的な塔造りを通して周囲と「ともに生きている」、あるいは「ともに生きる」という決断に賭け続けているのではないだろうか。「人間の塔」の継承過程で見えてきたことの一つは、そうした不確定な人や物事に対して、ある意味、その場しのぎとも思える目の前の選択とその上での行動をまずは起こし、可能な限りの微調整を続けていることである。その微調整は互いを固定化しない流動的なかたちで行われ、その場の問題解決にあたるような社会性を相互承認しているといえる。固定化された正解のない、ゆるやかで、だからこそ根気を要するような協働において、人々が絶え間なく試みているのが「適切な距離」の模索を反復するという動きなのだろう。そこで、次項のまとめでは、集合的な身体が織りなす協働を非ヒト霊長類の「離合集散」と重ね合わせることで、霊長類学との対話を試みたい。

3……「ともに生きている」から／を考える

「身体資源論」で知られる菅原が論じるように、なんともミもフタもない即物性が喚起されてしまうのが、生きた身体を資源とする実践（菅原 二〇〇七：一四）、つまりは「人間の塔」のような生体を持ち寄る実践である。なぜなら、いかに美辞麗句を並べて互いが懸命に協力しても、落ちる時には落ちてしまう、非常に即物的で、物理的かつ力学的な営為だからである。裏を返せば、コントロールし切れない多数の生体を集合させて行う実践には、偶然性や不確実性がつきものであり、霊長類学とも共通して語れる「ともに生きている」という生体的側面なのではないだろうか。

『創造的進化』の著者として知られるアンリ・ベルクソンは「生命の底には、物理力の持つ必然性にできる限り多くの不確定性（indéterination）を付け加えようとする努力がある」（Bergson 1907: 116; 菊谷 二〇一一：一三三）と語り、生（生命）とは、単なる物質と区別される運動であり変化そのものだと指摘した（菊谷 二〇一一：一七四）。

そうしたベルクソンの見方に立つならば、「人間の塔」造りにおいて、壊れ得る集合的な身体から個々の自発的な不服従や非関与という態度が生まれ、不確定で流動的な状況や関係性が生み出されていくことは、生の一様態としての身体（有機体）を寄せ集めても単なる集合的な物質にはならず、動きのある各々の存在と共存していくための変化を含み込んだ社会性が創造されているということなのではないだろうか。また、生者と死者との垣根を崩してベリヤとしての帰属意識を高めたり、二三〇年を超える歴史の中で継続に耐え得る実践の変化を抱え込んだりしていく過程もまた、身体に不可避の物理力とは異なる方向性への創造的進化と位置付けられよう。

アウレリらによると、霊長類の集団内での社会的シグナルは、集団の移動を調整するような単純な機能（Boinski 1996）から、正式な服従や支配（Flack and de Waal 2004, 2007）、和解（Aureli and de Waal 2000）、連合形成における信頼（Smuts and Watanabe 1990）など、関係の質やプロセスを伝達したり交渉したりするような複雑な機能まで担っている（Aureli et al. 2008: 632）。つまり、霊長類は、人間社会同様、社会的な視線や身振りなどを利用して不確定なものへの相互調整を試みながら共存しているのである。霊長類学で使用される「離合集散」という用語は、ベリヤの事例でたとえるならば、ベリヤの正員であるにもかかわらず、塔造りに参加したりしなかったりするといったマクロなレベルで個体の凝集と離散が起きるイメージを表すものであろう。2章の川添が論じるように、ニホンザルのオスも親和的であれ、敵対的であれ、さまざまな行為が接続されることで、集団の境界や個体同士の関係性が変わることを指摘している。つまり、個体同士がバランスを調整した結果として集団のまとまりが変化する「離合集散」、あるいは「適切な距離」の設定という動態が観察される。このことは、アウレリらの指摘とも重なってくると考えられる（Aureli et al. 2008）。

本事例においても、物事のバランスをはかる「適切な距離」の模索が、メンバー個々の「離合集散」的な行動を促し、その結果として、例えば、個と個、個と集団、あるいは、ある揉め事に対処するやりかたにおいての「適切な距離」の設定に貢献している。[21] しかし一方で、ヒトの「離合集散」的行動を通して個が「適切な距離」を見出せずにいると、自ずとグループに居づらくなって長期的に離脱することを決断したり、他のグループへ移っていったりしてしまう。そうなると、塔造りの継続性が損なわれていく。グループとの距離を取ろうとするメンバーの視点に立てば、これまであった自分の帰属意識が揺さぶられ居場所と思えた場の一つを失うことにつながる。ただし、反復される祭りがあることで、たとえ、ある正員がグループから離れても、大きな塔を造る際にはベリヤの関係性の基盤になっている地縁や血縁などをたよりに集団へ呼び戻されることはよくある。タダでご飯を食べにくるメンバーがいたとしても大きな塔を造る際には重要になることから、つかず離れずの距離感が保たれるのはそのためである。つまり、実際の塔造りにおいてはリーダーに必ずしも従うわけでなく、メンバー構成が流動的ながらもその時に目指される塔の高さや構造の複雑さに応じて、人々は集まりの強度を変え「ともにある」のである。

この点は、トマセロがミュラーと三谷の議論を引いて、例えば、チンパンジーの協力の背後には「競争」という原動力があることが多い(トマセロ 二〇一三：一八五：Mueller and Mitani 2005: 278)と指摘していることと重なるのではないか。すべてではないにしても多くのチンパンジーとボノボの個体群では、複数の個体群が小さな集団を構成し、一緒になって、サルや他の小さな哺乳動物を捕獲する集団狩猟という協力行動(トマセロ 二〇一三：一八五)を見せるという。ただし、トマセロは、毛づくろいによる食物の共有などはあるが、チンパンジーの協働は表面的には人と同じような相互利益のための協力的活動のように見えて、実際には、他の個体をほとんど道具的に見ていると考えており、競争では社会的妨害物として、協働では他個体を社会的道具として扱っているのではないかと指摘する（トマセロ 二〇二三：一八六）。つまり、同じ生体を障害物や道具としてモノ化することと、競争するにしても協働するにしても他個体と「ともにあること」は同時に成り立っているのである。

「人間の塔」の場合は、そうした「ともにあること」を支える方途の一つとして、例えば、慣習としてのマティナーダや参加することによって受ける社会的・経済的恩恵などを含めた〈われわれ〉ベリヤが成立するさまざまな仕組み、あるいは、他個体の過度な社会的道具化から距離を取るような不服従や非関与などからなるゆるやかな集まり方がある。

また、生者と死者の境界を崩して「想像」上の大きな〈われわれ〉を創造することも、時間概念を突き破る形でさらに「ともにあること」を下支えしている。つまり、そこには、個体と個体の境界だけではなく、時間や空間を越えた想像の集合体としての〈われわれ〉を自由に形成する動きがある。その背景には、北村が指摘した人間社会における「意味の共有」とそれに基づく協働が開く地平があるかもしれない。というのも、たとえ、現在のメンバーが抜けても「ベリヤ」の担い手が将来的に続く限りにおいては、「ベリヤ」という集団の枠組みは残るからである。つまり、ヒトは世代を超えても想像力を生かして同じ枠組みを用いることができるのである。

（21）集団間の「適切な距離」については、例えば注8で触れたように、ベリヤとジョバスのライバル関係に内包された政治活動での協働が挙げられる。

ただ、田島が報告するように、霊長類学でも必ずしも直接的な交渉の有無にかかわらず共存するありかたは確認されている。オラウータンのオスの中に一般的に存在するフランジオスとアンフランジオス[22]は、互いに直接的な交渉を持たずとも音声などで相手の存在を察知して、自身の体と行動を変化させている（田島二〇二二：五七）。つまり、目に見えなくてもその時は共有しているのである。その点を鑑みてヒト特有の側面をさらに見るならば、ヒトは察知し、想像し、行動する先に、例えば、筆者がいま、まさに試みているように、各々の経験や思い、身体感覚などによる「共有しえないもの」を言語化することで持ち寄り、極めて多くの個体とより広範囲の共存を実現しようと試みているのではないか。それは、冒頭のAとの事例で見たように、ヒトが駆使する言語上の比喩を交えたやりとりであったり、あるいは消えゆく語りを拾って文字化し残すことであったりする。ヒトは、かつてそこに確かに共存していたこと、そして共存に際して試みていたことを、時間・空間の枠組みを超えて、来たるべき共存のための共有財として生かそうと協働しているのではないだろうか。本書の取り組みも、その一つと位置付けられよう。

4……いずれ朽ち果てる身体という「意味の共有」へ

ヒトは、ペアや家族や共住集団といった対面的な共存をするばかりでなく、民族集団や国民、果ては全人類の共存までを「想像」することができる。こうした全地球的規模の多様な共存を根底で支えているのが、人間の社会的なあり方、すなわち高次の社会性とされる（河合二〇一九）。そこで本章では、互いに身体感覚や経験、思いが異なりながらも「ともにある」一つの方途、すなわち、対立や摩擦を時にあらわにする「共有しえないもの」を絶やさないようにするための「社会性」を提示してきた。

しかし、対立を含みながらも「ともにある」こうした「社会性」を良しとせず、昨今の根こそぎ「生」を奪い取るような戦争や紛争のありかたに対して、私達はどう向き合うことができるのだろうか。

「人間の塔」造りにおいて、塔の最下部にいるAと私は、危険と隣り合わせの中でも個々の身体を持ち寄りながら集合的な身体を構成している。換言するならば、私たちは、個別・具体的な交じり切らない個の身体としてあり続けることと、前項で触れたように、霊長類の一部で見られる他個体のモノ化、つまりは、顔を消された上での一物質として「ともにある」ことを両立させている。塔の核を経験するメンバーは塔の中心部で避けられない重力とそれに対応するために周囲から執拗に掛けられる強烈な圧力を体感することで、生と死の疑似的体験を行き来する。言ってみれば、個の身体も集合的な身体もともに無効化されるような無力にさらされる経験である。だからこそ、ベリヤでは、互いの生を守るために、責任の共有に基づいて協働する一方、互いに「共有しえないもの」を携え合う仲間を無理に変えようとせず、不服従や非関与といった手法で「適切な距離」を模索しながら、なるべくそのままに共存しようと腐心する。

そうした中で「離れる」という行動が見られるのは、例えば、リーダーが身の丈に合わない塔を選択して自分

(22) 田島によると、フランジオスと呼ばれる優位形態にあるオスは体が大きく、体重は八〇キログラムに及ぶ。その上に頬ヒダ、長い体毛、大きく膨らんだ喉袋という第二次性徴が発達しているのが特徴である。フランジオスどうし直接的な闘争をしており、フランジオスは顔や手、背中に傷痕を負っていることが多い。それに対して、アンフランジオスは、体重が四〇キログラム程度とメスとほぼ同じサイズで、頬ヒダのような第二次性徴を欠いた未発達な形態を持つオスも存在する(田島 二〇二二:五四―五五)。

や〈われわれ〉ベリャの安全が阻害されると感じられた時である。そうしたことを考え合わせると、そこには自分や大事な仲間の生を巡って愛とも執着とも取れる動きが生まれているように思える。「人間の塔」の先行研究には、政治的理由の可能性も含めて、一八一九年にベリャとジョバスのメンバーのあいだでのライバル争いが殺人事件にまで発展したケースが報告されている（Cervelló Salvadó 2017: 112–118）。それぞれのアイデンティティを担いながら密着した身体の共有を反復することで生まれる「社会性」は一歩誤ると、暴発しかねない。「適切な距離」を取るため「離れる」行動を取る裏には、別の方面への執着がある。その引力と斥力のような関係のバランスによって社会が成り立っており、どちらかに傾き過ぎれば暴発あるいは無関心を引き起こす。だからこそ、人々は、継続した参加を促すためには健全なライバル性（*rivalitat sana*）が必要だと語る（岩瀬二〇二〇：一七六）。協力の原動力にもなり得る競争の程よさ（「適切な距離」）ということなのだろう。それでは、愛や執着といった形がなく、いかようにも方向性が変わり得る「共有しえないもの」のバランスをどのように取っていくのか。

私は、非ヒト霊長類とも同じ地平で語れる身体の普遍性に目を向け、それに基づいた人間理解のありかたや社会が求められているのではないかと考える。私たちは、ともにある社会をつくる者同士として相互扶助と対立を基盤とした「人間の塔」造りのように、責任を共有できる。しかし一方で、あの時、あそこに、生まれ落ちたという、「身体が生まれながらに持つ責任」には決して還元しきれない生を生きている。それが、身体が抱える普遍性である。にもかかわらず、生まれてすぐ、私たちの生は死者を含めて同じアイデンティティを持つとされる集団の過去の歴史に放り込まれる。先人から受け継いだ身体という文脈によって責任の共有を課され、多くの罪なき人が命を落としたり、固定化されたアイデンティティによる争いなどに巻き込まれたりしている。

歴史的に長引く戦争や内紛がすぐそこにある中で、「人間の塔」のように、異なる身体同士の協働が不服従や非関与といった行為で「身体が生まれながらに持つ責任」という境界を揺さぶり、「共有しえないもの」をなくさないようにするための「社会性」を立ち上げているとするならば、それは、「共有しえないもの」との共存がどんなに苦しく、憎たらしく、せつないものに思えても、それこそが根源的他者性のありかであり、いずれ生身の個体は朽ちゆくという身体が共通して持つ有限性、あるいは、死というものへの畏怖と誘惑のはざまで「適切な距離」を取るという知恵から生まれた「社会性」なのではないだろうか。どんなに、愛や執着を持って協働しても共存の前提となる私たちの身体はいずれ朽ち果てる。物質としての身体という「意味の共有」が求められる所以がここにある。だからこそ、私たちは互いをいたわる。と同時に、それぞれが信じるかけがえのない愛や執着につきまとわれながら、それでも、霊長類同様、異なりつつも同じである身体の普遍性を生きている。

謝辞

霊長類学者との初めての協働に立ちあえた筆者にとって、本章の執筆はまさに自分の無知をさらけ出す経験だった。そうした中でも有益なコメントをくださった足立薫氏・大村敬一氏に加え、本書出版にあたってのとりまとめもしてくださった河合文氏・川添達朗氏・谷口晴香氏、京都大学学術出版会の大橋裕和氏、同書の執筆仲間（先輩）である藤井真一氏に心より感謝致します。加えて、二〇一八年の日本文化人類学会次世代育成セミナーに筆者が登壇した際、本研究に関心を示してくださり、筆者に本協働の面白さを気づかせてくださった菅原和孝氏と河合香吏氏にも厚く御礼申し上げます。

参考・参照文献

岩瀬裕子（二〇一八）「人間の塔の『歴史』の再解釈――『衰退期』に注目して」『スペイン史研究』第三一号、一六―二九頁。

――――（二〇二〇）「『共有しえないもの』を持ち寄ることによる〈つながり〉――スペイン・カタルーニャ州バイスのベリャがつくる『人間の塔』の事例を中心に」『首都大学東京大学院人文科学研究科社会行動学専攻社会人類学分野提出博士論文』

大藪泰（二〇二三）「訳者あとがき」大藪泰訳『トマセロ 進化・文化と発達心理学――人の認知と社会性の個体発生をさぐる』丸善出版（*Becoming Human: A Theory of Ontogeny*. Cambridge: Harvard University Press. 2019）、三三一頁。

河合香吏（二〇二二）「序」河合香吏編『生態人類学は挑む SESSION5 関わる・認める』京都大学学術出版会、一―一五頁。

菊谷和宏（二〇一一）『「社会」の誕生――トクヴィル、デュルケーム、ベルクソンの社会思想史』講談社、一三三頁。

北村光二（二〇二二）「何が社会に『秩序』をもたらすのか?」河合香吏編『生態人類学は挑む SESSION5 関わる・認める』京都大学学術出版会、九―三五頁。

菅原和孝（二〇〇七）「序――身体資源の共有」菅原和孝編『身体資源の共有』弘文堂、一四頁。

田島知之（二〇二二）「群れない類人猿――オランウータンの関わり合いから見える「集まらない」社会性」河合香吏編『生態人類学は挑む SESSION5 関わる・認める』京都大学学術出版会、三九―六一頁。

出口顕（一九八三）「誤解されるレヴィ＝ストロース――適正な距離、力強い空虚、他者」『構造論革命』岩波書店、六三―九七頁。

トマセロ、マイケル（二〇二三）『トマセロ 進化・文化と発達心理学――人の認知と社会性の個体発生をさぐる』大藪泰訳、丸善出版（*Becoming Human: A Theory of Ontogeny*. Cambridge: Harvard University Press. 2019）。

Andreu Giner, J i X. Brotons Navarro. (2018). "La tècnica dels castells," In: *Enciclopèdia castellera*. Vol 3. Tècnica i ciència: 12-34, Valls: 9 Grup Editorial / Cossetània Edicions.

Aureli, Filippo, Colleen M. Schaffner, Christophe Boesch, Simon K.Bearder, Josep Call, Colin A. Chapman, Richard Connor, Anthony DiFiore, Robin I. M. Dunbar, S. Peter Henzi, Kay Holekamp, Amanda H.Korstjens, Robert Layton, Phyllis Lee,

Julia Lehmann, Joseph H.Manson, Gabriel Ramos-Fernandez, Karen B. Strier, and Carel P. van Schaik. (2008). “Fission-Fusion Dynamics: New Research Frameworks,” *Current Anthropology*. Volume 49, Number 4: 627-654.

Aureli, F., and F. B. M. de Waal. (2000). *Natural conflict resolution*. Berkeley: University of California Press

Bergson, Henri. (1907). *L’Évolution créatrice*. Paris: Presses Universitaires de France(『創造的進化』真方敬道訳、岩波書店、一九七九年)

Boinski, S. (1996). “Vocal coordination of troop movement in squirrel monkeys (*Saimiri oerstedi* and *S. sciureus*) and hite-faced capuchins (*Cebus capucinus*),” In: M. A. Norconk, A. L.Rosenberger, and P. A. Garber (eds.) *Adaptive radiations of Neotropical primates*, pp. 251-269. New York: Plenum Press.

Cervelló Salvadó, A. (2017). *Els orígens del fet casteller: del ball de valencians als Xiquets de Valls(del segle XVIII al 1849)*. Valls: Colla Vella dels Xiquets de Valls i 9 Grup Editorial / Cossetània Edicions.

Ferrando Romeu, P. (2011).*Valls i la seva història: Els Xiquets de Valls*. Montblanc: Arts Gràfiques Requesens.

Flack, J. C., and F. B. M. de Waal. (2004). “Dominance style,social power, and conflict management,” In: B. Thierry, M. Singh, and W. Kaumanns. (eds.) *Macaque societies: A model for the study of social organization*, pp. 157-285. Cambridge: Cambridge University Press.

———. (2007). “Context modulates signal meaning in primate communication,” *Proceedings of the National Academy of Sciences, U.S.A.* 104: 1581-1586.

Giori, P. (2012). “Hacer castells, construir nación: Castells, modelo festivo y catalanismo,” Trabajo Final de Máster en Comunicació i Estudis Culturals de la Universitat de Girona.

Mueller, M.N., and J. C. Mitani. (2005). “Conflict and cooperation in wild chimpanzees,” *Advances in the Study of Behavior* 35: 275-331.

Roset i Llobet, J. (2018). “La ciència darrere els castells,” *Enciclopèdia castellera. Vol 3. Tècnica i ciència*. Valls: 9 Grup Editorial / Cossetània Edicions: 138-245.

Sans Guerra, R. i P. Martínez del Hoyo. (2013). *Quarts de nou*. Badalona: Ara Libres, s.c.c.l.

Smuts, B. B., and J. Watanabe. (1990). “Social relationships and ritualized greetings in adult male baboons (*Papio cynocephalus anubis*),”

International Journal of Primatology 11: 147-172.
Suárez Baldrís, S. (1998). *Castells i televisió: La construcció mediàtica del fet casteller*. Valls: Edicions Cossetània.
Tomasello, M., A. Melis, C.Tennie, E. Wyman, and E.Herrmann. (2012). “Two Key Steps in the Evolution of Human Cooperation: The interdependence hypothesis,” *Current Anthropology* 53(6): 673-692.

インターネット

C.C.C.C. (2020) “Manual de bones pràctiques,” In C.C.C.C. (https://castellscat.cat/ca/descarregar/salut-prevencio/18, accessed December 30, 2023)
———. (2024). “LLISTAT,” In C.C.C.C. (https://castellscat.cat/ca/les-colles-llistat, accessed January 30, 2024)
河合香吏（二〇一九）「社会性への着目と学術的重要性」『科学研究費補助金基盤研究（S）社会性の起原と進化：人類学と霊長類学の協働に基づく人類進化理論の新開拓ホームページ』(https://sociality.aa-ken.jp/)

第4章

「分かちあい」の進化

―― オランウータンの雌雄における分配ダイナミクス

田島知之

はじめに

私たちは毎日、誰かと何かを分かちあうことで生きている。友人、家族、親戚、職場、コミュニティ、国家、団体、ソーシャルネットワーク。様々なレベルで人は他者と物やサービス、環境、空間を分かちあいながら生きている。特に食物の日常的な分配は、人類の生活を支える不可欠の基盤である。食物を得た人間が、自分以外の他者と食物を分かち合う行為は、文化によらず世界中の人類社会で普遍的に見られる。人類を生物学的に見れば、霊長類（霊長目）に属するヒト科ヒト属ヒト種（ホモ・サピエンス）であり、我々が示す行動や形質は他の霊長類種とも共有している部分が大きい。食物分配も例外ではない。ヒト以外の霊長類の社会生活においても見られることから、食物分配には霊長類の共通祖先から継承した行動であると考えられている（Gurven and Jaeggi 2015）。食物を他者と分かち合う行為は人類の生活史や協力行動など様々な特徴の進化に関わることから、霊長類においてどのような要因から食物分配が進化したのかについて明らかにすることは、人類の進化史を考える上でも重要な側面である。非ヒト霊長類（Non-human primates）の行動生態学的研究から、人類が行う食物分配の進化史的基盤を探ることができる。

本章では、ヒト以外の霊長類における食物分配の進化についてどのような仮説が提唱され、検証されてきたのかを振り返り、ヒト以外の霊長類における食物分配の特徴について概説する。次に著者がこれまで取り組んできたオランウータンの食物分配に関する研究を紹介し、オランウータンにおける非血縁雌雄間で食物分配が起こる意義について考察する。

1 非ヒト霊長類における食物分配行動

霊長類の社会行動研究の文脈において食物分配行動は、所有個体から他個体への無抵抗の食物の移動と定義される。ここで「食物を所有する」とは、ある食物と個体が物理的接触を持つことと定義され、所有個体が落とした食べこぼしの拾い食べや共食を除く。ヒトでは食物の所有個体から積極的に分配が開始される「自発的な食物分配」が多いのに対して、ヒト以外の霊長類では所有個体から分配を行うことは極めてまれであり、多くの場合は所有個体が食物の一部を他個体に取られることを黙認する「受動的な食物分配」として起こる。これは人類学で呼ばれるところの「許された盗み」という形式に近い。分配の対象となるのは、動物の肉や大きな果実、昆虫であり、入手や処理が困難な食物であることが多い。また分配されるのは所有される食物の一部であり、小さい部分や食べかすのような部分であることが多い。チンパンジーが狩猟した獲物の肉の分配以外で、ヒト以外の霊長類では食物の二次分配（再分配）はあまり起こらない。これもヒト以外の霊長類では分配される食物のサイズが極めて小さいためだと考えられる。

そもそもどのような条件が整えば、せっかく保有した食物を手放して他者に与える（一見損に見えるような）

行動が進化しうるのだろうか。食物分配をめぐる理論的研究の議論の中心はこの命題に集中してきた。その中で保有者が他者に対して食物を手放すことで保有者自身が何らかの利益を得るとするいくつかの仮説が提唱されてきた。まず親から子、兄姉から弟妹といった血縁個体間で行われる食物分配は、食物を手放すことで自身の血縁者が生き残る可能性を高めることができるという理論によって説明される。親や近親者から幼い子への食物分配は子の採食や食物レパートリーの学習を助け、子の生存率を上昇させるためである。実際に子が独自に処理することが難しい食物が子へ分配されることが多い傾向にある（Jaeggi and Van Schaik 2011）。他方で互いに血縁関係のない成体間（オトナ間）で食物分配が報告される種はぐっと少なくなる（図4―1）。

ヒトを含めた六九種の霊長類を対象とした研究では、そのうち三九種について食物分配の報告が存在した。三九種全てにおいて子への食物分配が見られた一方で、非血縁成体間の食物分配が見られたのは異性間で一五種、同性間で十種であったことから、子への食物分配が起源となって非血縁成体間の食物分配へと発展したと考えられている（Jaeggi and Gurven 2013）（図4―1）。

血縁のない成体間で起こる食物分配はどのように進化したのだろうか。それを説明する互恵的交換仮説は、食物を他者へ分配することで個体間の関係性の維持構築に作用すると考えるものである。血縁のない成体間で食物分配が進化した要因としては、食物の分配者が将来的にグルーミングや闘争時の支援を受けること、またはメスから繁殖機会を得るといった利益があるはずだとする互恵的交換仮説によって説明がなされる。これまで食物分配について知見が積み重ねられてきたチンパンジーでは、共同で狩猟を行うオス間で獲物の肉の分配が長期的な連合形成に寄与すると報告されている（Mitani and Watts 2001）。野生チンパンジーが共同狩猟をした際に狩りに参加した個体は参加しなかった個体よりも、肉の所有者から分配してもらいやすく、たとえ自身が食

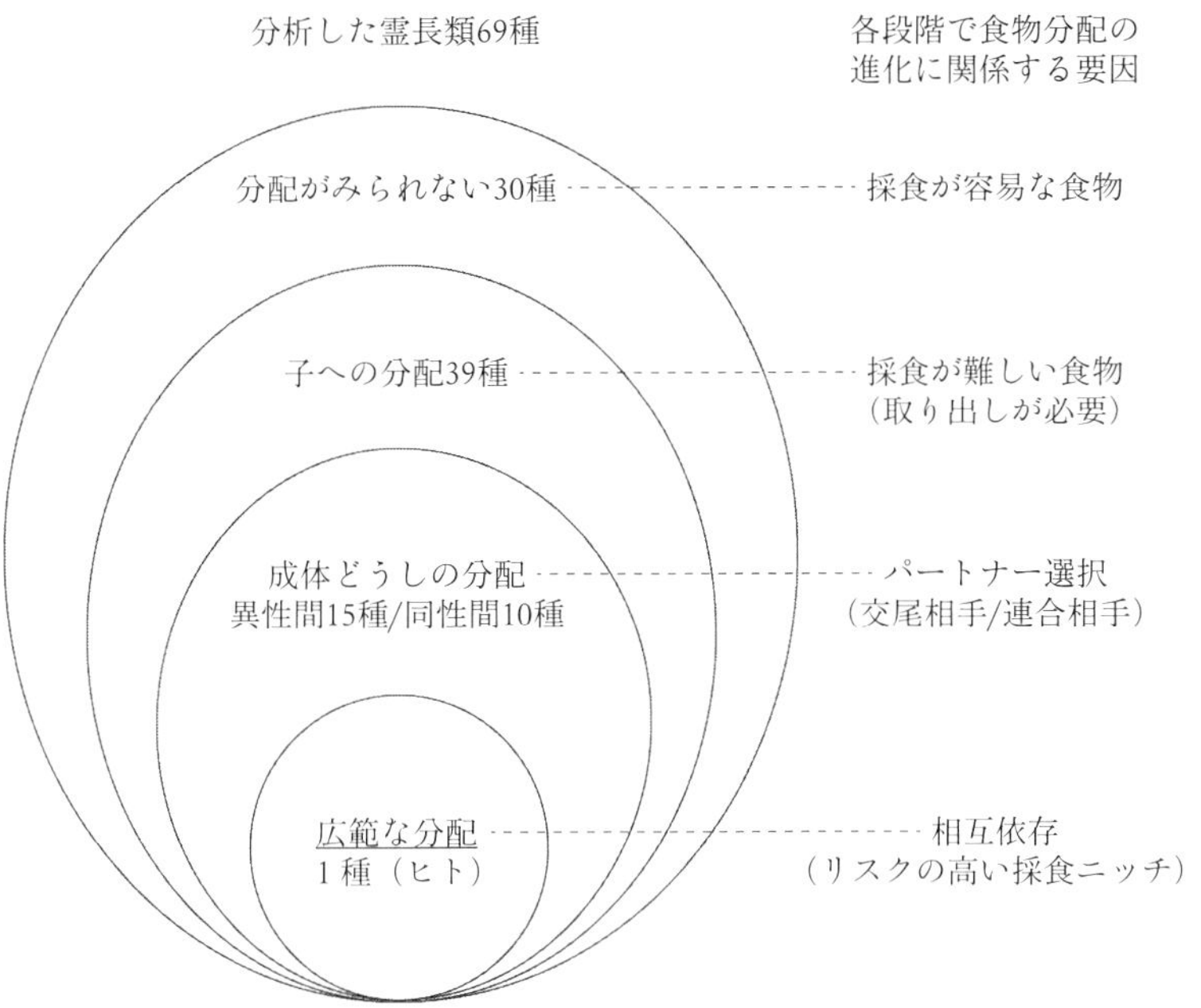

図4-1　行動生態学の立場から受け入れられているヒトを含めた霊長類における食物分配の進化モデル（Jaeggi and Gurven 2013のFig.1を改変）

物を入手できなくとも狩りに参加する利益があるとも論じられている（Samuni et al. 2018）。また、異性間ではオスからメスへ食物が分配されることが多い。コートジボワールのタイ森林では、長期的に見ればオスがより多くの肉を分配したのは発情中のメスであったとする報告があり（Gomes and Boesch 2009）、ギニアのボッソウでパパイヤ等の栽培植物がオスからメスへ分配され、繁殖機会と交換されたとする報告がある（Hockings et al. 2007）。しかしタンザニアやウガンダの長期データの分析からは、肉の分配を行ったオスがメスから受けるグルーミングや闘争時の支援、繁殖機会が短期的に交換される証拠は認められず、互恵的交換仮説は支持されなかった（Gilby et al. 2010）。食物分配を食物と他のサービスとの時間差のある交換行為として見る互恵的交換仮説の他にも、食物の所有個体は他個体からの執拗なベギングや攻撃を受けることを回避するために一部を手放しているとするハラスメント仮説あるいは「圧力下の分配」仮説も提唱されているものの、反論もある（van Noordwijk and van Schaik 2009）。霊長類の非血縁成体間、特に異性間で食物分配を進化させた要因についてはいまだ議論が続いている。そこで次節ではオランウータンの異性間で行われる食物分配の特徴を分析し、分配が実際に繁殖機会の獲得や交尾相手の選択に貢献しうるのか考察する。

2　オランウータンにおける非血縁異性間の食物分配

私はこれまで一貫して私たちヒトと系統関係が近いヒト科類人猿のオランウータンの行動と生態を研究してきた。オランウータンはアフリカに生息するチンパンジーやゴリラとは異なり、東南アジアの熱帯林に生息する「アジアの隣人」である。霊長類の中では極めて珍しいことに安定した群れを作らず、「半単独性」（semi-solitary）と呼ばれる生活様式を持っている。野生下のオランウータンが示すパーティーサイズ（観察者が追跡する個体の周囲五〇メートル以内に存在する総個体数。追跡個体一個体のみの場合は一となる）はボルネオオランウータンで一・〇五—一・〇個体、スマトラオランウータンで一・五—一・〇頭であり、平均的に一〜二個体のみで生活をおくる特徴がある（Van Schaik 1999）。こうした生活上の特徴は生息環境下で手に入る食物の量に大きな制約を受けている。

いかに単独で暮らす傾向が強い動物とはいえ、オスとメスが出会って繁殖をしないと種は存続しない。オスとメスは一緒にいても交尾しつつ行動をともにすることがあるのだが数日で解消される（Mitani 1985）。上述したとおり、野生下では乏しい食糧事情が、雌雄が共に行動する際の大きな妨げとなって存在するため、特にメスの方がオスと共に遊動することを避け、オスから離れようとする（Kunz et al. 2021）。これは社会組織上の最小単位である二個体が数日暮らせないほどに、オランウータンの生息環境下における食物資源量のベースラインが低いことを意味している。実際に森林内の果実の生産量はアフリカや南米の熱帯林に比べて極めて少なく、一〇分の一程度である。一ヘクタールに一年間で落下する果実の重量がボルネオ熱帯林で五九キログラム、ウガンダの熱帯林で七四六キログラムという大きな差があることも報告されている（Hanya et al. 2011）。ボルネオやスマトラの熱帯林において大型の果実食動物であるオランウータン複数個体の集合に対する制限要因となっていることは間違いない。

オランウータンは半単独性の霊長類であり、他個体と関わるのは全活動時間のうち二％以下であるが（Delgado and Van Schaik 2000）、森に散らばったオスはたがいに影響を与え合いながら生きている。繁殖能力を得たオスたちの中には「フランジオス」と呼ばれる優位形態と「アンフランジオス」と呼ばれる劣位形態の二種類が存在する。フランジオスは体重八〇キログラムに及ぶ大きな体と頬ヒダ、大きく膨らんだ喉袋という第二次性徴を発達させている。それに対してアンフランジオスは身体が小さくメスと同等で体重は四〇キログラム程度であり、第二次性徴を発達させていない。フランジオスどうしは激しい競争関係にあり、直接的に闘うことが多く、フランジオスは顔や手、背中に傷痕を負っていることが多い。他方、アンフランジオスが傷を負っていることは珍しい。アンフランジオスは一定の間、第二次性徴の発達を停止することで競争に参入せず、他のオスとの直接的な闘争を避ける戦略を取っていると考えられている。実際にフランジオスが視界に現れるとアンフランジオスは距離を取って決して近づこうとしない。しかし周囲にいるフランジオスが死んだり、姿を消したりすると、アンフランジオスはそれまで一時停止させていた第二次性徴の発達を再開させ、フランジオスに「変身」することが生涯で一度だけ可能である。野生下で「変身」の機会を持てず、二〇年以上をアンフランジの形態で過ごし、そのまま生涯を終えたオスも観察されている（Utami-Atmoko et al. 2009）。つまり、オランウータンのオスは単独生活を営みつつも、同じ地域に共存する他のオスと自身の関係から自身の発達戦略を決めているのだろうと考えられており、他者との相互作用の中で自身の生き残り方を選択していると言ってもよい。

またオランウータンのオスは強制的な性行動をとることで有名でもある。フランジオスは基本的にメスと連れ立って数日間遊動し、その間に平和的な交尾を行うことが多いのに対し、アンフランジオスはメスが抵抗した際に押さえつけて乱暴な「強制交尾」を行う割合が多いと報告される（Mitani 1985）。ＤＮＡ解析の結果からはどちらのタイプのオスも子を残していることが遺伝解析から確認されている（Tajima et al. 2018）。

オランウータンでは社会的な交渉が乏しく、他の霊長類でよく見られるグルーミングもほとんど行わない（Delgado and van Schaik 2000）。とはいえ、野生のオランウータンにおいては食物分配が母親から乳児へ一般的に起こり、子の採食レパートリーの学習や採食スキルの発達に寄与すると言われる（Jaeggi et al. 2008）。さらに母子以外のオランウータンの間でも食物分配が起こる（van Noordwijk and van Schaik 2009）。オランウータンの非血縁成体間における食物分配の特徴としては、（１）雌雄間で起こること、（２）子に授乳中の雌よりも妊娠可能で性的に活発な状態のメスの方が食物を受け取ることができる可能性が高いこと、（３）社会的に優位なフランジオスの方が、アンフランジオスよりメスへ平和的に分配すること、（4）食物の分配後三時間以内に交尾が有意なレベルで増加することはなかったこと、（5）メスが所有する食物を取ろうとするオスに対してメスが大きな声をあげて抵抗した場合、その後メスがオスから離れて交尾機会を失うことをあげている。こうした特徴から、van Noordwijk と van Schaik（2009）は成体のオランウータンの雌雄が食物分配を行う要因について、メスがオスの寛容さをテストしているのではないかと考えた。オランウータンのオスは抵抗するメスをおさえつけ強制的な交尾をすることでよく知られている。メスにとっては交尾相手の候補となるオスが威圧的な傾向を持っているのかどうか、性行動以外の社会交渉の中で情報を得ておくことは長期的に見て有益だろうと考えられている（Knott 2009）。そこで私は行動データから、ボルネオオランウータンの雌雄においてなぜ食物分配が起こるのか、先行研究で提案されてきた予測に基づきながら検証した。

ボルネオ島のマレーシア・サバ州にあるカビリ＝セピロク森林保護区には、広さ四二〇〇ヘクタールほどの森林内に野生個体と元リハビリ個体あわせて一〇〇頭以上のオランウータンが生息している。一九六四年に設立されたセピロク・オランウータン・リハビリテーション・センターはこのカビリ＝セピロク森林保護区に隣接しており、孤児となったボルネオオランウータンを保護して、自然下での生活能力を身につけさせ、森林保護区内に放すというリハビリテーションプロジェクトを運営してきた。しかし、リハビリテーションを受けたオランウータン全てが独力で食物を得ることができるわけではない。保護林内には食物を給餌するためのプラットフォームが二箇所設置されており（図4—2）、リハビリテーションセンターからリリースされて自由に生活しているオランウータンはその給餌台を自由に訪れる（強制されることはない）。一日一〜二回の給餌ではオランウータンに果実や野菜を与えており、一つの給餌台は一般訪問者が見学可能であるが、その他の給餌台は保

図4-2　セピロク・オランウータン・リハビリテーションセンターの給餌プラットフォーム

護林内の奥地にあり、非公開のものである。

二〇一〇年から二〇一二年にかけて、私はセピロクに滞在してオランウータンの食物分配交渉や性行動に関するデータを一四八三時間の観察によって収集した。観察対象であったのは、フランジオス一頭、アンフランジオス六頭、成体の経産雌（出産経験のある雌）四頭、未経産雌（年齢・体格的に繁殖は可能と思われるが出産経験のない若い雌）一〇頭であった。ほとんどの個体が元リハビリテーション個体であり、年齢や過去の出産に関する情報は施設の獣医師が蓄積してきた記録から得ることができた。アンフランジオスの一頭（MK）と経産メス二頭（MMとBR）はリハビリテーション出身の個体で、他の2頭の経産メス（MRとCL）はリハビリテーション個体の子であり、森で子供の頃から育った個体である。MK以外の三頭の成体オス（CD、RG、TK）の出自は不明である。セピロクでのメスの初産年齢は八～一五歳であるため（Kuze et al. 2008）、オスは未経産の六～一〇歳のメスとも交尾していた（Tajima et al. 2018）。

食物分配は、所有者によって独占可能な食物の一部または全体が元の所有者から別の個体へ抵抗なく移動することと定義した。食物の所有が不明瞭な複数個体による共食行動は分析から除外した。所有は、食物に対して一個体が排他的に接触をもつこととして定義した。食物獲得試行（以下ＦＴＡ：Food taking attempt）は非所有者が食物所有者の口元や手元を繰り返しのぞき込む行動または手や口を差し出して食物を取ろうとする行動によって定義した（図4―3）。食物の所有者とＦＴＡを行った個体名、食物の種類、ＦＴＡの結果（成功したか否か）、およびこれら二頭の間のあらゆる攻撃行動（平手打ちや噛みつき）、交尾と性器検分行動（オスが手または口によってメスの性器に物理的に接触することでメスの発情を探ると考えられている行為）を記録した。また、元リハビリテーション個体の中には一度食べた食物を吐き戻して再度食べる個体も多かったため、このような吐瀉物に対しても他個体からＦＴＡがしばしば観察されたことから、こうした吐き戻しも食物とみなした。

図4-3　オランウータンの食物獲得試行（上は口で、下は手で他個体が所有する食物の一部を取ろうとしている）

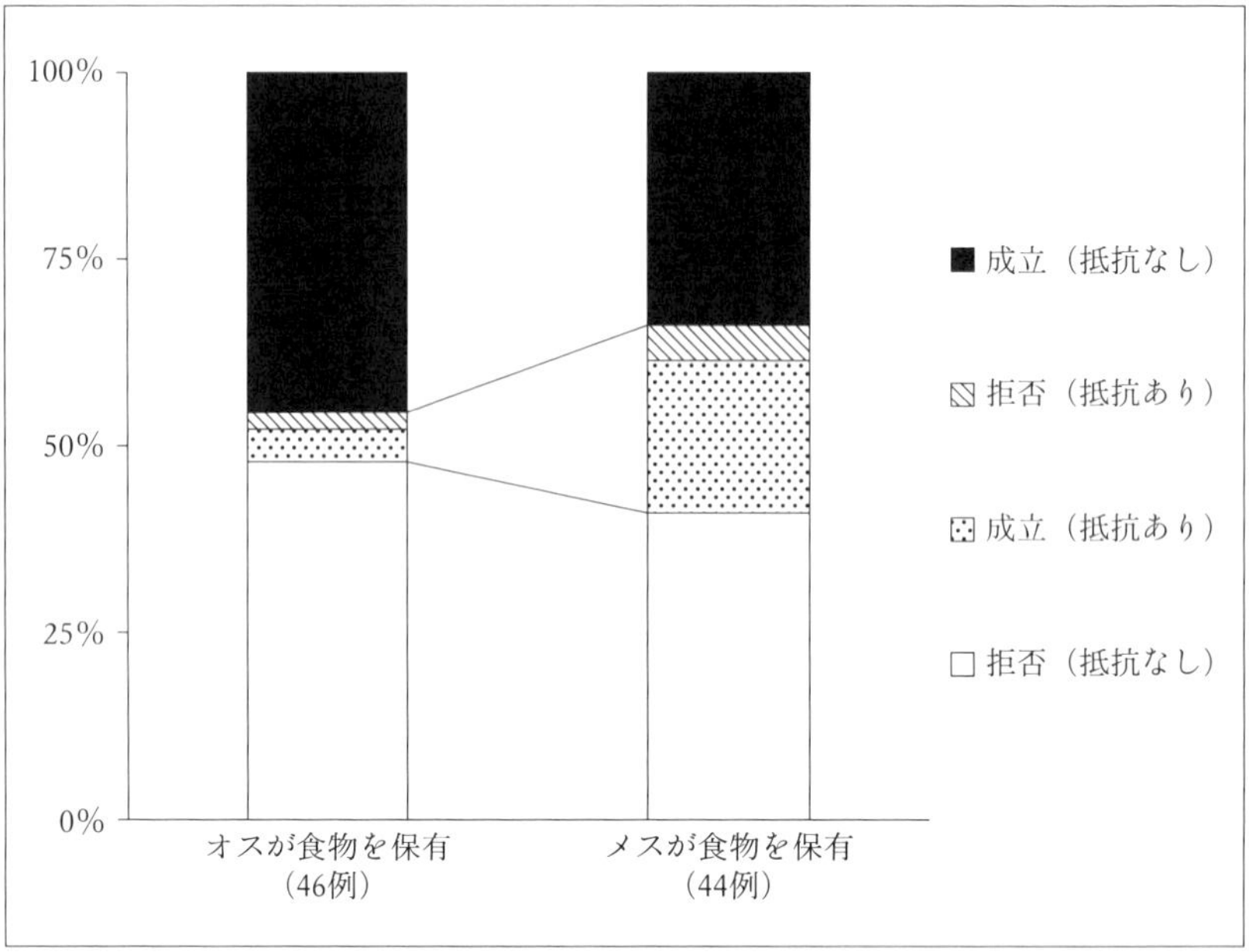

図4-4　食物分配インタラクションの4つの類型の割合。オスが食物を保有していたケースとメスが食物を保有していたケースに分けた。メスが食物を保有していた場合の方が、オスが食物を保有していた場合よりも抵抗する割合が有意に多かった（正確確率検定P＝0.0201）。

一八個体からなる二七の雄雌ダイアッド（フランジオス一個体、アンフランジオス六個体、経産メス四個体、未経産メス七個体）の間で計九〇回のＦＴＡを観察することができた。経産メスが関与した五八回のうち、四〇回が受胎可能な状態のメスによるもの、一一回が授乳中のメスによるもの、七回が妊娠中のメスによるものであった。九〇回のＦＴＡのうち五一回が最終的に食物分配に成功した。

ＦＴＡの結果については、van Noordwijk and van Schaik (2009) の四つの類型を採用して分類した：（ａ）tolerated transfer（食物が何の抵抗なく移動する）、（ｂ）protested transfer（所持者は相手を叩いたり噛みついたりするが移動は成立）、（ｃ）agonistic prevention（所持者が物理的に拒否して移動が不成立）、または（ｄ）

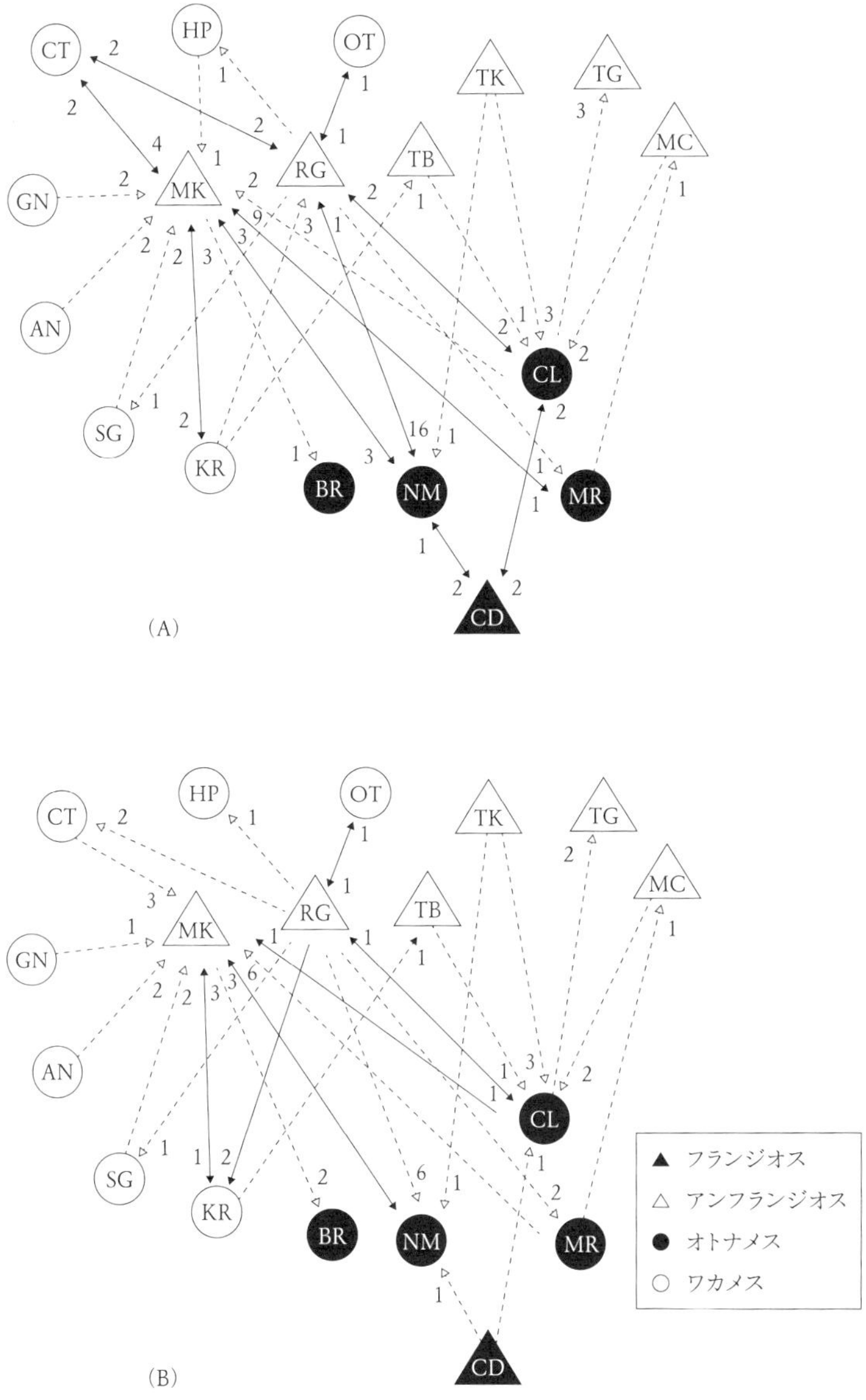

図4-5　食物分配が起こったダイアッド(A)食物獲得試行 90例(B)分配成立 51例

quiet prevention（所持者が背を向けて移動が不成立）。その結果、九〇回のＦＴＡの類型は、tolerated transferが四〇回（44.4%）、protested transferが一一回（12.2%）、agonistic preventedが三回（3.3%）、quiet preventedが三六回（40.0%）となった。メスが食物を所有していた場合の方が、オスが所有していた場合よりも拒否の割合が有意に高かった（P＜0.05）。

　こうした雌雄間の非対称な関係は、野生オランウータン（van Noordwijk and van Schaik 2009）や飼育下オランウータン（Kopp and Liebal 2016）に関する報告とも一致する傾向である。本章の結果は、メスに要求された際に食物を所有するオスが攻撃的な反応を抑制している可能性が高いという考えを支持するものであり（van Noordwijk and van Schaik 2009）、オスがメスによるＦＴＡを強く拒否しない理由は潜在的な交尾相手との関係を保ち、将来の交尾機会を失わないようにするためなのかもしれない。六八種の霊長類が行う食物分配行動に関する比較分析から、雌による交尾相手の選択が認められる種において、雌雄間の食物分配が起こると指摘されている（Jaeggi and van Schaik 2011）。特にオランウータンのメスは、乱暴な性行動を行うオスの存在によって身体的な負傷リスクを負っている（Knott 2009）。メスはオスと食物分配のやりとりを持つ中で、相手の行動傾向を見定め、そうしたリスクを回避できるのであればとても有利に働くだろう。実際に、野生のオランウータンではメスの所有する食物をオスが乱暴に取り上げようとした際にメスが大声をあげて拒否した後、オスから一方的に離れて近接関係を終わらせることが報告されている（van Noordwijk and van Schaik 2009）。

　次に食物分配交渉は雌雄間で相互に行われるのかどうかを、主に霊長類の社会的グルーミングに互恵性が認められるかどうかの計算に用いられるTau Kr検定を用いて分析した（Hemerlijk 1990）。九〇回のＦＴＡと五一回の成功した食物分配が見られたダイアッドにそれぞれ適用して分析した。二七の雌雄ダイアッドにおいて一〇ダイアッドで相互FTAが起こり、四ダイアッドで相互の成功した食物移動が観察された。Tau Kr検定による分析の結果、FTAは相互に起こるダイアッドが有意に多かったが（Kr＝52, Tau Kr＝0.45, P＝0.0009）、そのうち食物分配が成功したダイアッドでは相互に食物が分配されたとは認められなかった（Kr＝−5, Tau Kr＝−0.062, P＝0.35）。

FTAが雌雄間で相互に行われる傾向があったことは、食物分配に互恵性があることを意味するものではない。チンパンジーの野生個体群でも、雌雄間で相互に食物分配が行われる関係は見られていない（Slocombe and Newton-Fisher 2005）。また、野生オランウータンを対象とした先行研究（van Noordwijk and van Schaik 2009）でもこうした分配の互恵性については認められていない。

さらに分配交渉と性行動の関係についても分析を行った。計五四回の交尾と一六九回の性器検分のうち、雌雄間の食物分配が成功してから一〇分以内に同じダイアッドでは交尾が観察されなかったが、性器検分は四回観察された。食物分配が成功してから三時間以内では二回の交尾と一〇回の性器検分が行われていた。しかしこれらは通常の性行動の生起頻度と大きく変わりなく、食物分配の後に性行動の発生頻度が高まるといった傾向は認められなかった。ただし食物分配がその後の性行動を増加させるという直接的な利益を生まないとしても、雌雄間の親和的な関係を維持または強化することで将来的な利益を生む可能性はあるかもしれない。実際、チンパンジーにおける雌雄間の食物分配に関する研究からも、分配と交尾機会の間には長期的な相関関係があるだけで、短期的な互恵的相互作用は認められていない（Gomes and Boesch 2009; Gilby et al. 2010; Hockings et al. 2007）。

本研究の限界として、本章で示した結果と純野生下での先行研究の結果を比較する際には、採食環境の違いが与える影響を考慮する必要がある。豊富な食物がプラットフォームに集中するというセピロクの環境はかなり極端な例である。実際に、セピロクで観察された食物分配の頻度は野生よりも高かったものの食物分配に見られたパターンの多くが純野生下での先行研究（van Noordwijk and van Schaik 2009）で示されたものと一致していた。

3 ヒトとその他の霊長類の食物分配の境界

ここまで、ヒトの食物分配行動の進化プロセスについてこれまで行われてきた議論を概観し、その上でヒトと進化史的に近縁な類人猿であるオランウータンの観察データをもとになぜ血縁関係のない雌雄の間で食物分配が行われるのかについて検討してきた。理論的に予測される食物どうしの交換や、食物と交尾機会の互恵的交換は、本稿が提示したオランウータンのデータからは支持できなかった。本章を含め、オスとメスの間でとり行われる社会行動の機能を、子孫を残せるか否かという適応度の枠組みにもとづいて繁殖というひとつの帰結のみから解釈する視座が常に正しいとは限らず、ヒトや非ヒト霊長類のオス・メスの間でおこなわれる食物分配のすべてが繁殖に直結するものと限らないことには注意が必要である。そもそも霊長類全般において食物分配が繁殖に直結して進化した行動であれば、もっと高頻度に観察されるはずだろう。それでは親子以外の関係で行われる食物分配は何を表しているといえるだろうか。

食物分配にみられる行動的な特徴のうち、ヒトとヒト以外の霊長類を大きく分ける要素は行為者の自発性の高さにあるとされてきた。ヒトでは他者の要求なしに分配者が自発的に分配を開始し、その傾向は幼児の段階ですでに見られる（Jaeggi and Gurven 2013）。他方、ヒト以外の霊長類ではベギングに対する応答として分配が起こることが大多数であり、「消極的な食物分配」や「許された盗み」と呼ばれる（岩田・田島二〇一六）。こうしたヒトにおいて自発的な食物分配が多いことは、ヒトの高い協力性を支える基盤として重要視されている（Gurven and Jaeggi 2013）。

黒田（一九九九、二〇一三）は、野生チンパンジーやボノボの食物分配場面の緻密な観察から、言語を用いない個体間でも「食物は集団で分かつもの」という間主観型認知が生まれうると論じた。黒田は類人猿のもつ他者理解の能力を基盤とすれば、他者の欲望を察することが可能であり、食物を独り占めしようとする「我欲」を食物の所有者が自制することによって食物の分配が成り立つと指摘した。本章で取り上げたオランウータンの食物分配の場面でも大抵の場合は静かで控えめな交渉が繰り広げられ、所有者と分配を受ける者の自制を見てとることは可能である。つまり優位者が力づくで他者から食物を取り上げたり、食物を要求する他者を所有者が暴力的に追い払うということはほとんど起こらない。また、セピロクの給餌台周辺でオランウータンにおいてもベギングを伴わない自発的な食物分配が観察されることがある。

給餌が終わった後の時間帯に、給餌台から離れた板根の陰で他の個体から隠れるようにしてホープ（九歳メス）が五個のサツマイモを手に抱えて食べていた。その場を発見したミコ（七歳オス）がホープの正面から近づいてくる。二メートルまでミコが接近してきた所でホープは抱えているサツマイモのうち一個を手にとり、自らミコに近づいて差し出した。ミコは差し出されたサツマイモを受け取り、その場で食べ始めた。ホープは残り四個のサツマイモを抱え、ミコから離れて別の木の陰で採食を再開した。

こうした観察例が示すのは、オランウータンにおいても明確な要求なしに所有者が食物を「自発的」に分配することがあることである。給餌後に板根の陰で一頭で複数のサツマイモを食べていた所有者は他者からのベギングを避けていたと解釈できる。その場を偶然発見した他者が接近してくる様子に気づいた所有者は、その他者の欲望を理解し、直後に自身に対してベギングが起こることを見越し、食物の一部を「先渡し」したのではないか。この「先渡し」に類似した食物分配パターンは、ボノボにおいても観察されている。黒田（一九九二）は、サトウキビを多く持ったボノボに他個体が近づくと、所有者が一本だけ残して立ち去るパターンを観察しており、これを「置き残し」と呼んだ。こうした「先渡し」型の自発的な分配は、近い未来に起こると予測される目に見えないベギングによって引き起こされたのではないだろうか。オランウータンやボノボといった大型類人猿であっても他者の欲望を理解し、自発的に分配が可能であることは、ヒトとその他の霊長類の食物分配の境界がこれまで考えられていたよりも不明瞭であることを示唆している。

ヒト社会においては食物分配は生計維持の手段としてだけでなく、共存を支える文脈でも役目を果たしている。本書第5章（八塚論文）ではハッザの生活そのものが分かち合われる空間において、個人単位では他者への分配を拒否し、食物や水を独占することがそもそも困難であることが報告された。第7章（藤井論文）ではソロモン諸島の人々の間で、財のやり取りを通じて紛争当事者の関係性が仲裁されることにより、共存が保たれる様を描いている。

ヒト以外の霊長類でも他者と共存するために集団内のさまざまな対立を解消する力を持つ。例えばオランウータンでは飼育集団内で起こる「もめごと」は当事者や第三者の手によって解決される（Tajima and Kurotori 2010）。野生オランウータンにおいても分配の求めを乱暴に断られたメスは、オスのもとから離れてしまうため、オスはメスとの対立を避け「共存」するために分配に応じることが多い（van Noordwijk and van Schaik 2009）。他者からの分配の求めに応じたり、食物を自ら分かち合う行為は、本来個別に暮らすこともできる他者との共存の術として理解する事も可能かもしれない。

参考・参照文献

岩田有史、田島知之（二〇一六）「贈与以前——ヒト科類人猿の食物分配」岸上伸啓編『贈与論再考——人間はなぜ他者に与えるのか』臨川書店。

黒田末壽（一九九九）『人類進化再考——社会生成の考古学』以文社。

黒田末壽（二〇一三）「制度の進化的基盤——規則・逸脱・アイデンティティ」河合香吏編『制度——人類社会の進化』京都大学学術出版会。

Utami-Atmoko, S. S., Setia, T. M., Goossens, B., James, S. S., Knott, C. D., Morrogh-Bernard, H. C., van Schaik, C. P., and van Noordwijk, M. A. (2009) “Orangutan mating behavior and strategies,” In: S. A. Wich, Tatang Mitra Setia, and Carel P. van Schaik (ed.) *Orangutans: Geographic variation in behavioral ecology and conservation*. pp. 235-244. Oxford University Press.

Delgado, R. A., and Van Schaik, C. P. (2000) “The behavioral ecology and conservation of the orangutan (Pongo pygmaeus): A tale of two islands,” *Evolutionary Anthropology: Issues, News, and Reviews*, 9(5): 201-218.

Gilby, I. C., Emery Thompson, M., Ruane, J. D., and Wrangham, R. (2010) “No evidence of short-term exchange of meat for sex among chimpanzees,” *Journal of Human Evolution*, 59(1): 44-53.

Gomes, C. M., and Boesch, C. (2009) “Wild chimpanzees exchange meat for sex on a long-term basis,” *PLoS ONE*, 4(4): 16-18.

Gurven, M., and Jaeggi, A. V. (2015) "Food Sharing," *Emerging Trends in the Social and Behavioral Sciences.* pp. 1-12.

Hanya, G., Stevenson, P., Van Noordwijk, M. A., Te Wong, S., Kanamori, T., Kuze, N., Aiba, S. I., Chapman, C. A., and van Schaik, C. (2011) "Seasonality in fruit availability affects frugivorous primate biomass and species richness," *Ecography*, 34(6): 1009-1017.

Hockings, K. J., Humle, T., Anderson, J. R., Biro, D., Sousa, C., Ohashi, G., and Matsuzawa, T. (2007) "Chimpanzees share forbidden fruit," *PLoS ONE*, 2(9): 1-4.

Jaeggi, A. V., and Gurven, M. (2013) "Natural cooperators: Food sharing in humans and other primates," *Evolutionary Anthropology*, 22(4): 186-195.

Jaeggi, A. V., and Gurven, M. (2013) "Reciprocity explains food sharing in humans and other primates independent of kin selection and tolerated scrounging: a phylogenetic meta-analysis," *Proceedings of the Royal Society B: Biological Sciences*, 280(1768): 20131615-20131615.

Jaeggi, A. V., Noordwijk, M. A. V. A. N., and Schaik, C. P. V. A. N. (2008) "Begging for Information : Mother - Offspring Food Sharing Among Wild Bornean Orangutans," *American Journal of Primatology*, 70(6): 533-541.

Jaeggi, A. V., and Van Schaik, C. P. (2011) "The evolution of food sharing in primates," *Behavioral Ecology and Sociobiology*, 65(11): 2125-2140.

Knott, C. D. (2009) "Orangutans: Sexual Coercion without Sexual Violence," In: M. N. Muller and R. W. Wrangham (eds.) *Sexual Coercion in Primates and Humans.* pp. 81-111. Harvard University Press.

Kunz, J. A., Duvot, G. J., van Noordwijk, M. A., Willems, E. P., Townsend, M., Mardianah, N., Atmoko, S. S. U., Vogel, E. R., Nugraha, T. P., and Heistermann, M. (2021) "The cost of associating with males for Bornean and Sumatran female orangutans: a hidden form of sexual conflict?" *Behavioral Ecology and Sociobiology*, 75(1): 1-22.

Kuze, N., Sipangkui, S., Malim, T. P., Bernard, H., Ambu, L. N., and Kohshima, S. (2008) "Reproductive parameters over a 37-year period of free-ranging female Borneo orangutans at Sepilok Orangutan Rehabilitation Centre." *Primates*, 49(2): 126-134.

Mitani, J. C. (1985) "Mating behaviour of male orangutans in the Kutai Game Reserve, Indonesia," *Animal Behaviour*, 33(2): 392-402.

Mitani, J. C., and Watts, D. P. (2001) "Why do chimpanzees hunt and share meat?" *Animal Behaviour*, 61(5): 915-924.

Samuni, L., Preis, A., Deschner, T., Crockford, C., and Wittig, R. M. (2018) "Reward of labor coordination and hunting success in wild chimpanzees," *Commun Biol*, 1: 138.

Slocombe, K. E., and Newton-Fisher, N. E. (2005) "Fruit sharing between wild adult chimpanzees (*Pan troglodytes schweinfurthii*): A socially significant event?" *American Journal of Primatology*, 65(4): 385-391.

Tajima, T., Malim, T. P., and Inoue, E. (2018) "Reproductive success of two male morphs in a free-ranging population of Bornean orangutans," *Primates*(0123456789).

van Noordwijk, M. A., and van Schaik, C. P. (2009) "Intersexual food transfer among orangutans: Do females test males for coercive tendency?" *Behavioral Ecology and Sociobiology*, 63(6): 883-890.

Van Schaik, C. P. (1999) "The socioecology of fission-fusion sociality in orangutans," *Primates*, 40(1): 69-86.

第5章

わけるトウモロコシ、わけない肉

―― 観光に従事する狩猟採集民ハッザの食物分配

八塚春名

はじめに

「あそこに干してある肉をわけてちょうだいっていってきて、ハルナにならわけてくれるから」と、ソノがわたしに、ヘレナの小屋の前に干されているインパラの肉をもらってくるようにいった。そのインパラは、ヘレナの夫と数人の青年たちが前日にしとめてきたもので、みんなで少しずつわけて食べ、残った肉が短冊状に切られてヘレナの小屋の前に干されていた。わたしが肉をわけてほしいといいに行くと、ヘレナは干し肉を数本手渡してくれた。わたしはそれを自分のテントへ持ち帰り、食事を用意してくれるジュマに渡した。そしてジュマはそのうちの半分くらいの肉を、ソノに渡した。

ソノやヘレナやジュマは、タンザニア北部に暮らすハッザ（Hadza）という狩猟採集民である。この事例は二〇一二年一二月のある日、女性たちが夕飯の準備をしていた時の出来事で、わたしはその頃、このキャンプ[1]にテントを設置して住み込み、人びとの食事内容を記録していた。このキャンプには、一一戸の小さな小屋があり、女性たちはその小屋の中あるいは外で薪を使って調理をしていた（図5―1）。ソノはわたしのテントの近くに小屋を構える女性で、夫と小さなふたりの子どもたちと暮らしていた。一方のジュマは当時、妻と別れたばかりで小屋にひとりで寝起きしており、わたしの滞在時には調査を手伝ってくれるだけでなく、調理も担ってくれた。ソノが肉をわけてもらえないといった件についてジュマは、「うちのキャンプでは狩猟に行っていな

図5-1　ハッザのキャンプのようす

いのに肉を要求すると、狩猟に行った青年たちに殴られる」といったことがあった。「殴られる」という表現はおおげさかもしれないが、狩猟に行っていないのに肉を要求することが歓迎されないということは明らかだった。

ハッザは、一カ所に定住せず、移動を繰り返しながら狩猟採集を続けてきた人々である。彼らは一九五〇年代以降、たくさんの人類学者によって研究対象とされ、とくにイギリスの人類学者J・ウッドバーン（Woodburn）は一九五八年からハッザを対象に長期にわたるフィールドワークを実施し、季節変化に応じた食料獲得とその消費について以下のようなことを明らかにした（Woodburn 1968; Kaare and Woodburn 1999）。ハッザ男性は基本的に単独で狩猟に行き、大小さまざまな動物を弓矢でしとめる。一方、女性たちは毎日のよう

（1）キャンプとは、数家族の集まりで構成され、開放的で流動的なメンバーシップを特徴とする居住形態を指す（田中 一九七一）。

に集団で根茎や漿果、バオバブの果実などを採集に出かける。男性も女性も、採集や狩猟をしながら、その場で獲得した食料の一部を食べ、空腹が満たされたら残りをキャンプに持ち帰る。そして、持ち帰った食料はキャンプのメンバーに分配される。とくに肉は分配を求める人びとへわけなければならず、要求を拒むことは好ましくない。ウッドバーンはこうした狩猟採集民の食物分配を、互酬的分配の形式ではなく、「わたしたちの社会の税金に似ている」といい、与えることが義務であると指摘した（Woodburn 1982）。さらに本書4章で田島はオランウータンの分配事例と先行研究の分析から、ヒトは他者の要求なしに自発的に分配を開始するが、ヒト以外の霊長類ではベギングに対する応答として分配が始まること、そしてヒトの自発的な分配は高い協力性を支える基盤でもあることを論じている。こうしたウッドバーンや田島の見解を踏まえると、狩猟に参加していないとわけてもらえないというジュマの理解や、ヘレナから肉を分与されず、自分から要求することすらためらっていたソノの行動は、どのように理解すればいいのだろうか。

このキャンプに滞在していたとき、別の地域に暮らすジュマのおじが訪ねてきたことがあった。彼はこのキャンプで肉が干されたまま分配されない様子をみて、「(自分が暮らしている地域では）たとえ小さなディクディク一頭であっても、みんなで料理をして食べる。もし肉がたくさんあればそれぞれの世帯に分配する」といった。彼の暮らす地域の実態は観察できていないが、少なくとも彼が、ウッドバーンがいうように「肉はわけなければいけない」と考え、このキャンプで肉がわけられないことを非難していることは明らかだった。この後わたしは調査を続けるなかで、ハッザがさまざまなものを居合わせる人たちと分配する場面と、他方で誰かが「わけてもらえない」とグチをいう場面を、どちらも何度も見聞きした。

先行研究では、ハッザが分配に関する倫理を口にする一方で、本来は他者に分配されるべきものを自分が持っているという事実を、ウソをついて隠すことがあるとも報告されてきた（Woodburn 1998: 56; Blurton Jones 2016a: 258）。つまり、食物をわけることは義務ではあるが、できればわけたくない、それでもわけないことを堂々とは選べないというわけだ。しかしヘレナたちのキャンプでは、肉は誰からも見える場所に干されていた。なぜ、彼らは目の前にある肉を堂々とわけたり、わけなかったりするのだろうか。なぜ、「くれ」ということがためわれるのだろうか。この章では、わたしが見聞きしたハッザの食物分配の事例を示すことによって、分配がどのようなことに影響を受けるのかを考えてみたい。

1 ハッザ社会の食物分配——先行研究から

食物分配は、狩猟採集民社会や小規模社会の社会的な特徴のひとつであるとみなされてきた（岸上二〇〇七：三〇）。サーリンズ（一九八四［一九七二］）は、『石器時代の経済学』のなかで、交換をおこなう人びとの社会的な距離と互酬性とを関連させた議論をした。その議論を受けてサーヴィス（一九七二）は、狩猟採集民の食物分配は、他者に対して自主的に惜しみなく肉を分配する「一般化された互酬性」に基づく交換であることを説明した。しかしその後、狩猟採集民研究側から「互酬性」としたサーヴィスの説に批判が生じた。たとえば岸上（二〇〇三ａ：一四八）は、イヌイットの場合、食物の与え手と受け手はランダムではなく偏りが見られることから、彼らの食物分配は二者間における双方的なものやサービスのやりとりが前提となる「互酬性」に基づく交換とは必ずしもいえないと論じた。またWoodburn（1982）は、労働に対する報酬が直接的かつ即自的である「即時的収入システム（immediate return system）」をもつ狩猟採集民社会は「平等主義社会（egalitarian societies）」であり、彼らにとって狩猟で獲得した肉の分配は義務的であることを論じたが、他方で、他者に与えることは義務であるが、それは与えた同じ人物から何かを受け取る権利が発生することを意味しないと論じている（Woodburn 1998）。つまり、狩猟採集民の食物分配が必ずしも二者間の双方的なやりとりとは限らないことが示されてきた。

ハッザに限定すれば、狩猟採集に出かけた人たちは獲得した食料のかなりの部分をキャンプに戻る前に食べていることも報告されている（Berbesque et al. 2016）。食料は十分に獲れればキャンプに持ち帰るが、分配するには十分でない量の場合、キャンプの外で食べしまうこともある。たとえばMarlowe（2006）によると調査期間中にハッザが消費した食料のうち、三分の一はキャンプの外で食べられた。一方、たいてい男性はひとりで狩猟に行き、キャンプの外では分配相手がいないため、分配はキャンプの外よりも中で起きやすいという。そして、それは肉において顕著で、大きな獲物の場合はとくにキャンプに肉が到着するなり世帯を超えて分配される（Marlow 2006）。

とはいえ、こうした分配が必ずしもすべての人に平等に行われるわけではないことも示されてきた。ハッザ社会では、優秀なハンターの子や妻は他者より健康状態がよくなっていることが報告され（Hawkes et al. 2001）、分配には偏りがあり、彼らが家族や親族を優先して分配するようすが示された。またウッドとマーロー（Wood and Marlowe 2013）も同様に、ハッザの男性たちが大型の獲物をしとめた場合、それはキャンプで常に共有財のように分配されるのではなく、ハンターの世帯が量・質ともに著しく有利になるような方法で分配されており、それゆえ、腕のよいハンターの世帯は、狩りを得意としない男性の世帯よりも、きわめて高いカロリー消費が見られるという結果を示した。以上のように、狩猟採集民の食物分配をめぐっては様々な角度から議論がおこなわれてきた。ハッザに限定しても多数の先行研究があり、それらの多くは平等主義社会において義務的に実施される食物分配の意義と、そこにジレンマを感じる人々の実践が示されてきた。しかしいずれの研究も、狩猟採集による産物が研究対象であった。

わたしが調査をしてきた地域に暮らすハッザは、狩猟採集だけでなく観光業にも従事しており、観光が生み出す現金収入によって農作物などの食料を日常的に購入している。また、観光の場ではキャンプ単位で労働を請け負い、キャンプ全体にたいして現金が支払われる。そうしたシステムが定着するなかで、「ほとんど共同労働をしない（Blurton-Jones 2016b: 130）」といわれてきたハッザの食物分配は、何か影響を受けるのだろうか。北西（二〇一〇）は、アカ・ピグミーを対象に分析した論考のなかで、狩猟方法や集団サイズ、商品経済の浸透度によって分配の様相や所有者の役割が異なることを示した。本章でも、とくに観光業という商品経済が、ハッザ社会における食料やモノの分配にどのように影響するのか、わたしがハッザのキャンプにおいて見聞きした事例をもとに検討する。その際、先行研究でも議論されてきたキャンプのサイズや食物の種類だけでなく、生計手段の多様化や労働への取り組み方の変化など、食物分配にかかわる多様なファクターに着目しながら議論を進めたい。

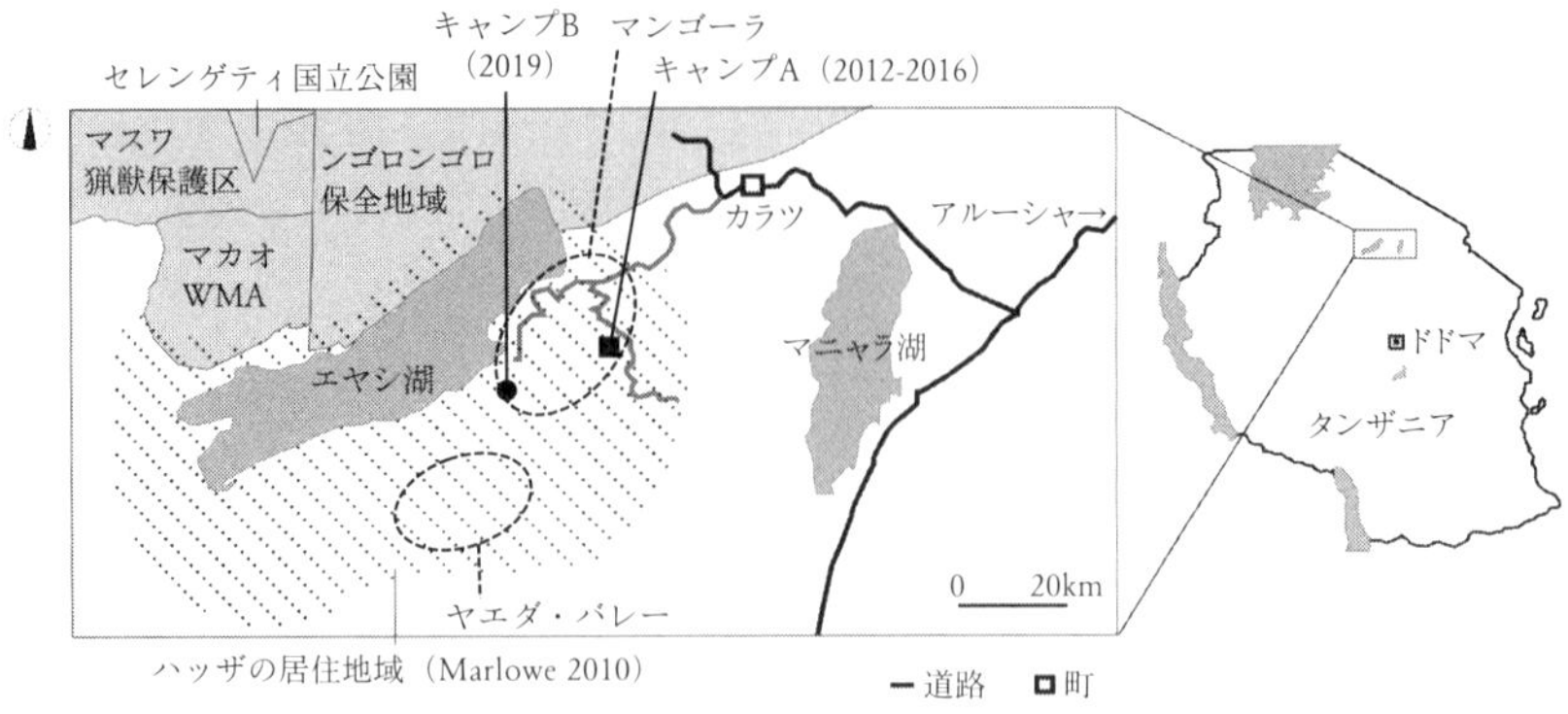

図5-2　ハッザの居住地域と本稿の調査地
出所：筆者作成。

2　調査地の概要とハッザの暮らし

ハッザはタンザニア北部のエヤシ湖（Lake Eyasi）周辺の複数地域に分散して居住しており（図5―2）、都市を含むあらゆる地域の居住者を合計しても、人口はわずか四五〇〇人程度だといわれている（八塚 二〇一七）。居住地域によって人口、環境条件、近隣民族の生業や彼らとの関係などが異なるため、ハッザの生活スタイルも少しずつ異なる。図5―2の斜線部がおおまかなハッザの居住地域で、なかでも南部のヤエダ・バレー（Yaeda Valley、以後ヤエダと表記する）は、一九八〇年代にハッザの定住を目的に設立された行政村があり、そこに暮らすハッザも少なくない。また、北西のマカオWMA（Wildlife Managemert Area）の周辺に暮らすハッザは、自然保護区の設立や、近隣に暮らす農牧民による農地の拡大の影響を受け、狩猟採集の維持が難しい状況にある。他方、本稿の調査地である東部のマンゴーラ（Mangola）では、タンザニアを代表する観光地へ続く幹線道路から近いこともあり、ハッザは狩猟採集に加えて観光業にも従事している。今日、マンゴーラ以外の地域では小規模に穀類を栽培し、主食の材料として利用するハッザも少なくない。あるハッザはわたしに「畑をもたないのはマンゴーラだけだ」と語ったこともあった（八塚 二〇二二）。とはいえ、ハッザの居住地域はどこも降水量が少なく、農耕適地とはいいがたく（Blurton Jones 2016b）、小規模な天水依存の農耕で一年をまかなうほどの収穫量は期待できない。

マンゴーラは年平均降水量が五〇〇ミリほどの半乾燥地帯で、樹高の低い植物に混ざってバオバブが点在する叢林に、ハッザは数〜一〇戸ほどの小屋を構えるキャンプを設けて暮らしている。マンゴーラには常時一五ほどのキャンプが存在し、わたしはそのうちのひとつであるキャンプAに二〇一二年から断続的に訪れ、さらに別のキャンプBに二〇一九年以降三度滞在した。キャンプのメンバーシップは訪れるたびに大きく変わり、キャンプA、Bともに、場所も何度か移動している。にもかかわらず、わたしがそれらを一貫してキャンプA、Bと認識するのは、それぞれの「キャンプリーダー」が同じ人物であるからだ。キャンプリーダーは観光や開発援助の場において、現金や穀物などの物資の受け取り役を務め、各キャンプはキャンプリーダーの名前を冠して「〇〇のキャンプ」と呼ばれる（八塚 二〇一七）。リーダーとはいうものの、ある場所に親族や友人らと暮らし始め、小さな集団ができると、その人の名前をつけて「〇〇のキャンプ」と呼ばれるようになるというだけで、本来、リーダーに大きな権力があるわけではない。「リーダー（スワヒリ語でmkuu）」という言葉が使われるようになったのは、観光や開発援助の影響によると考えられる。

キャンプAはわたしが滞在した全期間をとおして、マンゴーラでは比較的メンバーの多いキャンプであった。二〇一二年一二月は小屋が一一戸と、屋根がなく植物の枝で囲いを設けただけの寝床が二つあり、そこに成人

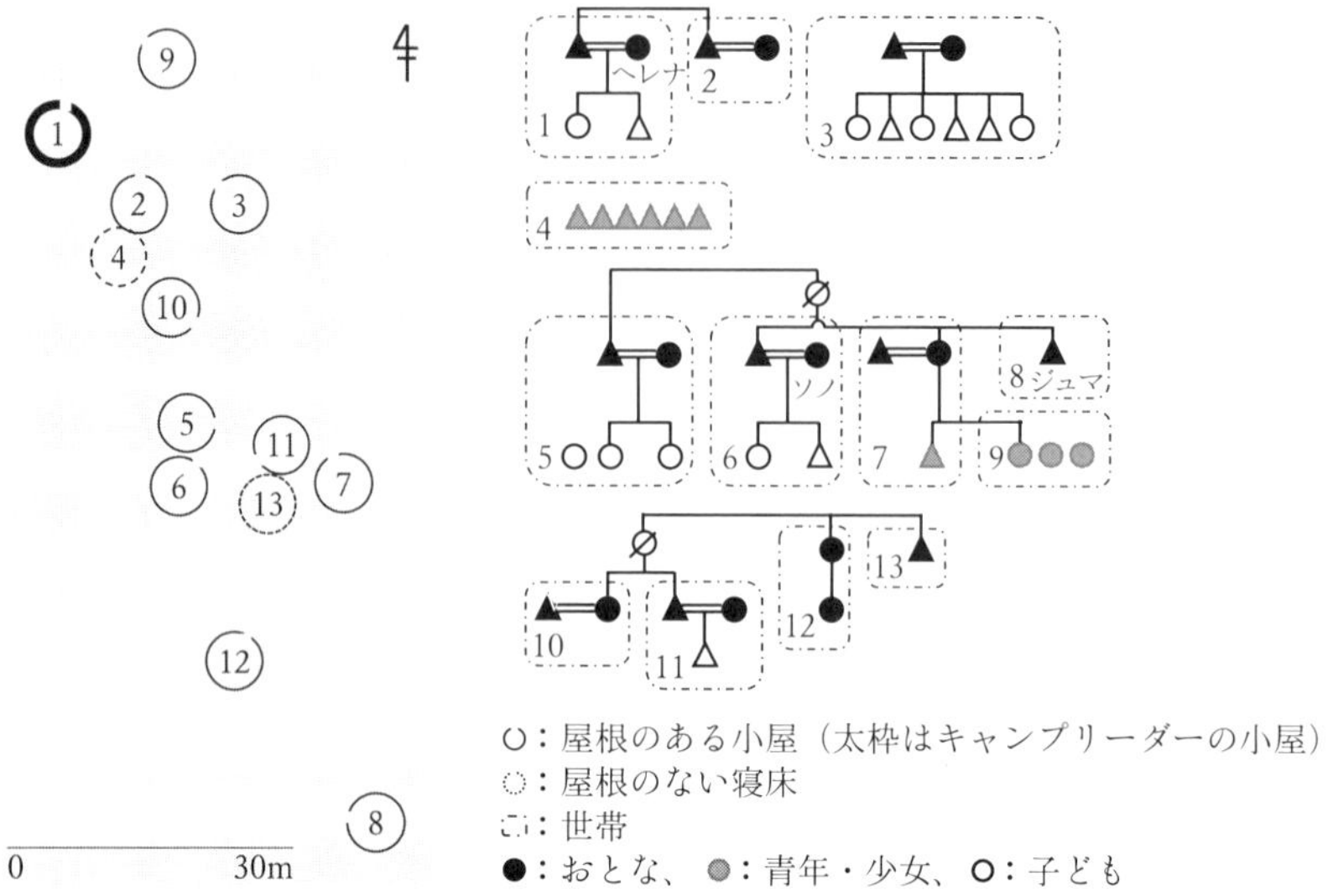

図5-3　キャンプAの小屋の配置と居住者（2012年12月時点）

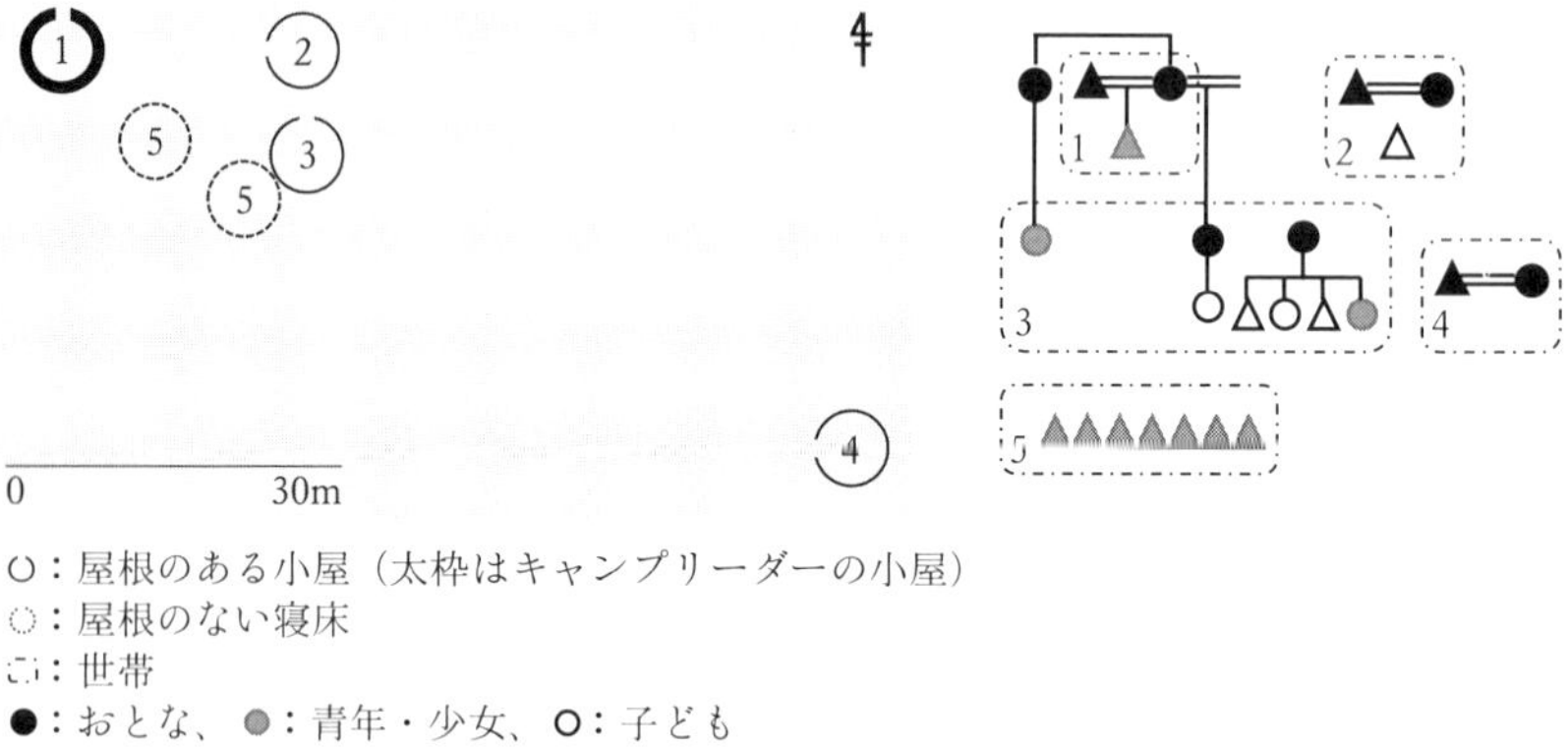

図5-4　キャンプBの小屋の配置と居住者（2019年8月時点）

＊世帯4は小屋を所有していたが、毎日外で寝て、自分たちの小屋で調理をすることはほとんどなかった。

二〇人、未婚の青年・少女一〇人、[2]子ども一四人が暮らしていた（図5—3）。その後、人が大きく入れ替わっても、いつも小屋は一〇戸ほどあり、子どもを除いて二〇人以上はキャンプAに住んでいた。一方のキャンプBは二〇一九年九月に訪れた際、小屋が四戸と屋根のない寝床が二つのみで、成人九人、青年・少女一〇人、子ども五人が暮らしていた（図5—4）。いずれのキャンプでも数人の青年たちは屋根のない寝床で寝起きをし、雨が降ると近くにある小さな岩洞窟や他者の小屋へ避難していた。キャンプBは二〇二二年七月には解体していたが、二〇二三年二月にはキャンプリーダーだった男性のもとに再び人が集まり、小屋が六戸、成人一二人、子ども四人が暮らしていた。

マンゴーラでは一九二〇年代に、入植したドイツ人が泉を開発して灌漑溝をつくり、他地域からたくさんの農業労働者を動員してコーヒー農園を始めた（富川・富田 一九八〇）。この泉の開発が、降雨の少ないマンゴーラにおいて、その後さらなる外国人や農耕民の移住につながった。一九三〇年代以降になると、外国人ハンターに雇われたアフリカ人トラッカーや象牙やサイの角を扱う商人なども多数やって来るようになり、マンゴーラは雑多な人びとが暮らす地域へと変化していった（八塚 二〇一六）。

さらにこの地域は、一九五〇年代に設立されたセレンゲティ国立公園やンゴロンゴロ自然保護区といった、タンザニアでもっとも有名な野生動物観光の場から比較的近いことから、これらの公園へ行く観光客のなかには、途中でマンゴーラへも足を延ばし、エヤシ湖にバードウォッチングに来る人もいた。このマンゴーラでの観光に、一九九〇年代からは、ハッザの狩猟採集生活を見学することが加えられるようになった。二〇〇〇年代に

（2） ハッザは成人のなかには既婚者／未婚者（離別や死別を含む）を両方含み、青年・少女は未婚者のみと認識している。

入ると観光客数が伸び、今日では繁忙期になるとひとつのキャンプに四~五台の車がやって来る日もあるほどである。

この観光のメインは、ハッザ男性と一緒に二~三時間の狩猟ツアーに出かけることである。観光客には狩猟そのものは許可されないが、ハッザ男性たちが弓矢を携えイヌを連れて狩猟に出かけるのに同行する。時にヒヒや小型アンテロープが獲れることもあるが、多くは小鳥やリスが獲れる程度である。その他、女性たちと根茎採集に出かけるオプションも用意されており、体力に自信のない人たちや、動物の殺生を見たくない観光客は、狩猟に行かず採集だけを選択する(八塚 二〇一七)。

ハッザは、この観光によって二種類の収入を得る。一つ目は、キャンプへの入村料で、観光客が乗って来る車一台あたり20,000Tsh(約千円)が支払われる。二つ目はおみやげの売り上げで、ビーズアクセサリや小型の弓矢など個人が製作したものを観光客に向けて販売している。商品の値段はハッザ自身が決め、ものによって5,000Tshから20,000Tshまでと幅がある。多くのキャンプでは、入村料はキャンプのメンバーの共同収入とみなされ、キャンプリーダーが受け取って管理をし、メンバー全員で消費する食料(主に主食用トウモロコシ)や醸造酒の購入にあてられる。一方、おみやげの売り上げは、作り手個人の収入になる(八塚 二〇一七)。

キャンプAもBも、行政村の中心部からは遠く、歩いて一時間以上かかる。しかし、キャンプの近くに他民族経営の小さな売店があったり、二〇一六年頃からはバイクタクシーを利用して食品や日用品を購入できる。以前は、観光で収入を得たら一時間以上歩いて買いに行っていたが、今日では、トウモロコシ粉や酒、またその他の雑貨類などをバイクタクシーに電話で注文し、往復の運賃さえ払えば、わざわざ出かけることなく必要なものをキャンプまで届けてもらえるようになった。

一方で、彼らは観光とは関係なく、自分たちだけで狩猟や採集にも出かける。狩猟では、ウズラやハトといった鳥類から、ディクディクやインパラ、イノシシやヒヒなどを獲って来る。採集では根茎、果実やハチミツだけでなく、野生植物の葉や雑草を採集してくることもある（八塚 二〇二二）。

本章ではマンゴーラのキャンプA、Bと比較するために、エヤシ湖の南側に位置するヤエダも事例として挙げたい。マンゴーラのキャンプも行政区分ではいずれかの村に属しているが、それらは村の中心部から大きく離れている。一方ヤエダには、ハッザが定住することを目的につくられた行政村があり、多くのハッザは行政村の中心部に居住し、小規模ながら農耕をおこなっている。マンゴーラに暮らすハッザのなかにもヤエダ出身者は多く、彼らはヤエダに畑をもっているという。しかし、マンゴーラに畑をもつハッザはいないため、雨季になるとヤエダに農耕を目的に移動する人もいる。キャンプBのリーダーである男性もヤエダ出身で、ヤエダに畑をもっており、今はヤエダに暮らす母親が彼の畑を耕作しているという。マンゴーラとヤエダのあいだの移動はきわめて頻繁で、多くの人がさまざまな理由により、行き来をしている。冒頭のジュマのおじはその頃、ヤエダに住居をもっていた。

3　マンゴーラに暮らすハッザの食事

ハッザの小屋にはたいていひとつずつかまどがあり、調理と食事は基本的に小屋ごとにおこなわれるため、本章では「世帯」を調理をともにする単位とし、キャンプAの場合は図5―3の世帯番号に沿って世帯A1などと表し、同様にキャンプBは図5―4に沿って世帯B1などと表記する。ただし例外的に、小屋が別でも常に調理を共にしている場合もあり、それらについては必要に応じて補足する。また、他世帯のメンバーと一緒に食事をすることは頻繁に見られた。

図5-5　トウモロコシのウガリを調理する女性

先述のとおり、マンゴーラに暮らすハッザは、狩猟採集によって食料を得ると同時に、観光収入で食料を購入している。とくにトウモロコシやコメ、スパゲティの乾麺といった主食の材料は今日の彼らの食事には欠かせない。トウモロコシは、サハラ以南アフリカでは一般的な固練り粥（スワヒリ語でウガリ）として食べられる（図5―5）。二〇一二年にキャンプAで実施した食事調査の結果、八割以上の食事が穀類の主食と何らかの副食を組み合わせた食事であった（八塚 二〇二二）。副食は獣肉や野生植物の果実や葉、売店で購入したインゲンマメや小魚などである。肉や根茎や果実はそれだけで食べることもあったが、野生植物の葉はウガリやコメなどの主食がないと食べられることはなかった。果実はそのまま食べることもあれば、水と混ぜてジュースにし、ウガリをつけて食べるなど、副食として利用されることも多かった。

図5―6は各世帯で調理された食事の結果を足し合わせたもので、世帯数や調査期間による違いはあるが、二〇一二年雨季に滞在したキャンプAでは野生植物の葉と獣肉が、二〇一九年乾季に滞在したキャンプBでは獣

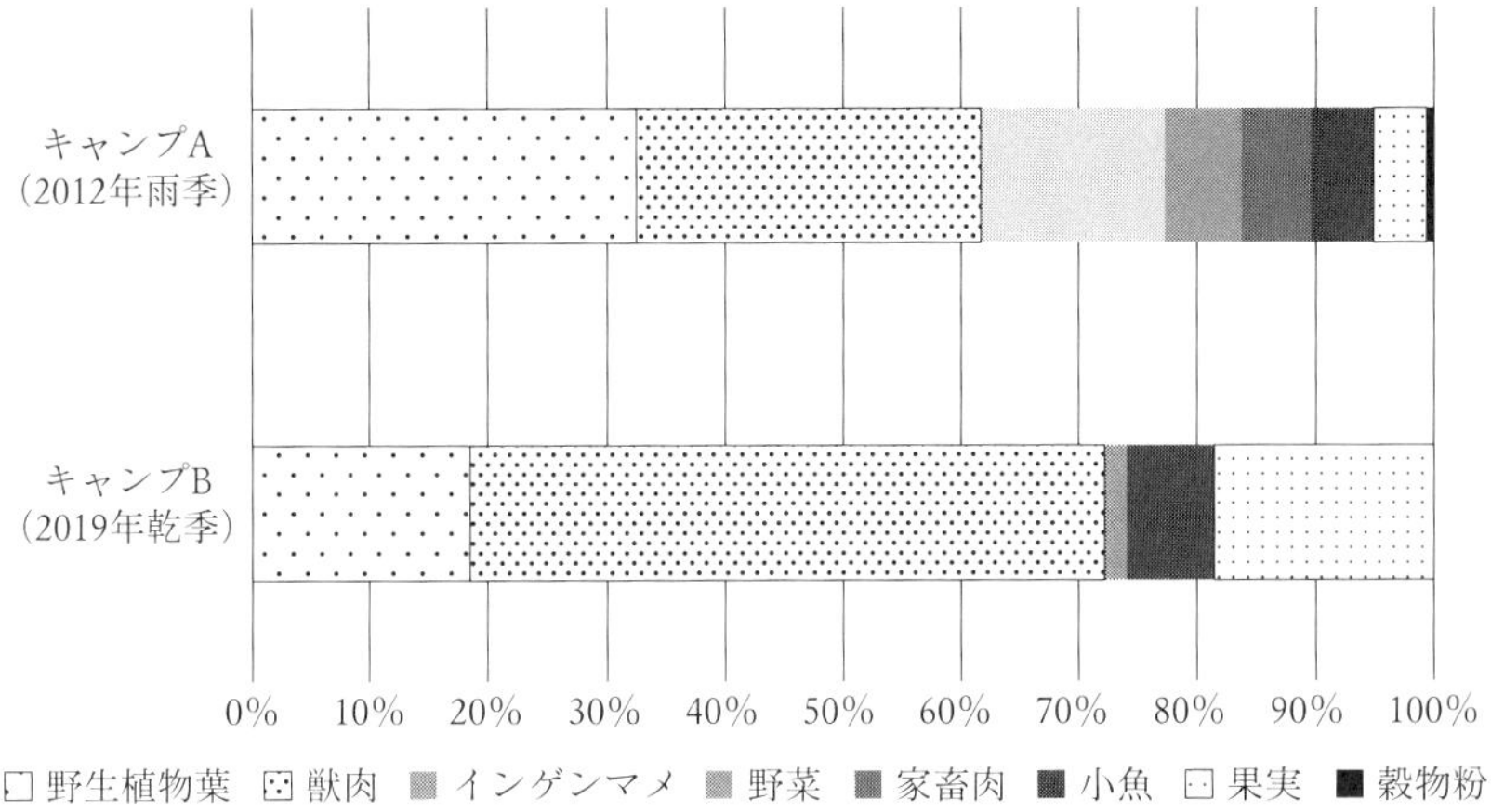

図5-6　キャンプAとBの副食の内容
出所：筆者による現地調査にもとづく（キャンプA：2012年12月3〜19日、キャンプB：2019年8月7〜12日）。世帯ごとに食べた回数を調査し、その結果をキャンプ全体でまとめて示した。
枠がついているものが狩猟採集による産物で、それ以外は購入したもの。

肉を食べる回数がもっとも多かった。キャンプAで野性植物の葉が多いのは、雨季で入手が容易であったことが大きいが、それ以外の要因は第4節第2項で述べる。

ハッザの食生活に関する先行研究の多くには、ウガリやコメのような農作物はあまり登場しない。しかしマンゴーラのハッザの食生活を見ていると、彼らは主食と副食がそろって食事になるため、どちらかが欠けていると食事として成立しないという考えがあることが強くうかがえる（八塚 二〇二二）。二〇二三年八月、わたしはキャンプAとBをそれぞれ短時間だが訪問した。その際、帰り際にいずれのキャンプでも、「ウガリの粉がない」、「トウモロコシが底をつきた、今とても高いんだ」と、キャンプリーダーからトウモロコシの購入費用をねだられた。キャンプAではそのとき、ハイラックスとジャッカルを観光客との狩猟で獲得しており、さらにキャンプ内には獣肉が干されていたため、肉は十分にあった。つまり彼らは、主食の材料は現金で購入し、副食の材料は狩猟、採集、購入など多様な手段によって獲得し、両者がそろうことが重要だと考えている。

4 分配をする／しない

1……全員でわけるトウモロコシ

ここからは、主食と副食にわけて事例を示しながら、食物分配についてみていきたい。キャンプAもBも、入村料として得た収入を使って近隣に暮らす農耕民から購入したトウモロコシを、村の中心部にある製粉機を使って製粉しキャンプの全員で消費していた。マンゴーラのキャンプでは、ハッザがトウモロコシを個人で買うことはめったになく、どのキャンプでもトウモロコシは観光収入で購入し、メンバー全員で消費するものと考えられていた。一方、コメやスパゲティは個人がおみやげの販売で得た収入などを利用して、売店で個別に購入していた。同じ主食用の食材であるにもかかわらず、トウモロコシとコメやスパゲティが異なる形で入手・消費されるのかについては、いくつかの理由が考えられるが、単価の違いはそのひとつだろう。たとえば、子どもを除いて三〇人が暮らしていた二〇一二年一二月のキャンプAでは、二一日間に四六〇キログラムのトウモロコシ粉を一万七二五〇円で購入し、それらをのべ一三三回の食事で消費した。一方のコメは一キロあたり一五〇円程度であり、一回の調理で二キログラムを炊くと想定すると、先のトウモロコシと同じ一三三回分は三万九九〇〇円になる。以上から、入村料で購入し全員で消費するものは、タンザニアの食事においてもっとも一般的で安価なトウモロコシであり、コメは各自の収入で購入するというわけだ。

さて、この製粉されたトウモロコシは、キャンプAでもBでも、大きな袋に入れられてキャンプ内の誰かの小屋に置かれていた。調理をする際には、みんなボウルや鍋など容器を持ってその袋へ粉を取りに行く。粉を置く小屋は固定ではなく、不定期に変更していた。また、粉を置いている小屋の世帯が粉を管理するわけではなく、あくまで置き場を提供しているにすぎず、各人は自由に粉を取っていくことができた。粉がなくなりそうになったら、誰かが村の中心部まで買いに行くか、キャンプリーダーがバイクタクシーに電話をかけ、トウモロコシを買い製粉してキャンプまで持ってくるように依頼をしていた。調理をしたウガリは、世帯の構成員だけで食べることもあれば、そこに居合わせる大勢で食べることもあった。わたしがキャンプAにいた頃は、ジュマと二人で食べることもあれば、青年たちをはじめ他世帯の人がたくさんやってきて、あっという間に鍋底が見えることもあった。また人数の少ないキャンプBでは、ひとつのかまどで調理をし、できあがったものを複数の皿に分けてキャンプのメンバー全員で食べることも少なくなかった（図5―7）。

図5-7　スパゲティをわけるキャンプBの女性

もうひとつ、入村料で購入して全員で消費するものがある。近隣に暮らす農耕民がトウモロコシを利用してつくる醸造酒である。醸造酒は他の酒類と比べて安く、アルコール度数が低く、少数の人を除いて子どもから大人まで多くの人が飲む。観光客がたくさん来て入村料を多く得た日には、トウモロコシと同様に、酒もバイクタクシーに注文され、キャンプへ届けられる。一度に四〇〜六〇リットルもの酒が届き、居合わせる人たち全員で消費する。たとえば二〇一九年八月九日にキャンプBは入村料の収入から酒を購入した。一七時半に五〇リットルの酒がバイクで運ばれてくると、隣接するキャンプCからも人がたくさんやってきて、おおぜいで酒を飲んだ。酒はあっという間に飲まれ、一八時過ぎにはなくなった。しかしその夕方、キャンプBのリーダーの妻エスタをはじめ数人の女性たちは売店に行き不在であった。後に帰宅した彼女たちは自分たちの酒がないことを強く非難し、エスタは「わたしの給料はトウモロコシ粉と水だけなのか」と夫に文句をいった。エスタのこの文句から、彼女たちが観光収入はみんなで稼いでいると捉えていること、それゆえ、自分もまたその利益を得る権利があると考えていることがよくわかる。

さて、こうしたトウモロコシや醸造酒を入村料で購入し、キャンプのメンバー全員で消費するのは、観光収入が定期的にあるマンゴーラだからだといえる。エヤシ湖南側のヤエダでは、観光収入を得る機会はそれほど多くない。代わりに、多くのハッザが小規模ながら畑を持ち、農耕を実践している。年間降水量が五〇〇ミリ程度と厳しい環境下で収量は多くないものの、彼らはモロコシ、トウモロコシ、カボチャなどを栽培している。聞き取りによると、ヤエダに住むハッザは収穫した作物を分配することはなく、各世帯はそれぞれが収穫した作物を貯蔵し、世帯ごとに消費する。二〇一二年に話を聞いたヤエダのD村に暮らす男性は、村に畑をもち、雨季は農耕のためにD村に居住し、乾季になると叢林へ移動することを語った。彼とはその後、何度もマンゴーラで会い、必ずしも毎年の雨季にＤ村で農耕をしているわけではなかったが、Ｄ村に移動して農耕をするという選択肢を持っていることは確かだった。同じように、ヤエダに畑があると語るマンゴーラ在住者は少なくなかった。そしてこのＤ村の男性もまた「ウガリの粉は世帯でそれぞれが入手する」と語った。住民の大半をハッザが占めるＤ村には二〇一三年に三五一人が暮らし、三分の一の人びとが一エーカー以上の畑を持っていたという報告があり（Mollel 2020）、観光収入がきわめて少ないことも考慮すると、毎日のように食べる主食用の作物を各世帯が自己調達する現状は容易に想像できる。

2……わけたり、わけなかったりする肉

一方、副食の材料はどうであろうか。ここでは先行研究でよく扱われる肉の分配に関してふたつの事例を示す。

【事例１：キャンプＢの分配と気ままな食事】

二〇一九年八月九日の朝六時四五分頃、夜中から狩猟に出かけていたキャンプＢの青年二人がディクディク五匹を持ってキャンプに戻ってきた。その頃、ちょうど観光客が来ていたので、彼らは客の前で一匹を解体し、内臓を直火で焼き、その場で食べた。枝肉は木に吊り下げたままにされた。九時頃に別の観光客がやって来たので、再び客の前で一匹を解体した。一〇時一五分にすべての客が去ったので、残りのディクディクをキャンプの女性たちが解体し始めた（図５―８）。解体が終わると、かまどを持つ世帯Ｂ１～Ｂ３（図５―４）の女性た

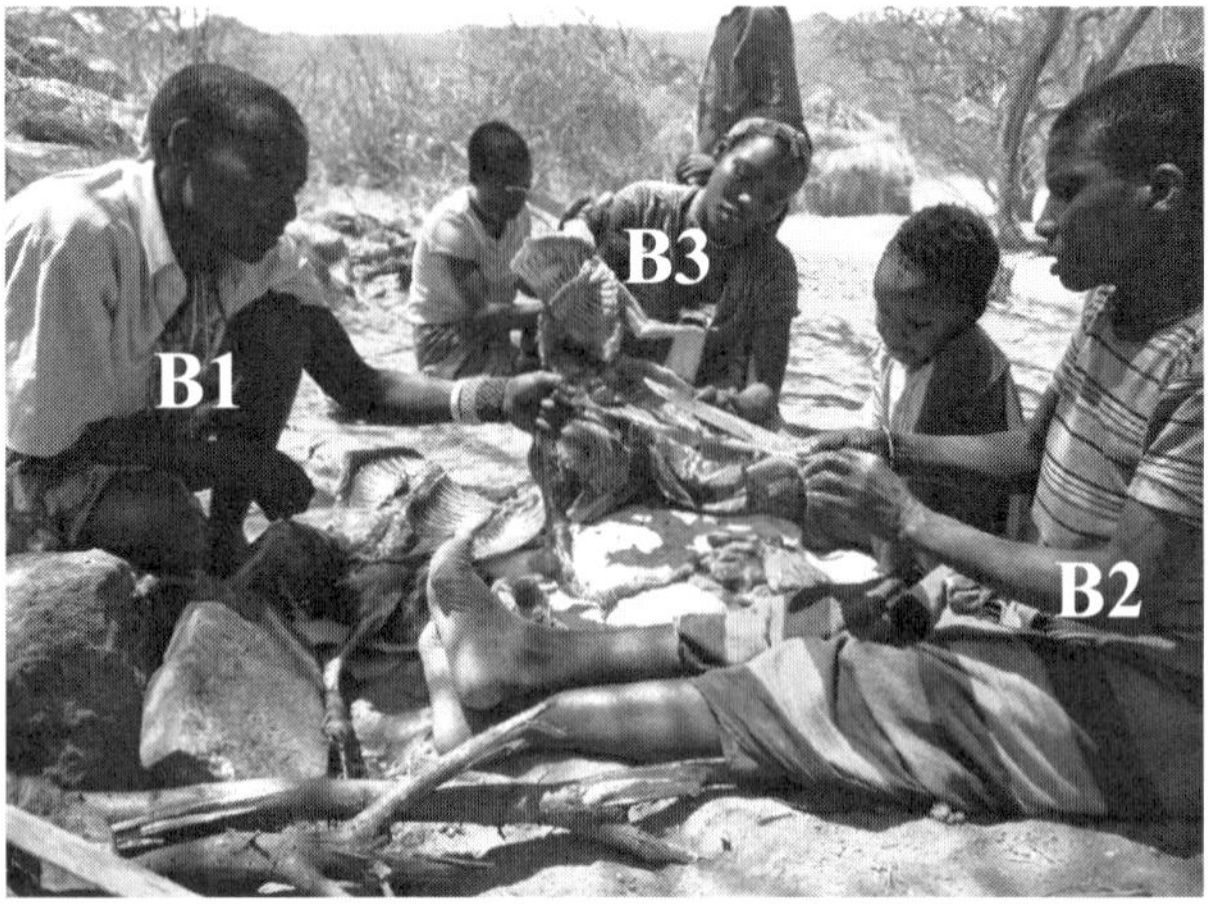

図5-8　肉を解体するキャンプBの女性たち
＊番号は文中の世帯番号を表す。

ちが、世帯B1：半身と内臓（レバーや肺）、世帯B2およびB3：あばらから前脚にかけての半身、をそれぞれ持ち帰った。さらに、世帯B1の妻が、居合わせた隣接する別キャンプCの女性に小さなディクディクの脚を一本分配した。そして余った肉を短冊状に切り、木にぶら下げて干した。また世帯B3は、持ち帰った肉のうちあばら部分を居合わせたキャンプCの別の女性に分配し、自身の手元には脚が残った。

　三つの世帯はそれぞれのかまどで、持ち帰った肉を鍋に入れて火にかけた。世帯B3は先のディクディクの脚一本に子どもが獲ってきた小鳥一羽も加えて調理をした。各世帯はトウモロコシ粉でウガリもつくり、出来上がった料理を世帯B1は成人女性二人と少女一人、青年三人、世帯B2は成人女性二人、成人男性一人、青年三人、子ども一人、世帯B3は成人女性二人、少女三人、子ども三人で食べた。三世帯の料理が同時に出来上がるわけではないため、どこかで食べた後に別世帯で再び食べることはよくあり、この時も、同一の人物が複数回食事をしていた。さらにこの日、夜には世帯B1が残りの干してあったディクディクの肉の一部を調理し、女性五人、子ども三人、青年一〇人とで食べた。翌一〇日の昼、世帯B1の妻はディクディクの干し肉を調理し、世帯B3は青年がしとめたホロホロチョウを調理した。夕方は世帯B２の妻と青年が、世帯B２のかまどでウガリをつくり、青年五人がディクディクをおかずにそのウガリを食べた。世帯B２の夫婦は、世帯B１の妻や子どもたち、わたしと一緒にバオバブの実でつくったジュースをおかずにそのウガリを食べた。これでディクディクはすべてなくなった。

【事例２：キャンプAの制限のある分配】

二〇一五年八月二九日、キャンプAのキャンプリーダーと青年三人が狩猟に行き、ヒヒ三匹、ベルベットモンキー二匹、リス一匹を持ち帰ってきた。小さなリスは分配されずに獲得した個人が消費したが、それ以外は夕方に青年たちによって解体された。キャンプリーダーの妻ヘレナは解体をしている青年たちに「おかずちょうだい」といいヒヒの肉を分配してもらい夕食を調理したが、その時、他の世帯は肉の分配を受けなかった。わたしが居合わせた三人になぜ分配されないのかと問うと、観光客が来てたくさんの肉が干されていると喜ぶから、これらの肉は明日、客が帰ってからわけてもらうと答えた。そして彼らは、肉を要求することなく、何も食べないままに眠った。しかし翌日以降も、この獣肉はキャンプのメンバーらにはほとんど分配されず、リーダーの世帯と青年たちがほとんどを食べた。

二〇一五年八月のキャンプAは、一一戸の小屋に成人・青年・少女を合わせて二三人が暮らしており、相変わらず住人が多かった。また、キャンプAのリーダーは狩猟が得意で、そのことは観光客を連れてくるガイドたちの間でもよく知られていた。狩猟に行って獲物が獲れたり、キャンプに獣肉が干されていたりすると、観光客からの評判もよくなるため、キャンプAへ客を連れてくることを好むガイドは多い。ハッザ自身もそのことを知っており、獲得した肉をわざと観光客の目につくところに干したり、時にはこの事例のように、食べることより干すことを優先することもあった（図5―9）。

実はキャンプAでは、肉の分配に関する文句が絶えず、ヘレナと彼女の夫は他世帯の女性たちから「ケチだ」と陰口をいわれていた。冒頭のソノがわたしに肉をもらってくるようにといった話はキャンプAでの出来事であり、さらに同じ頃、キャンプAに暮らす女性スザンナは「キャンプリーダーや男性らが肉を獲って来て、解体する作業に関われれば肉はもらえるけれど、そこにいなければ肉なんてもらえない。獲ってきた男性たちとイヌが食べるんだ。欲しいと要求したってリーダーの妻は「ない」という。木にいっぱい干されていてももらえない（二〇一二年一二月一二日）」とジュマと同じようなことを語っていた。イヌは狩猟に同行する大事な存在で、日常的に肉やウガリをエサとして与えられていた。

しかし他方で、彼女たちには狩猟に参加していないことへの負い目のようなものがあるように見えた。たとえばこの頃、ソノ（世帯A6）の夫は不在がちであまり狩猟に行かなかった。スザンナ（世帯A5）の夫は他民族出身者で狩猟は得意でなく、ほとんど参加しなかった。ほかにもシングルマザーや寡婦といった女性だけの世帯や高齢者の世帯もあり、それらの世帯の構成員は、わたしが滞在しているあいだに狩猟に行くことはなかった。キャンプAで日々狩猟に行くのは、キャンプリーダー（世帯A1）とその弟（世帯A2）および未婚の青年たち（世帯A4）ばかりであった。そして、キャンプへ持ち帰られた肉が多ければ、一部は解体後に各世帯へ分配され、残りはリーダーの小屋の前に干され、翌日以降に狩猟に参加した世帯が食べていた。それ以外の世帯の女性たちは、おかずがないからと、しばしば採集へでかけていた。図5―10は、二〇一二年一二月に実施

図5-9　干される獣肉
写真左側の小屋はキャンプリーダーとヘレナの小屋。

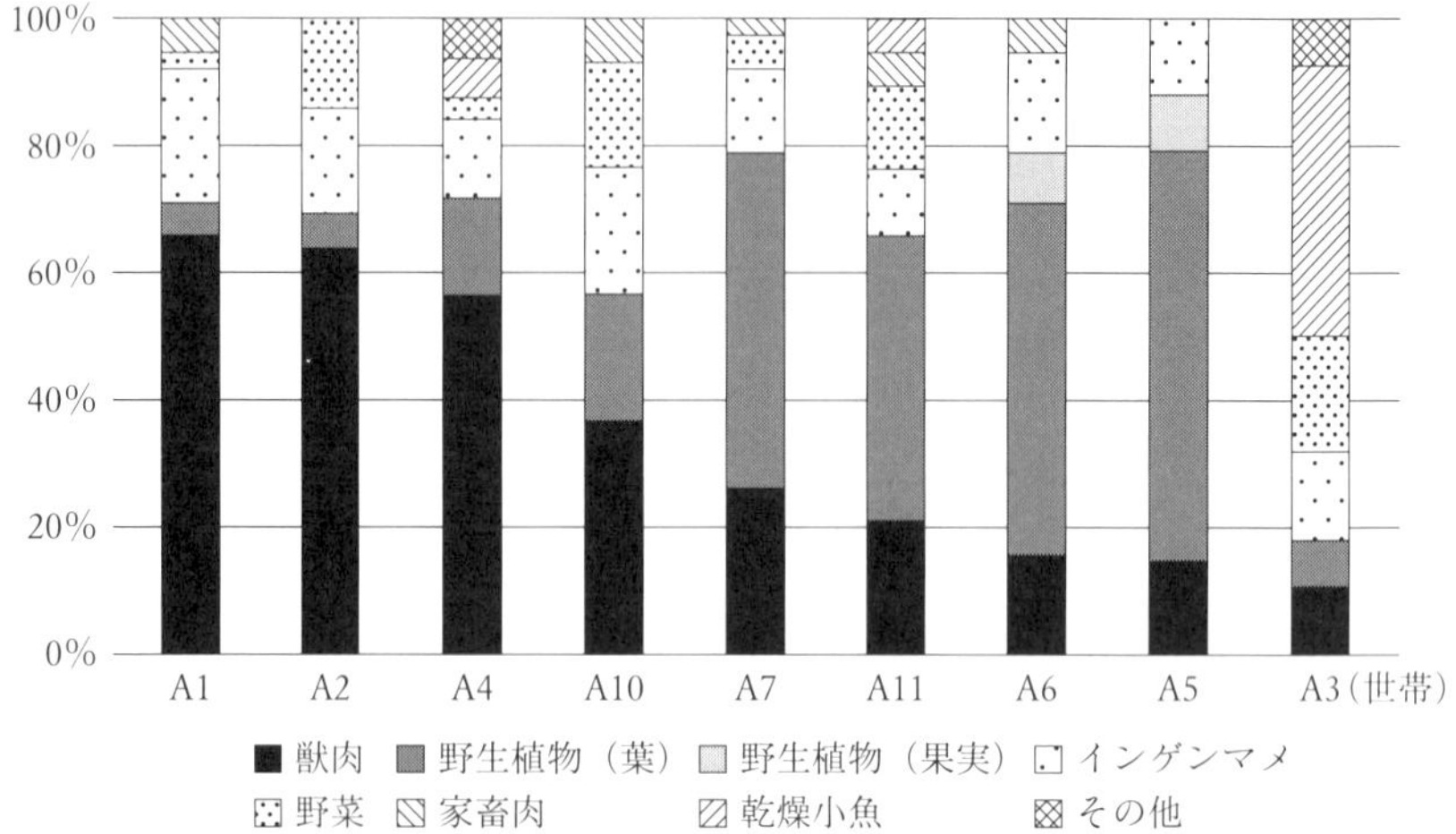

図5-10　キャンプAの世帯別副食の割合

＊世帯A8、A9、A12、A13が欠けているのは、A8は筆者と食べ、A9はA7と合同、A12とA13は構成員の入院により不在がちであったことによる。

＊＊調理をした回数は世帯ごとに23〜30回とばらつきがある。

出所：2012年12月3〜19日の現地調査。

したキャンプAの食事調査の結果を副食に限定して世帯ごとに示したものである。食事をとった回数は二三回から三〇回までと世帯ごとに差が生じていることを承知の上で、副食内容を割合で示した。図中、獣肉、野生植物の葉、果実が狩猟採集で得られた自然資源で全体の約七割を占め、それ以外のものは観光収入で購入したものである。世帯Ａ３を除くと、[3] 獣肉を食べた割合と野生植物の葉を食べた割合には負の相関があることがわかる。このうち、Ａ１、Ａ２、Ａ４が、主に狩猟に出かけていた人びとの世帯だ。もちろん、キャンプＡでもＢと同様に、調理したものを他世帯の構成員が一緒に食べることはよくあった。しかし、かまどが三つしかなく人も少ないキャンプＢよりも、小屋も人も多いキャンプＡは、それぞれが自分の世帯で調理をすることが多かった。そして、狩猟に参加しない世帯の女性たちにとっては、肉を要求することよりも、肉をあきらめて採集に出かけるほうがずっとラクなようにも見えた。

3……ふたつの事例から

以上のふたつの事例は、どちらもマンゴーラのキャンプ内における食物分配の状況を示したものであるが、分配の様子が大きく異なっていた。ここでは、AとBの様子が異なっていた理由を、キャンプのサイズと観光の影響に着目しながら検討してみたい。

先述のとおり、キャンプAはマンゴーラのなかでも規模の大きなキャンプである。小屋の数が多いと、かまどの数も多くなり、必然的に人びとは別々に調理をしがちになる。結果としてできた食事は世帯を超えて食べることもあるが、その場での共食は一般的でも、出来上がった料理をわざわざ他世帯へと分配することはほとんどなかった。一方のキャンプBは小屋の数は四戸でかまどは三戸であり、それぞれがいつ何を調理し食べているのか、常に全員が把握していた。そのため、調理前の食材を分配すると同時に、出来上がった食事も共食がきわめて一般的だった。ただしここでも、食べたい人がその食事がある場へやって来ることが基本で、出来上がった料理をわざわざ他世帯へ分配することは多くなかった。小さなキャンプについてはMarlowe (2004: 85)も同じように、プライバシーがまったくなく、食べ物をこっそり持ち込むことができないことや、全員が一緒に食事をするためあらゆる種類の食べ物をその場にいる全員でわけ合うということを記している。キャンプB

---

(3)　世帯A3の食事の傾向が他世帯と大きく異なるのは、世帯A3の妻が不在がちであったことによる。

で肉が分配されることは、たしかにこのキャンプの小ささによって説明することができるだろう。しかし一方で、目の前に肉が干されているのに分配しないというキャンプAの話は、キャンプのサイズだけでは説明ができない。

そこで続いて、みんなで働き対価として現金を受け取る観光の影響を検討したい。両キャンプともに観光客は毎日のように訪れ、ハッザは、観光客は肉が干されていると喜んだり、狩猟で肉が獲れるとチップをはずんでくれたりすると語る。(4) 獣肉が手に入ったときに、生肉を全員に分配すると翌日まで干しておく肉の量が少なくなる。それゆえキャンプAはわざと翌日に残すことを考えているという可能性は、事例2から示唆された。しかしここでは、より強く関連することとして、「みんなで働く」ということについて検討してみたい。

Marlowe (2010) は、あるハッザのカップルが、観光収入によってもたらされたトウモロコシの分配が少なすぎると感じキャンプを出て行った例を記している。彼はこうしたことは狩猟採集で手に入れた食料では起こり得ず、みんなで稼いだり、突然誰かからもらったものに対して起こる、なぜならそれらが明らかに共有財産であるからだと説明している (Marlowe 2010: 238)。そうであるならば、本章においてもトウモロコシや酒はみんなで稼いだ共有財産で分配が当然ということになり、キャンプBのエスタが酒を飲めなかった時に夫にいった「わたしの給料はトウモロコシ粉と水だけなのか」という文句も、当然のことと理解できる。ハッザはかなり昔から、他民族の農作業や家畜の放牧を手伝い、報酬として農作物を得てきた (石毛 一九六八) ため、観光のような労働と報酬が直結したシステムは特別に珍しいことではなかったはずだ。ただし観光は、労働を単独ではなく共同でおこない、その対価がキャンプという集団に対して支払われ、その収入でトウモロコシを買い全員で消費するという形をハッザ社会に定着させた。この変化が、肉の分配にも変化を及ぼしているのだろうか。

実は、先行研究ではハッザの男性は基本的に単独で狩猟に行くと報告されてきた（Woodburn 1968: 53; Marlowe 2010: 227）。単独で行った狩猟で獲物を獲得すると、狩猟者はキャンプに戻りほかの男性たちに声をかけ、一緒に獲物を追い、協力して解体し、肉をキャンプへ運ぶ（Marlowe 2010: 227）。つまり、獲物を得た後に他者と協働する場面があるものの、それまでは基本的に単独で従事する。これは狩猟に限ったことではなく、女性の採集などにおいても、やはり基本は単独だという（Marlowe 2010: 227）。しかし、わたしがキャンプA、Bで見てきた狩猟のほとんどは、最初から単独ではなかった。キャンプ周辺でトリを探すような小規模の散策以外、男性たちは複数でイヌを伴い、弓矢や懐中電灯を携えて、夜通し出かけることが多かった。そして動物が獲れると、協力してキャンプまで持ち帰っていた。こうなると、観光で稼いだトウモロコシと同じように、一緒に狩猟に行った男性たちにとって肉は「共有財産」とみなせるが、それ以外の人たちにとっては肉を要求することに対してうしろめたさが生じる可能性は大いにある。キャンプBのように人数が少ないと、狩猟にはほとんどの男性が参加するが、キャンプサイズが大きければ大きいほど、全員で狩猟に行くことは不可能で、キャンプのなかの限られたメンバーで狩猟に行くことが日常的になる。その結果、キャンプの中においても、目の前にある肉に対する意識の差が生じてしまう。そう考えると、冒頭のソノの事例はキャンプAの社会関係がぎくしゃくしているということではなく、単純に、キャンプBは「狩猟に行かないのに要求をする」という状況になりにくく、ほとんどの場合、肉は共有財産としてみなされるようになると考えることができよう。またキャンプBの

（4）チップはこっそり個人に渡される少ない事例を除き、渡されたことを居合わせる全員が知るため、入村料と同様に扱われるか、あるいは消えモノに変えて他者と消費される。

三つの小屋の女性たちは、肉があれば必然的にほとんど全員が解体に必ず参加することになる。つまり、全員が何らかの作業に関わることによって、分配がなされると捉えることもできる。

5 現金を消えモノに変える

ここからは食べ物からいったん離れ、女性たちがつくる観光客向けのおみやげに着目し、おみやげの売り上げを左右する個人の技術の差を彼女たちがどのように理解しようとしているのか示したい。そのために、ハッザ女性たちが観光客に対して販売をするビーズアクセサリを事例に取り上げる。

二〇一五年、キャンプAに調査に訪れた際、わたしはおみやげとしてビーズを持参した。色とりどりのビーズが一六袋あり、わたしはそれを女性たちがおしゃべりをしている場で、まとめて手渡した。すると彼女たちは一六袋をすべて開けてビーズの山をつくり、ヘレナが小屋からスプーンを持って来て、居合わせた女性たち全員にスプーン四杯ずつ分配を始めた（図5―11）。女性たちはそれぞれ、布やビニール袋など、ビーズの受け皿を用意して、四杯を受け取った。しかし途中で四杯ずつだと全員にいきわたらないことが判明し、ヘレナは受け取った人たちにいったんすべて戻すようにいった。そして、今度はみんなにスプーン二杯ずつ分配した。最後に少しだけ余ったが、それはヘレナが自分の取り分に混ぜた。(5) 女性たちは各々、ペットボトルやビニール袋などに自分のビーズを入れた。この日の午後、女性たちはもらったビーズを使って観光客に売るためのアクセ

図5-11　ビーズを分配する女性たち

サリをつくった。

彼女たちはビーズやバオバブの殻、ヤマアラシの棘などさまざまなものを使っておみやげとなる商品をつくる。販売するときは、自分のものと他者のものが混ざらないようにスペースをわけることもあり、どれが誰のつくった商品であるか、全員がよく把握している。商品が売れれば、つくった個人の収入になる。しかし買い手となる観光客に各商品のつくり手はわからないため、同じ人の商品ばかりが売れる日もある。現金を支払う時にはじめて買い手につくり手が誰かが告げられ、その人に直接現金が渡される。それを周りでキャンプのメンバーが見ているため、誰がいくら儲けたかを全員が知ることになる（八塚二〇一七）。

現金が手に入ると、たいてい彼女たちは売店に赴く。売店で炭酸飲料や蒸留酒を購入して飲んだり、スパゲティの乾麺やトマト、小魚、子どものおやつであるビスケットを

（5）　ヘレナがこうした作業をすべて担っているのは、キャンプリーダーの妻であることと関係はあると考えているが、キャンプリーダーという存在についての考察は別稿に譲りたい。

買ったりする。たくさん稼いだ人は他者からねだられて、収入のほとんどを消えモノの購入に費やし、他者と一緒に消費する（八塚 二〇一七）。つまり、おみやげの売り上げという個人差が出やすい収入は、その場で居合わせる全員で消費できる「消えモノ」に変わることで、結果的に分配しやすくなっているといえる。ザンビアのベンバ社会を研究した杉山（二〇〇七）は、穀倉に蓄えている穀物という資源化されたモノが、穀倉から出され調理されることによって脱資源化され、誰もが分与を得られる「消えモノ」になることを論じている。ハッザのケースも類似しており、獲得した現金そのものをねだったり、現金を他者に分与することは少なく、むしろ人びとは現金を得た人に「酒を買って」、「コーラを買って」と現金を変換した先にある「消えモノ」を要求する。一方、現金はすぐに「消えモノ」に変えられ消費されるため、誰かが観光によって突出した金持ちになる可能性は低く、結果的に経済格差は生じにくい（八塚 二〇一七）。

わたしがキャンプAにいた二〇一六年九月、マンゴーラの教会につとめる外国籍の神父が、ハッザ男性を対象に射的大会を開催した。同時に女性たちを対象に手づくりアクセサリ（観光みやげ）の品評会も開催した。いずれも優勝者は賞金をもらえる。キャンプAのメンバーと一緒にイベントを見学に行ったわたしは、出品されたアクセサリの中から優勝作品を選ぶ役目を与えられた。わたしは誰のアクセサリか知らないままに、赤と茶色の植物の種子がつなげられた素敵なネックレスを選んだ。そしてそのつくり手は名前が呼ばれ、全員が見る前で五〇〇〇円の賞金を受け取った。

その日の帰り道、キャンプAの女性たちは次々とグチをいい始めた。彼女たちが批判したのは、わたしが選んだネックレスについてだった。「あの人のものは前も選ばれた」、「同じ人が何度も選ばれるのはよくない」。どうやら、わたしが選んだネックレスのつくり手は、以前にも品評会で選ばれ、賞金をもらっていたようだった。

たしかにその女性の作品はとても丁寧につくられていて、彼女が器用でセンスが良いことがうかがえた。しかし女性たちは、作品の善し悪しや、作り手の腕のよさについては何も言及することはなく、同じ人が選ばれたことに対して「よくない」と繰り返し批判していた。

ビーズも、またそれを加工しつくったおみやげも、それぞれが自分の小屋のなかで管理し、販売するときは誰のものか区別がつくように陳列し、売れるときはつくり手に直接現金が手渡される。ひとつのアクセサリを共同でつくり、共に稼ぐという形はとらず、あくまで個人がそれぞれのアクセサリをつくっている。つまり、観光の場ではあるが、おみやげの製作と販売は個人の労働であり個人の収入になる。その結果、モノや現金が誰のものであるかはきわめて明確である。また実際のところ、つくり手の腕やセンスは売上に直結するように見える。しかしだからこそ彼女たちは、ひとところに富が集まることを批判し、収入を消えモノに変えて消費をすることによって、明確な差異を意識しないように気を配っているのではないだろうか。

おわりに

ここまでの話から、ハッザが規範としては「食物は分配すべき」と思っていたり、富がひとところに集中することを嫌っていることは明らかだ。だからこそ、干し肉を分配してくれないヘレナ夫婦を「ケチ」だと陰口をたたき、何度も同じ女性が賞金をもらったことを「よくない」と批判した。ハッザを研究してきたMarlow（2004）も、大きなキャンプでは食料をこそこそと隠すことができるが、小さなキャンプではそれができず、食料を共有せざるをえないということを書いており、そもそも食料を「こそこそ」隠すのは、彼らが「分配すべき」という意識を強くもっているからに違いない。

とはいえこれは規範であり、実際の分配には、キャンプのサイズや、協働により労働を分かち合ったかどうか、といった点が影響していた。キャンプサイズが食物分配の頻度や範囲に影響することについては、多数の先行研究が論じてきたとおりである（北西 一九九七、二〇一〇；岸上 二〇〇三b；Marlowe 2004）。本章でも同様に、キャンプBのような小さなキャンプは全員で食料を分配していた。しかしサイズの大きなキャンプAでは、キャンプ全体が獲得した観光収益で購入したトウモロコシは全員で消費するものの、肉は分配されたりされなかったりした。後者の事例から、分配に働くファクターには、キャンプサイズだけではなく、協同で狩猟に行くという労働の分かち合いの有無を検討する必要がある。

カナダのイヌイット社会を研究する大村（二〇一二）は、食べ物を分かち合うという規範は狩猟や漁労における協働を促すという。食べ物を分かち合うのであれば、単独で狩猟に行く意味はなく、むしろ技術や知識の共有と協働によって労働を分かち合うことに積極的な意味がでてくるというわけだ。冒頭にも引用したように、本書4章（田島論文）では、ベギングに対する応答として分配が起こりがちなヒト以外の大型霊長類とは対照的に、ヒトがおこなう分配は自発的であることが多く、それがヒト社会における高い協力性を支える基盤でもあることが論じられている。さらに霊長類においては、限られた資源を共有する「寛容性」が高ければ、資源を獲得するための協力行動が起こりうるということを示した本書6章（貝ヶ石論文）を参照するならば、「寛容」で「平等主義的社会」を形成するヒトは、協力行動の末に資源を共有することができるはずである。つまり私たちの日常において、一緒に労働に従事するといった協働と、獲得した食べ物を分かち合う分配とが直結する事例は、決して珍しくないはずだ。

しかし、小さな社会の中で、協働に参加する人としない人が現れてくると、事態はややこしくなる。本章で示したように、キャンプAでは協働による労働が分配の範囲を大きく左右していた。キャンプAのメンバーは、トウモロコシはキャンプ全員で協働し獲得した食べ物と認識して全員で消費していたが、一方で肉をわけてもらえない人たちは、狩猟や解体作業に参加をしていないことを理由にあげ、肉の分配を要求することをためらっていた。「労働をわけ合っていないわたしは肉を要求しにくい」と思うのは、観光というキャンプ単位で稼ぐ手段が浸透してからなのか、その経緯までは明らかにできなかったが、少なくともヒトがもつ高い協力性と自発的な分配が関連する一方で、協力性ゆえに相手に気をつかったり、負い目を感じたりすることにもつながるということは示すことができたのではないだろうか。本書6章（貝ケ石論文）では「寛容社会」と分類されるような霊長類の社会でも、その基盤となるメカニズムは多様であることが示された。同じように、いや、それ以上に、本章で例示した狩猟採集民社会も、分配のメカニズムは食料の多寡や地縁・血縁という社会的な遠近だけではなく、集団のサイズや労働への参加などさまざまな要因によってフレキシブルに変化しうる。

ところで、4章（田島論文）では、オランウータンのオスとメスとのあいだの食物分配が、繁殖につながる行動とは限らないことが示された。分配には必ずしも返礼がなされるわけではない。ではなぜ、わたしたちはひとりで全部食べてしまうことなく、他者にわけようとするのか。それも「寛容性」ゆえの行動なのだろうか。田島は大型霊長類について「食物の先渡し」、つまり将来の何かへの期待という可能性を論じているが、ヒトの場合、それだけでないように思う。どうしてハッザはおみやげを売って得た現金を独り占めせずに、わざわざ消えモノに変えてみんなで消費するのだろうか。このことを考えるために、最後にひとつわたし自身の経験を紹介したい。

二〇二三年二月、わたしはキャンプBに一週間滞在した。持ってきた飲み水は二日で底をつき、観光客を連れてきたガイドが見かねてわたしに五〇〇ミリリットルの水を二本くれた。喉が渇いていたわたしはすぐに半分を飲み、残り半分ともう一本をテント内に隠そうとしたところ、目が合った女性二人が「ちょうだい」と手を伸ばしてきた。手に入れた貴重な水とは思ったが、わたしはあきらめて、開けていない一本を女性に渡した。あのとき、わたしは要求に応じる形で分配をしたが、要求されるより前から彼女たちが一部始終を見ていることはわかっていた。それでも、なんとか水を独り占めしようと試みたけれど、結局できなかった。わけずに独り占めを考えていたので、わたしの行動を「寛容性」だけで説明することは難しい。一方で、4章（田島論文）にあるように「他者の欲望を察知して我欲を自制した」という説明も少し不十分に感じる。むしろわたしは、彼女たちに見られている、というプレッシャーに耐えられなかったのだ。この先も維持したい関係性を憂慮した結果だといえば、「食物の先渡し」と共通するところもあるのかもしれない。実際、小さな社会では、隠したり独り占めを選択することは、わけることよりずっと難しく、ずっと勇気がいる。そう考えると、キャンプのメンバーは頻繁に変わったとしても、他者と協力、協働して共に暮らすという状況そのものが、他者に対する食物分配を促しているのではないだろうか。まさに「生活そのものがシェアリング――共にすること、共に生きること」（丹野 一九九一：五六）ということになる。それゆえ、生活の空間、つまり自分が属する集団が大きくなったり不明瞭になったりすると、協働するメンバーは限定されるようになり、分配しない／されないという状況が起こり得るのではないだろうか。

他方で、共に暮らす集団のなかでのやりとりは、本来とても気をつかう。だからこそ、ハッザはおみやげを売って稼いだ現金をあえて消えモノに変えて、みんなで消費することによって、誰が誰にどれだけ与えたか／受け取ったかを数えられないようにしているのかもしれない。少なくとも、結果としてはそのようになっている。観光による現金稼得が定着し、現金収入という個人差が明確で、わけがたいものが日常的になったなかで、他者と暮らしていくために、彼らはわけたりわけなかったりしながら、試行錯誤を繰り返している。

参考・参照文献

石毛直道（一九六八）「マンゴーラ村における四つの生活様式」今西錦司・梅棹忠夫編『アフリカ社会の研究　上巻』西村書店、六五－一〇〇頁。

大村敬一（二〇一二）「技術のオントロギー――イヌイトの技術複合システムを通してみる自然＝文化人類学の可能性」『文化人類学』七七巻一号、一〇五－一二七頁。

岸上伸啓（二〇〇三a）「狩猟採集民社会における食物分配の類型について――「移譲」、「交換」、「再・分配」」『民族學研究』六八巻二号、一四五－一六四頁。

――（二〇〇三b）「狩猟採集民社会における食物分配――諸研究の照会と批判的検討」『国立民族学博物館研究報告』二七巻四号、七二五－七五二頁。

――（二〇〇七）『カナダ・イヌイットの食文化と社会変化』世界思想社。

北西功一（一九九七）「狩猟採集民アカにおける食物分配と居住集団」『アフリカ研究』五一号、一－二八頁。

――（二〇一〇）「所有者とシェアリング――アカにおける食物分配から考える」木村大治・北西功一編『森棲みの社会誌――アフリカ熱帯林の人・自然・歴史Ⅱ』京都大学学術出版会、二六三－二八〇頁。

サーリンズ、マーシャル（一九八四）［一九七二］『石器時代の経済学』山内昶訳、法政大学出版会。

サーヴィス、エルマン（一九七二）『狩猟民』蒲生正男訳、鹿島出版会。

杉山祐子（二〇〇七）「「お金の道」、「食物の道」、「敬意の道」――アフリカのミオンボ林帯に住む、焼畑農耕民ベンバにおける資源化のプロセスと貨幣の役割」春日直樹編『資源人類学05　貨幣と資源』弘文堂、一四七―一八八頁。

田中二郎（一九七一）『ブッシュマン――生態人類学的研究』思索社。

丹野正（一九九一）「「分かち合い」としての「分配」――アカ・ピグミー社会の基本的性格」田中二郎・掛谷誠編『ヒトの自然誌』平凡社、三五―五七頁。

富川盛道・富田浩造（一九八〇）「タンザニアにおける開拓部落の成立と形成――マンゴーラの社会生態誌」富川盛道編『アフリカ社会の形成と展開――地域・都市・言語』東京外国語大学アジア・アフリカ言語文化研究所、二二七―三一一頁。

八塚春名（二〇一六）「外生の変容をかわす生業戦略の柔軟性――タンザニアの狩猟採集民と多民族国家」高橋基樹・大山修一編『アフリカ潜在力3　開発と共生のはざまで――国家と市場の変動を生きる』京都大学学術出版会、二七七―三〇八頁。

――（二〇一七）「タンザニアにおける狩猟採集民ハッザの観光実践――民族間関係、個人の移動、収入の個人差に着目して」『アフリカ研究』九二号、二七―四一頁。

――（二〇二二）「タンザニアの狩猟採集民ハッザによる食料獲得戦略の多様化――民族観光と他民族の影響に着目して」『農耕の技術と文化』三〇号、一一三―一三二頁。

Berbesque, J. Colette, Brian M.Wood, Alyssa N. Crittenden, Audax Mabulla and Frank W. Marlowe. (2016) "Eat first, share later: Hadza hunter-gatherer men consume more while foraging than in central places," *Evolution and Human Behavior* 37: 281-286.
Blurton Jones, N.G. (2016a) *Demography and Evolutionary Ecology of Hadza Hunter-Gatherers*. Cambridge University Press.
——(2016b) "Why do so few Hadza farm?" In: Codding, B.F. and K.L. Kramer (eds.) *Why Forage? Hunters and Gatherers in the Twenty-First Century*, pp. 113-136. School for Advanced Research Press.
Hawkes, K., O' Connell, J.F. and N.G. Blurton Jones. (2001) "Hadza meat sharing," *Evolution and Human Behavior* 22: 113-142.
Kaare, Bwire. and James Woodburn. (1999) "The Hadza of Tanzania," In: Lee, Richard. and Richard. Daly (eds.) *The Cambridge Encyclopedia of Hunters and Gatherers*. pp.200-204. Cambridge University Press.
Marlowe, Franc W. (2004) "What Explains Hadza Food Sharing?" *Research in Economic Anthropology* 23: 69-88.
——(2006) "Central place provisioning: the Hadza as an example," In: Hohmann, G., Robbins, M. and C. Boesch(eds.),

Feeding Ecology in Apes and Othe Primates: Ecological, Physical and Behavioral Aspects. pp. 359-377, Cambridge University Press.

——— (2010) *The Hadza: Hunter-Gatherers of Tanzania*. University of California Press.

Mollel, T. Reuben. (2020) *An Investigation of the Impact of Change in Natural Resource Use in Hadza Livelihood: A Case of Eyasi Basin*, Dissertation of Masters, University of Dar es Salaam.

Wood, Brian M. and Frank W. Marlowe. (2013) "Household and Kin Provisioning by Hadza Men," *Human Nature* 24: 280-317.

Woodburn, James. (1968) "An Introduction to Hadza ecology," In: Lee, Richard. and Irven Devore (eds.) *Man the Hunter*. pp. 49-55. Aldine de Gruyter.

——— (1982) "Egalitarian societies," *Man(New Series)*: 17(3): 431-451.

——— (1998) "Sharing is not a Form of Exchange: An Analysis of Property Sharing in Immediate-Return Hunter-Gatherer Societies," In: Hann, C. M. (ed.) *Property Relations: Renewing the Anthropological Tradition*, pp. 48-63. Cambridge University Press.

第II部

ゆらぐかかわり

第6章

霊長類学における「寛容社会」とは何か？

貝ヶ石優

はじめに

私たちヒトは、誰かと関わり合い、助け合いながら日々暮らしている。家族や友人が悩んでいれば親身になって相談に乗り、悩みが解決すれば一緒になって喜びを分かち合う。何かをめぐって衝突することがあっても、仲直りして関係を修復することができる。初めて出会う他者とも新しく関係性を構築し、二度と会うことは無いであろう相手であっても困っていれば手を差し伸べる。認知心理学者のM・トマセロ（Michael Tomasello）らは、様々な他者と広く親和的な関係を築き、協力し合うことが出来るという点において、ヒトは「寛容」(tolerant)な社会を築いているとしている（Tomasell et al. 2012)。

近年の研究から、高い寛容性が、協力行動や社会的知性といったヒトに顕著な特徴と関わっていることが明らかになってきた。ヒト社会の最も大きな特徴の一つが大規模な協力である。ヒト以外の動物を対象とした研究から、個体間の寛容性の高さが協力行動の起こりやすさに大きく影響することが明らかになっている。A・メリス（Alicia Melis）らは、二頭で協力しないと食べ物が取れない装置を用いて、チンパンジー（*Pan troglodytes*）の協力行動に関わる社会的要因を検証した（Melis et al. 2006)。この研究では、実験を行う前にペア間の寛容性を測るテストが行われた。彼らはまず、部屋の中に置かれた食べ物をチンパンジーが二頭で分け合うか、一頭だけが独占するかを観察し、その結果をもとに、寛容性の高いペアと低いペアに分けて実験を行った。実験の成功率はペア間の寛容性の程度によって大きく異なった。寛容性の高いペアでは安定して課題が成功したのに対し、寛容性の低いペアの場合、一頭だけが食べ物を独占するため、もう一頭が課題に参加しなくなり、結果として成功率は大きく低下した。すなわち、協力行動が起こるには、個体間の寛容性が鍵を握っていたのである。

寛容性と協力行動の関連は種間レベルでも確認されている。チンパンジーの近縁種であるボノボ（*Pan paniscus*）は、チンパンジーよりも寛容性が高く、友好的な社会を形成する（de Waal 1995; Tokuyama et al. 2019）。協力行動に関する能力をチンパンジーとボノボで直接比較した研究では、ボノボはチンパンジーよりも食物を分け合う傾向が強く、かつ協力行動課題においてもチンパンジーよりも高い成績を収めた（Hare et al. 2007）。興味深いことに、この研究に参加したチンパンジーの中には、上述したメリスらの研究で既に同一課題を経験した個体も含まれていた。他方ボノボは、全ての個体が初めてこの課題に参加していた。それにも関わらずボノボがチンパンジーよりもうまく協力行動を示したという結果は、寛容性が協力行動に及ぼす影響の大きさを浮き彫りにしている。

寛容性と知性との関連は、家畜化されたキツネの研究に端を発する。ロシアの研究者が、「ヒトを恐れず、攻撃しない」という形質をもとに、ギンギツネ（*Vulpes vulpes*）を選択的に交配させる実験を行った。これはオオカミからイヌへの家畜化プロセスを実験的に再現することが目的であり、結果として垂れた耳や白いまだら模様、ヒトへの友好的な態度といった家畜動物に共通する形質を持つキツネ個体群が誕生した（Trut 1999）。さらに、この家畜化キツネでは、家畜化されていないキツネに比べ、社会的認知能力に関する課題の成績が高いことが明らかになった（Hare et al. 2005）。B・ヘア（Brian Hare）らは、イヌ（*Canis familiaris*）がオオカミ（*Canis lupus*）と比べヒトの意図を読み取る能力に長けていることも指摘し、これらの研究から、寛容性を向上させるような進化の副産物として、高い社会的認知能力の進化が生じるという仮説を立てている（Hare and Tomasello 2005）。興味深いことに、ヒトの進化の過程においても、攻撃性の低下および寛容性の向上により、家畜動物と類似した形質の変化が生じた、すなわち自己家畜化（self-domestication）が起きた可能性が指摘されている（Cieri et al. 2014; Sánchez-Villagra and van Schaik 2019）。ヒトに見られる高度な知性の進化には、この自己家畜化現象が関わっているのではないかと考えられている（Wrangham 2019）。

以上のように、高い「寛容性」はヒトの社会の大きな特徴であるとともに、協力行動や社会的知性など、いわゆる「ヒトらしい」形質に深く関わっていると考えられる。しかしここであえて問うと、「寛容性」とは一体何なのであろうか。上で挙げた例では、「寛容性」という語は、社会全体の特徴を指す言葉としてだけでなく、二個体間の関係性や、個体もしくは種の気質を示す文脈でも用いられていた。これらは、同じ「寛容性」という言葉で表せる概念なのだろうか。また、「ヒトの社会は『寛容』である」と言った時、それはヒト以外の霊長類に見られるような「寛容性」と比較可能なものとみなして良いのだろうか。霊長類学において「寛容性」という用語は、種ごとの社会の特性や様々な社会的現象の根幹に関わる重要な概念でありながら、このように様々な文脈で広く用いられている。そこには、統一的な定義は未だ存在しないように思われる。本章では、「寛容性」という言葉が霊長類学においてどのように用いられてきたかをまとめるとともに、「寛容」なニホンザル集団における行動観察から霊長類学における「寛容社会」がどのような社会であるのかを考える。

1 霊長類学において「寛容性」という語はどのように用いられてきたか

1……個体間の関係性を表す語としての「寛容性」

霊長類学で「寛容性」という語が最初に用いられたのは、F．ドゥヴァール（Frans de Waal）が一九八六年に発表した論文“Class structure in a rhesus monkey group: the interplay between dominance and tolerance”（de Waal 1986a）だとされている（Detroy et al. 2022）。ドゥヴァールは飼育下のアカゲザル（*Macaca mulatta*）を対象に、複数頭のサルが同じ水飲み場を利用する場面に着目した。この研究では、観察開始前の数時間の間サルは水を飲むことが出来ず、したがって水飲み場はサルにとって価値の高い資源となっていた。ドゥヴァールは水飲み場における個体間交渉から、優位な個体による水の独占が必ずしも起こらず、特に血縁個体の間では水飲み場の共有が起こりやすいことを観察している。ここでは、優位個体の行動、もしくは優位個体と劣位個体の関係性から、水飲み場における「寛容性」が議論されていた。ドゥヴァールは後に、「寛容性」を「独占可能な資源を優位個体が独占しないこと」と定義づけている（de Waal 1986b）。

この定義は、寛容性の程度を定量的に測るうえで数多くの研究で用いられてきた。例えば上述のチンパンジーとボノボにおける協力行動実験では、二個体間で食物の共有がどの程度起こるかを観察し、それをスコア化して定量的な分析を行っている。またアカゲザルを対象に近年行われた研究では、交尾期のオスとメスによる一時的な交尾ペアの形成が、メスに対するオスの寛容性を上昇させることを発見した（Dubuc et al. 2012）。この研究においても、やはり二頭の前に小さなエサ箱を提示し、食物の共有が起こるかどうかが寛容性の指標とされた。交尾ペアを形成している期間は、メスが食物を取ってもオスが攻撃することは少なく、二頭での食物資源の共有が見られた。しかし交尾ペアが解消された後は、同じ組み合わせのペアであっても、オスはメスを許容しなかった。

このように「寛容性」という用語は、個体の行動レベル、あるいは個体間の関係性のレベルにおいては、「限られた資源を共有できるか」ということに着目して議論されることが多い。ここで前提とされているのは、個体間に明確な優劣関係が存在するということである。霊長類において、個体間に優劣関係が存在する場合、優位個体は資源を独占することが可能であり、その場合劣位個体はその資源をほとんど利用することができない、というような関係性を想定する。したがってここでの「寛容性」は、de Waal（1985）が定義したように、「本来資源を独占できるはずの優位個体による、劣位個体の資源利用の許容」を反映していると考えられる。

「資源の共有」という側面での寛容性は、さらに集団レベルでの寛容性を測る指標としても用いられている。ドゥヴァールらはアカゲザルとベニガオザル（*Macaca arctoides*）との比較において、再び水飲み場での社会交渉に着目し、集団全体の寛容性が二種の間で大きく異なることを議論した（de Waal and Luttrell 1989）。また、限られた空間に均等にエサをまき、その中で一緒にエサを食べる個体の数をカウントする給餌実験も、集団全体の寛容性を測る指標として多くの研究で採用されている（DeTroy et al. 2021; Fichtel et al. 2018; Koyama et al. 1981; Rebout et al. 2017）。

2……社会の特徴を表す語としての「寛容性」

複数個体から成る集団を形成して暮らす霊長類の社会では、集団内で資源を巡る様々な個体間競合が生じる。霊長類学では、集団内競合の激しさや、それをどのように解消するかによって、それぞれの種（あるいは特定の霊長類集団）の社会構造を寛容や専制といった用語でしばしば特徴づける（Thierry 2000; van Schaik 1989）。例えば個体間に厳格な順位関係が存在し、優位個体から劣位個体への一方的な攻撃が見られるアカゲザルやニホンザル（*Macaca fuscata*）の社会は、非寛容な専制的（despotic）社会とされる。他方、クロザル（*Macaca nigra*）やバーバリーマカク（*Macaca sylvanus*）といった種では、順位関係は比較的緩やかで、ケンカの際に二頭が互いに威嚇し合うことが多く見られる。これらの種の社会は、寛容もしくは平等主義的（egalitarian）と呼ばれる。

これらの異なる特徴を持つ社会がどのように進化してきたかを説明する理論として、大きく社会生態学モデル（socioecological model）と共変動仮説（covariation hypothesis）の二つがある。社会生態学モデルは、ある集団の生息する生態学的要因によって、集団内の個体間競合および協力のパターンが決まり、それによって社会構造が特徴づけられると予測する。例えば果実のように局所的に分布する質の高い食物を主に利用する種では、個体間で食物をめぐる競合が起こりやすい。そのため個体間に安定した直線的な優劣関係が生じ、専制的社会を形成する。また自らの血縁個体を支援することが順位の安定に繋がり、強い血縁びいき傾向（nepotism）が生じる。それに対し、植物の葉のような、質が低いものの広く一様に分布する食物資源を利用する場合、個体間競合は起こりにくいため優劣関係は曖昧で不安定となる。このような社会は平等主義的とされる。社会生態学モデルではさらに、隣接する他集団との競合が集団内個体間の関係に影響すると予測する。集団内競合が強く、さ

図6-1　ニホンザルにおける仲直りの例。(1)2頭の成体メスの間で双方向的なケンカが生じるが，(2) 直後にlip smackと呼ばれる親和的なコミュニケーションを交わし、(3)一方が他方に毛づくろいを行い、仲直り行動が成立した。

らに集団間競合も激しい環境下では、他個体からの協力を引き出し集団内の結束を強めるため、優位個体は劣位個体に対し寛容に振舞う。結果として、そのような環境下では寛容性の高い社会が形成されるという（Sterck et al. 1997）。

共変動仮説では、敵対的交渉のパターンが他の様々な形質と相関し、その結果として特定の社会構造が生じると予測する。この仮説は、特にマカク属霊長類（*Macaca* spp.）における社会構造の変異を説明する仮説として広く用いられている。アカゲザルなどでは、個体間で激しい攻撃が生じやすく、攻撃を受けた個体は外傷を負うリスクが高い。そのため他個体から攻撃された際は、反撃するのではなくすぐにその場から離れ、さらなる

表6-1　マカク属における寛容性のグレード分類。Thierry 2007より一部を改変して引用。

グレード1	グレード2	グレード3	グレード4
ニホンザル (*Macaca fuscata*) アカゲザル (*Macaca mulatta*) タイワンザル (*Macaca cyclopis*)	カニクイザル (*Macaca fascicularis*) ブタオザル (*Macaca nemestrina*) アッサムマカク (*Macaca assamensis*) チベットマカク (*Macaca thibetana*)	バーバリーマカク (*Macaca sylvanus*) ベニガオザル (*Macaca arctoides*) ボンネットモンキー (*Macaca radiata*) シシオザル (*Macaca silenus*) トクモンキー (*Macaca sinica*)	クロザル (*Macaca nigra*) トンケアンマカク (*Macaca tonkeana*) ムーアマカク (*Macaca maurus*) ゴロンタロマカク (*Macaca nigrescens*) ブーツマカク (*Macaca ochreata*) ヘクマカク (*Macaca hecki*) シベルトマカク (*Macaca siberu*) ブトンマカク (*Macaca brunnescens*)

注）Thierry（2007）より改変

攻撃を受けることを避ける。その結果として個体間の優劣関係が非常に明確になる。さらに血縁関係を通じた繋がりが強く、敵対的交渉における同盟形成や、毛づくろいなどの親和的交渉の多くが血縁個体間で起こる。反対に激しい攻撃が生じにくい種においては、攻撃により怪我をするリスクが小さく、むしろ攻撃者に反撃することで資源を防衛できるなどの利益を得られる可能性がある。そのためそれらの種では、攻撃自体の頻度は低くないものの、二個体間で双方向的に行われるため優劣関係は明確になりにくいとされる。さらに親和的交渉や同盟形成は、血縁個体に限らず幅広い個体間で生じる。共変動仮説では他にも、敵対的交渉後の当事者間での親和的交渉（仲直り行動：図6―1）が非寛容な種では起こりにくく寛容な種で起こりやすい、silent bared teeth display（以下、SBT）と呼ばれる歯をむき出しにする表情（図6―2）が、前者では優劣関係を表すシグナルとしてのみ用いられるが後者では親和的な意図を示すシグナルとしても使われる、といったように、様々な行動形質も敵対的交渉のパターンに伴って変化すると予測し

図6-2　ニホンザルにおけるSBTの例。上下の歯茎を露出させ、歯をむき出しにする。

ている（Thierry 2000）。

B．ティエリー（Bernard Thierry）は共変動仮説をもとに、マカク属に属する霊長類をそれぞれの「寛容性」に従い四つのグレードに分類することを提案している（表6—1）。グレード1はマカク属の中で最も寛容性が低いとされる種であり、ニホンザル、アカゲザル、タイワンザル（*Macaca cyclopis*）の三種が含まれる。他方グレード4の種は最も寛容性が高いとされ、インドネシアのスラウェシ島に生息するスラウェシマカクと総称される種全般が該当する。グレード2、3には1、4の中間的な寛容性を示す種が分類され、比較的寛容性が低いカニクイザル（*Macaca fascicularis*）などの種がグレード2、それらよりも寛容性が高いバーバリーマカクなどがグレード3にあたる。一般に、グレード1や2に属する種は専制型マカク、3や4に分類される種は寛容型マカクとされる。マカク属におけるこれらの種間変異は系統関係によって決まっており、系統的に近い種間では行動傾向も近いと考えられている（Matsumura 1999; Thierry et al. 2000）。

社会生態学モデルと共変動仮説では、優劣関係の厳格さと寛容性との関係性の捉え方が異なる（図6—3）。社会生態学モデルでは、優劣関係が緩やかな平等主義的社会と、より厳格な専制的社会に分かれる。しかし厳格な優劣関係が寛容性を排除するわけではなく、むしろ優位個体が劣位個体に寛容に振舞うことにより、寛容社会が形成されるとしている。つまり、個体間にある程度の優劣関係が存在することが、寛容社会の前提とされ

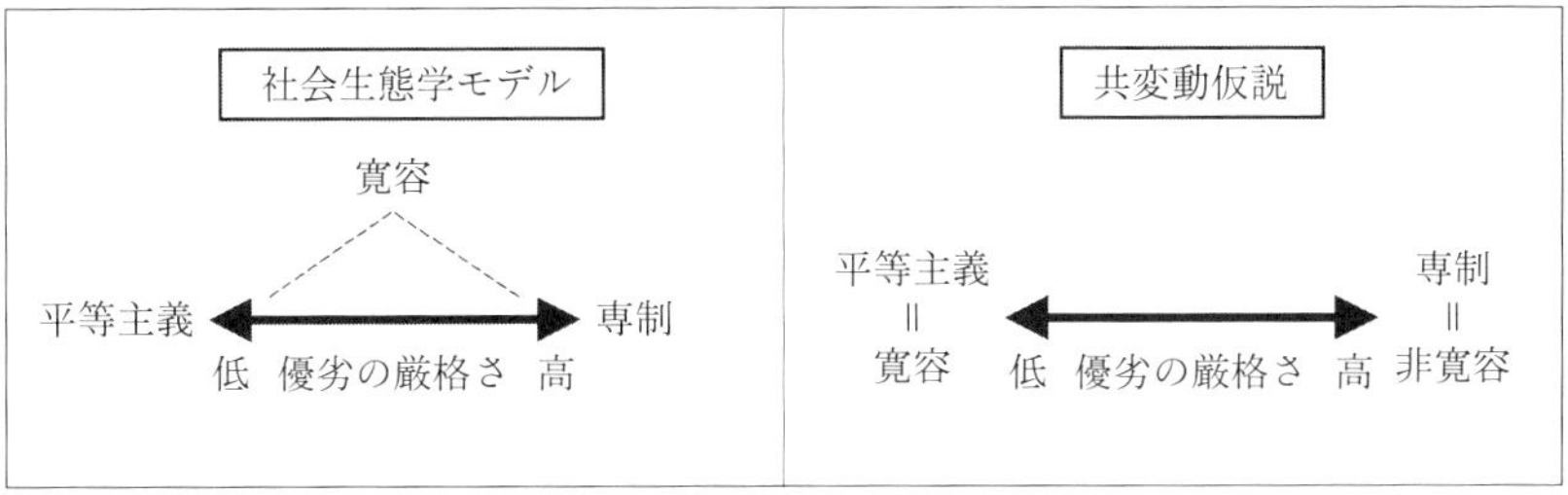

図6-3　社会生態学モデルと共変動仮説における、優劣関係の厳格さと社会の寛容性との関係性（DeTroy et al. 2022 Figure 3より、一部を改変して引用）

る。他方、共変動仮説においては、厳格な優劣関係を持つ専制的・非寛容社会と、優劣が緩やかな平等主義的・寛容社会は両極端な特徴を持つ社会であり、専制的社会から平等主義的社会に近づくに従って「寛容性」が減少するとしている。また多くの場合、専制と非寛容、平等主義と寛容はそれぞれ同義語として扱われる。さらに、共変動仮説では、「寛容（非寛容）な社会」を構成する要素として、個体の攻撃性、毛づくろいなどの親和的交渉の頻度や、順位の直線性といった下位概念が想定されている（Detroy et al. 2022）。すなわち、共変動仮説における「寛容社会」とは、前項で議論した「資源の共有」のような個体間の寛容性に関わる社会交渉以外にも、個体間順位が曖昧で、激しい攻撃は起こりにくく、様々な親和的交渉が起こりやすいといった一連の社会交渉パターンを包括した社会であると考えられる。

2　ニホンザルにおける「寛容性」の地域間変異

ニホンザルは、南は鹿児島県屋久島から北は青森県下北半島まで、日本全土に広く分布する日本固有種である。マカク属に属する他の霊長類と同様に、複数のオスとメスからなる複雄複雌集団を形成する。オスは性成熟とともに生まれた群れから移出するのに対し、メスは生涯同じ群れで過ごし、繁殖する。また交尾形態は乱婚制であり、秋から冬の交尾季に複数のオスとメスが相手を変えながら交尾する。そのため子どもにとって父親は不明であり、オスは子育てには関わらない。他方母親と子どもは強い結びつきを持ち、特に母娘の絆は生涯に渡って続く（Nakamichi and Yamada 2010）。

ニホンザルの社会構造は、マカク属の中で最も専制的で非寛容とされ、非常に厳格な順位関係を持つ。しかし近年、いくつかの地域において例外的に高い「寛容性」を示すニホンザル集団が存在することが明らかになりつつある（Nakagawa 2010）。その一つが屋久島の地域集団である。一般に、専制社会を形成する種では、メスの順位獲得に血縁関係のある個体の順位が強く影響する。特に、（1）娘は母親のすぐ下の順位を獲得する、（2）妹は姉よりも順位が高くなるという二点は川村の原則（Kawamura 1958）として広く知られている。これについては、敵対的交渉において血縁個体への支援が多く起こること、および未成体の姉妹間でケンカが起きた際に、母親が年少の娘の味方をしやすいことが要因として考えられている。すなわち、川村の原則は専制型マカクにおける血縁びいきの強さによってもたらされており、非血縁個体間でも社会交渉が多く起こる寛容型マカクではこの原則は成立しにくい（Thierry 1990）。しかし屋久島に生息する集団の一部においては、寛容型マカクと同じく川村の原則によらない順位構造が報告されている（Furuichi 1983; Hill and Okayasu 1995）。さらに屋久島では、成体オス間での親和的交渉の生起頻度が高いこと、敵対的交渉後の仲直りが多いこと、休息時の個体間距離が小さいことなどが報告されている（Horiuchi 2007; Majolo et al. 2005; 中川 二〇一二）。中川（二〇一三）は、それらの行動傾向は寛容型マカクに広くあてはまる特徴であるとして、屋久島のニホンザルが寛容社会を形成している可能性を指摘している。

図6-4　小豆島の銚子渓A集団で見られるサル団子。サル同士が集まりハドルを形成している。

また香川県小豆島に生息する地域集団は、日本の霊長類研究の黎明期からその社会的特異性が指摘されてきた。河合雅雄は、著書「ニホンザルの生態」において、六つの異なる地域の餌付けニホンザル集団の社会構造を比較している（河合 一九六四）。河合は、小豆島の寒霞渓集団は、寛容な高順位オスや社会的緊張の低さ、集団全体の凝集性の高さ等によって特徴づけられ、特に大分県の高崎山や宮崎県の幸島で見られるような非寛容・専制的社会とは対照的であるとした。河合が指摘したこれらの特徴は、二〇〇〇年代以降の研究によって裏付けられることとなった。図6―4は、サル同士が寄り集まってできるサル団子である。サル団子は主に冬の寒い気候への適応として起こると考えられ、様々な地域で広く見られる。しかし小豆島の銚子渓集団では、時に一〇〇頭を超える個体から成る巨大なサル団子が形成される。Zhang and Watanabe（2007）は、この巨大なサル団子に着目し、銚子渓と高崎山の二つの集団において団子形成のメカニズムを比較した。これら二地域間では、平均気温に有意な差は認められなかったが、小豆島では高崎山よりも平均的に大きなサル団子が観察され、団子に加わるサルの数は気温が下がるほど多くなる傾向が見られた。さらに、どちらの地域においてもサル団子内から他個体を排除しようとする行動が頻繁に見られたが、小豆島では劣位個体が抵抗してその場から離れないことが多く、結果的に大きな集まりが長時間維持されやすかった。それに対し高崎山では劣位個体が抵抗することはまれであり、すぐにその場から離れることがほとんどであった。Zhang and Watanabe（2007）は、小豆島の地域集団では個体間の優劣関係がそれほど厳格ではなく、そのことが冬季の巨大なサル団子形成に関わっていると考察している。

Zhang and Watanabe（2014）はさらに、小豆島、高崎山、志賀高原（長野県）の餌付け集団を対象に、マカク属において寛容性と関わるとされるいくつかの行動形質を記録し、集団間比較を行った。その結果、高崎山および志賀高原では、攻撃性の高さや反撃の頻度、親和的交渉の頻度など、記録された全ての行動形質に関して専制的な種に典型的なパターンが確認された。他方、小豆島集団では、他の二集団と比べ攻撃的交渉が頻繁に生起するものの、激しい攻撃は起こりにくく、被攻撃者による反撃が起こりやすい、親和的交渉が頻繁かつ長時間にわたって生起していた。これらは寛容性の高いマカクと共通する行動形質であり、小豆島のサルが他地域よりも緩やかな順位関係を形成していることを示唆している。このことからZhang and Watanabe（2014）は、小豆島のニホンザルについてグレード2もしくは3に値するような「寛容」な社会を形成していると結論付けている。

屋久島、小豆島に加え、特に「寛容」であるとして近年注目されているのが兵庫県淡路島の柏原山系に生息するニホンザルである。淡路島では、一九六七年から餌付けが行われ、一九七八年から個体識別および行動研究が開始された。淡路島のサルの「寛容性」に関する研究は、その最初期に行われている。小山らは、淡路島を含む全国七箇所の餌付け集団を対象に、集団全体の寛容性を測定するための給餌実験を行った（Koyama et al. 1981）。この実験では、直径八メートルの円の中に実験者が均等にエサを撒き、その中に入って採食した個体の数、および採食中に円内で起きた敵対的な音声の数（すなわち、敵対的交渉の頻度）を測定した。その結果、多くの集団において円の中に入れたのは一部の個体のみであり、かつ円内の個体数と敵対的な音声の頻度には正の相関が見られた。すなわち、小さな円の中で共に採食できる個体は限られており、また円内に入ったとしても落ち着いて採食できるわけではなく、サルの数が増えるほどケンカの数も多くなっていた。しかしその中で、淡路島では異なる傾向が見られた。淡路島のサルでは、集団内のほとんどのサルが円内に入り、同時に採食することができた。それにも関わらず、敵対的な音声の頻度は低く、個体同士が落ち着いて採食していた。

小山らが発見した、採食場面における高い凝集性と低い社会的緊張を示す象徴的な場面が、淡路島のサルが作る「サル文字」である（図6—5）。この写真では、「サル」という文字の形にエサをまき、その上にサルが集まることで文字になっている。一見すると当たり前のように思えるが、ここでのポイントは、サル同士が密集して採食しないと文字にはならない、ということだ。つまり、採食場面において特異的に高い「寛容性」を示す淡路島のニホンザルでなければ、このようにサル文字を作ることは出来ないのである。興味深いのは、この「サル文字」が二〇二三年現在においても見られることである。小山らが淡路島で上述の実験を行ったのは一九七九年のことだが、他方、ニホンザルの寿命はおおよそ二〇年程度とされる。したがって、当時集団にいた個体は全て既に死亡しており、集団の世代交代が起こっているはずである。それにも関わらず、淡路島集団のニホンザルが変わらず高

図6-5　淡路島集団のサル文字。字の形に撒かれたエサにサルが集まり、文字を作っている。

図6-6　淡路島集団における協力行動実験の様子。2頭のサルが、金網越しにヒモの両端を引っ張り、エサを引き寄せている。もしも1頭だけがヒモを引くと、ヒモだけが抜けてしまう。

い「寛容性」を示しているということは、そのような社会的特性が世代を超えて集団内で受け継がれていることを示唆している。

淡路島のサルの「寛容性」について、近年筆者らが行った研究を紹介する。「はじめに」で触れたように、チンパンジーやボノボ等での研究から、採食場面における寛容性の高さは協力行動に大きく影響すると考えられる。協力行動に関するそれらの研究では、寛容なペアと非寛容なペア、もしくは寛容な種と非寛容な種との比較が行われてきた。筆者らは、それらに加え集団レベルでの比較研究を実施した。つまり、寛容な淡路島のサルと、非寛容な一般的なニホンザル集団で協力行動実験を行い、結果を比較した（Kaigaishi et al. 2019）。実験では、チンパンジーでの先行研究（Hirata and Fuwa 2007）を参考に、図6―6のような装置を作成した。仕組みは単純で、サルの手の届かないところにエサが二つ置かれ、それぞれのエサ皿の後ろの突起にヒモが通されている。サルはヒモを引っ張ればエサを引き寄せることが出来るわけだが、ただしヒモの片端だけを引くとスルスルっとヒモだけが抜けてしまい、エサは動かない。そのため、エサを取るためにはヒモの両端を二頭で同時に引かなければならない、というのがこの実験課題のポイントとなる。

まず淡路島のサルで実験を行った結果、様々な組み合わせのペア間で課題が成功し、全体の成功率は六〇％近くに達した（874/1488試行で成功）。さらに、実験中個体同士でエサの取り合いになることは少なく、ほとんどの試行で両方の個体がエサを獲得することができた。そして特筆すべきは、実験を進める中で、他個体の行動

図6-7　勝山集団における協力行動実験の様子。(1)実験装置の周囲に3頭のサルがいるが、(2)1頭の高順位メスが接近すると、(3)他のサルは全て離れてしまい、実験は成立しなかった。

に合わせて自身の場所やヒモを引くタイミングを変化させるような行動が見られるようになったことである。最終的には、「パートナーがいない時にはヒモを引かずに待ち続ける」という行動を獲得した個体まで現れた。これらの結果は、チンパンジーやボノボと同じく、ニホンザルも仲間と協力する能力を有していることを示している。

しかし他地域のニホンザルでは全く違う結果が得られた。岡山県真庭市の勝山集団で同様の実験を行ったところ、成功率はわずか一％（2/198試行）であり、ほとんど成功することは無かった。淡路島のサルとの違いは、エサをめぐる高順位個体の行動にあると考えられる。淡路島では高順位個体がエサを独占しようとすることは少なかったのに対し、勝山集団では装置にエサを設置した時点で高順位個体が周囲のサルを追い払う様子が見られた（図6―7）。つまり、装置の前に二頭のサルが並ぶ、という状況自体が起こりにくかったのである。そのような状況では、当然協力行動など起こりようがない。

淡路島と勝山の二つのニホンザル集団における対照的な実験結果は、寛容性の程度が社会の中で協力行動が生じるための制約となっていることを示唆している。淡路島での実験から、ニホンザルが協力行動に必要な知性的基盤を持っていることが示された。しかし社会全体の寛容性が低ければ、そのような知性が発揮されることは無い。つまり寛容性の高さは、協力行動が起こるための必要条件であると考えられる。

3 淡路島のサルに見られる「寛容性」の行動学的評価

第2節でみたように、ニホンザルの「寛容性」の高さには地域間で差異が存在する。特に淡路島のサルでは、採食場面において特に高い凝集性が見られる。このような特徴は寛容型マカクに広く見られ、例えばトンケアンマカクでは、順位の離れた個体同士でも食物の共有が起こりやすい。それでは、淡路島のニホンザルは、採食以外の文脈においても、小豆島の地域集団のように寛容型マカクに近い特徴を示すのだろうか。

そこで筆者は、淡路島集団の成体メスを対象に、主に休息場面における敵対的交渉に着目して、この集団の社会構造が寛容型マカクに近いという予測を検証した。まず、攻撃行動の激しさに関して、専制型マカクと比べ、外傷を負うような激しい攻撃が起こりにくく、また攻撃を受けた個体が反撃を行いやすいと予測した。また寛容型マカクでは専制型マカクと比べ集団全体の順位関係が曖昧で、劣位個体から優位個体への攻撃が起こりやすい（Thierry 2000）。そこで全成体メス間の優劣関係を記録し、順位構造の明確さに関わる指標を算出した。もし淡路島のサルが寛容型マカクと類似した社会構造を持つのであれば、順位構造についても非直線的で曖昧であると予測した。なお、本研究およびそれに続く議論の一部は、二〇二一年に大阪大学大学院人間科学研究科に提出した博士論文をもとに、一部を改稿したものである。

1……観察方法

観察手続き

淡路島集団の成体メスのうちランダムに選ばれた一二頭を対象個体とし、一セッション三〇分間の個体追跡観察法を用いてデータ収集を行った。個体追跡中、対象個体が関わった全ての親和的交渉、敵対的交渉について、その行動を行った個体および受けた個体、行動が生起した時間を記録した。また対象個体がSBTを表出した、または他個体からSBT（図6―2）を受けた場合は、SBTが用いられた方向および個体名を記録した。親和的交渉として、毛づくろいやその他の攻撃的でない身体接触、および親和的な意図を示す表情であるリップスマックを記録した。敵対的交渉として、サプラント（優位個体の接近に対し、劣位個体がその場から離れる行動）および攻撃行動を記録した。攻撃行動は、激しさに応じて「威嚇」「接触を伴わない攻撃」「接触を伴う攻撃」「噛みつき」に分類した。観察期間は二〇一七年六月から二〇二〇年三月までの四一二日間で、観察時間は計一八五・四時間（一頭につき平均15.5時間）であった。

分析

成体メス間で起こった社会交渉について、個体追跡法によって収集したデータを分析した。攻撃行動の激しさについて分析するため、各対象個体が関わった攻撃行動について、「威嚇」「接触を伴わない攻撃」（相手を追いかける、飛びかかるといった行動）「接触を伴う攻撃」（相手の体を掴む、叩くといった行動）「噛みつき」のそれぞれが占める割合を算出した。また、攻撃を受けた個体の反応として、攻撃を受けてから一〇秒以内の行動に着目し、「親和的」（攻撃を受けた個体が、相手に対し毛づくろいやリップスマックといった親和的行動を行う）、「反撃」（攻撃を受けた個体が、相手に対し何らかの攻撃行動を行う）、「離れる」（攻撃を受けた個体がその場から五〇センチ以上移動する）、「反応なし」（攻撃を受けた個体がその場から移動せず、親和的行動も攻撃行動も行わない）に分類した。なお、攻撃を受けてから一〇秒間に、被攻撃個体が異なる複数の反応を示した場合には、最後に起こった反応を攻撃に対する反応として記録した。例えば、攻撃を受けた個体がその場から一メートル程度移動し（「離れる」）、その後攻撃個体に接近して毛づくろいする（「親和的」）という行動が、攻撃後一〇秒以内に生起した場合には、「親和的」反応として記録した。SBTが用いられた文脈を分析するために、SBTが表出された直前一〇秒間の個体間の社会交渉に着目し、「親和的」（毛づくろいや接触といった親和的交渉が行われた）、「敵対的」（二頭間で攻撃行動が起きた）、「中立」（他個体に接近した／された、二頭とも座って休息していた）に分類した。

他個体からの攻撃および接近に対する反応、およびSBTが用いられた文脈に関して、フリードマン検定[1]を用いて分析を行い、それぞれの反応の起こりやすさや、文脈によるSBTの用いられやすさにカテゴリー間で差が見られるかを検証した。フリードマン検定によって有意差が得られた場合には、ウィルコクソンの符号付き順位検定[2]によって、各カテゴリー間で多重比較を行った。

成体メス間の順位関係を明らかにするため、food-dominanceテストおよび敵対的交渉（二個体間でのケンカの

（1）統計的分析手法の一つで、三つ以上のカテゴリ間の値に差が見られるかどうかを検定する。

（2）二つのカテゴリ間の値に差が見られるかどうかを検定する。フリードマン検定によって複数カテゴリ間に差が検出された後に、具体的にどの組み合わせの間で差があるのかを検定した。

勝敗）を記録した。Food-dominanceテストでは、一―二メートル程度離れて座っている二頭の成体メスの間に一粒の大豆を落とし、大豆を取った方の個体を優位として記録した。本研究では一万三六一三回のfood-dominanceテストおよび六五七回の敵対的交渉を記録した。考えられる全ての組み合わせ（19110組）のうち、実際に一回以上優劣関係を記録できたのは七九四二組（41.5%）であった。それらの結果から、順位の直線性を示す指標であるtriangle transitivity（Shizuka and McDonald 2012）と、明確さを示す指標であるdominance certainty（Balasubramaniam et al. 2018）を算出した。Triangle transitivityは、全ての三個体間の優劣関係について、直線的な関係がある場合（個体A＞個体B＞個体C）と無い場合（個体A＞B、個体B＞C、個体C＞A）に分類し、そのうち直線的な関係が占める割合を算出する。〇から一の値をとり、一に近いほど直線性が強いことを示す。Dominance certaintyは、ある二個体間の優劣関係の明確さ（一方が相手よりも優位もしくは劣位である確率）について、直接的な交渉（個体A＞B）に加え、ネットワーク上の間接的な繋がり（例えば、個体A＞C＞D＞B）も考慮して算出する。このとき、ネットワーク上のどのような経路を辿ってもA＞Bとなる時には、個体A、B間のdominance certaintyの値は高くなり、反対に経路によってA＞BとB＞Aのどちらの結果も得られるような時には、dominance certaintyの値が低くなる（Beisner et al. 2016）。Dominance certaintyは〇・五から一までの値をとり、一に近いほど二個体間の優劣関係は明確であると考えられる。

淡路島集団の寛容性を評価するため、本研究で得られた行動データを他地域のニホンザル集団およびニホンザル以外のマカク属霊長類と比較した。比較に際しては、成体メス同士の交渉を個体追跡法で記録しており、かつ可能な限り本研究と類似した行動の定義を採用している研究を用いた。なお、ニホンザルを対象とした研究については、餌付けの有無に関わらず野生下で行われたものを比較対象とした。ニホンザル以外のマカク属霊長類については、野生下での研究が限られていたため、サンプルサイズを増やすために飼育下で行われた研究も含めた。なお、triangle transitivity および dominance certainty に関しては、これらの指標を用いてマカク属の順位構造を検証した研究である Balasubramaniam et al.（2018）のデータセットを用いた。

2……結果

攻撃行動の激しさおよび被攻撃個体の反応

観察期間中、成体メス間で合計一六一回の攻撃行動を観察した。個体ごとの攻撃的交渉の生起頻度は平均〇・八（標準偏差±0.4）回／時間であった。成体メス間の攻撃行動のうち、ほとんどが「威嚇」（52.2%：84/161回）および相手の体を叩くなどの「接触を伴う攻撃」（40.4%：65/161回）であり、相手を追いかけまわすような「接触を伴わない攻撃」が起こることはまれであった（7.5%：12/161回）。また「噛みつき」は観察期間を通して一度も観察されなかった。つまり、攻撃行動のほとんどは、それほど激しくない形で生起していたと言える。

個体追跡中に観察された、他個体からの攻撃に対する被攻撃個体の反応として、最も頻繁に観察されたのは「反応なし」であり（平均44.0%：標準偏差±5.3）、「離れる」（平均27.2%：標準偏差±5.7）および「親和的」反応（26.8%：標準偏差±4.8）は同程度の頻度で観察された。他個体から攻撃を受けた個体が「反撃」することはほとんど観察されなかった（平均1.9%：標準偏差±5.3）。他個体の攻撃に対する反応の起こりやすさにはカテゴリー間で有意な違いが見られた（フリードマン検定：$\chi^2=22.78, df=3, p<0.01$）。多重比較の結果、「反撃」は他の三つのカテゴリーよりも有意に生起しにくく（「反撃」vs「反応なし」：$W=78, p<0.05$;「反撃」vs「離れる」：$W=55, p$

<$p < 0.05$;「反撃」vs「親和的」：$W=66, p < 0.05$）、「反応なし」、「離れる」および「親和的」の三つのカテゴリー間には有意な差は見られなかった（「反応なし」vs「離れる」：$W=56, p=0.39$;「反応なし」vs「親和的」：$W=37$ $p=0.30$;「離れる」vs「親和的」：$W=28.5, p=0.96$; 図6—8）。また、一九六回観察された攻撃的交渉のうち、他個体からの攻撃に対し被攻撃個体が悲鳴をあげたのは五回であった。

　以上をまとめると、淡路島集団においては、予測通り激しい攻撃行動は起こりにくかった。さらに興味深いことに、予測とは異なり、攻撃を受けた個体の反応は小さく、特に反撃が起こることは非常にまれであった。本集団では、攻撃をする側もされる側も、互いに興奮が高まりにくく、いわば「静かなケンカ」が起こりやすいのだと考えられる。

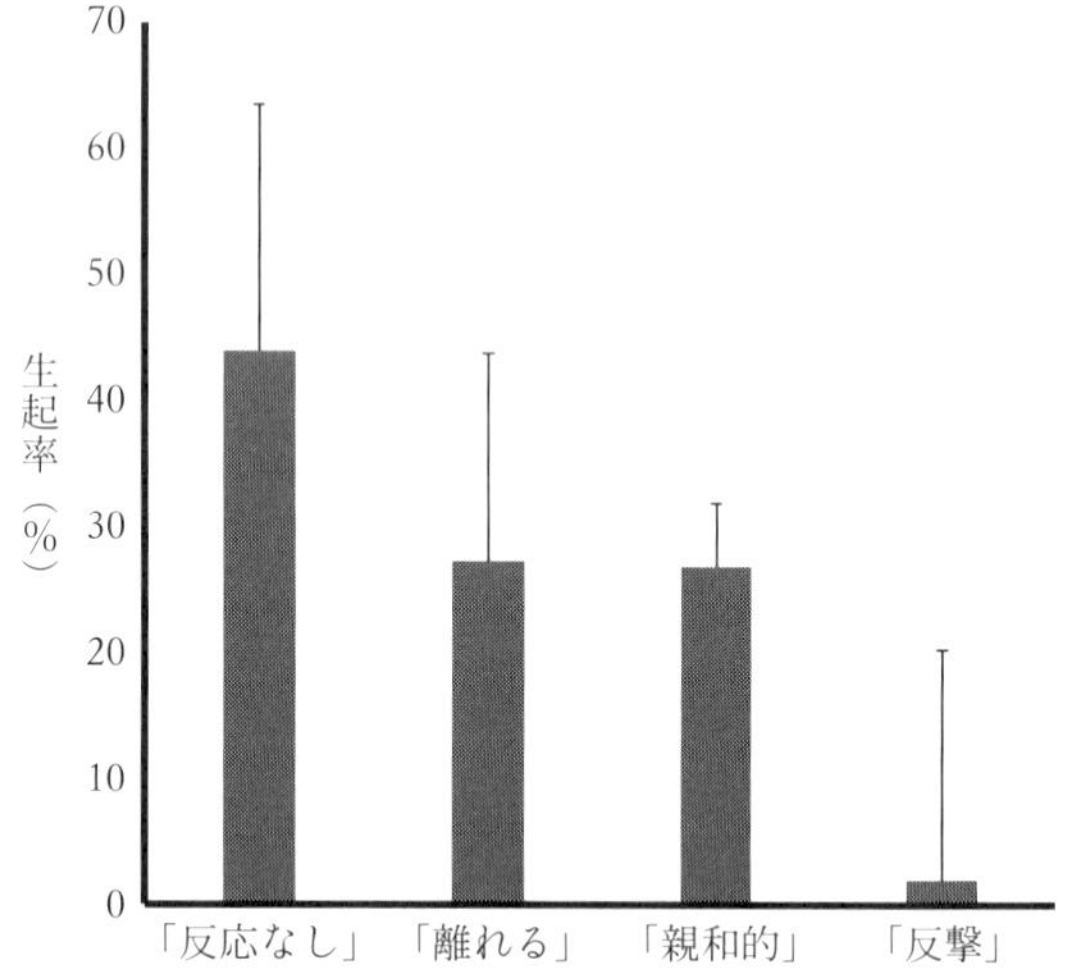

図6-8　他個体から攻撃を受けた個体の反応。

SBTの方向性および用いられた文脈

　観察期間中、成体メス間において合計五五回のSBTが記録され、その全てが劣位個体から優位個体に対して表出されていた。それぞれの個体について、SBTは一時間につき平均〇・三（標準偏差±0.2）回記録された。SBTが記録された文脈のうち、「親和的」が平均一・二（標準偏差±3.9）%、「敵対的」が七二・三（標準偏差±23.7）%、「中立」が二六・五（標準偏差±24.0）%であった（図6—9）。フリードマン検定の結果、文脈によるS

BTの用いられやすさには有意な差が見られた（$\chi^2=17.2, df=2, p<0.01, N=12$）。多重比較の結果、SBTは「敵対的」文脈において「親和的」および「中立」な文脈よりも有意に用いられやすく（「敵対的」vs「親和的」：$W=60, p<0.01$;「敵対的」vs「中立」：$W=60, p<0.05$）、また「中立」な文脈において「親和的」文脈よりも用いられやすかった（$W=28, p<0.05$）。これは、ニホンザルやアカゲザルなどの専制型マカクに一般に見られるのと同じ傾向である。つまり、淡路島集団においても、SBTは個体間の優劣関係を反映する表情として用いられているようだ。

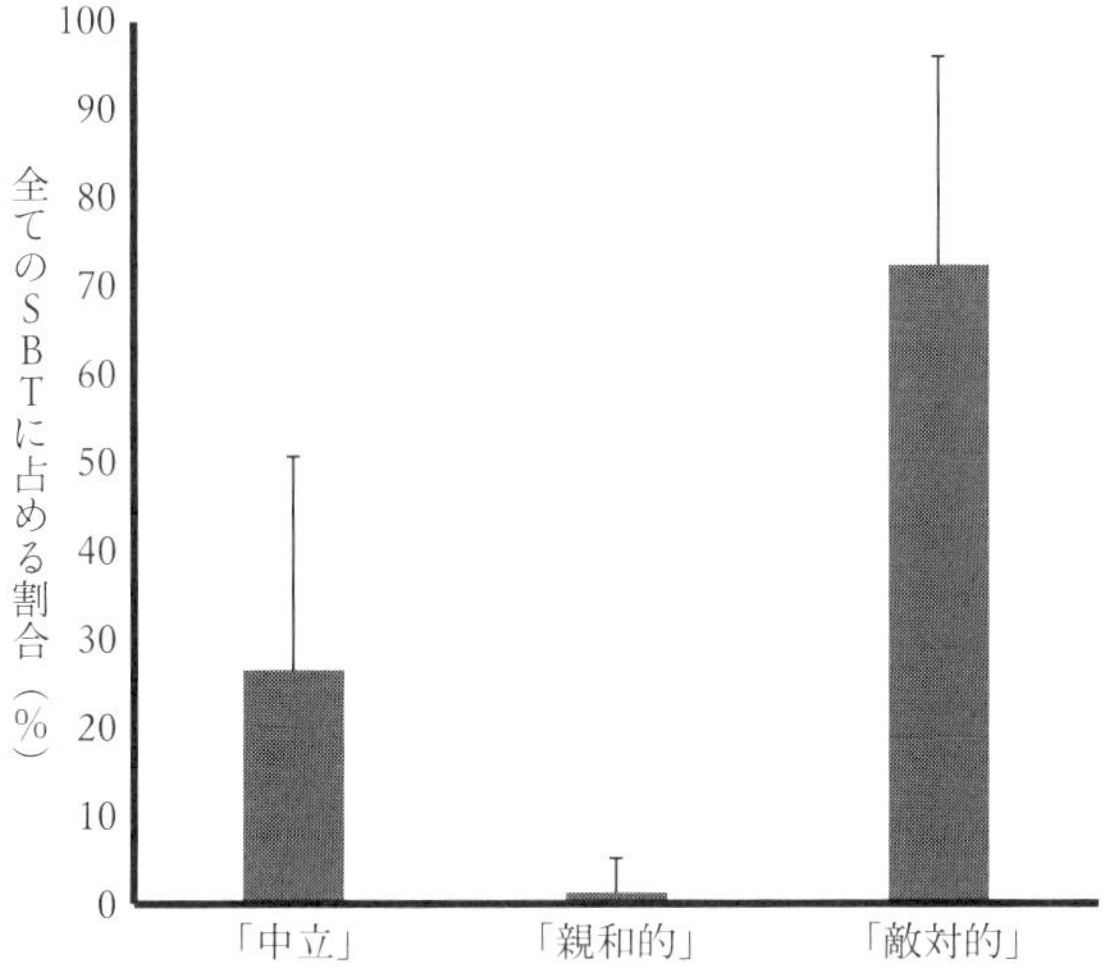

図6-9　SBTが用いられた文脈。

成体メス間の順位構造

淡路島集団では、成体メス間の順位構造に非常に高い直線性が見られた（triangle transitivity: 0.99; $p<0.001$）。二個体間の順位関係は、ほとんどの組み合わせにおいて非常に明確であり、dominance certaintyが〇・六未満の組み合わせは二・〇％（376/19110組）、平均dominance certaintyは〇・九六であった。

先行研究との比較

本研究で得られた行動データのうち、マカク属霊長類における寛容性の指標として広く用いられる、攻撃行動に占める「噛みつき」の割合、攻撃者に対する「反撃」の生起率、および順位構造の直線性の指標であるtriangle transitivityとdominance certaintyに関して、先行研究と比較した。

本研究では、成体メス間において「噛みつき」は一度も観察されなかった（0%）。他地域のニホンザル集団（小豆島、高崎山、志賀高原：Zhang and Watanabe 2014）および他の専制型マカク（grade1, 2）における成体メス間での「噛みつき」の割合は平均四・九%（1.2–12.5%）であるのに対し、寛容型マカク（grade3, 4）では平均一・四%（0.0–3.0%）であった。したがって「噛みつき」の生起頻度については寛容型マカクに近い傾向が見られた。

「反撃」の生起率については、〇%（屋久島HR：Hanya et al. 2008）から二八・一%（小豆島：Zhang and Watanabe 2014）と、ニホンザル集団間で大きな差が見られた。マカク属霊長類全体でみると、専制型マカクにおける成体メス間の「反撃」の生起率は平均八・四%（0–28.1%）、寛容型マカクでは平均二六・四%（0–59.6%）であった。ニホンザル種内、および各グレード内でもある程度の幅が見られるものの、本研究で得られた淡路島集団における「反撃」の生起率（1.9%）は、概ね専制型マカクに典型的な値であった。

最後に、淡路島集団では、順位構造の直線性（triangle transitivity: 0.99）および明確さ（dominance certainty: 0.96）の両方に関して非常に高い値が得られた。マカク属における先行研究（Balasubramaniam et al. 2018）では、各グレード内でもある程度の幅が見られるものの、triangle transitivity（専制型：平均0.93; 寛容型：0.94）、dominance certainty（専制型：平均0.93; 寛容型：0.82）ともに、専制型マカクでは寛容型マカクよりも高い値を示していた。本研究で得られた値をこれらのデータセットと比較したところ、淡路島集団の値もまた専制型マカクにより近い傾向を示した。すなわち、淡路島集団の順位構造には、寛容型マカクよりも専制型マカクに近い特徴が存在した。

4 淡路島集団の「寛容性」に関する考察

表6―2に本研究の結果をまとめた。本研究では、淡路島のニホンザルが寛容型マカクに類似した社会交渉パターンを示すという予測を検証した。しかし分析の結果、優劣関係の厳格さについては専制型マカク、攻撃性の高さや採食場面での寛容性については寛容型マカクとそれぞれ近い特徴を有していることが示唆された。

優劣関係の厳格さに関して、淡路島集団では、被攻撃個体による反撃の生起頻度は非常に低く（1.9%）、マカク属の中でも最も専制的な種と同程度であった。またSBTは常に劣位から優位へ用いられ、かつ親和的な文脈で表出されることはほとんどなかった。このことは、SBTが劣位を示す儀礼的な表情として機能していることを示唆している。さらに、この集団の順位構造には非常に高い直線性（triangle transitivity: 0.99）が見られ、二個体の間の間接的な優劣関係まで含めて考慮しても非常に明確であった（平均 dominance certainty: 0.96）。以上の結果は、典型的なニホンザル集団と同じく、淡路島集団では、成体メス間に厳格で非対称的な優劣関係が存在していることを強く示唆している。

表6–2　淡路島集団における「寛容性」に関わる行動指標。

行動傾向	専制型	寛容型	淡路島
食物を巡る寛容性	低い	高い	高い
攻撃性	高い	低い	低い
反撃の頻度	低い	高い	低い
順位構造	厳格	緩やか	厳格

しかし、攻撃性の高さおよび個体間の社会的緊張の度合いに着目すると、一般的なニホンザル集団と異なる傾向が見られた。まず攻撃性の高さに関して、ニホンザルでは一般に、他個体の体に噛みつくなどの激しい攻撃が生起しやすく、そのため個体同士は互いに社会交渉を避けあう傾向が強い (Chaffin et al. 2014)。しかし淡路島集団では、ほとんどの攻撃が他個体への威嚇 (52.2%)、もしくは相手の体を叩いたり掴んだりといった比較的軽い攻撃 (40.4%) に留まり、最も激しい攻撃である噛みつきは一度も観察されなかった。また先行研究でも示されている通り、本集団では本来緊張が高まりやすいはずの採食場面において、順位の離れた個体同士が並んで採食することができる (図6―5)。この集団では、個体間で激しい攻撃が起こりにくいため、個体同士が近接しても外傷を負うような敵対的交渉が起こるリスクが小さい。そのため採食場面においても、互いを避けあわずに近接することができると考えられる。以上をまとめると、淡路島集団の成体メス間には、典型的なニホンザルと同じような厳格で非対称的な順位構造が存在し、その点においては専制的である。しかし、そのような順位構造があるにも関わらず、採食場面でも休息場面でも個体間に緊張が生じにくいという点において、非常に「寛容」な社会を形成していると考えられる。

淡路島集団で見られた、激しい攻撃は起こりにくく、社会的緊張の度合いも低いが、個体間に厳格な優劣関係が存在するという一連の行動傾向は、共変動仮説による予測には当てはまらない。筆者は、この集団に見られる「寛容社会」には、攻撃を受けた個体の反応が関わっているのではないかと考えている。本集団について特異的なのは、他個体から攻撃を受けても攻撃者を避けない、という点である。専制型マカクのみならず、寛容型マカクにおいても、被攻撃個体の最も典型的な反応は、相手に反撃することよりもその場から離れることである (Duboscq et al. 2013; Thierry 1985)。しかし、淡路島集団の成体メスは、他個体からの攻撃から逃げたり、反撃したりすることは少なく、相手を宥めるか、あるいは何の反応も示さないことが多い。つまり淡路島集団における反撃の頻度の低さは、劣位個体が優位個体を避けていることではなく、ケンカの場面においてさえ、個体間の緊張が高まりにくいということを反映しているのではないだろうか。しかし被攻撃個体が反撃しなければ、その交渉における優劣が決定してしまう。その結果として、個体間に明確な優劣関係が生じているのかも知れない。興味深いことに、淡路島集団の個体には、攻撃性に関する遺伝子領域（モノアミンオキシダーゼA遺伝子：MAOALPRおよびアンドロゲン受容体遺伝子：AR）に、他の地域集団とは異なる特異的な変異が存在することが示唆されている（Inoue-Murayama et al. 2010）。同様の変異は、ヒトやアカゲザルにおいて攻撃性や衝動性の低さと関連していることが明らかになっている（Buckholtz and Meyer-Lindenberg 2008; Kolla and Bortolato 2020）。このような遺伝的変異は、採食場面のみならず、社会交渉全般における社会的緊張の低さに関わっている可能性が考えられる。

淡路島集団の「寛容社会」は、小豆島や屋久島でみられる「寛容社会」と、また寛容型マカクの社会と同質的なものなのだろうか。小豆島では、個体間で頻繁にケンカが起こるものの、必ずしも一方ではなく互いに攻撃し合うなど、敵対的交渉場面において淡路島とは対照的な傾向が見られる。小豆島と淡路島の「寛容性」の違いは、採食場面にも表れる。小山ら（Koyama et al. 1981）による給餌実験を用いた集団間比較の中で、淡路島のサルが、採食場面での凝集性が高く争いも少ないという点で特異的であったのは上述の通りである。しかし、実は淡路島以上に高い凝集性を示したのが、小豆島の銚子渓ＳＡ集団であった。この集団では、円内に入った個体の最大値は一〇〇頭を超え、実験が行われた七集団の中で最も多くの個体が同時に採食していた。しかし興味深いことに、社会的緊張の度合いも飛び抜けて高く、円内でケンカが多発していた。すなわち、多数の個体が、狭い円内で争いながらも一緒に採食していた、というのが小豆島のニホンザルであった。淡路島と小豆島は、どちらも多数の個体が集まって同時に採食した、という点において、他地域のニホンザルと比べ「寛容」であると言える。しかし筆者は、これら二つの集団では、優位個体による劣位個体の許容、および劣位個体による優位個体への抵抗の程度により、異なる性質の「寛容社会」が形成されているのではないかと考えている。

小豆島では、採食場面のみならず、サル団子の形成場面(Zhang and Watanabe 2007)や普段の社会交渉場面(Zhang and Watanabe 2014)において、劣位個体が優位個体を避けず、かつ攻撃を受けても逃げずに反撃することが多い。このことは、被攻撃個体の反撃頻度を見ると顕著であり、ニホンザル種内のみならず、専制型マカク全体で比較しても突出して高い頻度で反撃が生起している(Zhang and Watanabe 2014)。このことは、個体の優劣関係に曖昧さを生じさせ、それにより劣位個体が優位個体と一緒に資源を利用したり、血縁関係によらず様々な個体間で親和的な交渉が起こる余地が生まれるだろう。つまり、小豆島のニホンザル、および反撃や仲直りの多い寛容型マカクに見られるような「寛容社会」は、劣位個体の優位個体に対する「抵抗」が大きな役割を果たしている。それに対し淡路島では、劣位個体が優位個体に抵抗することは少なく、そのため潜在的には厳格な優劣関係が存在する。しかしそのような優劣関係は、採食場面のような社会的緊張が高まりやすい場面でも表面化されにくく、優位個体は劣位個体の存在を許容する。そのため劣位個体は優位個体を恐れずに振舞うことができる。淡路島のサルに見られる「寛容社会」には、優位個体の「許容」が大きく関わっているのではないだろうか。

屋久島のニホンザルについては、小豆島や淡路島で行われたような、社会交渉パターンや採食時の凝集性から「寛容性」を直接評価するような研究は現在のところ行われておらず、したがって彼らがどのような「寛容社会」を形成しているのか議論するのは難しい。しかし、いくつかの集団では、敵対的交渉における反撃はまれであることや、個体間に直線的な順位関係があることが報告されている（Hanya et al. 2008）。屋久島のサルについても、淡路島のように、「専制的でありながら許容的」な「寛容社会」が存在するのかも知れない。今後、屋久島のサルと淡路島、小豆島のサルを、同一尺度を用いて直接比較するような研究が必要であろう。

おわりに

霊長類学において、「寛容性」という概念は、ヒトを含む霊長類の社会や行動の進化を論じるうえで重要な役割を果たしてきた。しかし一方で、その語についての統一的な定義は無く、様々な文脈で、時に他の語とも混同されながら用いられてきた。本章では、特に社会をラベリングする語としての「寛容性」についてまとめるとともに、専制的社会を形成するとされるニホンザルの中で、例外的に「寛容」であるとされる地域集団の社会構造について議論した。霊長類学では、「寛容／平等主義的社会」や「非寛容／専制社会」といった語によって社会構造が大きく分類される。しかし本章における淡路島集団のように、同じ「寛容社会」と分類されるような社会でも、その基盤となるメカニズムは異なる可能性がある。このことは、マカク属の社会は、従来考えられてきたような「専制的か寛容的か」という単純な二項対立には必ずしも還元できないことを示唆している。マカク属およびその他の霊長類における寛容性の進化を明らかにするには、たとえ「寛容的」（あるいは「専制的」）とラベリングされるような社会であっても、その社会を形成する個体の行動パターンを詳細に分析し、社会構造の質的な違いを議論することが必要なのではないだろうか。

最後に、霊長類学と人類学における「寛容社会」あるいはそれに類する語について、少しだけ議論したい。人類学においては、個人間の優劣関係が明確化しにくいことや、食物やその他の資源の共有・分配が頻繁に行われることから、狩猟採集生活を営む人々の社会を「平等主義社会」と呼ぶことがある。この「平等主義」は、霊長類学における「平等主義」あるいは「寛容」と同じ概念とみなして良いのだろうか。本章で議論してきたように、霊長類学における「平等主義（寛容）社会」の一般的な特徴としては、個体間の優劣関係がある程度曖昧であり、食物などの資源の独占が起こりにくいといったことが挙げられる。この点だけを見るのであれば、一見すると人類学と霊長類学とで、「平等主義社会」という言葉で同一の特徴を持った社会を指しているように思える。しかし上述の社会的特徴は、狩猟採集社会に暮らす人々だけの特徴ではなく、ヒトという種全体に一般的に見られるものである、と霊長類学では考える。すなわち霊長類学的視点では、非常に単純化した言い方をすれば、「ヒトとは一般に『寛容』な動物であり、『平等主義的社会』を形成する」といった言い方が出来るだろう。他方人類学における「平等主義」という用語について、北村光二は、近代以降の社会が「不平等」であるという前提に立った時に、ヒトがかつて持っていた「平等主義」を狩猟採集社会に見出そうとする言葉であると指摘している（北村 一九九六）。この見方に従えば、人類学における「平等主義的社会」とは、近代以降の社会を基準に狩猟採集社会を相対的に考える視点であるという側面もあると考えられる。

しかし、ヒト社会は文化的に多様であるとともに、様々な要因によって徐々に変化していくこともある。例えば八塚（第5章）や河合（第1章）が本書で議論したように、「平等主義的」とされる社会が、観光需要に伴う貨幣経済の導入といった外部環境からの影響によって少しずつ変容することがある。人類学的視点では、そのような変化によって、その民族の社会は「平等主義」とは少し異なる社会になっていくのかも知れない。しかし霊長類学的視点では、彼らの社会は依然として「平等主義的」な「寛容社会」であるはずである。貨幣経済のような外的要因が、彼らの行動や社会をどのように変えていくのか、またその中で変わらないものは何か、すなわち彼らがその変化にどのように適応していくのかを詳細に記述し、それを人類学的視点と霊長類学的視点の両方から議論することが、ヒトの社会を理解する上で重要な契機となるのではないかと考える。

参考・参照文献

河合雅雄（一九六四）『ニホンザルの生態』河出書房新社。

貝ヶ石優（二〇二一）「野生ニホンザルにおける寛容性の集団間変異に関する研究」大阪大学大学院人間科学研究科博士論文。

北村光二（一九九六）「『平等主義社会』というノスタルジア」『アフリカ研究』四八：一九―三四頁。

中川尚史（二〇一三）「霊長類の社会構造の種内多様性」『生物科学』六四：一〇五―一一三頁。

Balasubramaniam, K. N., Beisner, B. A., Berman, C. M., De Marco, A., Duboscq, J., Koirala, S., ...McCowan, B. (2018) "The Influence of Phylogeny, Social Style, and Sociodemographic Factors on Macaque Social Network Structure," *American Journal of Primatology, 80*(1).

Beisner, B. A., Hannibal, D. L., Finn, K. R., Fushing, H., and McCowan, B. (2016) "Social Power, Conflict Policing, and the Role of Subordination Signals in Rhesus Macaque Society," *American Journal of Physical Anthropology, 160*(1): 102-112.

Buckholtz, J. W., and Meyer-Lindenberg, A. (2008) "MAOA and the Neurogenetic Architecture of Human Aggression," *Trends in Neurosciences, 31*(3): 120-129.

Chaffin, C. L., Friedlen, K., and de Waal, F. B. M. (1995) "Dominance Style of Japanese Macaques Compared with Rhesus and Stumptail Macaques," *American Journal of Primatology, 35*(2): 103-116.

Cieri, R. L., Churchill, S. E., Franciscus, R. G., Tan, J. Z., and Hare, B. (2014) "Craniofacial Feminization, Social Tolerance, and the Origins of Behavioral Modernity," *Current Anthropology, 55*(4): 419-443.

de Waal, F. B. M. (1986a) "Class Structure in a Rhesus Monkey Group: The Interplay Between Dominance and Tolerance," *Animal Behaviour, 34*(4): 1033-1040.

de Waal, F. B. M. (1986b) "The Integration of Dominance and Social Bonding in Primates," *Quarterly Review of Biology, 61*(4): 459-479.

de Waal, F. B. M. (1995) "Bonobo Sex and Society," *Scientific American, 272*(3): 82-88.

de Waal, F. B. M., and Luttrell, L. M. (1989) "Toward a Comparative Socioecology of the Genus *Macaca*: Different Dominance Styles in Rhesus and Stumptail Monkeys," *American Journal of Primatology, 19*(2): 83-110.

Detroy, S. E., Haun, D. B. M., and Leeuwen, E. J. C. (2022) "What Isn' t Social Tolerance? The Past, Present, and Possible Future of an Overused Term in the Field of Primatology," *Evolutionary Anthropology: Issues, News, and Reviews, 31*(1): 30-44.

DeTroy, S. E., Ross, C. T., Cronin, K. A., van Leeuwen, E. J. C., and Haun, D. B. M. (2021) "Cofeeding Tolerance in Chimpanzees Depends on Group Composition: A Longitudinal Study across Four Communities," *iScience*, 102175.

Duboscq, J., Micheletta, J., Agil, M., Hodges, K., Thierry, B., and Engelhardt, A. (2013) "Social Tolerance in Wild Female Crested Macaques (*Macaca nigra*) In Tangkoko-Batuangus Nature Reserve, Sulawesi, Indonesia," *American Journal of Primatology, 75*(4) : 361-375.

Dubuc, C., Hughes, K. D., Cascio, J., and Santos, L. R. (2012) "Social Tolerance in a Despotic Primate: Co-Feeding between Consortship Partners in Rhesus Macaques," *American Journal of Physical Anthropology, 148*(1): 73-80.

Fichtel, C., Schnoell, A. V., and Kappeler, P. M. (2018) "Measuring Social Tolerance: An Experimental Approach in Two Lemurid Primates," *Ethology, 124*(1): 65-73.

Furuichi, T. (1983) "Interindividual Distance and Influence of Dominance on Feeding in a Natural Japanese Macaque Troop," *Primates, 24*(4): 445-455.

Hanya, G., Matsubara, M., Hayaishi, S., Zamma, K., Yoshihiro, S., Kanaoka, M. M., ...Takahata, Y. (2008) "Food Conditions, Competitive Regime, and Female Social Relationships in Japanese Macaques: Within-Population Variation on Yakushima," *Primates, 49*(2): 116-125.

Hare, B., Melis, A. P., Woods, V., Hastings, S., and Wrangham, R. W. (2007) "Tolerance Allows Bonobos to Outperform Chimpanzees on a Cooperative Task," *Current Biology, 17*(7): 619-623.

Hare, B., Plyusnina, I., Ignacio, N., Schepina, O., Stepika, A., Wrangham, R., and Trut, L. (2005) "Social Cognitive Evolution in Captive Foxes is a Correlated By-Product of Experimental Domestication," *Current Biology, 15*(3): 226-230.

Hare, B., and Tomasello, M. (2005) "The Emotional Reactivity Hypothesis and Cognitive Evolution," *Trends in Cognitive Sciences, 9*(10): 464-465.

Hill, D. A., and Okayasu, N. (1995) "Absence of Youngest Ascendancy in the Dominance Relations of Sisters in Wild Japanese Macaques (*Macaca fuscata yakui*)," *Behaviour, 132*(5-6): 367-379.

Hirata, S., and Fuwa, K. (2007) "Chimpanzees (*Pan troglodytes*) Learn to Act with Other Individuals in a Cooperative Task," *Primates, 48*(1): 13-21.

Horiuchi, S. (2007) "Social Relationships of Male Japanese Macaques (*Macaca fuscata*) in Different Habitats: A Comparison between Yakushima Island and Shimokita Peninsula Populations," *Anthropological Science, 115*(1): 63-65.

Inoue-Murayama, M., Inoue, E., Watanabe, K., Takenaka, A., and Murayama, Y. (2010) "Behavior-Related Candidate Genes in Japanese Macaques," In: N. Nakagawa, M. Nakamichi and H. Sugiura (eds.) *The Japanese Macaques*, pp. 293-301. Tokyo: Springer Japan.

Kaigaishi, Y., Nakamichi, M., and Yamada, K. (2019) "High but not Low Tolerance Populations of Japanese Macaques Solve a Novel Cooperative Task," *Primates, 60*(5): 421-430.

Kawamura, S. (1958) "The Matriarchal Social Order in the Minoo-B Group," *Primates, 1*(2): 149-156.

Kolla, N. J., and Bortolato, M. (2020) "The Role of Monoamine Oxidase A in the Neurobiology of Aggressive, Antisocial, and Violent Behavior: A Tale of Mice and Men," *Progress in Neurobiology, 194*.

Koyama, T., Fujii, H., and Yonekawa, F. (1981) "Comparative Studies of Gregariousness and Social Structure among Seven Feral *Ma-*

caca fuscata Groups," In: A. B. Chiarelli and R. S. Corruccini (eds.) *Primate Behavior and Sociobiology*, pp. 52-63. Berlin: Springer.

Majolo, B., Ventura, R., and Koyama, N. (2005) "Postconflict Behavior among Male Japanese Macaques," *International Journal of Primatology, 26*(2): 321-336.

Matsumura, S. (1999) "The Evolution of "Egalitarian" and "Despotic" Social Systems among Macaques," *Primates, 40*(1): 23-31.

Melis, A. P., Hare, B., and Tomasello, M. (2006) "Engineering Cooperation in Chimpanzees: Tolerance Constraints on Cooperation," *Animal Behaviour, 72*(2): 275-286.

Nakagawa, N. (2010) "Intraspecific Differences in Social Structure of the Japanese Macaques: A Revival of Lost Legacy by Updated Knowledge and Perspective," In: N. Nakagawa, M. Nakamichi and H. Sugiura (eds.) *The Japanese Macaques*, pp. 271-290. Tokyo: Springer Japan.

Nakamichi, M., and Yamada, K. (2010) Lifetime Social Development in Female Japanese Macaques. In N. Nakagawa, M. Nakamichi and H. Sugiura (eds.) *The Japanese Macaques*, pp. 241-270. Tokyo: Springer Japan.

Rebout, N., Desportes, C., and Thierry, B. (2017) "Resource Partitioning in Tolerant and Intolerant Macaques," *Aggressive Behavior, 43*(5): 513-520.

Sánchez-Villagra, M. R., and van Schaik, C. P. (2019) "Evaluating the Self-Domestication Hypothesis of Human Evolution," *Evolutionary Anthropology, 28*(3): 133-143.

Shizuka, D., and McDonald, D. B. (2012) "A Social Network Perspective on Measurements of Dominance Hierarchies," *Animal Behaviour, 83*(4): 925-934.

Sterck, E. H. M., Watts, D. P., and van Schaik, C. P. (1997) "The Evolution of Female Social Relationships in Nonhuman Primates," *Behavioral Ecology and Sociobiology, 41*(5): 291-309.

Thierry, B. (1985) "Patterns of Agonistic Interactions in Three Species of Macaque (*Macaca mulatta, M fascicularis, M tonkeana*)," *Aggressive Behavior, 11*(3): 223-233.

Thierry, B. (1990) "Feedback Loop between Kinship and Dominance: The Macaque Model," *Journal of Theoretical Biology, 145*(4): 511-521.

Thierry, B. (2000) "Covariation of Conflict Management Patterns across Macaque Species," In: F. Aureli and F. B. M. de Wall (eds.) *Natural Conflict Resolution*, pp. 106-128. Berkeley: University of California Press.

Thierry, B., Iwaniuk, A. N., and Pellis, S. M. (2000) "The Influence of Phylogeny on the Social Behaviour of Macaques (Primates: Cercopithecidae, Genus *Macaca*)," *Ethology, 106*(8): 713-728.

Tokuyama, N., Sakamaki, T., and Furuichi, T. (2019) "Inter-Group Aggressive Interaction Patterns Indicate Male Mate Defense and Female Cooperation across Bonobo Groups at Wamba, Democratic Republic Of The Congo," *American Journal of Physical Anthropology, 170*(4): 535-550.

Tomasello, M., Melis, A. P., Tennie, C., Wyman, E., and Herrmann, E. (2012) "Two Key Steps in the Evolution of Human Cooperation: The Interdependence Hypothesis," *Current Anthropology, 53*(6): 673-692.

Trut, L. N. (1999) "Early Canid Domestication: The Farm-Fox Experiment," *American Scientist, 87*(2): 160-169.

van Schaik, C. P. (1989) "The Ecology of Social Relationships amongst Female Primates," In: V. Standen and R. A. Foley (eds.) *Comparative Socioecology: The Behavioural Ecology of Humans and Other Mammals*, pp. 195-218. Oxford, UK: Blackwell Scientific Publications.

Wrangham, R. W. (2019) "Hypotheses for the Evolution of Reduced Reactive Aggression in the Context of Human Self-Domestication," *Frontiers in Psychology, 10*.

Zhang, P., and Watanabe, K. (2007) "Extra-Large Cluster Formation by Japanese Macaques (*Macaca fuscata*) on Shodoshima Island, Central Japan, and Related Factors," *American Journal of Primatology, 69*(10): 1119-1130.

Zhang, P., and Watanabe, K. (2014) "Intraspecies Variation in Dominance Style of *Macaca fuscata*," *Primates, 55*(1): 69-79.

第7章

もめごとを避ける技、他者を赦す術

——ソロモン諸島ガダルカナル島における利害調整と関係操作

藤井真一

はじめに

人類は集団を形成して生活する。とりわけ人類は、他の動物にみられないほど高密度の集団生活をする場合がある。こうした集団生活を成り立たせるべく人類は社会性を発達させてきた。ここでは河合香吏に倣って「複数の個体がさまざまなやりとり（社会的相互作用／行為）をしながら同所的にともに生きる、共存することの術・方途」を社会性とする（河合二〇二一：三〇四）。ただし、先の定義に続けて河合が述べているように、他個体とともに生きるということは、友好的な関係だけでなく対立的な関係をも含意していることに留意する（河合二〇二一：三〇三―三〇四）。こうした友好的でも敵対的でもある個体間の関係づけの型について、霊長類研究との接続可能性を念頭に置きつつ、主に人間を対象とする調査研究をもとにしながら考えてみたい。

『贈与論』においてマルセル・モースは次のように述べている。

理性を感情に対置すること。平和への意志を、上に述べた類の突発的な狂乱に対置すること。どの民族もこうすることによって、戦争と孤絶と停滞にかえて連盟と贈与と交際を得ることができるのである。（モース二〇一四：四四九）

さらにまた、モースは「人々や神々に対する贈与は、両者の平和を買うことを目的としている」とまで述べる（モース二〇〇九：四四）。モースの議論を引き継ぎながらレヴィ＝ストロースが「交換は平和的に解決された戦争であり、戦争は不幸にして失敗した商取引の結果である」（レヴィ＝ストロース二〇〇〇：一五九）と述べ、さらにマーシャル・サーリンズが「未開社会では、平和は贈物によってかちとられる」（サーリンズ一九八四：二〇二）と議論を展開したことはよく知られている。モースの『贈与論』に端を発する一連の議論は、友好的な共存関係を生み出す力学として贈与交換を位置づけている。本章でも基本的にこの流れを踏襲しながら、もめごとを避ける技として、あるいは他者を赦す術として贈与交換を捉えることとする。

戦争も贈与交換も（個体であれ集団であれ）他者の存在が前提となっている。言い換えれば、戦争も贈与交換も他者がなければ行ない得ない社会的相互行為であり、前者は敵対的な形での、後者は友好的な形での、社会性の発露であるといえる。先に触れたモースやレヴィ＝ストロース、サーリンズに限らず、両者を連続的な地平に位置づける研究は数多い。とりわけ東アフリカ牧畜社会やメラネシアの諸社会の研究において、戦争や紛争を収めるための方法として家畜や財貨の贈与交換が報告されてきた（佐川二〇一一：川口二〇一九：Harrison 1993：春日二〇一六など）。ただし、本章では、単に攻撃的な行動の交換が家畜や財貨の交換に置き換えられることで個人間や集団間の関係が友好的なものへと転換するとは考えない。そうではなくて、贈与交換がすでにある敵対的な関係を事後的に解消する働きをするだけでなく、敵対的な関係への推移（集団間関係の将来的な悪化）を未然に防ぐような働きもすると考える。そのうえで、戦争と贈与交換との間に広がる連続的なスペクトルの解像度を上げることを試みる。

1 調査対象の概要

1……調査地概要

本章で焦点化するのは、筆者が二〇〇九年からフィールドワークを続けてきたソロモン諸島における大小さまざまなもめごとの取り扱い方である。ソロモン諸島を含むメラネシア地域は、その地理的な辺境性のため世界のその他のどの地域よりも遅く西洋との接触を経験した。その接触前後まで集団同士の戦闘が行なわれていたことが報告されていると同時に、こうした紛争状況を回避したり収束させたりするために贈与交換が重要な役割を果たし続けてきた地域でもある。これらの点を踏まえ、本章ではソロモン諸島の事例を通じて社会性の探究を試みたい。

なお、本章で用いる民族誌資料の多くは、二〇〇九年から二〇二〇年までに計一〇回にわたって実施してきたフィールドワーク中の聞き取り調査から得られたものである。聞き取りは、ソロモン諸島の共通語であるピジン語（Solomon Pijin）を主な言語としつつ、ガダルカナル島北岸部の民族言語であるレンゴ語（Lengo）をはじめ、調査対象者に応じていくつかの民族言語を使い分けて行なった。

ソロモン諸島は南西太平洋（メラネシア）に位置する島嶼国である。人口は二〇一九年時点で約七五万人である。(1) 国民の約九〇％がキリスト教を信仰している。また、人口の約八割は村落部に暮らし、基本的には焼畑

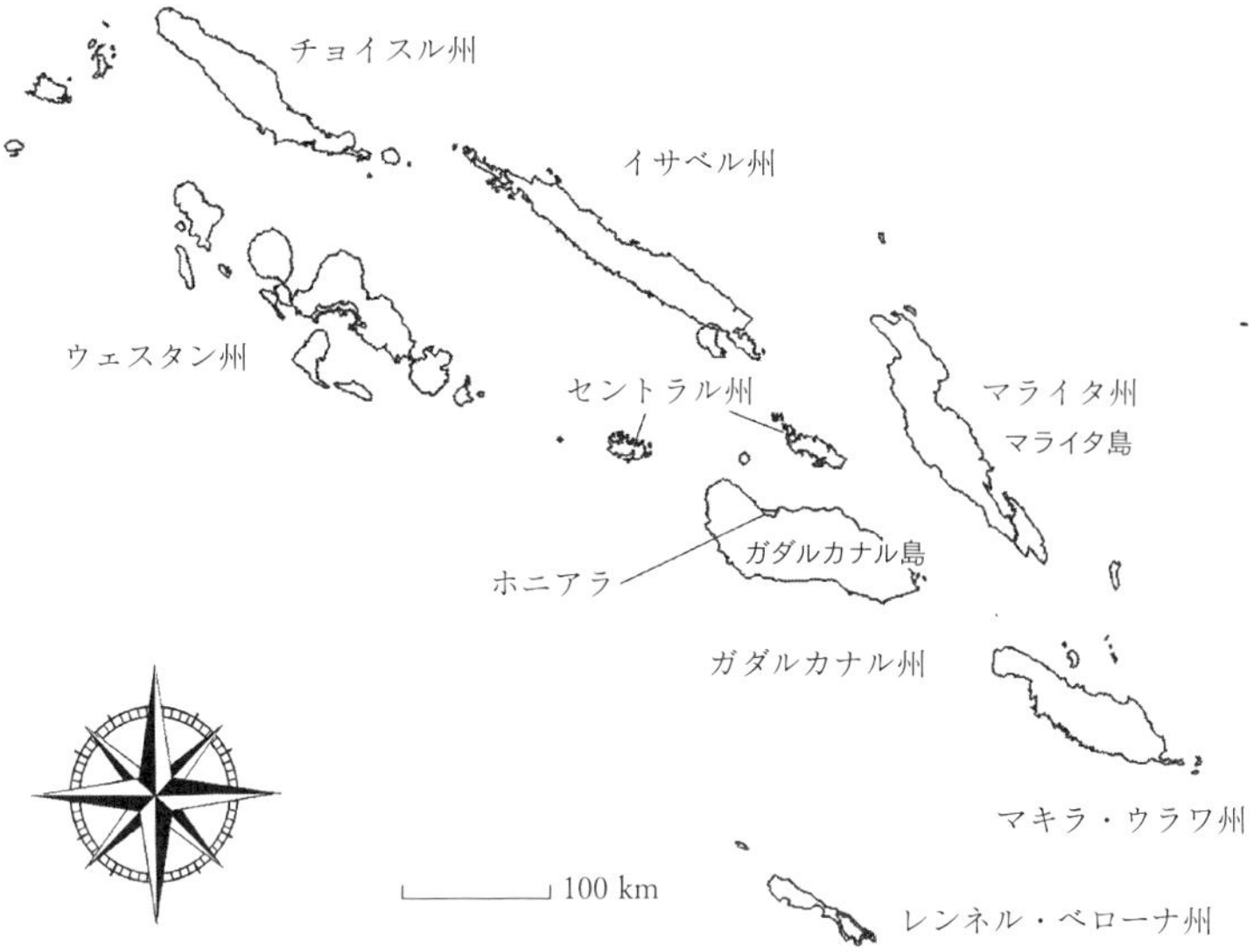

図7-1　ソロモン諸島国全図（東側遠くに位置するテモツ州を除く）（藤井 2021：15）

農耕や漁撈といった自給自足的な生業を営んでいる。

筆者の主たる調査地であるガダルカナル島北岸部には、広大な平原地帯が広がっている。そこには国家経済を担う基幹産業の一つでもあるアブラヤシ・プランテーションが位置しており、輸出品目の上位を占め続けているパームオイルが生産されている。搾油されたオイルの海外輸出にあたっては搾油工場から陸路で首都ホニアラへと輸送されるため、首都ホニアラとガダルカナル島北岸部とは比較的丁寧に舗装された幹線道路がつないでいる（図7―2）。言い換えれば、ガダルカナル島北岸部の諸集落から首都ホニアラへのアクセスは、他地域に比べきわめて容易となっている。

上記の事情もあり、筆者が調査対象としているガダルカナル島北岸部の村落は、ソロモン諸島国内の一般的な村落の生活とは状況が異なる。たとえば、

（1）二〇〇九年一一月時点では約五二万人、一九九九年一一月時点では約四〇万人であった。

図7-2　アブラヤシ・プランテーションの搾油工場（上）と首都ホニアラまで続く舗装道路（下）の様子（上：2014年2月撮影、下：2019年9月撮影）

彼らはサツマイモやキャッサバといった根茎類を栽培するとともに、それ以上の精力を注いでトロロアオイやササゲ、スイカといった作物を栽培している。収穫作物は、二週間に一度のプランテーション労働者の給料日にあわせて開かれる青空市場で販売されるほか、首都ホニアラの中央市場へも頻繁に持ち込まれる。とりわけ、首都で収穫作物を販売して得た金は、復路に立ち寄る華人商店でコメや缶詰、インスタントヌードルなどの食品や石鹸等の日用品の購入に充てられる。つまり、ガダルカナル島北岸部の人びとは、いわゆる伝統的な農業に従事しつつも、収穫作物を直接に消費して生活しているのではなく、収穫作物のほとんどを換金して食糧をはじめとする日々の生活物資を購入しているのである。

国内他地域とは異なりガダルカナル島北岸部では、日常生活の多くの局面において上述のような「近代化」あるいは「貨幣経済」が浸透している。言い換えれば、ソロモン諸島の共通語であるピジン語で「カストム[2] (*kastom*)」と呼ばれる伝統的な事柄は相当程度に薄れてしまっているのが現状である。しかしながら、依然としてカストムが機能している場面を観察することもできる。その最たるものが、個人間あるいは集団間の利害調整や関係操作を行なう局面である。

以下、今から約二五年前に勃発した「エスニック・テンション」と呼ばれる大規模な内戦の渦中における事例を中心に、よりミクロなレベルで日常的に生じているもめごとも視野に入れた諸事例を取り上げる。

---

(2)「カストム」は伝統や慣習を意味する概念のこと。ここでは、いわゆる外部世界がもたらした「近代」とは異なる伝統的な事柄や考え方、伝統的な方法などの総体をイメージしてほしい(たとえばキリスト教に対する在来の伝統的な信仰、現代医学に対する伝統医療の知識・技術など)。

2……「エスニック・テンション」

ソロモン諸島では、一九九八年から二〇〇三年にかけて「エスニック・テンション」と呼ばれる武力紛争が生じた。この紛争はガダルカナル島の人びととマライタ島出身の人びととの間で争われたものといわれてきた。(3)

図7-3　首都ホニアラ（ガダルカナル島）とマライタ島の位置関係（筆者作成）

死者数約二〇〇人、国内避難者数三万五〇〇〇人に上ったこの紛争の背景には次のような歴史がある。(4)

第二次世界大戦後になってガダルカナル島北岸に作られた現在の首都ホニアラの建設のため、特にマライタ島から多くの労働者が移住してきた（図7―3）。首都の発展に伴ってますます多くのマライタ島出身者がガダルカナル島へ移住するようになった。先述のアブラヤシ・プランテーションは一九七一年から操業を開始した。その労働者のうち、一九九九年時点で約六割がマライタ島出身者によって占められていた。彼らの中には単身で労働移住するだけでなく、親族や同郷人（ワントック（wantok））をガダルカナル島へ呼び寄せる者もいた（Fraenkel 2004: 32―36; 藤井二〇一一：一四六）。ワントックとは、英語のone talkに由来するピジン語であり、原義は「同じ言語を話す者」である。一〇〇近い言語が存在するソロモン諸島国内では、島を跨いだ他集団との交流などに際して言語集団の境界が顕在化することが多い。ワントックは、そうした他集団との交流が頻繁に行なわれる首都ホニアラや各州州都において特に意識される。また、原義を超えて同郷人のつながりをも指し、さらに言語を同じくする者や同郷人に対する相互扶助の義務まで意識される（Nanau 2018）。ガダルカナル島北岸部では、プランテーション労働者として雇用機会を得た同郷人を頼って寝食等の面倒を看てもらうべくマライタ島から親族郎党が押し寄せてきたのであった。

一九七八年にイギリスの保護領から独立したソロモン諸島は、独立してから約二〇年にわたって比較的平和であったといわれる。しかし、この間に起きたマライタ系住民によるガダルカナル島民の殺害事件が二五件に上っている。[5] 殺人に至らないまでも、ガダルカナル島の人びとからは次のようなエピソードが聞かれた。以下、特に私が長期にわたってフィールドワークを実施してきたガダルカナル島北岸部の人びとの語りをいくつか紹介しよう。

〔プランテーションの〕労働者たちは問題ないんだ。ただ、彼らのワントックはちがう。彼らはプランテー

（3）実際の様相はもっと複雑で、傍から見れば同じ集団に帰属するように思われる者同士であってもスパイ容疑がかけられて攻撃の対象になった人びとが両陣営に存在する（藤井 二〇二一：一八八―一九〇、二〇一七）。
（4）紛争の経過も含めた詳細は藤井（二〇二一）を参照。
（5）一九九八年一二月、当時のガダルカナル州知事エゼキエル・アレブアによる政治的要求が「エスニック・テンション」の直接的な引き金になった。その政治的要求に含まれていたのが「独立（一九七八年）以降にマライタ系住民が起こした計二五名のガダルカナル島民の殺人に対する賠償」であった（Fraenkel 2004: 44―52）。

ション労働者じゃない。ヒマなんだ。……この集落からバス停があるマーケットまでは距離がある。中学校も同じくらい遠い。マーケットへ行った女性たちや学校帰りの子どもたちに対して、労働者のワントックたちは脅かしたりするんだ。（二〇一二年七月二八日のフィールドノートより。亀甲括弧内は筆者補足）

あるとき青空市場の辺りの露店で友人とビンロウジ(6)を噛もうと思って近づいたんだ。そうすると、その露店主〔マライタ系住民〕が突然、「俺の足元に小便を引っ掛けやがった」と言いがかりをつけて、友人を殴り倒した。俺はすぐ隣にいたんだ。俺の友人はそんなことしていない。（二〇一四年一月四日のフィールドノートより。亀甲括弧内は筆者補足）

マーケットのようないろんな人間〔ここではガダルカナル島民だけでなくマライタ系住民もやってくるという意味〕が集まるところで、ちょっとした口論になることがある。頭にきてぶん殴った相手がマライタ人だったとするだろ？　そうすると、お前、その翌日か、一週間後には、そのマライタ人がトラックで仲間を大勢連れて村までやってきて暴れまわるんだ。（二〇一一年八月一七日のフィールドノートより。亀甲括弧内は筆者補足）

こうした語りは枚挙にいとまがない。とりわけ、一つ目の語りに明示されているように、労働者として移住してきたマライタ系住民は農薬散布や収穫、搾油をはじめとするプランテーション関連の仕事に忙しくしているものの、彼を頼って移住してきたワントックたちの多くは暇を持て余し、ビンロウジの露店で小銭稼ぎをしたり地元民に対してちょっかいをかけたりしていたという。「エスニック・テンション」としてガダルカナル島の人びとの不満が暴力的に顕在化する以前から、ガダルカナル島北岸部の人びとにとってマライタ系住民は脅威の対象であり、不愉快な隣人として認識されていたのである。そして、こうした潜在的な不満や敵対意識が、同島南部出身者を中心として組織されたガダルカナル側武装集団が同島北岸部へとやってきたことによって顕在化したのであった（藤井 二〇二一：一四七―一四九）。

一九九八年一二月に当時のガダルカナル州知事エゼキエル・アレブアが、ガダルカナル島の人びとが抱き続けてきた積年の不満への対応を政治的要求として公的に発表した。これが「エスニック・テンション」の直接的な引き金となった。一九九九年になると、ガダルカナル島南部出身の若者たちから成る武装集団「イサタンブ解放運動（Isatabu Freedom Movement: IFM）」がガダルカナル島内に暮らすマライタ系住民に対して武力で威嚇する排斥行動を開始した。そのため、マライタ系住民の多くが着の身着のまま、あるいは手に持てる荷物だけを携えて首都ホニアラへの避難を余儀なくされた(7)。

こうした事態を収拾すべく、一九九九年五月に伝統的な形式に則った和解儀礼が執り行われた。首相の仲介の下で、加害者側の代表としてガダルカナル州知事、被害者側の代表としてマライタ州知事がそれぞれ出席し、

（6） ヤシ科の常緑高木であるアレカヤシ（ベテルナッツ、檳榔樹《びんろうじゅ》とも呼ばれる）の果実のことで、嗜好品の一種。ソロモン諸島では、青い未熟なビンロウジの外皮を割って種子を取り出し、コショウ科の常緑蔓性植物であるキンマの葉や棒状の花穂と、サンゴや貝を焼いて作った消石灰とを一緒に口に含んで噛む慣習がある（石森 二〇一〇：二七八；藤井 二〇二一：二四四）。

双方が互いに贈与財を授受する形で行なわれたこの儀礼は、伝統的な政治リーダーをはじめとする多数の観衆に見守られる中で行なわれた。しかしながら、この和解儀礼の後も事態は収束しなかった（理由は後述）。

二〇〇〇年に入ると、住処を追われ家財を失ったマライタ系住民が武装集団「マライタ・イーグル・フォース（Malaita Eagle Force: MEF）」を組織して首都ホニアラを事実上の支配下に置き、ガダルカナル側武装集団と抗戦した。同年一〇月にオーストラリアの仲介で和平合意が締結されたものの、ガダルカナル側武装集団のリーダーの一人が同島南部へ拠点を移して抗戦した。その後、二〇〇三年七月にオーストラリアを中心として太平洋島嶼諸国から構成された介入部隊「ソロモン諸島地域支援ミッション（Regional Assistance Mission to Solomon Islands: RAMSI）」がソロモン諸島国政府の要請を受けて派遣され、迅速な武装解除と社会再建が進められることとなった。

2　贈与財の授受を伴う関係操作

「エスニック・テンション」は、ソロモン諸島を構成する二つの大きな島々（ガダルカナル島とマライタ島）にルーツを持つ人びとがガダルカナル島を舞台に武力衝突し、結果的に国家全体に対して経済的・社会的な影響を及ぼした島民間の紛争であった[8]。それゆえか、特にマクロな視点から現象を見る政治学者や平和研究者によって注目されてきた（Kabutaulaka 2001; Fraenkel 2004; Vella 2014など）。これらの研究では、ソロモン諸島の諸社会に根差した暴力の文化や紛争処理の文化は「エスニック・テンション」の背景情報あるいは補足的情報として扱われる傾向があった。しかし、これらは「エスニック・テンション」の背景的・補足的情報としてだけでなく、同じ島の中に異なる言語集団が複数存在するような世界で生きてきた彼らの間での、また国内移動の増加に伴い異なる集団と接する機会が増えている彼らの間での、ソロモン諸島の諸社会における共存のあり方を考えるにあたって重要なものであろう。そこで本節では、特にガダルカナル島とマライタ島の諸社会で発達させられてきた紛争処理の文化を取り上げる。

1……コンペンセーション

ソロモン諸島の一部地域では、首狩り襲撃や報復殺人が頻繁に行なわれてきたといわれる。とりわけ有名な

(7) 同島北東部の中学校教員であった日本人男性の語りや同島西部の寄宿学校の元学生の語りによれば、武装した集団がある晩に学校へやってきて「マライタ人は出ていけ」と言ったという。マライタ系の学生はほとんど荷物も持てないままにホニアラへと避難を余儀なくされ、その後に学校は閉鎖、武装集団によって教員宿舎の一部は破壊され、学校の備品も略奪に遭った(藤井 二〇一二：一三七—一三八)。

(8) 実際には、同じ島にルーツを持つ者たちの間にも温度差があった。たとえば、ガダルカナル島から避難を余儀なくされたマライタ系住民と紛争中ずっとマライタ島で暮らしていた人びとの間では紛争に対する認識が大きく異なる。また、ガダルカナル島内には七〜一八の言語集団があり、同島南部出身者を主な構成員とする武装集団のメンバーと同島北岸部の人びととでは母語も集団帰属意識も異なるうえ、マライタ系住民の排斥に対する思いも集団レベルで相違がみられる(第2節4項ならびに5項の事例3を参照)。

のはウェスタン州の島々であるが、これはマライタ島にも筆者の調査地であるガダルカナル島にも当てはまる（Tippet 1967; O'Brien 1995; Hogbin 1939; Keesing 1983; 石森 二〇一一；関根 二〇〇一：二一〇—一一四）。

しかし、だからといってソロモン諸島の人びとを「好戦的な人びと」、もっと言えば報復殺人のような暴力の連鎖に身を任せる人びとであったと考えるのは適切ではない。マライタ島中部山岳地域に暮らすクワイオの人びとを調査したロジャー・M・キージングは、次のように述べている。

クワイオの大部分のクランは、ほとんどの時間を平和に過ごしていた。できることなら殺人を避け、血讐を可能なかぎり終わらせることが彼らにとって得なことであった。……クワイオは調和を回復し、報復を回避するのに役立つ、成員間および祖先との関係に対する償いの入念な規範を作りあげていた。攻撃を受けたクランは、彼らの名誉と自尊心にかけて激怒し、報復しなければならなかった。しかし、ほとんどの場合は、報復殺人よりも損害賠償を受けることの方に関心があった。したがって、性的な違反、侮辱、呪詛、盗みの発覚、傷害は、殺人を引き起こすこともあったが、そのいずれの違反に対しても、不和を修復し、壊された社会関係を元通りにする損害賠償ないし補償というカテゴリーが存在したのである。（Keesing 1983: 39　強調は引用者による）

集団の名誉と自尊心のために復讐しなければならないという規範に駆動される報復殺人のような暴力の文化とともに、暴力の連鎖を断ち切るためのやり方、換言すれば紛争処理のための文化もまた同時に発達させてきたのが、ソロモン諸島の人びとなのである。こうした在来の紛争処理のやり方は、ソロモン諸島の共通語であ

第Ⅱ部
ゆらぐかかわり　　252

るピジン語で「コンペンセーション」と呼ばれる。

コンペンセーションは英語由来の単語である。しかし、コンペンセーション（compensation）という英単語が含意する「補償」（損失に対する埋め合わせ）といった意味以上のニュアンスが含まれている。

コンペンセーションとは、政治的リーダーの立ち合いのもとでブタや貝貨などの贈与財の授受を伴う儀礼を行なうことによって加害・被害両集団（あるいは個人）の間の悪化した関係を修復する伝統的な紛争解決である（図7—4）。関係悪化の原因には、個人や集団ないし祖先霊に対する中傷、傷害・殺人、男女間における性的規範からの逸脱行為、個人や集団が所有する財をめぐる窃盗などのトラブルがある（藤井 二〇二一：一九八—一九九）。本論との関わりで特筆しておくべきことは、コンペンセーションというものは支払う側が自らの非を言語的に自認することから始まり、それを非言語的な行動で表現する行為であるということだ（Strathern and Stewart 1998: 54; 関根 二〇〇三：一九四—一九七）。より具体的に言えば、贈与財の授受という非言語的な行動を通じて個人間あるいは集団間の関係を友好的なものへと転換する、それが贈与財の授受を伴うコンペンセーションという紛争処理なのである。

（9） ここでいうクランは、出自集団とほぼ同じ意味である。つまり、ある領地の創始者から男系で出自を辿ることができる子孫の集団のことを指す（Keesing 1983: 22）。

図7-4　贈与財の授受を伴うコンペンセーションの場面（2011年8月撮影）

2……国家主導の和解儀礼

約四年半に及んだ「エスニック・テンション」の渦中で、まだ加害者と被害者の構図が比較的はっきりしていた一九九九年五月に執り行なわれた国家主導の和解儀礼は、ソロモン諸島における在来の紛争処理を形式的に踏襲していた。

紛争渦中に国家主導で執り行なわれた和解儀礼は、首相の仲介の下で両州知事が贈与財を贈り合うという形式で行なわれた。この儀礼は、日刊紙『ソロモンスター』において「近代的諸制度が紛争を解決できなくとも、代わりに伝統的な方法がそれを可能にしてくれる」と評価された（*Solomon Star*, 25 May 1999）。ガダルカナル州側からマライタ州側へと贈られたのは、ブタ二頭、タロイモなどの伝統的食材、ツナ缶詰やコメなどの商店で販売されている食品、貝貨、そして現金一〇万ソロモン・ドル[10]であった。逆にマライタ州側から贈られたのはブタ数頭、伝統的食材、貝貨、現金一〇万ドルであった[11]。

この和解儀礼が行なわれたのは、ガダルカナル側武装集団が島内に暮らすマライタ系住民を排斥し、そうした状況下で警察が治安維持のために武装集団と交戦していた時期である。上述の通りガダルカナル側からのみならずマライタ側からもコンペンセーションが行なわれたのは、紛争中にみられたガダルカナル側への誹謗中傷に対する賠償と考えられる（藤井 二〇一二：二一七）。

首相を仲介者に据え、紛争当事者双方の代表が互いに贈与財を授受するという伝統的な形式に則って行なわれたこの和解儀礼は、しかしながら紛争を終わらせるに至らなかった。これにはいくつか理由がある。まず、直接的な加害者であるガダルカナル側武装集団が儀礼に参加していなかった。また、双方が贈り合った現金（小切手）はソロモン諸島国政府が財政的に支援したものであり、各陣営が準備したものではなかった。先に「ソロモン諸島では暴力の文化とともに紛争処理の文化もまた発達させてきた」と述べたが、紛争渦中にみられた国家主導の和解儀礼の事例は、形式的に踏襲しただけでは紛争処理の文化が機能しないということを示しているといえるかもしれない。第2節第1項の最後で述べたように、伝統的な紛争処理においては加害者側が自らの非を認めることを起点とし、それ（非の自認）を非言語的な行動（つまり贈与財の授受）によって表現する。加

（10）一ソロモンドルは日本円で約一五円程度と考えて差し支えない（過去二五年ほどの間に約一三円と約一九円の間で推移している）。
（11）このうち現金（小切手）はソロモン諸島国政府が財政的に支援し、また和解儀礼のために政府は総計五〇万ドルを費やしたといわれている（藤井 二〇一二：一五二、二〇五；Fraenkel 2004: 66, 223）。

害者たる武装集団が儀礼に参加しないことは自らの非を認めていないことを意味し、形式的な贈与財の授受は自らの非を認めたことの非言語的な行動にはなりえないのだ。

以下では、引き続き紛争渦中にみられた事例を中心としながら、「エスニック・テンション」という大規模な内戦を収拾するために行なわれたマクロなレベルでの紛争処理ではなく、もう少しミクロなレベルで顔の見える関係の中で行なわれた相互行為の事例を取り上げる。

3……最前線における両陣営の交流

紛争中、とりわけ二〇〇〇年以降は、首都がマライタ側武装集団の支配下に置かれた。言い換えれば、ガダルカナル島の村落部と首都区画の境界が前線となった。ガダルカナル島北岸部では、アリゲータ・クリークと呼ばれる小川を境に両武装集団が対峙した(図7—5、7—6)。しかし、この最前線で常に緊張状態が続いていたわけではないことがわかっている。以下に挙げる語りは、一つ目がマライタ側から見た、二つ目がガダルカナル側から見た最前線の様子である。

私〔クワイオロア〕[12]は、アリゲータ・クリークにいるMEF〔マライタ側武装集団〕を訪ねた。そこでメラネシアン・ブラザーフッドが両者の間に立ち、一方から他方へとメッセージを伝えているのを見た。あるとき私がMEFの最高司令官の一人とともに行ったとき、ガダルカナル側の戦闘員が、二袋か三袋のコメと交換するためにMEFへニワトリを二袋送ってきた。なぜなら、彼らは食料を持っておらず、バナナ

(12) マイケル・クワイオロア(Michael Kwa'ioloa)はマライタ島中北部に暮らす言語集団クワラアエ(Kwara'ae)出身の文化人であり、人類学者ベン・バート(Ben Burt)との共著がある。

図7-5 ホニアラ(西)とガダルカナル州(東)の境界となったアリゲータ・クリーク(藤井 2021: 167)

図7-6 道路の奥に見えるテントがホニアラと村落部の物資輸送を制限した検問。この写真は、筆者の友人が持っていた写真を撮影したもの(2011年8月撮影)。

ばかり食べていたからだ。彼らはまだ戦っていたが、それはおそらく彼らが腹を空かせており、互いに助け合うためだったのかもしれない。(Kwa'ioloa and Burt 2007: 120。亀甲括弧内は筆者補足)

MEFの兵士たちがタバコを吸っているのが見えた。我々〔ガダルカナル側の戦闘員〕がそれを見ていると、彼らは「休憩だ」とか言いながら、我々にもタバコをくれた。その後、我々はニワトリを彼らに贈った。するとﾞ彼らはコメとタイヨー(13)を返してきた。我々はサツマイモとバナナしか食べていなかったから、これに大喜びした。彼らは我々の欲しいものをわかっているのだ。もちろん、我々だって彼らの欲しいものはわかっている。(石森二〇一六:一九〇―一九一。亀甲括弧内は筆者補足)

このように、敵対関係にある他者・他集団に対して二四時間三六五日にわたって臨戦態勢ではなかったことは留意しておくべきことである。武装集団に積極的に加担して戦闘に従事していた者の間でも贈り物のやりとりがみられ、一時的な休戦状態が成立したようである(ただし、その休戦期間の長さや、休戦を承知していた戦闘員の範囲などはわからない)。筆者が直接観察した事例ではないものの、上記の引用部分からも元戦闘員に対して行った事後的な聞き取りからも、先に述べたコンペンセーションのような仲介者や観衆がいるような大々的で儀礼的な贈与交換が行なわれた風ではない。もめごとの回避へと直結しているようには思われないながらも、こうした些細に思われる互恵的なやりとりが、対立している者同士の緊張を緩和するうえで一役買っていると考えられよう。ただし、こうしたやりとりが個人間や集団間の関係を操作し、敵対的な関係を友好的な関係へと転換させていることとともに、転換した関係性を持続させるものではなく、あくまでも「一時的な休戦状態」

を現出させるに留まっていることにも留意しておこう。

4……暴力に巻き込まれることを回避する（1）——ガダルカナル島の人びととの対応

第1節で述べたように、ガダルカナル側武装集団の構成員の多くはガダルカナル島南部出身の若者であった。ガダルカナル島北岸部の人びとのうちで積極的に武装集団へと加担した者はそれほど多くなく、ほとんどの人びとは紛争に巻き込まれることを回避していた。その人びとを大別すれば、（誤解を恐れず述べるならば）武装集団に対して後方支援した人びとと、戦禍を逃れて避難した人びとに分けることができる。ここでは前者（以下、「消極的関与」と呼ぶ）を取り上げる。

消極的関与をした人びとは、武装集団との関わり方について次のように語っている。

（13）「タイヨー」あるいは「ソロモン・タイヨー」は、ソロモン諸島で製造されているツナ缶詰の愛称である。一九七三年に大洋漁業株式会社（現・マルハニチロ）と英植民地政府が合弁会社「ソロモン・タイヨー社」を設立し、マグロやカツオの加工を中心とする水産事業を開始した（「エスニック・テンション」中の二〇〇〇年に日本企業が撤退し、その後は社名を「ソルツナ（SolTuna）」と改称）。現在のソロモン諸島国民にとって欠かせない食品の一つとなっている。

（14）紛争初期に広まったガダルカナル側武装集団の自称だとされる。しかし、筆者の調査からガダルカナル側武装集団には二系統あることが判明している。いずれもガダルカナル島南部出身者を中心的な構成メンバーとするが、一つは伝統回帰運動の流れを汲むＩＦＭであり、もう一つはハロルド・ケケらを中心とする過激派組織ＧＲＡである（藤井 二〇二一：一五九—一六一）。

図7-7　収穫したサツマイモを市場へ運ぶため袋に詰めている様子（2010年2月撮影）

紛争のとき、ガダルカナル革命軍（Guadalcanal Revolutionary Army: GRA）[14]が俺たちの村へやってきて言ったんだ。「村の中から若者を少なくとも一人、GRAへ寄越せ」とな。でも、俺たちの村からは誰もGRAに参加しなかったよ。その代わりに、食糧を提供した。（二〇一〇年二月二七日のフィールドノートより）

GRAの奴らが銃を持ってやってきた。「GRAに協力しろ」ってね。参加する代わりに、サツマイモなどの収穫作物を与えたんだ。（二〇一二年七月二九日のフィールドノートより）

紛争当時から一〇年近くを経て行なったインタビューであるため、具体的にどのような食糧をどの程度の頻度で武装集団に提供していたのかは判然としない。二〇キログラムの小麦袋いっぱいのサツマイモを提供したという者もあれば、畑からの帰り道に食糧として収穫してきた作物を脅し取られたという者もある（図7—7）。「彼らが要求してきたときにはそれを拒めなかった」といって、わずかな食糧や物資を、武装集団の要求に応じてその都度提供していたという商店主などもあった。ガダルカナル島北岸部の人びとの多くがガダルカナル側武装集団に対して食糧などを提供することで、紛争への積極的な加担を回避すると同時に、紛争に巻き込まれることを回避するために消極的に関与するという生存戦略を採っていたことは確からしい（藤井 二〇二一：一七一―一七二）。

5……紛争に巻き込まれることを回避する（2）――一部のマライタ系住民の対応

また、第1節で述べたように、「エスニック・テンション」が起きた当時のガダルカナル島北岸部には大勢のマライタ系住民が暮らしていた。その多くは当地で操業していたアブラヤシ・プランテーションの労働者およびその親族であった。しかし、一部のマライタ系住民はガダルカナル島北岸部の人びとと通婚関係にあった。ガダルカナル側武装集団によるマライタ系住民への排斥行動が激化する中で、プランテーション労働者たちだけでなくガダルカナル島北岸部の人びとと通婚関係にあったマライタ系住民の多くもまたホニアラへの避難やマライタ島への帰還を余儀なくされた。しかし、ごく一部のマライタ系住民は、ガダルカナル島北岸部の人びと（特に姻族）の協力を得て贈与儀礼「ペル・ウル（*pelu ulu*）」を行なうことによって、居住地から排斥されることを免れた。「ペル・ウル」とは「頭を支払う」ことを意味する。つまり、自分の頭部を体から物理的に切り離さないために、「殺されないために」、頭部の代替物として財の贈与を行なうことを指すものである。[15] 以下、ガダルカナル側武装集団の元戦闘員（同島北岸部出身）から聞き取った証言をもとに再構成した事例をいくつか示す（二〇一四年一月四日のフィールドノートより）。

【事例1】

マライタ北部ラウ・バエレレア(Lau Baelelea)出身の男性チャールズ・ルドワナは、ガダルカナル島北東部出身の女性と結婚してS集落の西に位置するゴラバウ集落に暮らしていた。彼が子どもたちとこれまで通り一緒に暮らし続けるために、「彼の頭を支払わなければならなかった」。なぜなら、当時の紛争状況下において、「彼の頭は切り落とされなければならなかった」からである。彼は戦士(*malaghai*)に対して、伝統的な未調理の食材とともに一頭の生きたブタと一つのサウザンガヴル(16)(*Sautha ngavulu*)を与えた。

【事例2】

ガダルカナル出身の女性と結婚してテテレ海岸のガヴァガに暮らしていたヴィンセントはマライタ中部クワラアエ(Kwara'ae)出身の男である。彼はガヴァガで家族と暮らし続けるために、飼っていたブタを殺し、調理食物をガダルカナルの人びとに振る舞った。

【事例3】

S集落から5キロメートルほど南に離れたロロニ集落に暮らしていたマライタ北部バエレレア出身のジョンは、首都ホニアラに頻繁に出入りしていた男である。その頻繁な往復のためにガダルカナルの人びとからスパイ容疑をかけられることになる。ガダルカナルの人びとは彼に対してカネを要求した。これに対して彼が支払ったのは、現金一万ドルと四〜五種類の貝貨であり、鍋二〇個分のコメを炊いて儀礼を行なった。彼の支払いに対して、彼の姻族〔ガダルカナル出身者たち〕とキリスト教地域支援センター(Christian

Outreach Centre）に属する人びとが寄付するなどの貢献をした。

以上は、ガダルカナル島北岸部の政治的リーダー（*maneka ni komu*）の立ち合いの下、通婚関係にあるマライタ出身男性がガダルカナル側武装集団に対して財を贈ることで、ガダルカナル島内での住処に留まり続けることを許された事例である。ガダルカナル島北岸部の人びとが見守る中で行なわれたこれらの贈与儀礼は、彼ら（婚入したマライタ出身男性）が当該地域に居住し続けることの正当性を武装集団に対して主張する根拠となり、これ以降、彼らは武装集団の排斥行動の標的から外されることになった。つまり、主にガダルカナル島南部出身者から構成されていた武装集団に対して、同島北岸部の人びとと通婚関係にあるマライタ系住民が「ペル・ウル」を行なうことは、彼らマライタ系住民が地縁関係や姻戚関係によってガダルカナル島北岸部の人びととの集団に「身内」として組み入れられていることを武装集団に示すという意味を持っていたのである。(17) このように考えると、ここで挙げた事例が「マライタ系住民」や「ガダルカナルの人びと」といった一見するとわかりや

(15) この「ペル・ウル」については、まだ解明できていないことが多い。筆者が聞き取った限り、「ペル・ウルという贈与儀礼はかつて戦士たちが報復殺人をしていた頃の慣習であり、長らく廃れてしまっていた。しかし、『テンション』のときに復活（再評価）した」といった語りもあった。本論では詳細な検討を省略するが、「ペル・ウル」は暴力の標的になることを免れるための贈与儀礼と考えてよさそうである。この点で、すでに生じた傷害・殺人などの暴力に対する賠償や補償として解される「コンペンセーション」（第2節第1項参照）とは異なるものと考えられる。

(16) サウザンガヴルとは、一〇連一尋以上から成る貝貨のガダルカナル島北岸部での名称。なお、この貝貨の配色や形状はマライタ島北部でやりとりされるタフリアエ（*tafuli'ae*）とほぼ同じである。

すい線引きで考えられるような問題ではなく、また単なる個人（婚入したマライタ出身男性）と集団（ガダルカナル側武装集団、あるいはガダルカナル島北岸部の人びと）の関係操作でもなく、「マライタ系住民を集団内に含んだガダルカナル島北岸部の人びと」と「（主に同島南部出身者から成る）武装集団」との間の関係操作をも含意していることが見えてくるだろう。

6……複雑な通婚関係における贈与交換の機能

最後に、これまで取り上げてきた「エスニック・テンション」とは関係のない事例を取り上げてみたい。しかし、この事例は、「（将来における）もめごとを避ける技」として理解することも、よそ者であった他者に何かしらの権利を認めるという点で「他者を赦す術」として理解することも可能であるようなものであり、ソロモン諸島における贈与交換を通じた紛争処理の文化を理解するうえで有用な事例となるはずである。

そのために、まずはソロモン諸島における土地に対する権利のあり方について、関根（二〇〇二）の記述をもとにしながら簡単に説明しておこう。

表7-1　土地に対する権利（Maenu'u 1981: 16をもとに筆者作成）

	内容	取得方法
一次的権利	土地権を次世代に相続させる権利	生得的に取得
二次的権利	住居を建て、生業活動を行なう権利	生得的に取得
三次的権利	日常的な生業活動を行なう権利	手続きを経て取得

ソロモン諸島では、土地に対する権利として（1）土地権を次世代に相続させる権利である一次的権利、（2）生業活動を行なったり居住したりするための権利である二次的権利、（3）ある土地に対して一次的権利も二次的権利も持たない者が日常的な生業活動を行なう権利である三次的権利という区別がある（Maenu'u 1981: 16）。こ

のうち、一次的権利と二次的権利は生得的なもの、つまりある個人が生まれたときに、父方の系譜あるいは母方の系譜に基づいて得ることができる土地権である。それに対して、三次的権利とは、饗宴などの手続きを経ることによって取得されるものである[18]（表7―1）。

ガダルカナル島の多くの言語集団では母系出自に基づいて一次的権利と二次的権利が継承される。一方、ソロモン諸島マライタ島の多くの言語集団では父系出自に基づいて一次的権利と二次的権利が継承される。ガダルカナル島を例にとれば、女性は一次的権利と二次的権利の両方を継承されるのに対し、男性は二次的権利のみを継承されることになる。

一般的に、父系であれ母系であれ同じ出自原理に基づいて土地権が継承される集団間での結婚（たとえばマライタ島内の異なる集団間での通婚、ガダルカナル島内の異なる集団間での通婚）の場合、事態は比較的単純である。たとえば、ガダルカナル島西部出身の男性Aと同島北岸部出身の女性Bとが結婚して同島北岸部の土地で妻方居住する場合、当然ながらBは同島北岸部の土地に対して一次的権利も二次的権利も有する。AはBと婚姻関係にある限りにおいてガダルカナル島北岸部の土地で生業活動を行なう権利を持つ。AとBの子どもたちは

（17）　ガダルカナル島北岸部の集落に留まることが武装集団に許されたとはいえ、活動の自由は著しく制限された。自身が所有する畑であっても遠く離れた場所にあれば出かけることは控えねばならなかったし、集落間の移動も現実的にはできなかったという（藤井 二〇二一：一九六）。

（18）　ただし、三次的権利はその土地で生業活動を営むための権利に留まり、それ以外の土地利用（たとえば換金作物の栽培等を通じて利得を得るなど）についてはその土地の一次的権利や二次的権利を持つ人びとの承認を得なければならない（関根 二〇〇一：六一）。

母系出自に基づいて土地権が継承されるため、女児はガダルカナル島北岸部の土地に対する一次的権利と二次的権利の両方を、男児は二次的権利のみを有することになる。

一方、同じく母系出自で土地権が継承される集団間の通婚であっても、夫方居住になると事態は少し複雑になる。たとえば、ガダルカナル島西部出身の男性Xと同島北岸部出身の女性Yが通婚して同島西部の土地で夫方居住する場合、X自身は同島西部で母系出自に基づいて生得的に継承している一次的権利を有するため、その土地で暮らすうえで土地をめぐるもめごとが起きることは基本的にない。Yも、Xと婚姻関係にあるかぎりにおいてガダルカナル島西部の土地で生業活動を行なう権利を持つ。しかし、XとYの子どもたちは母系出自に基づいて土地権が継承されるため、母親Yからガダルカナル島北岸部で暮らす権利を継承されるものの、父親Xからは同島西部で暮らす権利を継承されない。したがって、XとYの子どもたちはガダルカナル島西部で暮らし続ける権利を持たないことになってしまう。そこで、XとYは、ガダルカナル島西部の土地に対して一次的権利や二次的権利を持っている人びとへ贈与財の授受を伴う饗宴を行なって三次的権利を取得し、子どもたちがその土地で暮らし続けられるようにする。

ポイントとなるのは、ガダルカナル島の男性は自身が生きている限りにおいて母方集団が保有する土地で居住し、生業を営むことができるだけであり、その土地で暮らす権利を子どもたちへ継承することはできないということである。同じようなことが、父系出自に基づいて土地権が継承されるマライタ島の言語集団でも起こりうる。

事態がより複雑になるのは、異なる出自原理に基づいて土地権を継承する集団間での通婚の場合である。たとえば、父系出自に基づいて土地権を継承するマライタ島出身の男性と母系出自に基づいて土地権を継承するガダルカナル島出身の女性が通婚した場合、その子どもたちは、両島の土地に対する居住・用益権を継承することができ、さらに男児はマライタ島の土地を、女児はガダルカナル島の土地を次世代へ継承することができることになる。逆に、マライタ島出身の女性とガダルカナル島出身の男性が通婚した場合、事態はいよいよ複雑さを増し、土地をめぐるもめごとを誘発しかねないことになる。

今から四〇年ほど前、母系出自に基づいて土地権が継承されるガダルカナル島西部出身のある男性Kが、父系出自に基づいて土地権が継承されるマライタ島南部出身の女性MJと結婚した。このとき、婚姻のための儀礼で花婿側親族が準備した婚資は、ブタ一頭、ウシ一頭、マライタ島南部で用いられている貝貨「ハアタハナ(*ha'atabana*)」[19]五本、一〇〇ソロモンドル、山盛りの収穫作物であった（二〇一三年一二月一〇日のフィールドノートより）。この手続きによって、KはMJの出自集団からMJを「盗んだ」ことを免責されることになる。[20]

ところが、土地権の継承に関して異なる出自原理が適用される二集団間での婚姻（母系で継承されるガダルカナル出身の男性Kと父系で継承されるマライタ出身の女性MJの婚姻）は、将来的に土地紛争を引き起こしかねないものとなる。KとMJとの間に生まれた子どもたちは、父親からも母親からも、土地に対する一次的権利（次世代

（19）赤い貝殻をビーズ状に加工して紐でつなぎ合わせた長さ約二メートルの貝貨のうち、四連になっているもの。受贈側がマライタ島南部の人びとであるため、先方の社会で価値が認められているタイプの貝貨が贈られた。なお、マライタ島南部では、一連、二連、三連、四連それぞれに固有の名前が付けられている（藤井二〇二一：七九）。

（20）マライタ島やガダルカナル島では、結婚することは相手集団から女性を盗むことであるという考え方がある（Burt 1994: 236）。それゆえ、結婚の際に花婿側が花嫁側へと贈る婚資は、紛争処理の際にやりとりされるコンペンセーションと重ね合わせて理解される。

継承権）も二次的権利（居住・用益権）も継承できないからだ。

Ｋは、ＭＪと結婚するとき、一般的な婚姻儀礼の際に準備しなければならないとされる婚資としての贈与財（上述のもの）に加えて、三種類のチュプを準備した。チュプ（*tsupu*）とはガダルカノル島西部のガリ語（Ghari）で「山盛りの」という意味の語であり、ここでは「山盛りの収穫作物、ブタ、貝貨」から成る一群の贈与財を意味する。[21]つまり、Ｋは、先に述べた婚資としてのブタやウシ、貝貨、法定通貨、収穫作物とをあわせて、合計四つのチュプを準備したわけである。

婚資として以外の三つのチュプは、それぞれ次のような目的で準備された。第一のチュプは、ＭＪをガダルカナル島のある出自集団へと編入するためのものである。これにより、父系継承社会出身の女性ＭＪは、母系継承社会であるガダルカナル島内で次世代へ土地を継承する権利を有するようになる。第二のチュプは、本来的な部外者であるＭＪと子どもたちに土地権（用益権）を与えるためのものである。これは、先に述べた三次的権利を取得するための手続きとほぼ同じである。第三のチュプは、この婚姻儀礼のために参列した人びと、言い換えれば当該儀礼の目撃者としてやってきた人びとに対するものである（二〇一三年一二月一二日のフィールドノートより）。

ここでやりとりされた三つの貝貨は、その土地の有力者「タオヴィア（*taovia*）」に対して贈られた。もしＫが住んでいる場所でＫやＭＪ、あるいは子どもたちに関して土地をめぐるもめごとが起こったならば、ＭＪや子どもたちが適切な手続きを踏んで土地権をめぐる権利獲得を済ませていることの証拠としてタオヴィアがこれらの貝貨を人びとに示すことになる。貝貨という形の残るモノは、将来的にもめごとが生じても直ちに収めることを可能にするような「記録」として機能するのだ。また、この儀礼の目撃者となった人びとは、適切な手続きを経てＭＪと子どもたちがガダルカナル島の土地所有集団へと編入されたことを見届けた証人としての役割を果たすことになる。言い換えれば、消費財的な性格を帯びる贈与財（食物や法定通貨）が儀礼の観衆たちによって分配・共有されることで、贈与財を準備した夫婦が子どもたちに土地権を継承するための適切な手続きを踏んだという「記憶」をも集団内で分有するものとなるのである。

3　もめごとを避ける技、「他者」を許す術

これまでに取り上げてきた事例はいずれも、基本的に異なる集団間での利害を調整するための、また集団間関係を（潜在的であれ顕在的であれ）敵対的なものから友好的なものへと転換するための相互行為である。以下では、ソロモン諸島の、とりわけガダルカナル島とマライタ島の諸社会における紛争処理の文化に通底するポイントを挙げつつ、若干の考察を試みる。

在来の紛争処理としてのコンペンセーションの構成要素は次の通りであった。まず、もめごとの両当事者、言い換えれば利害対立のある二つの集団が一堂に会し、対面で贈与財の授受を伴う儀礼を行なうこと。[22] 次いで、その贈与儀礼は伝統的な政治的リーダーの立ち合いによって行なわれること。伝統的政治リーダーは、双方が授

（21）　ガダルカナル島北岸部のレンゴ語では「スプ」（*supu*）と呼ばれる。

受する贈与財の数量等についても助言、決定する。それに加えて、この贈与儀礼は大勢の観衆が見守る中で執り行なわれること。紛争渦中に執り行なわれた国家主導の和解儀礼（第2節第2項参照）は、それによって紛争に終止符を打つことにはならなかったものの、まさしく伝統的な形式に則ったコンペンセーションであり、ガダルカナル側とマライタ側の敵対的な関係を友好的な関係へと転換させることを目論んだものであった。

「儀礼」と呼ぶほど大々的なものではなかったにせよ、紛争中に前線で対峙した両陣営の戦闘員の間でみられた食糧や嗜好品の交換（第2節第3項参照）は、その相互行為によって一時休戦する、つまり両者の対立的関係を一旦宙づりにするという点で興味深いものである。また、ガダルカナル側武装集団からの要求に対して物資提供等の後方支援をすることで戦闘に加担するのを免れたガダルカナル島北岸部の人びと（第2節第4項参照）は、「避難する」という行動とは別の形で、個々人がもめごとの火種から距離をとる戦略的行動を採っていたとみることができる。これらの事例は「ガダルカナル」「マライタ」あるいは「武装集団」といった集団としての相互行為ではなく、顔の見える個人間での利害調整が図られつつ、暴力を回避するという作用をもたらすような相互行為であると考えることができよう。そしてまた、こうした顔の見える関係における些末な相互行為は、コンペンセーションのように「すでに起きてしまったもめごとを収拾する」のとは違い、もめごとを避けるための技として捉えることができる。

一方で、通婚関係のあったマライタ系住民が居住地に留まり続けるために行なった「ペル・ウル」（第2節第5項参照）は、二つの視角から考えるべきものである。第一に「ペル・ウル」という贈与儀礼を行なう主体であるマライタ系住民からの視角、第二に贈与財を受ける側となるガダルカナル側武装集団からの視角である。マライタ系住民の目から見れば、「ペル・ウル」において贈与財の授受を行なうことは、その土地に留まり続けること、言い換えれば、暴力的な排斥行動を受けての移住を免れること、すなわちもめごとを避けることにつながっている。一方、ガダルカナル島内に暮らすマライタ系住民を排斥することが目的であった武装集団の目から見れば、「ペル・ウル」に参加して贈与財を受け取ることは、そのマライタ系住民個人がガダルカナル島内で暮らし続けることを許す、あるいは認めることに他ならない。

さらに、異なる出自原理で土地権が継承される集団間の通婚関係の事例（第3節第6項参照）からは、次世代以降に起こりかねない土地紛争を未然に防ぐ、つまり将来的なもめごとを避けるために三次的権利を取得する贈与儀礼が行なわれていることがわかる。これもまた、視点を変えれば、もともと自分たちの土地とは関係のない「よそ者」を空間的にも社会的にも受け入れ、他者の存在を許すための贈与儀礼と考えることができる。

本章で取り上げてきた贈与財の授受を伴う儀礼は、基本的には第三者の存在が決定的に重要となる。その第三者には儀礼を仲介する個人である政治的リーダーや集団間でやりとりされる贈与財だけでなく、儀礼を見守

(22) 本章で挙げた「タオヴィア」（ガダルカナル島西部の語彙）や「マネカ・ニ・コム」（同島北岸部の語彙）などのことであり、社会文化人類学の議論における「ビッグマン（big man）」のことと考えて差し支えない。オセアニア地域の諸社会をリーダーシップのあり方に基づいて類型化した議論によれば、ミクロネシア地域やポリネシア地域では首長制社会、メラネシア地域ではビッグマン制社会が主流である。極めて大雑把に言えば、首長制社会は中央集権的で階層化された社会であり、ビッグマン制社会は競争的で平等主義的な社会であると特徴づけられる。そして、首長は出自や系譜によって生得的にリーダーシップ（力）を備えているのに対し、ビッグマンは経済取引や紛争解決などにみられる個人的な力量や才能によって支持を集めることでリーダーシップ（力）を獲得するものとされる（Sahlins 1963など）。関根久雄は、対抗と競争の原理による名声の獲得がメラネシア地域のビッグマンの包括的な特徴であることを指摘している（関根 二〇〇一：一〇三）。

る大勢の観衆たちも含まれる。観衆たちは、贈与財の授受を通して二つの集団が敵対的な関係から友好的な関係へと転換したことを見届ける目撃者としての役割を担うことになる。つまり、第三者の存在は友好的なものへと転換した関係を持続させ、将来的なもめごとを避けることへとつながっているのである。このように考えると、個人間関係において互いに許し、認め合うのとは異なる現象が起きているように思われる。ソロモン諸島の紛争処理でみられる贈与交換は、集団間の関係を敵対的なものから友好的なものへと転換させるための非言語的な相互行為であるとともに、個人を集団の中で位置づけ、それを集団内で周知して確認するための相互行為でもあると考えるべきであろう。

おわりに

本章では、ソロモン諸島における紛争処理のありようについて記述・考察することを通じて、非言語的なもののやりとりが集団間関係を操作する様態を示してきた。特に贈与財の授受を伴う儀礼をはじめとして、敵対的な関係を友好的な関係へと転換するような場面を取り上げながら、それを「もめごとを避ける技」として、また「他者を許す術」として考察した。

非言語的なもののやりとり、とりわけ食物分与によって個体間関係を操作する例や攻撃行動を通じて個体間・集団間の優劣関係を操作する例は、霊長類研究においても報告されている（たとえば本書所収の第6章貝ヶ石論文や第4章田島論文を参照)。また、もののやりとりだけでなく、親和的行動と呼ばれる毛づくろいのような行為のやりとりを通じて個体間関係を友好的なものへと転換するような例がニホンザルにおいてもチンパンジーにおいてもみられる(川添 二〇二二:中村 二〇〇九)。主に人間社会の事例に基づいて進めてきた本章の考察は、霊長類研究との接続可能性を秘めているといえよう。

個人間関係であれ集団間関係であれ、とりわけ利害を調整する局面においては、両者を媒介する第三項(第三者)の働きが重要である。諸種の霊長類社会においても、個体間の利害を調整するような振る舞いがみられ、また種や状況によっては、第三者個体に見られているか否かが二個体間の利害調整のやり方に影響を及ぼすことが指摘されている(ドゥ・ヴァール 一九九三)。田島知之もまた、飼育下のオランウータンの攻撃交渉に第三者個体が非暴力的に介入する仲裁行動を報告している(田島 二〇二二:五三―五四)。こうした第三項として「仲介者」のような特権的地位を有するような個人(個体)を想定することがしばしばなされてきた。しかし、本章の事例ならびに考察から示唆されるように、贈与財の授受等を通じて操作された関係を持続させるにあたって、ひいては人間が集団を形成して他個体と同所的に共存していくにあたっては、仲介者のような媒介項だけでなく、その場でどのように関係が操作されたのかを見届け、将来的にそれを証言する役割を担う観衆(目撃者)もまた重要な働きを持っているのである。

謝辞

本研究に関わる臨地調査を実施するために、以下の競争的資金を獲得した。大阪大学グローバルCOEプログラム「コンフリクトの人文学国際研究教育拠点」平成二一年度大学院生調査研究助成(第一次)、大阪大学グローバルCOEプログラム「コンフリクトの人文学国際研究教育拠点」平成二三年度大学院生調査研究助成（第二次）、卓越した大学院拠点形成支援補助金「コンフリクトの人文学国際研究教育拠点」（大阪大学）平成二五年度大学院生調査研究助成（第二次）、日本学術振興会平成二九〜三一年度科学研究費補助金（特別研究員奨励費、課題番号17J08813）。ここに記して感謝します。

参考・参照文献

石森大知（二〇一〇）「カヴァとビンロウジ——オセアニアの二大嗜好品」熊谷圭知・片山一道（編）『朝倉世界地理講座15 オセアニア』朝倉書店、二七八—二七九頁。

石森大知（二〇一一）『生ける神の創造力——ソロモン諸島クリスチャン・フェローシップ教会の民族誌』世界思想社。

石森大知（二〇一六）「紛争下の日常を生きる人々——ソロモン諸島ガダルカナル島北東部における紛争経験」丹羽典生（編）『〈紛争〉の比較民族誌——グローバル化におけるオセアニアの暴力・民族対立・政治的混乱』春風社、一七一—二〇四頁。

河合香吏（二〇二二）「共存の諸相——他者と関わり、他者を認めるとはどのようなことか」河合香吏（編）『関わる・認める』（生態人類学は挑むSESSION5）京都大学学術出版会、三〇三—三三四頁。

川口博子（二〇一九）「交渉の決裂と離別——人殺しをめぐるアチョリの規則と相互行為」太田至・曽我亨（編）『遊牧の思想——人類学がみる激動のアフリカ』昭和堂、二三七—二五三頁。

川添達朗（二〇二二）「群れの『外』の関わり合い——ニホンザルの互恵性からみる社会」河合香吏（編）『関わる・認める』（生態人類学は挑むSESSION5）京都大学学術出版会、一六七—一九八頁。

春日直樹（二〇一六）「贈与と賠償——アナロジーの双方向性と非対称性」春日直樹（編）『科学と文化をつなぐ——アナロジーという思考様式』東京大学出版会、一七七—一九三頁。

佐川徹（二〇一一）『暴力と歓待の民族誌——東アフリカ牧畜社会の戦争と平和』昭和堂。

サーリンズ、マーシャル（一九八四）『石器時代の経済学』山内昶（訳）、法政大学出版局。
関根久雄（二〇〇一）『開発と向き合う人びと――ソロモン諸島における「開発」概念とリーダーシップ』東洋出版。
関根久雄（二〇〇三）「紛争とコンペンセーション――なぜソロモン諸島政府は支払うのか」山本真鳥・須藤健一・吉田集而（編）『オセアニアの国家統合と地域主義』（JCAS連携研究成果報告6）国立民族学博物館・地域研究企画交流センター、一八九―二〇八頁。
田島知之（二〇二二）「群れない類人猿――オランウータンの関わり合いから見える『集まらない』社会性」河合香吏（編）『関わる・認める』（生態人類学は挑むSESSION5）京都大学学術出版会、三九―六一頁。
ドゥ・ヴァール、フランス（一九九三）『仲直り戦術――霊長類は平和な暮らしをどのように実現しているか』西田利貞・榎本知郎（訳）、どうぶつ社。
中村美知夫（二〇〇九）『チンパンジー――ことばのない彼らが語ること』中公新書。
藤井真一（二〇二一）『生成される平和の民族誌――ソロモン諸島における「民族紛争」と日常性』大阪大学出版会。
藤井真一（二〇二二）「フィールドにおける相互期待の交錯――ソロモン諸島での共同生活から思考する人類学者と現地住民との『かかわりあい』」栗本英世・村橋勲・伊東未来・中川理（編）『かかわりあいの人類学』大阪大学出版会、二二七―二四五頁。
モース、マルセル（二〇〇九）『贈与論』吉田禎吾・江川純一（訳）、筑摩書房。
モース、マルセル（二〇一四）「贈与論」『贈与論 他二篇』森山工（訳）、岩波書店、五一―四五三頁。
Burt, B. (1994) *Tradition and Christianity: The Colonial Transformation of a Solomon Islands Society*. Chur: Harwood Academic Publishers.
Fraenkel, J. (2004) *The Manipulation of Custom: From Uprising to Intervention in the Solomon Islands*. Canberra: Pandanus Books.
Harrison, S. (1993) *The Mask of War: Violence, Ritual and the Self in Melanesia*. Manchester & New York: Manchester University Press.
Hogbin, I. (1964) *A Guadalcanal Society: The* Kaoka *Speakers*. New York, Chicago, San Francisco, Toronto & London: Holt, Rinehart and Winston.
Keesing, R.M. (1983) *'Elota's Story: The Life and Times of a Solomon Islands Big Man*. New York & Tokyo: Holt, Rinehart and Winston.
Kwa'ioloa, M. and B. Burt (2007) "The Chiefs' Country': A Malaitan View of the Conflict in Solomon Islands," *Oceania* 77(1): 111-

127.

Maenu'u, L.P. (1981) *Bib-Kami na Ano: Land and Land Problems in Kwara'ae*. Honiara: The University of the South Pacific Solomon Islands Centre.

Nanau, G. (2018) *Wantoks* and *Kastom* (Solomon Islands, Melanesia), In A. Ledeneva (ed.) *The Clobal Encyclopaedia of Informality: Understanding Social and Cultural Complexity*, volume 1, pp.244-248, London: UCL Press.

O'Brien, C. (1995) *A Greater than Solomon Here: A Story of Catholic Church in Solomon Islands 1567-1967*. Archdiocese of Honiara, Diocese of Gizo and Diocese of Auki: Catholic Church Solomon Islands Inc.

Strathern, A. and P.J. Stewart (1998) "Embodiment of Responsibility: "Confession" and "Compensation" in Mount Hagen, Papua New Guinea," *Pacific Studies* 21 (1/2): 43-64.

Tippet, A.R. (1967) *Solomon Islands Christianity: A Study in Growth and Obstruction*. London: Lutterworth Press.

第8章

「生き方」を捉えるものさし

——ヒトとチンパンジーの生活史の種間比較を目指して

松本卓也

1　本章の理論的背景と課題設定

本章が目指す研究目的は、ヒト（*Homo sapiens*）とヒト以外の霊長類との比較を通じて、それぞれの種の特徴を描き出すことである。特に、タンザニア連合共和国の野生チンパンジー（*Pan troglodytes*）を追いかけながら、私が日々フィールドノートに記述している「行動」に着目し、行動の種間比較がどのように可能かについて考えたい。本節ではまず、議論の下地になる要素として、（1）生物を時系列に捉える必要性、（2）時間軸のスケールによって異なる生命現象の見え方、そして、（3）個体発達という時間スケールで種間比較を可能にする生活史戦略理論について概説し、本章の課題設定を示したい。

1……生物を時系列的に捉える

chatGPT等のＡＩチャットボットサービスが市民権を得た昨今では当たり前とも言い切れないので確認しておくと、本章を書いている私はヒトという種に分類される生物である。おそらく、本章を読んでいるあなたも同様にヒトという生物であろう。それでは、例えばいま私やあなたを瞬間凍結して、構成する物質も構造も維持したまま時系列的な変化だけを取り去ってしまったとしたら、われわれは生物と言えるだろうか。化石や

DNAを基にした分類学・生化学等に鑑み、答えはイエスであろう。骨の形態学的な特徴やタンパク質の構造、およびDNAの塩基配列等から、われわれが生物の一種であるヒトだ、と判断可能だからである。それでは、冷凍状態のわれわれが「行動」を示していると言えるだろうか（書いている、読んでいると言えるだろうか）。たとえ今にも動き出しそうな見た目で固まっていたとしても、答えはノーと言いたくなってしまう。その理由として、行動そのものに「時系列的な変化を伴う」というニュアンスが含まれているからではないかと思われる。すなわち、行動を記録し分析する研究（私の専門である、野生霊長類を対象としたフィールドワークによる行動研究を含む）は、時系列的に生物を捉える営為の一つであると言える。

生物を時系列的に捉えることを考えたとき、最も大きい時間軸のスケールを持つ概念が進化であろう。地球上には、形態も塩基配列もそして行動も、実に多様な生物が暮らしている。われわれが目撃する現生生物の多様性からは想像しにくいが、三つ一組の塩基配列と、コードされているアミノ酸の対応関係（コドン表）が種間で概ね共通していることから、現生の生物は共通の祖先を持つとされる（Futuyma and Kirkpatrick 2017）。すなわち、生物は長い時間をかけて自己（の遺伝子）を複製しながら、同時に多様化してきた。突然変異という現象自体が進化的に淘汰されていないという事実からも、多様化は生物を特徴づける重要な性質であることが示唆される。そして、「ヒトとチンパンジーとの比較によって、それぞれの種の特徴、特にそれぞれの『生き方』を描出する」という本章の目的をある程度妥当なものとしている根拠として、ヒトとチンパンジーは遺伝的に近縁であり（塩基配列が他の生物種よりも似ており）、種として袂を分かってからの時間が他の生物分類群より短い、という想定がある。例えばヒトとチンパンジーの共通祖先が生きていた時代は七〇〇万年前と言われる。なかなかイメージのしにくい時間単位だが、例えばクワガタムシ科（Lucanidae）の種分化がおよそ一億六〇〇〇万年前

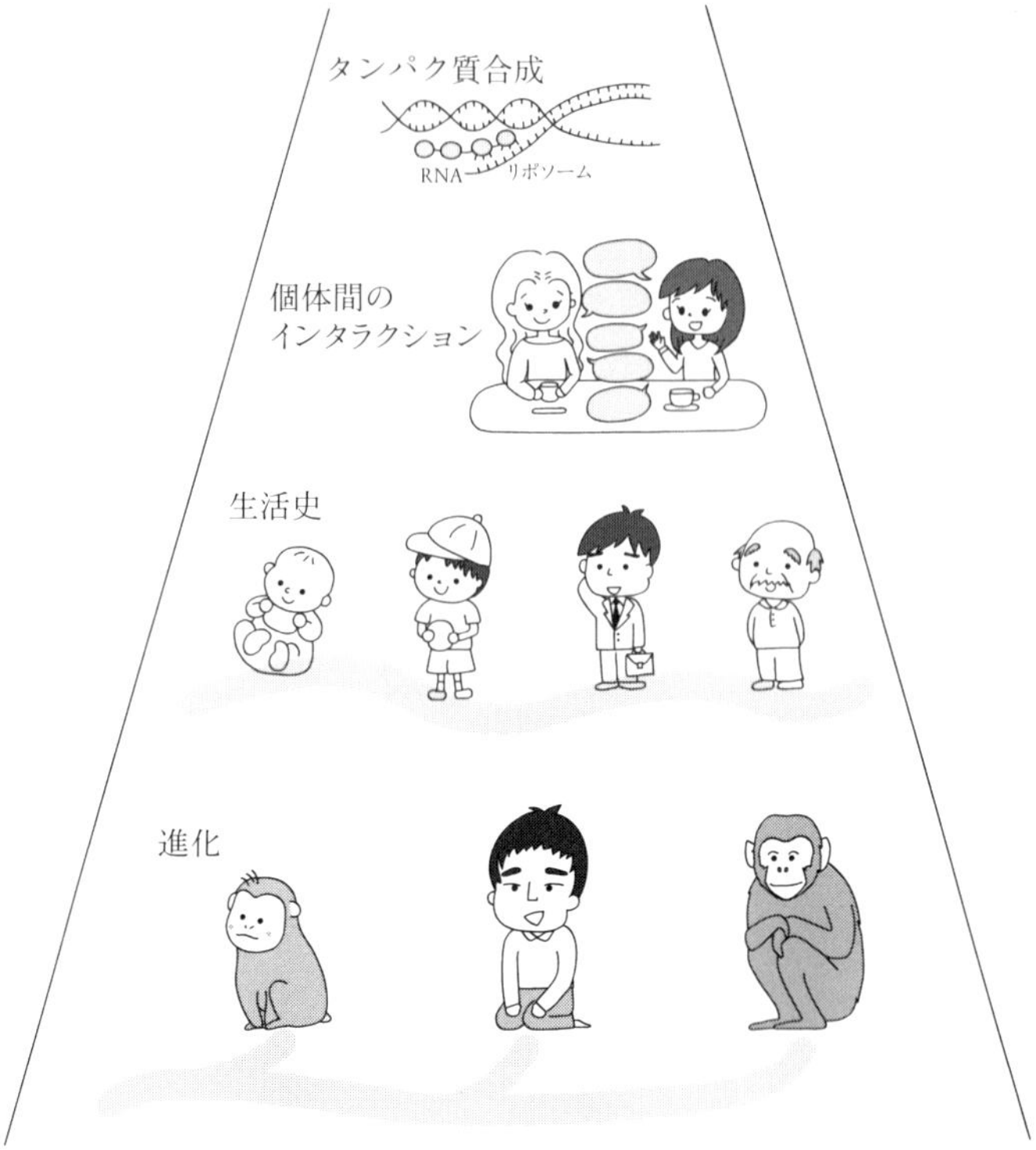

図8-1　生物を時系列的に捉える際のスケールの違いを表す概念図

のジュラ紀から始まっている（上木二〇二三）と考えると、七〇〇万年はそこまで長い期間でないと言えるかもしれない。

さらに、生物を時系列的に捉える際の時間軸を変化させると、神経・生理的な反応、生化学的な反応といったレベルから、個体のやりとり、個体の発達、そして種の多様性と進化に至るまで、生物は時間軸のスケール（ものさしの目盛り）を変えることによって様々に表情を変えることが分かる（図8—1参照）。塩基配列にしたがって合成されたタンパク質によって身体が構成され、個体間のインタラクションが生まれ、そのインタラクションによって個体の発達のしかたが変化し、さらに種の進化へと結びついていくように、それぞれの時間スケールで捉えられる現象は相互に密接に関連したものと考えることもできる。

2……生物の行動を捉える

生物を対象とした研究のなかで、「瞬間凍結して時間を止めた私やあなた」でも分析可能と紹介した骨・タンパク質・塩基配列は、明確な物質的基盤があるゆえに扱われやすく、出版される論文数を基準にすれば生物学におけるメインターゲットと言えるだろう。また、比較対象が物質であるゆえに、基準が明確で種間比較がされやすい。例えば、ヒトとチンパンジーの塩基配列の違いは約一・二三％、と具体的な数字が提示可能である。また、FOXP2遺伝子に突然変異の入ったマウスの知見からヒトの言語発達への洞察を得ることもできるし、頭蓋骨の比較から脳容量の差を具体的に計算することも可能である。

しかし、個体間のインタラクションや生活史のように、中間の時間スケールを取り扱う研究の場合（図8―1参照）、つまり個体同士のやりとりや個体の発達といった「行動」に関わる次元になると、少し様相が変わってくる。もちろん、われわれが行動として観察可能な現象は、神経・生理的な反応やタンパク質の合成といった生化学的な反応等のより短い時間スケールの現象の積み重ねによって生じている。しかし、異なる時間スケール間の関係性はまだまだ不明な点が多い。例えば、どの塩基配列（遺伝子）がどの行動に結びついているか、あるいはどのようなタンパク質のはたらきが行動に結びついているかの対応関係は明確でない場合が多い（あるいは、単純な対応関係では説明ができない）。そのため、行動を種間で比較する際には、拠り所となる物質的基盤にまで還元させることは（現時点の研究の蓄積からは）難しく、行動を定義・分類したうえで記録するというプロセ

図8-2　「叩いて音を出す」ヒト

図8-3　「叩いて音を出す」チンパンジー

スが必要になる。原子の動き一つ一つの合算から分子の動きを予想・説明することはほとんど不可能であるように、行動は現時点でそれ以上還元できないものとして扱われるしかない。つまり、行動そのものを最小単位として扱う必要がある。例えば、「叩いて音を出す」行動は、ヒトとチンパンジー両種で見られるが、「叩いて音を出す」行動について塩基配列に還元して共通点・相違点を探るのは現在の科学的知見からはあまり得策でないと思われる（図8—2、8—3参照）。

各生物種の行動を記録し、個体発達について種間で比較するための理論的背景として、生活史戦略理論が挙げられる。まず大前提として、突然変異の蓄積やテロメア長の短縮等の理由から、一個体が永遠に生き続けることは不可能とされる。つまり、生物は自身が生存しつつ、次世代の個体を残すことを何億年も繰り返してきたと言える。個体が生まれ、育ち、繁殖し、最終的に死に至るまでの過程、すなわち「生き方」を包括的に把握する概念は生活史と言われる（スプレイグ 二〇二三）。そして、生物が「自身の生存と繁殖」という二つの営為を両立させる際、生命活動（成長・生存・繁殖・子育てなど）に対して限られた自身の資源（栄養と時間）を最適に配分している、と考えるのが生活史戦略理論である（Stearns 1976）。例えば、早熟で小柄な子を多く産む戦略と、成長が遅いが体格の大きな子を少数産む戦略は、同じ量の資源を次世代の個体に費やすと考えた際に対をなす戦略である。つまり、子の数と子の成長速度という生活史の要素間はトレードオフの関係にあると考えることができる。生活史戦略理論の整備によって、種間での生活史（あるいは「生き方」）を一定の基準で比較することが可能になったと言える。しかしながら、生活史研究は明確な物質的基盤を持たない「行動」を範疇に入れているために、魅力的な反面、行動を扱う困難さもその内に抱えていると言える。

3……行動の定義の難しさ――操作的定義について

私が初めてヒト以外の霊長類の行動観察を行ったのは、学部三年生時の二〇〇九年である。嵐山モンキーパークのニホンザル（*Macaca fuscata*）を何も知らないままに観察し、何かおもしろい研究テーマを見つけてデータを集めて来い、という大雑把な（今思えばたいへん魅力的な）実習の一環であった。目に映るすべてを記述することが目標とされたが、そもそも刻一刻と変化する行動を記述するには自分の筆記のスピードが追いつかない。そして、目を合わせただけで「怒ってくる」ニホンザルのオスの態度に委縮しながら、曲がりなりにも初めての行動観察を始めた私は、ある印象的なやりとりを観察した。ある低順位のメスがオスに毛づくろいの催促をされて（目の前にごろりと寝転がられて）、毛づくろいしたものか、でも怖い、そんな様子でまごまごしたのち、両手の動きはまさしく毛づくろいのそれなのだが、どう見てもオスの体には触れていない、いわば「エア毛づくろい」を始めたのである。オスは毛づくろいをさも受けているかのように横たわったままだ。当時の私は、そのメスの気持ちが分かったような気がして、持っていたノートとペンを放り出したくなるくらいに大笑いした（詳細は松本（二〇一六）を参照）。

上記の例は極端に思えるかもしれないが、行動を記述することの困難さは、あれから一五年近く経った今でも、いや今の方がむしろ強く感じる。どのような「ことば」を使ってヒト以外の霊長類の行動を記述するか、という議論は、例えば河合ら（二〇二三）に詳しい。私はもう少し根本的な、行動を基準に議論すること（あるいは、行動を記述すること）に伴うそもそもの課題について本章を通して考えてみたい。例えば、毛づくろいをする、という行動は、毛を片手で押さえてもう片方の手でシラミの卵を摘んでとること、と一応の定義づけはできる。しかしながら、では両手で毛を掻きわけているときはなんと呼ぶのか、シラミの卵を摘んで自分の口に持って行っているように見えるがそれは本当にシラミの卵か、途中で周囲の様子をきょろきょろと眺めている時間は毛づくろいという行動の一連の動作ではないか、そもそも手が相手の毛に触れることを定義に含む必要があるだろうか（「エア毛づくろい」も毛づくろいではないか）……。もちろん、動物行動学においては、行動を研究目的に沿って（あくまでも）操作的に定義することがセオリーとなっている。つまり、行動を操作的に定義すること（記述可能にすること）は、行動をカウンタブルなものとして分析可能にするために必要な手順だ。しかしながら、行動の操作的定義は必然的に行動から読み取れる情報の捨象である。得られたデータを分析して導き出される結論と同時に、何を捨象したのかについても自覚的になる必要があるだろう。

繰り返しになるが、私の研究目的は、ヒトとチンパンジーの生活史（＝「生き方」）を相互に参照しながら、それぞれの生活史の特徴を描き出すことである。本章では、ヒトとチンパンジーの比較を例に挙げながら、生活史の種間比較のこれまでの試みの妥当性を批判的に検討する。その際、特に（塩基配列のような物質的基盤ではなく）「行動」を基準にすることで生じる課題について焦点化したい。続く第2・3・4節において、それぞれ別のトピックについて議論する。すなわち、種間で「同じ行動」を定義する困難さ（第2節）、個体の生き方を社会の中で捉える困難さ（第3節）、生き方の個体差を捉える困難さ（第4節）について議論する。

2 トピック①――生活史の要素の抽出方法を統一することの困難さ

本節では、ヒトとチンパンジーとの比較において、生活史の要素（繁殖可能になる年齢、など）を抽出する方法がそもそも種間で異なるという困難さについて説明する。ヒト以外の霊長類と比較した際のヒトの生活史の特徴を概説したのち、離乳という現象にまつわる行動の定義について議論したい。

1……ヒトの生活史の特徴――早期離乳とチャイルド期

ヒトを含む霊長類は比較的ゆっくりとした生活史を持つとされる（Ross 1998）。すなわち、他の哺乳類と比較して遅い繁殖開始年齢を持ち、出産間隔も長い（Harvey et al. 1985）。進化の時間スケールで捉えた際に、霊長類

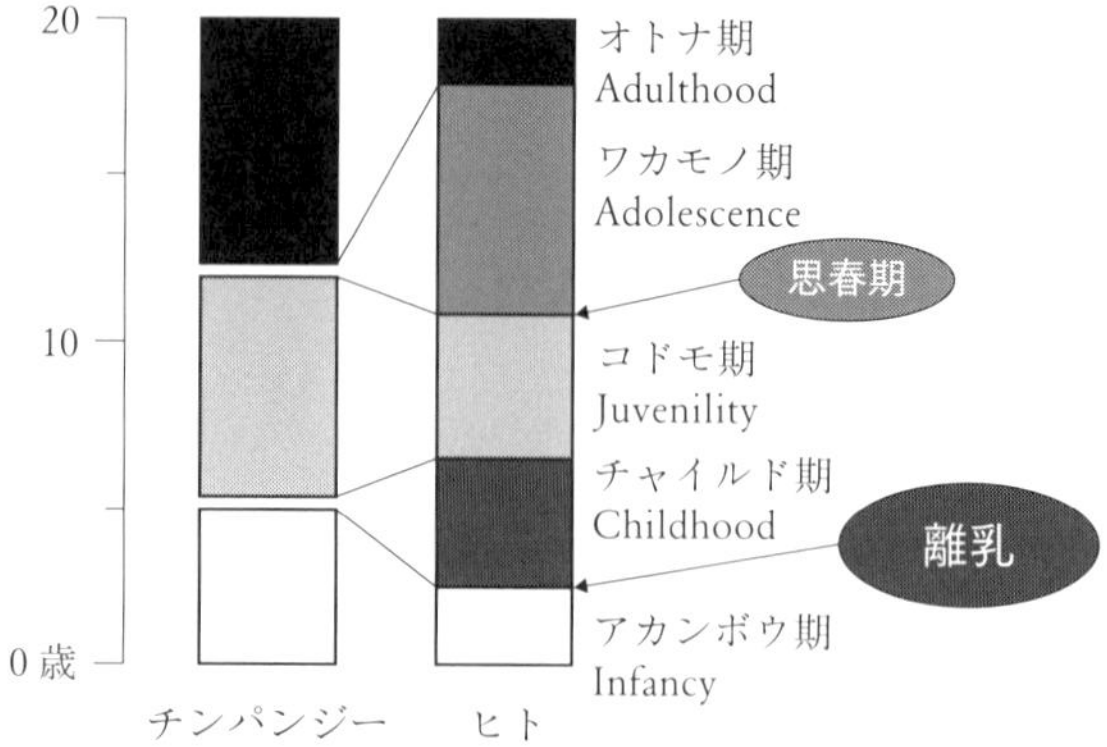

図8-4　チャイルド期を示した図
Bogin(1996)の図を改変

は樹上での生活という比較的捕食圧の低い環境に適応したことで、子ひとりひとりへの投資量を大きくしたと言える。特にヒトと大型類人猿は、他の霊長類よりもさらにゆっくりとした生活史を持つ。これらの種の共通の祖先は、熱帯雨林という季節変動が少なく食物供給が安定している環境に適応し、成長と繁殖のペースをゆっくりとする生活史戦略を発展させたと考えられている (Kelley and Schwartz 2010)。

さらに、ヒトの生活史には大型類人猿とは異なる特徴が見られることが指摘されている (詳細は松本二〇二三bを参照)。ヒトの祖先は、主な生息環境を森林からサバンナに変え、捕食圧が高い環境に適応するために、短い間隔で次子の妊娠と出産を行う戦略を採ったと考えられている。そのためヒトは、他の霊長類と同じく成長に時間をかけるゆっくりとした生活史を維持しつつも、大型類人猿に比べて出産間隔が短いとされる (Yamagiwa 2015)。

2……ヒトとヒト以外の霊長類で異なる「離乳」の指標

それでは、前節で概説したような進化の時間スケールから、個体の行動発達の時間スケールでヒト特有とされる生活史を眺めてみよう。具体的なヒトの離乳年齢として、二・五―三歳程度（29.0±10.0月齢）（Sellen 2001）という数値が挙げられる。この数値は、一一三の非産業社会集団（nonindustrial populationsの直訳）を対象に、母親が母乳を全く与えなくなる時期をアンケート調査した結果から算出されたものである（もちろん、ヒトの離乳時期は集団／個人によって多様である）。一方、ヒト以外の霊長類では、「乳首接触の終了」が離乳の操作的定義とされることが多い（e.g. Machanda et al. 2015）。ヒトと遺伝的に最も近接な種のひとつであるチンパンジーは、四―五歳程度まで子が母親の乳首をくわえる行動が見られる。この時期は、次子の誕生日から妊娠期間を差し引いた時期、つまり次子の妊娠時期と概ね一致している（Emery et al. 2007; Emery 2013）。よって、チンパンジーの人口統計学的データを収集しまとめた論文では、離乳時期として四―五歳という値が採用されることが多い（e.g. Hiraiwa-Hasegawa et al. 1984）。この離乳時期の差をもって、ヒト特有の生活史の特徴として「早期離乳」が挙げられる（Humphrey 2010、図8―4参照）。ただし、この離乳時期の差は、母乳供給／摂取の終了時期を離乳としながらも、異なる調査方法（定義）によって算出された結果だと指摘できる。

ヒトの離乳年齢として「母乳を全く与えなくなる時期」を母親に尋ねることが可能である一方、チンパンジーを含む一部の霊長類は母乳の摂取なしに乳首接触のみを行うことが指摘されており（西田 1994；Tanaka 1992）、幼年個体が実際に母乳を摂取しているかを行動観察のみから厳密に判断するのは困難である。行動観察以外の手法として、バデスクら（Bădescu et al. 2017）は、母乳の移動を伴わない乳首接触の存在を、野生チンパンジーの糞の安定同位体比の分析によって明らかにした（この研究手法は、原子の安定同位体の存在比、という物質的基盤のあるものという点に留意したい）。また、乳首接触とは異なる指標として、母親が死んで孤児になっても生き残る可能性がある時期の境界が、野外チンパンジーの長期研究によって明確になってきた。Boesch et al.（2010）によると、タイ森林（コートジボワール）に生息するチンパンジーが母親を失って二年以上生き残った事例のうち、孤児になった時点で最年少の個体は、母親以外のメスから授乳を受けた場合を除くと三〇月齢である。私の調査地であるマハレ山塊国立公園（タンザニア）においては、三歳近く（三七月齢）で孤児になった二個体のうち、一個体が二年以上生き残った。そして、二九月齢以下の孤児が生き残った例は報告されていない（三〇―三五月齢は記録無し）（Nakamura and Hosaka 2015; MMCRP record）。これらの報告は、三歳前後のチンパンジーが乳首接触を操作的定義とした際の離乳時期よりもかなり早い段階で、母乳への依存度を大幅に減少させていることを示唆している。そこで、子が母乳以外の食物から栄養を摂取するようになる過程としての離乳（Lee 1996）を行動学的に捉えることが私の大学院での課題となった。

3……「食べ方」を指標として見えてくる離乳

チンパンジーの幼年個体の「食べる」行動を大学院での研究対象とした私にとって、何をもって「食べる」行動とするのか、が最大の課題であった。ヒトの赤ちゃんはなんでも近くの物を手に取って口に入れる（そして親が「食べちゃダメ」と言って回収する）ことがよくあるが、チンパンジーも同様に、身の回りのあらゆるものに唇で触れる時期がある（ただし、チンパンジーの親が子の持っているものを回収することはほとんどない）。この行動は「遊び食べ（Play Feeding）」と呼ばれており、栄養摂取には寄与していないと考えられている（図8―5参照）。ここで、オトナにとっての食物を口に入れた時だけを「食べる」行動としてしまっては、幼年個体の「食べる」を捉えたことにはならないだろう。悩んだ私は、「もう何でも書いたるから何でも口にしたらええわ！」と開き直って、とにかくチンパンジーの幼年個体の口に触れたものは石ころだろうが腐った果実だろうが果ては母親(の毛)であろうが、とにかく記述することにした。そして、半年以上記録を続けた先に、口に入れて咀嚼する行動は「食べる」により近いだろう、という洞察を得て、分析を進めることにした。つまり、「食べる」行動をより細かく操作的に定義して発達変化を調べた。

図8-5　チンパンジーの「遊び食べ」

観察時間に占める採食時間割合の月齢ごとの発達変化を分析した結果、採食時間割合は月齢を経るごとに増加する傾向があったが、中でも三歳前後において、採食時間の増加率が比較的高いことがわかった。また、子の採食時間割合が植物部位(果実・葉・髄・木部・その他)ごとにどのように発達変化するかを分析した。その結果、三歳前後で葉の採食時間割合が大きく増加する傾向があった。その理由として、葉は有害な二次代謝物・消化しにくい繊維質ともに多く含まれており(Agetsuma 2001; Nowell and Fletcher 2008; Takemoto 2003)、月齢の低い子にとっては採食が困難な食物であると考えられ、三歳以降の子は身体的・消化能力的にも充分に発達し、葉をある程度採食可能になったためと考えられる。さらに三歳以降の子は、独力で操作することが難しい食物(堅い殻に包まれた果実等)を、母親からの食物移動(第4章 田島論文 第2節も参照)なしに独力で食べることができるようになる傾向があった。これらの結果から、チンパンジーの子は三歳前後で採食の量・質ともに大きく変化させていることが示唆された。つまり、子が母乳以外の食物から栄養を摂取するようになる過程としての離乳時期（詳しくはLee 1996を参照）は、糞の安定同位体分析や孤児に関する研究の結果から示唆される三歳前後、という結果と整合的であった（Matsumoto et al. 2017）。

さらに、近年の人類学的な研究として、ヒトの「食べる」行動の発達過程についても明らかになりつつある（第9章 園田論文 第3節も参照）。ヒトの生活史の特徴として、離乳後も食物と保護を同じ集団のオトナに依存する時期が続くことが挙げられている。この時期はチャイルド期（およそ三―七歳）と呼ばれ、他の霊長類と比較した際に、ヒト特有の発達区分であるとされている（Boggin 1997, 2009; Boggin et al. 1996、図8―4参照）。ただし、依存／独立は行動を要素としているようでいて、より抽象的な概念となっている点に留意が必要である。Crittendenら（2013）は、他者から与えられる食物の重要性と子の依存度の高さが、人類進化の議論で暗黙のうちに強調されてきたと指摘する。これまで、ヒトの子を対象に追跡した研究自体が少なく、また、少ない研究の中でも離乳後の子自身の食物獲得がほとんど観察されなかったため、子が自身で食物を獲得する行動（self-provisioningと呼ばれる）は重要視されてこなかった（例えばKaplan 2000）。一方で、子は受動・依存的な存在ではなく、離乳直後から食物獲得に積極的に関わっていることが指摘され始めている（Crittenden et al. 2013; Konner 2016; Kramer 2005, 2010）。オトナが狩猟採集に出かけている間、キャンプに残った子らは自身で狩猟採集に出かけ、そこで獲得した食物を、オトナが帰ってくるまでにほとんど子らだけで消費する傾向があることも指摘され始めている（Bird and Bird 2000; Jones et al. 1997; Swadling et al. 1981）。例えば、Hadzaの社会において、離乳直後の三歳で、必要なカロリーの三〇％を自身で獲得している子もいる（Crittenden et al. 2013）。

また、狩猟採集民の子の採集方法の特徴として、子は自身の身体的発達に応じて、オトナと違った採集戦略をとっていることが報告されている（Bird and Bird 2000, 2002; Crittenden et al., 2013; Jones 2002; Tucker and Young 2005）。すなわち、子の採集行動は迷子の可能性の低いキャンプの近くで行われることが多く（Konner 2016）、子が自身で獲得する食物は、オトナと違って選択的でなく、時にオトナの食べない物を含めて出会いやすいものを採集する。つまり子は、キャンプから遠くへ離れられないという場所の制限がありつつも、オトナと比較して手に入りやすく、しかし採算性が少ないためオトナが採集しない（かつ、食べない）ものも含めて採集対象にすることで、機会主義的に採集をしていると言える。実は、野生チンパンジーの離乳前後の子の食物も、母親（オトナ）と異なる傾向がある。例えば母親が他個体と毛づくろいをしているとき等に、チンパンジーの幼年個体は母親から少し離れてひとりで植物を食べることがある。そして、そのとき食べるものは、オトナの食べないものも比較的多く含まれていることが示唆されている（Matsumoto 2019）。つまり、「食べる」行動に着目することによって、離乳という現象の新しい側面が見えてきた。すなわち、離乳後に他個体から食物分配を受ける（依存的な）ヒトと、離乳後に独立した採食者となるチンパンジーという対比構造は、幼年個体自身の「食べる」行動を比較軸に据えれば明確な対比にはなっておらず、母乳以外の食物から栄養を摂取するという観点から類似点も見出すことができる。

3 トピック②——生活史を個体に閉じない社会の中で捉える困難さ

本節では個体の生き方を社会の中で捉える困難さについて議論する。特に、複数個体の行動のやりとりから見えてくる「社会（性）」の中で個体の生活史を考えるためには、単一の行動を定義・記述するよりもさらなる困難さが伴うことを説明したい。

1……出自集団から移出する性

まず、チンパンジーの社会の特徴について概説したい。これまで、調査歴の長い調査地で五〇年以上もの間、野生チンパンジーの人口統計学的データが蓄積され、チンパンジーの集団の人口動態が明らかになってきた（霊長類の集団・群れに関する詳細については、第10章 西川論文も参照）。チンパンジーのメスの多くは性成熟の前後で出自集団から移出し、出産を迎えた集団に留まる傾向がある（例えばNishida et al. 2003）。一方、近くに他集団が存在しない孤立集団であり、集団の個体数も少ないボッソウ村（ギニア）近辺に生息する集団（Sugiyama 2004）以外では、オスは出自集団にとどまる。メスがオスよりも遠くへ分散することが遺伝学的にも示唆されており（Morin et al. 1994）、社会的な分散の性差（メスが出自集団から移出する傾向）とは矛盾しない。しかし、いずれの長期調査地においても、出自集団から移出せずに出産するメス（以下、居残りメス）が少なからず存在する。そのため、メスがなぜ移出するのか（あるいは居残るのか）という点が、調査対象集団の生態的・社会的条件に応じて異なる、移出と居残りのメリット・デメリットを比較するというかたちで議論されてきた（詳細はMatsumoto et al. 2021を参照）。

出自集団内には、メスにとって血縁上の父親や兄（チンパンジーは乱婚型の繁殖形態のため、少なくとも母親が同じ兄）が在籍している可能性がある。そのため、メスの移籍には、近親交配による遺伝的な疾病のリスクを避ける機能があると考えられている（Pusey and Wolf 1996）。言い換えれば、居残りメスには近親交配のリスクがある。これまで母親を同じくする血縁者（兄や弟）と居残りメスとの間に、子が生まれた事例は報告されていない（Constable et al. 2001; Inoue et al. 2008）。しかし、兄妹・姉弟間の交尾行動が起こることはあり、その頻度には集団ごとの変異がある。マハレと同時期に調査が開始されたゴンベ渓流国立公園（タンザニア）においては、一九六〇年から一九八七年までの調査史において、四組の兄妹間（性成熟した兄妹が同じ集団にいた期間は、論文内で正確に示されていない）で合計五〇例の交尾が観察されている（Goodall 1986）。

血縁者との近親交配がデメリットとなりうる一方で、居残りメスが、出自集団内の血縁者から援助を受けることができた事例が報告されており、これは居残るメリットと考えられる。たとえばマハレにおいて、居残りメスの子へのオスの子殺しの試みに対し、その居残りメスの母が間に入って仲裁を試みた事例（Sakamaki et al. 2001）や、育児放棄気味の居残りメスに対し、その母が居残りメスの子の世話をした事例（Nakamura and Hosaka 2015）が報告されている。また、ゴンベにおいても、育児放棄気味の居残りメスに対し、その母が居残りメスの子の世話をした事例（Wroblewski 2008）が報告されている。

進化のように大きな時間スケールで考えれば、性成熟前後のメスにとって出自集団内に居残るメリットがデメリットを上回ったとき、メスは居残ると考えることができる。ただし、居残ったメスに関する詳細な報告は少ない。これまでに報告されてきた居残りメスのデータの多くが、居残りメスの割合の高いゴンベのカサケラ集団のものである。その理由として、ゴンベでは移籍先の候補となる隣接他集団が二つに限られている（遺伝的にもこれらの三集団は他の生息域から完全に孤立していることがわかっている（Morin et al. 1994））ため、居残るメスが多くなっているという可能性が指摘されている（Nishida 2012）。本節では、他地域との遺伝的交流が確認されているマハレの居残りメスの行動を、個体発達の時間スケールで眺めてみたい。

2……近親間の交尾と居残りメスの観察

「あっ！　あ〜？……ああ」

調査アシスタント二人が、示し合わせたように全く同じタイミングで、嘆息にも似た声を漏らした。その声に、傍の私は、今まさに我々の眼前で起こっている出来事が、単なる見間違いでないことを静かに悟ったのだった。――その日我々は、五〇年に及ぶ調査地マハレの研究史で初めてとなる、チンパンジーの兄妹間交尾の目撃者となったのである。

二〇一三年一月七日、その日私は、第一位オスのプリムスと、妹のパフィーが毛づくろいをする様子を観察していた。パフィーの性皮は大きく腫脹しており、その日もプリムス以外のオスと交尾する場面を複数回観察した。しかし、兄と妹が交尾するとは夢にも思っていなかった私と調査アシスタントは、比較的のんびりとした心持ちで、仲睦まじいふたりの毛づくろいを見ていたのである。毛づくろいを受けていたパフィーが体勢を変えようとしたそのとき、プリムスがゆっくりと交尾の姿勢をとり（あっ！）、三度腰を前後させた（あ〜？）。そして、また毛づくろいに戻った（……ああ）。その間、一〇秒にも満たない。パフィーは嫌がる様子を見せなかった。今回の交尾は、射精を伴うものではなかったと考えられる。しかしその数ヶ月後、今度は別の研究者によって、射精を伴う交尾が両者の間で観察された。そして、パフィーは出自集団で出産して子育てをする居残りメスとなった。さらに、パフィーと同世代のメスのザンティップも出産をし、私はこれまで「例外」とされてきた居残りメス二頭を観察することとなったのである（図8—6、8—7参照）。

パフィーとザンティップの普段の行動観察をしていた私には、この二個体が、進化の時間スケールで論じら

図8-6　子を抱く居残りメスのパフィー

図8-7　子を眺める居残りメスのザンティップ

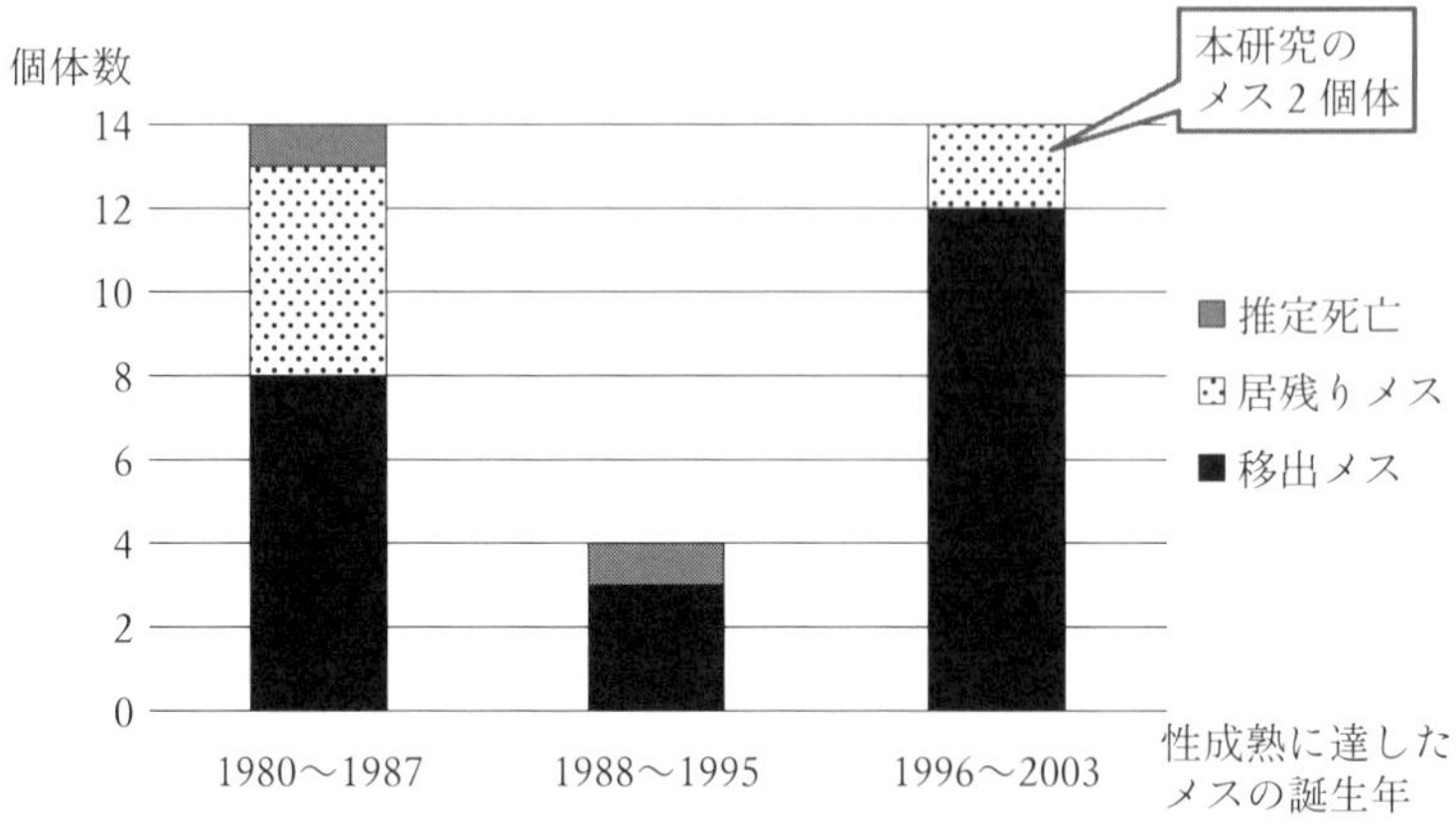

図8-8　誕生時期ごとの居残り出産メスの割合

れるところの例外／異端／外れ値の個体たちであるとはどうしても思えなかった。やんちゃに遊びまわる子をなんとか引っ張って移動を開始したり、他個体と毛づくろいをしたり、時に喧嘩をしたり、つまりはマハレM集団の一個体として暮らしているチンパンジーとして私の目には映る。そこで、私は居残りメスについての情報をまとめ直すことにした。居残りメスに関する文献を調査しようと考えたときにまず感じた困難さは、国際学術誌の掲載論文に載っている情報があまりに少ないということであった。調査地の歴史をまとめた書籍の片隅に簡単に記されている、といったものも多かった。それでも情報をかき集めてみると、興味深いことに「例外」とされていた居残りメスが、世界の長期調査地のすべてで「例外なく」観察されていることが分かった。しかも、その割合は進化の時間スケールで見ても無視できないほど大きいものであった（性成熟前後の年齢に達したメスを分母としたとき、集団ごとの居残りメスの割合は8.3－62.5%, N=7 (Matsumoto et al. 2021))。

マハレM集団で居残りメスが観察されたのは、一九九八年に初産を迎えた居残りメスの事例（Nishida et al. 2003）以来、一四年ぶりのことであった。一九八〇年から二〇〇三年に誕生し、九歳以上まで生き残ったメスのデモグラフィデータ（Nakamura 2015）を、メスの誕生年ごと（八年ずつ）の三つのグループに分けると、居残りメスは一九八〇—一九八七年生まれの一四個体のうち四個体、一九八八—一九九五年生まれの四個体のうち〇個体、そして一九九六—二〇〇三年生まれの一四個体のうち二個体が居残ったことになる（合計で三二個体中七個体＝二一・九％、図8—8参照）。すなわち、一四年もの間居残りメスが観察されなかった理由として、マハレM集団において、そもそも移出の可能性のある九歳以上まで生き残ったメスの数が少なかったことが指摘できる。また、九歳以上まで生き残ったメスを分母にとれば、マハレM集団の居残りメスの割合は二一・九％（三二個体中七個体）である。つまり、居残りメスは（割合としては低いが）例外的とは言えず、「チンパンジーのメスは一定の割合で出自集団に残って初産を迎える」と言えるかもしれない。そして、長期調査がなされているどの調査地においても居残りメスの存在が報告されている点は、この特徴がチンパンジーの集団間で共通したものである可能性を示唆している。

これまでマハレの居残りメスは、集団の個体数が大きく減少した時期（一九八四—一九九七年）にM集団で成長し、性成熟を迎えたメス五頭のみしか報告されていなかった。そのため、メスが居残る大きな要因として、集団の個体数の減少に伴う採食競合の緩和が挙げられていた（Nishida et al. 2003）。しかし、本事例の居残りメスは、幼少期から初産に至るまでの間に集団の個体数が大きくは変化しておらず、採食競合の相対的な低下を経験していたとは言えない。本研究では食物の量や分布の変化を考慮しきれておらず、集団の個体数から推測した間接的な証拠ではあるが、採食競合の急激な減少のみによってマハレのメスの居残りを説明することはできないと言える。

3……兄妹間の交尾の時系列的変化

兄妹間の交尾についても行動の記述と考察を加えておこう。性成熟した兄妹間（ただし、チンパンジーは乱婚型の繁殖形態をもつため、父親は少なくとも観察者からは分からず、「少なくとも母親を同じくする兄妹間」、という表現が正確である）で交尾が起こったのは、マハレM集団においては本事例が初観察である。交尾初観察時、毛づくろいの途中で交尾が行われた。オスがゆっくりと腰を振る動作、射精なし、すぐ毛づくろいに戻るといったやりとりから、初交尾の文脈は、いわゆる「オスメス間の性的な交尾」の文脈とは違っていた可能性がある。しかし、少なくともそれ以降のパフィーの発情期には、性皮検分（メスの性皮を触って匂いをかぐ行動）等を伴う、一般的なオスメス間の射精を伴う交尾行動（Hasegawa et al. 1983; Tutin 1979）を兄妹間で示すようになった。つまり、射精を伴わない交尾を経て、射精を伴う兄妹間交尾への抵抗が薄れていった可能性がある。

さらに、共同研究者が観察した事例だが、射精を伴う兄妹間交尾は、兄の交尾（の試み）に対して、妹が拒否的に振舞うことがあった。妊娠・出産・育児の過程を経て子を残すメスにとって、オスよりも近親交配による遺伝的な疾病のリスク（Pusey and Wolf 1996）の影響が大きく、メスはオスよりも近親交配に対して拒否的にふるまう傾向があるのかもしれない。ただし、パフィーの拒否行動は、単に「オスがしつこく誘いかけてきた」ことから生じた可能性も否定できない。つまり、パフィーが「相手が兄だから」拒否的な行動を示していたかどうかについては、明確な結論が出せない。ゴンベの兄妹間交尾の例においても、兄からの交尾（の試み）に対して抵抗するメスとしないメスがいることが報告されている（Goodall 1986）。一方で、オスはメスとは異なり、理論的には交尾の数を増やせばそれだけ子を残せる可能性が高くなるので、兄としては近親交配をあえて避けるよりも、近親個体も含めたより多数のメスと交尾をする方が良い選択となるかもしれない。

4……メスの選択肢としての「居残り」

さらに、今回の居残りメス二頭の特徴として、年齢が近い個体がまとまって居残った点が挙げられる。年齢が近い個体同士は、幼いころにともに遊ぶ機会が多くなると考えられ、そこで形成された親密な関係性が以降も続く可能性がある。今回の居残りメスであるパフィーとザンティップは、（ザンティップの母親である）クリスティーナの二〇〇八年生まれの子を世話していたという点（Nakamura and Hosaka 2015）で、若い頃にいっしょに過ごす時間が比較的長かったと考えられる。メスは、仲が良いメスの居残り・移出の選択に同調して自身の居残り・移出を選択する傾向があるかもしれない。過去に報告された居残りメスのトッツィーとアコの二個体も、ともに孤児であったことも影響して、とくに仲が良かったと報告されている（西田 二〇〇八）。つまり、メスが出自集団で居残る要因として近親交配の回避といった遺伝学的な要因（進化の時間スケールからの解釈）がこれまで想定されてきたが、出自集団での築いてきた社会関係等の個体発達の時間スケールにおいても居残りの要因を考慮する必要があることを一連の行動観察は示唆している。

ヒトとチンパンジーの生活史を個体に閉じない社会の中で捉え、比較するには、特にチンパンジーの人口統計学的なデータや行動観察の蓄積が圧倒的に足りないと言える。すなわち、ヒトによるチンパンジーの調査歴は、ようやくチンパンジーが生まれてから死ぬまでの時間スケールをカバーできるようになったに過ぎない。それでも、本節で紹介したように、従来は例外とされてきた野生チンパンジー社会における居残りメスの行動データを蓄積することによって、チンパンジーの集団間で共通した特徴として、「一定の割合でメスは出自集団に残って初産を迎える」という可能性が浮き彫りになった。さらに、適応度の上昇といった進化の時間スケールからの説明だけでなく、他個体の行動が自身の行動に影響を与える（もちろん、逆も然り）ような個体発達の時間スケールにおける影響も考察できるようになった。いずれにせよ、メスの移籍・居残りについて明確な結論を導くためには、今後も調査を継続し、居残りメスの観察事例をさらに増やすことが必要である。

そして、メスの居残りがチンパンジーの集団間で共通した特徴であるとすれば、これまで想定できていなかった祖母─孫関係を観察可能ということになる。ヒトの長寿と閉経は、ヒト特有の生活史の特徴とされており、「祖母仮説」のように（孫を含む）血縁者への貢献との関連性が議論される。実際、私はクリスティーナ─ザンティップ─ザイラというチンパンジーの親子三代のやりとりを観察しており、祖母と孫が遊んでいる間に母が離れた他個体に毛づくろいをしに行く、といったやりとりを観察している。つまり、出自集団に居残ることもメスの生き方の選択肢の一つと捉えて居残りメスの行動を蓄積することによって、進化の時間スケールにまで話が及ぶような新しい現象を発見することにも繋がるはずである。

4　トピック③——個体間の生活史の比較に伴う恣意性

本節では、生活史を捉えようとする際に無視できない個体間の違いについて議論する。個体の生活史（＝「生き方」）を扱う際には、進化の時間スケールにおいてあまり焦点化されないような、個体の行動のばらつき（個体差）を記述する必要がある。以下では、私の調査する野生チンパンジー集団で観察された障害児について紹介し、行動の記述に立脚しながら個体の生活史を扱う困難さについて議論したい。

1……個体間の生活史の差を捉える

進化の時間スケールで遺伝子と行動の結びつきを解明することを研究目的に据えたとき、研究対象とする遺伝子以外の多様性はいわばノイズとなり得る。そのため、例えばメダカを累代飼育することによって近交系を維持し、個体差による影響をなるべく少なくするような工夫がなされる。一方、野生で暮らしている動物たちが延々と近親間で交配することはまずなく、進化という大きな時間スケールから個体発達まで時間スケールを小さくした際、個体の行動や「生き方」は単一ではなくなる（もちろん、近交系においても発達過程の違いで個体差が生じることは想定されるが、程度としては小さくなる）。それでも、生活史を種間で比較することを目的とする場合には、個体差は要約統計量としての「データの裾野の広さ（散布度）」として要約されることになる。ちょうど第2節で概説したように、ヒトにおける「早期離乳」がその好例である。つまり、ヒトにおいてもチンパンジーにおいても、離乳の年齢にはばらつきがあるものの、代表値として平均値や中央値が離乳年齢として比較の俎上に乗せられることになる。

個体差を対象とした研究は、近年において注目を集め始めている。その背景として、一個体の全ゲノム（全塩基配列）を解析することが国家単位でなく個人の研究費の予算規模で可能となったことが挙げられる。それに

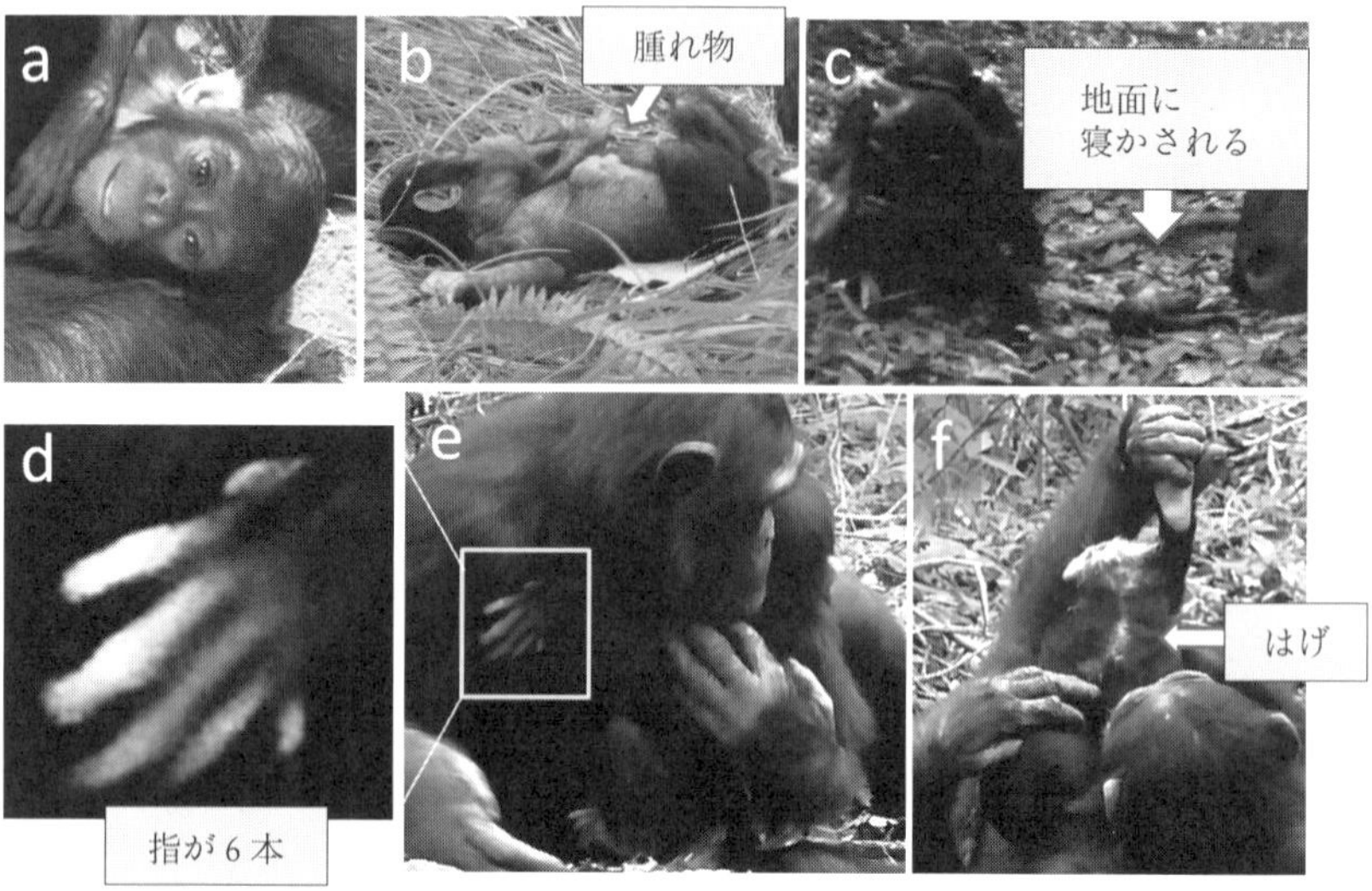

図8-9　クリスティーナ11の特徴
Matsumoto et al., (2016)の図を改変

よって、行動の個体差を遺伝子の違いによって（物質的基盤に立脚して）説明しようという研究が盛んになった。また、動物行動学において個体の行動間の関連性を解明することで個性を表現するという研究方針も立てられている。例えば、新規なものをよく食べる傾向のある個体は、危険な状況においても回避行動をとらない傾向があり、結果として捕食による死亡率が高い傾向がある、といった点である（渥美二〇二〇；酒井二〇二〇）。

上記のような研究方針はいわば生物学の「王道」となるだろう。一方で、本節で議論したいのは、どの行動に着目するのかによって、個性の見え方も変わってくるはず、という点である。私は、タンザニア・マハレ山塊国立公園において、重度の身体的「障害」のある野生チンパンジーの子（クリスティーナ11、図8―9a参照）が二年近く生きた事例を観察した経験がある。クリスティーナ11はお腹に腫れ物、背にはげがあり、左手には六本の指（一本はおそらく浮遊指）があった（図8―9b、d、f参照）。また、母親が毛づくろいをする際に地面に仰向けに寝かされることがあった（図8―9c参照）。同様の行動を私は他のチンパンジーの母子間のやりとりで観察したことがない。また、クリスティーナ11の姉であるザンティップ（出自集団で子を産む前）がよくクリスティーナ11の世話をしていた（図8―9e参照）。これらの身体的特徴や個体同士のやりとりから、観察当初の私はクリスティーナ11を障害児であるとみなすことにさほど抵抗を持っていなかった。

2……障害の定義と恣意性

現代社会におけるヒトの障害の捉え方には、主に二つのモデルが存在する。最初のモデルは医療モデル（個人モデル）であり、障害を個人の医療やリハビリテーションの問題とする考え方である。この医療モデルは、正常な身体機能からの逸脱を医療診断に基づく損傷として捉え、その損傷を持つ人を障害者と定義する。医療モデルにおいては、障害を医学的な損傷と見なし、障害者の社会参加が困難であると容易に結論付けることがある。一方、社会モデルは医療モデルに対する批判を提起し、損傷と障害を区別するという新たな視点を提示する。社会モデルでは、障害とは治療不能な身体的欠損や機能低下（損傷）そのものではなく、当事者の社会への参加を妨げる社会的な要因とされる。この視点に基づき、ヒト以外の動物における「障害」に関する先行研究を検討すると、主に医療モデルに沿った定義がなされていることが明らかになる（松本二〇二三a）。これは、社会モデルに基づいた障害の定義づけが、社会のありかたに関する知見の蓄積や障害者のインタビュー・訴えがなければ非常に困難であり、ヒト以外の動物には適用しにくいためである。したがって、ヒト以外の動物における「障害」は、医学的な診断に基づく「損傷」とほぼ同義となる。つまり、ヒト以外の動物における「障害」は、（獣）医学的な（ヒトの蓄積した知見による）診断によって定義されることになる（詳細については松本二〇二一を参照）。

一方、榊原（二〇一六）による障害社会学の視座に立つと、損傷は偏差や逸脱など統計学的な定義に依存しており、この点には二重の恣意性が存在する。まず、身体の各部位の統計学的な逸脱を定義することは可能であるが、その比較軸の選択に関する方法論を明確にするのは難しい。例えば、クリスティーナ11は二歳に達しようという年齢においても毛づくろい行動を示さなかった。また、母乳以外の食物を「食べる」行動が観察されなかった。これは他の個体と比較した際に逸脱と判断されがちだが、そもそも毛づくろいや食べる行動を比較軸にするかどうかの選択には、どうしても研究者の恣意性が介在する。さらに、分析軸を選んだ後でも、統計的な逸脱を超える「価値判断」を避けられないため、損傷を判断する際に恣意的な要素が介在することになる。例えば、母親を毛づくろいする年齢の分布を描く場合、早く毛づくろいを始める個体も、クリスティーナ11のように年を重ねても毛づくろいをしない個体も、統計的な逸脱となり得るが、早く毛づくろいを始める個体に損傷があるとみなすことは少ない。このような価値判断は、結局のところ恣意的であると言わざるを得ない。

3……発達を比較する際の恣意性

障害を定義する際に指摘されている恣意性は、個体の「生き方」を描く際にも留意すべきことと思われる。すなわち、障害の従来の定義への批判は、生活史の種間比較に関する議論にも有効だと考えられる。つまり、個体差（マイノリティを含めた散布度）を無視したマジョリティ（代表値）の話が議論の中心になることだけが問題でなく、そもそもマジョリティ／マイノリティを決める比較軸自体が恣意的に決められている点に留意しなければならない。個体の生活史を種間で比較し、それぞれの種の「生き方」を相互に参照するためには、生活史の要素を抽出する必要がある。塩基配列等の物質的基盤を持つものに関する情報は、（原理的には）誰が実験しても同じ結果が得られる。しかしながら、行動の記述は観察者（研究者）の恣意性からは逃れられない。第2節では、その抽出方法を種間で統一することの困難さを論じたが、そもそも抽出する要素をどのように選択するかについても内省的になる必要がある。つまり、対象とする行動を決めているのは研究者であり、さらにマイノリティを決めているのも研究者、ということになる。特にヒトに遺伝的に近縁な霊長類を対象とした行動観察を行う私は、かつてクリスティーナ11を障害児と扱うことに何の疑問も持たなかった（私自身がこれまで無意識に行ってきた「診断」をチンパンジーにも適用していた）。ヒト以外の動物の生活史を描く際には、ヒトの比較軸を採用しないとヒトとの比較がしにくく、それだけに人間中心主義的な価値観、あるいは特定の社会文化的視点の価値観を滑り込ませてしまうことのないように注意しなければならない。

5　結びに代えて――「生き方」を描き出す営為

ヒトおよびチンパンジーの生活史の特徴およびそれぞれの進化史を描くという研究目的を掲げたとき、遺伝

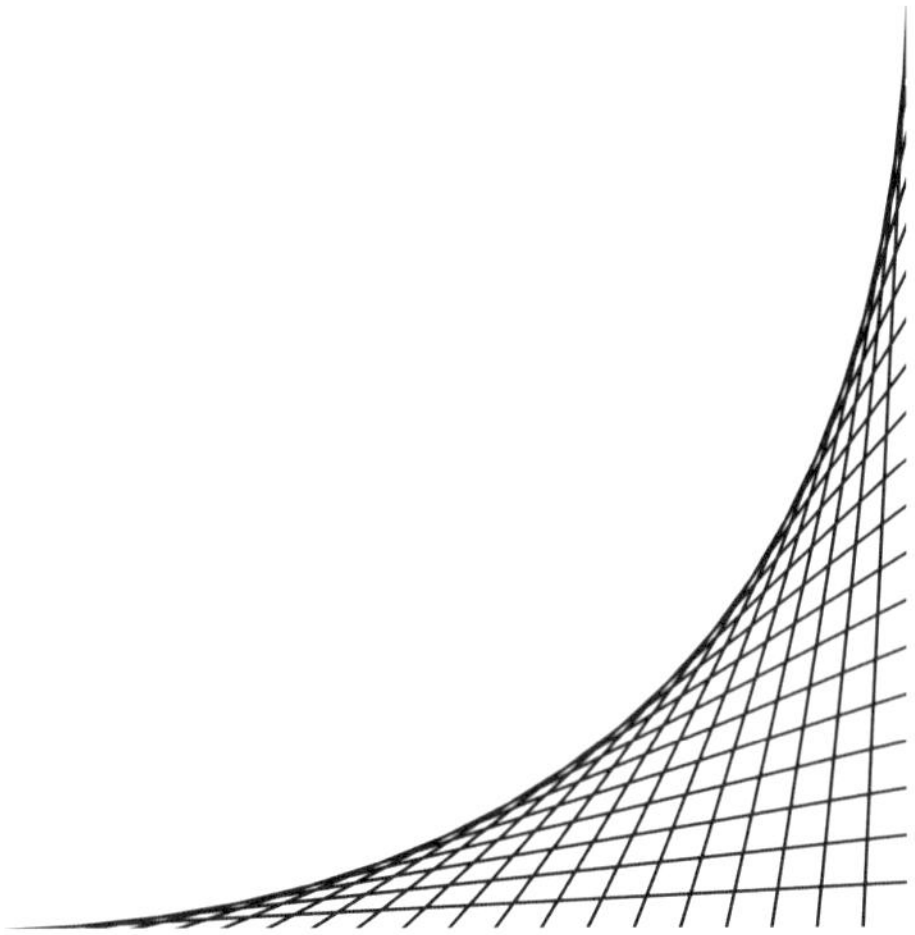

図8-10　直線の群で曲線を描き出す

的に近縁なこの両種の比較は必須だと思われる。本章は、ヒトとチンパンジーそれぞれの生活史を相互に参照し比較しながら、それぞれの「生き方」の特徴を描き出す試みについて議論した。全体として、いずれの研究例の紹介もよりよい（あるいは過去のものよりもいくらかまし）と思われる別の比較軸を据えただけで、軸を設定して比較するという基本的な構造は変わらない。それ以外の方法論を私は知らないし、発明もできていない。つまり、現時点で私は、本章で取り上げた三つの困難、すなわち、種間で「同じ行動」を定義する困難さ（第2節）、個体の生き方を社会の中で捉える困難さ（第3節）、生き方の個体差を捉える困難さ（第4節）について、完全に克服する術を見出せていない。

行動は塩基配列の様な物質的基盤を持つわけではなく、そもそも定義づけて記録することが難しい。種間で方法論を統一しようとするならなおさらである（第2節）。また、特に（ヒトを含む）霊長類は他の生物分類群と比較してゆっくりとした生活史を持っているために、量的なデータを基に議論するためにはわれわれ観察者（ヒト）の調査時間が足りないという課題も残る。また、ひとつひとつの行動のつづら折りによって見えてくる社会（性）については、「例外」とされるような個体の生き方も含めた丁寧な記述と分析が必要になるだろう（第3節）。

――それでも、ヒトおよびチンパンジーの生活史およびそれぞれの進化史を描き出したい私がやるべきことは、チンパンジーたちを追跡しながら、生活史に関する情報を集めることだけだろうと考えている。つまり、行動を詳細に記述し、また比較軸を設定して測り／計り続けるより他にないと思う。ちょうど接線の集合体によって円の輪郭が描出されるように（図8―10参照）、比較軸や時間軸を変えながら「はか」り続けることで、捉えがたい「生き方」についてよりよく記述・分析できると信じたい。ただし、第4節で指摘したように、自身で設定した軸の功罪については、常に内省的な姿勢を保ちながら。一歩一歩進んでは振り出しに戻されるような、途方もない気持ちにもなるが、それが私の、研究者（あるいはフィールドワーカー）としての生き方だと信じて進みたい。

参考・参照文献

渥美圭佑（二〇二〇）「「動物の個性」研究を俯瞰する」『日本生態学会誌』第七〇（一）号、三三―四四頁。

上木岳（二〇二三）『共生から紐解くクワガタムシ科の進化生物学的研究』信州大学院総合医理工学研究科（博士論文）

榊原賢二郎（二〇一六）『社会的包摂と身体――障害者差別禁止法制後の障害定義と異別処遇を巡って』生活書院。

酒井理（二〇二〇）「行動傾向の一貫した個体差と個体の発達変化の統合的理解に向けて」『日本生態学会誌』第七〇（一）号、五五―六四頁。

デイビット・スプレイグ（二〇二三）「生活史戦略」日本霊長類学会（編）『霊長類学の百科事典』丸善出版、四五四―四五七頁。

西田利貞（二〇〇八）『チンパンジーの社会（いのちの科学を語る）』東方出版。

西田利貞（一九九四）「野生チンパンジーにおける協力と葛藤解決」『学術月報』第四七（六）号、五八九―五九四頁。

松本卓也（二〇一六）「キジャナとチンパンジー」『はじめてのフィールドワーク ①アジア・アフリカの哺乳類編』東海大学出版部、二三一―二七〇頁。

――――（二〇二一）「医療診断なきチンパンジー社会の「障害」について」『生態人類学は挑む SESSION3 病む・癒す』京都大学学術出版会、四一―六九頁。

――――（二〇二三a）「障害個体の行動および他個体とのやりとり」『霊長類学の百科事典』丸善出版、四二―四三頁。

――――（二〇二三b）「霊長類における離乳過程の種間比較――ヒトの「離乳時期の早期化」への洞察」『霊長類研究』第三九（二）号、八五―九六頁。

Agetsuma, N.（2001）“Relation Between Age-sex Classes and Dietary Selection of Wild Japanese Monkeys,” *Ecological research* 16（4）: 759-763.

Bădescu, I., Katzenberg, M. A., Watts, D. P., Sellen, D. W.（2017）“A Novel Fecal Stable Isotope Approach to Determine The Timing of Age-Related Feeding Transitions in Wild Infant Chimpanzees,” *American Journal of Physical Anthropology* 162（2）: 285-299.

Bird, D. W., Bird, R. B.（2000）“The Ethnoarchaeology of Juvenile Foragers: Shellfishing Strategies Among Meriam Children,” *Journal of Anthropological Archaeology* 19（4）: 461-476.

Bird, D. W., Bird, R. B.（2002）“Children on The Reef,” *Human Nature* 13（2）: 269-297.

Boesch, C., Bole, C., Eckhardt, N., Boesch, H.（2010）“Altruism in Forest Chimpanzees: The Case of Adoption,” *PLoS One* 5（1）: e8901.

Bogin, B.（2009）“Childhood, Adolescence, and Longevity: A Multilevel Model of The Evolution of Reserve Capacity in Human Life History,” *American Journal of Human Biology* 21（4）: 567-577.

Bogin, B. A.（1997）“Evolutionary Hypotheses for Human Childhood,” *American Journal of Physical Anthropology* 40: 63-89.

Bogin, B. A., Smith, B. H.（1996）“Evolution of The Human Life Cycle,” *American Journal of Human Biology* 8: 703-716.

Constable, J. L., Ashley, M. V., Goodall, J., Pusey, A. E.（2001）“Noninvasive Paternity Assignment in Gombe Chimpanzees,” *Molecular ecology* 10（5）: 1279-1300.

Crittenden, A. N., Conklin-Brittain, N. L., Zes, D. A., Schoeninger, M. J., Marlowe, F. W.（2013）“Juvenile Foraging Among The

Hadza: Implications for Human Life History," *Evolution and Human Behavior* 34 (4): 299-304.

Emery Thompson, M. (2013) "Reproductive Ecology of Female Chimpanzees," *American Journal of Primatology* 75 (3): 222-237.

Emery Thompson, M., Jones, J. H., Pusey, A. E., Brewer-Marsden, S., Goodall, J., Marsden, D., Matsuzawa, T., Nishida, T., Reynolds, V., Sugiyama, Y., Wrangham, R. W. (2007) "Aging and Fertility Patterns in Wild Chimpanzees Provide Insights into The Evolution of Menopause," *Current Biology* 17 (24): 2150-2156.

Futuyma, D. J., Kirkpatrick, M. (2017) *Evolution*, fourth edition. Massachusetts: Sinauer Associates.

Goodall, J. (1986) *The Chimpanzees of Gombe: Patterns of Behavior*. Boston: Belknap Press of Harvard University Press.

Harvey, P. H., Clutton - Brock, T. H. (1985) "Life History Variation in Primates," *Evolution* 39 (3): 559-581.

Hasegawa, T., Hiraiwa-Hasegawa, M. (1983) "Opportunistic and Restrictive Matings Among Wild Chimpanzees in The Mahale Mountains, Tanzania," *Journal of Ethology* 1 (1-2): 75-85.

Hiraiwa-Hasegawa, M., Hasegawa, T., Nishida, T. (1984) "Demographic Study of a Large-Sized Unit-Group of Chimpanzees in The Mahale Mountains, Tanzania: A Preliminary Report," *Primates* 25 (4): 401-413.

Humphrey, L. T. (2010) "Weaning Behaviour in Human Evolution," *Seminars in Cell & Developmental Biology* 21 (4): 453-461.

Inoue, E., Inoue - Murayama, M., Vigilant, L., Takenaka, O., Nishida, T. (2008) "Relatedness in Wild Chimpanzees: Influence of Paternity, Male Philopatry, and Demographic Factors," *American Journal of Physical Anthropology* 137 (3): 256-262.

Jones, N. B., Marlowe, F. W. (2002) "Selection for Delayed Maturity," *Human Nature* 13 (2): 199-238.

Jones, N. G. B., Hawkes, K., O'Connell, J. F. (1997) "Why Do Hadza Children Forage?" In: Segal N. L., Weisfeld G. E., Weisfeld C. C. (eds.) *Uniting Psychology and Biology: Integrative Perspectives on Human Development*, pp. 279-313. Washington, DC: American Psychological Association.

Kaplan, H., Hill, K., Lancaster, J., Hurtado, A. M. (2000) "A Theory of Human Life History Evolution: Diet, Intelligence, and Longevity," *Evolutionary Anthropology Issues News and Reviews* 9 (4): 156-185.

Kelley, J., Schwartz, G. T. (2010) "Dental Development and Life History in Living African and Asian Apes," *Proceedings of the National Academy of Sciences* 107 (3): 1035-1040.

Konner, M. (2016) "Hunter-Gatherer Infancy and Childhood in The Context of Human Evolution" In: Meehan C. L., Crittenden A.

N. (eds.) *Childhood: Origins, Evolution, and Implications*, pp. 123-154. ALbuqueque: University of New Mexico Press.

Kramer, K. L. (2005) "Children's Help and The Pace of Reproduction: Cooperative Breeding in Humans," *Evolutionary Anthropology: Issues, News, and Reviews* 14 (6): 224-237.

Kramer, K. L. (2010) "Cooperative Breeding and Its Significance to The Demographic Success of Humans," *Annual Review of Anthropology* 39: 417-436.

Lee, P. C. (1996) "The Meanings of Weaning: Growth, Lactation, and Life History," *Evolutionary Anthropology* 5 (3): 87-98.

Machanda, Z., Brazeau, N. F., Bernard, A. B., Donovan, R. M., Papakyrikos, A. M., Wrangham, R., Smith, T. M. (2015) "Dental Eruption in East African Wild Chimpanzees," *Journal of Human Evolution* 82: 137-144.

Matsumoto, T. (2017) "Developmental Changes in Feeding Behaviors of Infant Chimpanzees at Mahale, Tanzania: Implications for Nutritional Independence Long Before Cessation of Nipple Contact," *American Journal of Physical Anthropology* 163 (2): 356-366.

———. (2019) "Opportunistic Feeding Strategy in Wild Immature Chimpanzees: Implications for Children as Active Foragers in Human Evolution," *Journal of Human Evolution* 133: 13-22.

Matsumoto, T., Hanamura, S., Kooriyama, T., Hayakawa, T., Inoue, E. (2021) "Female Chimpanzees Giving First Birth in Their Natal Group in Mahale: Attention to Incest Between Brothers and Sisters," *Primates* 62 (2): 279-287.

Matsumoto, T., Itoh, N., Inoue, S., Nakamura, M. (2016) "An Observation of a Severely Disabled Infant Chimpanzee in The Wild and Her Interactions With Her Mother," *Primates* 57 (1): 3-7.

Morin, P. A., Moore, J. J., Chakraborty, R., Jin, L., Goodall, J., Woodruff, D. S. (1994) "Kin Selection, Social Structure, Gene Flow, and The Evolution of Chimpanzees," *Science* 265 (5176): 1193-1201.

Nakamura, M. (2015) "Demography of The M group," In: Nakamura, M., Hosaka, K., Itoh, N., Zamma, K. (eds.) *Mahale Chimpanzees: 50 Years of Research*, pp. 82-93. Cambridge: Cambridge University Press.

Nakamura, M., Hosaka, K. (2015) "Orphans and allomothering," In: Nakamura, M., Hosaka, K., Itoh, N., Zamma, K. (eds.) *Mahale Chimpanzees: 50 Years of Research*, pp. 421-432. Cambridge: Cambridge University Press.

Nishida, T. (2012) *Chimpanzees of The Lakeshore: Natural History and Culture at Mahale*. Cambridge: Cambridge University Press.

Nishida, T., Corp, N., Hamai, M., Hasegawa, T., Hiraiwa-Hasegawa, M., Hosaka, K., Hunt, K. D., Itoh, N., Kawanaka, K., Matsumoto-Oda, A., Mitani, J. C., Nakamura, M., Norikoshi, K., Sakamaki, T., Turner, L., Uehara, S., Zamma, K. (2003) "Demography, Female Life History, and Reproductive Profiles among The Chimpanzees of Mahale," *American Journal of Primatology* 59 (3): 99-121.

Nowell, A. A., Fletcher, A. W. (2008) "The Development of Feeding Behaviour in Wild Western Lowland Gorillas (*Gorilla gorilla gorilla*)," *Behaviour* 145 (2): 171-193.

Pusey, A., Wolf, M. (1996) "Inbreeding Avoidance in Animals," *Trends in Ecology & Evolution* 11 (5): 201-206.

Ross, C. (1998) "Primate Life Histories," *Evolutionary Anthropology* 6 (2): 54-63.

Sakamaki, T., Itoh, N., Nishida, T. (2001) "An Attempted Within-Group Infanticide in Wild Chimpanzees," *Primates* 42 (4): 359-366.

Sellen, D. W. (2001) "Comparison of Infant Feeding Patterns Reported for Nonindustrial Populations with Current Recommendations," *The Journal of Nutrition* 131 (10): 2707-2715.

Stearns, S. C. (1976) "Life-History Tactics: A Review of The ideas," *The Quarterly review of biology*, 51 (1): 3-47.

Sugiyama, Y. (2004) "Demographic Parameters and Life History of Chimpanzees at Bossou, Guinea," *American Journal of Physical Anthropology* 124 (2): 154-165.

Swadling, P., Chowning, A. (1981) "Shellfish Gathering at Nukalau Island, West New Britain Province, Papua New Guinea," *Journal de la Société des Océanistes* 37 (72): 159-167.

Takemoto, H. (2003) "Phytochemical Determination for Leaf Food Choice by Wild Chimpanzees in Guinea, Bossou," *Journal of Chemical Ecology* 29 (11): 2551-2573.

Tanaka, I. (1992) "Three Phases of Lactation in Free-Ranging Japanese Macaques," *Animal Behaviour* 44 (1): 129-139.

Tucker, B., Young, A. G. (2005) "Growing Up Mikea," In: Hewlett, B. S., Lamb, M. E. (eds.) *Hunter-Gatherer Childhoods: Evolutionary, Developmental, and Cultural Perspectives*, pp. 147-171. London: Routledge.

Tutin, C. E. (1979) "Mating patterns and reproductive strategies in a community of wild chimpanzees (*Pan troglodytes schweinfurthii*)," *Behavioral Ecology and Sociobiology* 6 (1): 29-38.

Wroblewski, E. E. (2008) "An Unusual Incident of Adoption in a Wild Chimpanzee (*Pan troglodytes*) Population at Gombe National

Park," *American Journal of Primatology* 70 (10): 995-998.
Yamagiwa, J. (2015) "Evolution of Hominid Life History Strategy and Origin of Human Family," In: Furuichi, T., Yamagiwa, J., Aureli, F. (eds.) *Dispersing primate females: Life History and Social Strategies in Male-Philopatric Species*, pp. 255-285. Tokyo: Springer.

第9章

同化するサル、教示を操るヒト

園田浩司

1 誰からも教わらない学習

1……一見、似ているサルとヒトの学習形態

教えられて学ぶことはめずらしい。人類学者のデヴィッド・ランシー（David Lancy）は、多くの伝統的な社会では、学習者の行動を変えようと能動的で体系的な介入をする教師はいないという。こうした介入は、「正確さcorrect」「規範discipline」「要領point」「育てることraise up」といった言葉と結びついている。学習者というものは、年長者のすぐ側にいて、彼らがやっていることを静かに観察し、自ら学ぶ。こうした学習現象を「誰からも教わらない学習learning from nobody」（Lancy 2010: 98）と呼んでいる。本章では、この誰からも教わらない学習に焦点を当てて、ヒトの社会性の特徴に迫ることを目的としている。

明示的な教示がなくても、初学者の子どもたちは熟練者／年長者のすぐ傍らに位置取り、彼らと都度関わりつつ、コミュニティの実践に参加し、知識、技能、価値観に触れる。この「導かれた参加（guided participation）」（ロゴフ 二〇〇六：三七四）によって、学習者は諸実践（生業、経済活動、儀礼、芸術その他）に埋め込まれた諸々の知識、技術を自ら身に付ける。しかし、この学習場ではいったい何が起きているのだろうか。誰からも教わらないとは、何を意味するのだろうか。

2……覗き込みへの寛容さ

ところで、興味深いことにチンパンジーも誰にも教わることなく学習をしていると言われる。彼らの行為の中で際立っているのは、学習者による覗き込み行動（peering behavior）と、周囲による寛容である（霊長類学における「寛容」の議論については、貝ヶ石の第8章第1節に詳しい）。学習者の覗き込み行動に対する熟練者の許容それ自体が、教示であるかどうかを認めるには慎重な議論が必要だが、教示や学習と明らかに深い関わりを持っている行動として注目されている。覗き込みとは、「相手の顔、手元、動き、または道具などを、近接距離から熱心に見ること」（Yamanashi et al. 2016: 151）である。チンパンジーの道具使用技法の獲得について調査したYamanashiら（2016）は、チンパンジー乳幼児は、道具使用に失敗するとすぐにオトナ個体の行動を覗き込む傾向にあったと報告している（Yamanashi et al. 2016: 152）。チンパンジーの社会学習が成立するのは、教示者が熱心に教え込むよりも、学習者が相手の行動を熱心に見たり、模倣したりすることによる。野生チンパンジーの石器使用を調査した松沢（一九九五）は、子どものチンパンジーが、台石を使ってアブラヤシの実から種を取り出す様子をじっと観察したあと、母親が割ろうとしている種を横取りしてそれを割ろうとしたり、あるいは母親が置いていった台石を使って割ってみようとしたり、さらには、ハンマーを持って振り下ろす母親の腕に手をかけて、まるでその動きの感触をつかもうとする行動を観察している。また、Hirata and Celli（2003）は、チンパンジー乳幼児は、ハチミツをすくい取るために母親やオトナが用いていた道具に手をかけて、ときおり道具をなめることを許されており、たとえハチミツがついていなくとも道具を手渡されていた、と述べている。上記のいずれにも共通していることは、子どものチンパンジーがある道具使用技法を学習するにあたって、それを用いて活動しているオトナのチンパンジーの行為を熱心に観察していることに加え、Hirata and Celli（2003）も指摘するように、乳幼児がかなりの近接距離でオトナの行動を覗き込むさいにオトナのチンパンジーがとる寛容な態度である。

しかし、この寛容な態度でもって、チンパンジーが教示しているのかどうかを判断するのは結局のところ難しい。ただし、オトナによる教示を記録した貴重な例もある。Boesch（1991）は、母親チンパンジーがハンマーとそれで割るべきナッツをあからさまに金敷きの上に置き、子どもにハンマー割りを促していた事例から、母親チンパンジーが子どもの見習い学習に関心を示し、学習を促していたことを報告している。だが、発達心理学者の橋彌和秀は、チンパンジーの「能動的教示（active teaching）を含めた、情報源側からの能動的な働きかけ（「教える」行動）の存在については、それを示す観察が散見されつつも慎重な議論が多い」（橋彌 二〇一三：五〇―五一）としている。チンパンジーはたしかに他者理解への高い感受性をもつ。しかし、そのことと「（ヒト的な）自発的援助行動の出現とにはギャップがあるようだ」（橋彌 二〇一三：五一）。

3……利他的協力

チンパンジーのこの覗き込みに対する周囲の許容が、教示者による意図的な学習機会の確保か（つまり、あえて道具使用を見せることによって学習者に学ばせるという行為か）どうか判断が難しいにしても、ヒトではあまり観察されないチンパンジーの、覗き込む側／覗き込まれる側双方の行動は興味深い。同じような熱心な覗き込みを、人を相手にしたとしたら、通常忌避されるはずだ。このことは、チンパンジーがヒトとは異なる、他者に対する対他的感覚世界に生きていることを想像させる。言い換えれば、覗き込みへの寛容さは、彼ら独特の認知における社会的側面の表れなのだろう。

さて、この認知の社会的側面が、ある集団に共有されていると捉えるならば、それは文化の問題となる。そもそも霊長類研究において、教示や学習の問題が取り上げられてきた背景には、文化の伝播・伝承の解明という目的があった。これを通して、人間社会の起原と進化の過程を解き明かすための手がかりを得ようとしてきた。[1]

さらに、この文化の伝播・伝承の生起を支える社会的行動が、他者のためにおこなわれる利他的協力である。

(1) 一方、人類学では、とりわけ黎明期である一九世紀から二〇世紀に注目された、人類社会の分断を主導した営為への反省を踏まえ、「進化」を問わなくなった傾向がある。具体的には、H.スペンサーの生物文化社会進化論が、西洋社会優位の序列化を進化論の文脈と結びつけて主張し、植民地支配を正当化するための道具とした。自民族中心主義的なこうした営みへの反省から、「社会進化」、またそれに付随した「人種」議論への抑制が働いたといえる。

たとえば、E.タイラーは、人間集団の序列を説きはしたが、「人種」から「文化」へと関心を移行させた。また、人種というパラダイムによって世界や人間を理解することから脱却したのはF.ボアズであった。ボアズは、「人類文化を包摂する一般的法則を呈示する前に、まず個々の文化が歴史的に生成し展開する、その具体的な諸相を解明する必要がある」(ボアズ二〇一三:一三八)とした。

現在において「人間の文化の起原」などというと、マオリ族をヨーロッパ人自身の「原始的祖先の姿」(タイラー二〇一九:三〇)だと見なした旧来の精神斉一性の話として誤解を招くかもしれない。そこで、進化主義や人種主義による文化の序列化を否定し、その文化の固有性、独自性、対等性を認める文化相対主義が現在の文化人類学のよって立つパラダイムである(沼崎二〇〇九)。このように文化人類学では、ある時代において社会文化進化から文化伝播の考えへと舵を切り、そのことが文化相対主義の萌芽となったという歴史的背景がある。

本章の問題の出発点としたいのはこの点であるが、教示（teaching）を論じるさい、霊長類研究では利他的であるかどうかに焦点が当てられる。Tomasello and Herrmann（2010）は、教示（teaching）は、大型類人猿の生活において重要な要素ではないにしても、もし彼らが教示をおこなうならば、それは情報の無償の寄付（free donation of information）であることから、利他的協調（altruistic cooperation）の一形式であるとの見方を示している（Tomasello and Herrmann 2010: 6）。ここで注目したいのは、教示を「情報の無償の寄付」であると定義する見方そのものである。ある霊長類学的観点では、教示とは、他者との協力の一形式として捉えられている。

他方で、学習におけるヒトの利他的協力には、他者への無償の情報提供のほかに、学習環境の整備という要素も含まれる。Sterelny（2014）は、管理された安全な環境の提供、試行錯誤学習の構造化を支援するおもちゃ、道具、小道具類の供与、さらには若者の好奇心に（熟練者が）単に寛容になることでもって、次の世代のための学習環境を構築することもまた、ヒトの教育にみられる「協力」のあり方であるとし、こうした世代を超えて拡大していく「協力」の構築こそ、ヒトのニッチ構築の特徴であるとしている（Sterelny 2014: 276）（ヒトのニッチ構築については、後藤による第13章第2節、また他者がいるからこそ環境への順応が可能になるという、「環境としての他者」をめぐる谷口の第12章も参照のこと）。

4……共-操作とはなにか

レイヴとウェンガー（一九九三）の状況に埋め込まれた学習論が提示したことは、単に熟練者は教示しないという事実ではない。学習とは、学習者が知識・技術を獲得する以上に、実践共同体における学習者の参加形態、わざの見方、熟練者との関係、道具やモノへのアクセス、アイデンティティという、学習者が経験するこれらの認知の総体が変容することであるとした。学びの共同体に足を踏み入れ、様々な人と関わり、多様な実践に参加する中で、彼の見ている世界がだんだんと変容していく。このような視点から学習現象を捉え直したとき、先述した霊長類研究に見られる「教示をするということは、利他的な協力が働くことを意味する」という功利主義的考えは不十分に思われる。たしかに社会構造の仕組みを俯瞰的に捉える手段としては有効かもしれないが、対話的に構築されているはずのチンパンジーの社会性のダイナミズムを見えなくさせてしまう。（a）教示することは、相手に情報を提供することである、（b）情報提供には利他的協力が働いている、（c）ゆえに、教示するチンパンジーは社会性を持っている。こうした論法を取っているように見える。しかし、ここにはふたつの問題が見て取れる。ひとつは、学習を学習者の頭の中に固定的、静的な知識を注入する過程とみなす古い学習観（石黒 二〇〇四を参照）と、教示による学習が利他的協力の表れとみなす功利主義的社会観、である。

実は、霊長類研究においてもこの二つの観点に対し、違和感が表明されている。清野（二〇一〇）は、タンザニア、マハレ山塊国立公園のチンパンジーの食物選択をめぐる相互行為を観察している。枯れ枝の中に住むアリをめぐるチンパンジー同士の相互行為から、他個体が強い関心を持つ物に関心を持ち、他個体との関係を帯びた食物に価値を見出す（たとえば、枝の中にアリがいるかよりも、他個体がその枝に関心を示したかで、その枝の価値が決定される）、食物をめぐるチンパンジーの社会的認知の世界を描き出している。霊長類の食物選択についてこれまで述べられてきたのは、他個体との利害関係を瞬時に判断し個体の純利益を上げるといった最適採食の理論であった（清野 二〇一〇：三四一）。しかし清野が描き出したのは、ユニークな対話を通して世界を意味づけるチンパンジーの生きる姿である。同じくチンパンジー研究者の西江（二〇〇八）も、霊長類研究において文化が社会的な現象として扱われてこなかったことに疑問を呈している。チンパンジーの学習はこれまで、個体間でおこなわれる内的表象の伝達、蓄積として扱われてきた。しかし西江はそれを否定し、チンパンジーの学習もまた、局所的な相互行為実践による状況と行為の相互構成的組織化の変化であり、行為実践の場への参加の様態変化そのものであるとした（西江 二〇〇八：七八）。つまり、学習とは頭の中に知識を蓄積することではなく、ある状況の中での個体同士の関係づけや、モノの扱い方、当座の環境からの意味の読解といった、複雑な諸関係の網目をその場で構築する実践そのものと言ってよい。チンパンジーの社会性議論はこれまで、行為者の顔が見えない、硬直した功利主義的世界に行為者らを閉じ込めてきたが、清野や西江は、学習の文脈から、対話するチンパンジーの社会的認知世界を描き出した。

なるほど、チンパンジーも対話を通して日々学習している。では、同じ学習の文脈において、ヒトの社会性をさらに特徴づけるものとはなんだろうか。対話を通して生成される社会的認知世界を描く相互行為論の視座に立つと、「利他的協力」と呼ばれてきた一連の行為を、別の見方で捉えることができるようになる。相互行為分析家のチャールズ・グッドウィン（Charles Goodwin）は、「協力・共同 cooperation」と「共-操作 co-operation」の二つの概念を使い分ける。前者の「協力・共同 cooperation」とは、ある個体がなんらかの犠牲を払って他の個体を利するための行動のことであり、こちらは先に述べたような進化人類学的関心のもとで論じられる目的論的概念である。他方で、「共-操作 co-operation」は、全く意味が異なる。これは、相互行為において、先行する発話者の発話や行為、意味構造に対して、次の発話者が何らかの操作（operation）を施すといった意味で用いられている。たとえば、次のような会話を見てみよう。

1 トニー：　お前、庭から出ていったらどうなんだよ．
2 チョッパー：　お前、庭から俺を出ていかせたらどうなんだよ．
（グッドウィン 二〇一七：四五）

発話者である彼らは、互いに合意や同調を達成するために協力しあっているわけではなく、むしろ積極的に強い敵対関係をつくりだしてさえいるが、相互行為のレベルではある協力体制にある。どういうことだろうか。チョッパーはトニーの発話を分解、再利用、再構成する（「俺を」を挿入したり、「いったら」を「いかせたら」に変えるなど）といった、系統的な操作（operation）を施している。互いに先行する発話を分解したり、再利用し合う、これがグッドウィンの「共‐操作」の意味である。なお、この議論では、個体の利益や不利益を生じさせるという目的については不可知論を貫く（北村ら 二〇一七：三九‐四〇）。このように、発話行為者同士が相互行為を展開するなかで、互いの発話や行為を操作しあう（co-operate）実践を、「共‐操作 co-operation」と呼んでいる。したがって共‐操作の現象は、何も敵対的文脈においてのみ生起するわけではないし、また事例のような発話の明示的な再利用のみをそう呼ぶわけではない。ヒトの相互行為は広く一般に、先立つ行為者の発話や行為を受けて、次の行為者が発話や行為をし、また次の行為者が……、と互いを参照し、共‐操作し続けることで組織される。筆者としては、この「共‐操作」（操作し合うこと）は実はチンパンジーもやっているのだろうと想像するが、ヒトの学習場では共‐操作が何を引き起こしているのか。また、そこから見えてくるヒトの社会性の特徴は何かを見ていくことにしよう。物理的世界に対する認知能力はヒト、チンパンジー、オランウータンでそれほどの違いは見られない。しかし、社会的世界への対処においてはヒトとそれ以外の霊長類ではかなりの違いが

図9-1　狩猟採集民バカの子どもたち

見られるという（Herrmann et al. 2007; トマセロ 二〇一一：二一六）。それでは、教わらない学習をしているかに見える狩猟採集民の養育者と子どものやりとりから、どのようなヒトの認知の社会的側面が見えてくるのか。次節では、相互行為における「共-操作」に注目することで迫ってみたい。

2　狩猟採集民バカ

1……子どもたちの生活

アフリカ中央部には熱帯雨林（以下、森とする）が広がっている。コンゴ盆地と呼ばれるこの地帯には、ピグミー系狩猟採集民と呼ばれるグループが暮らしている。筆者は、このコンゴ盆地に暮らすカメルーンの狩猟採集民

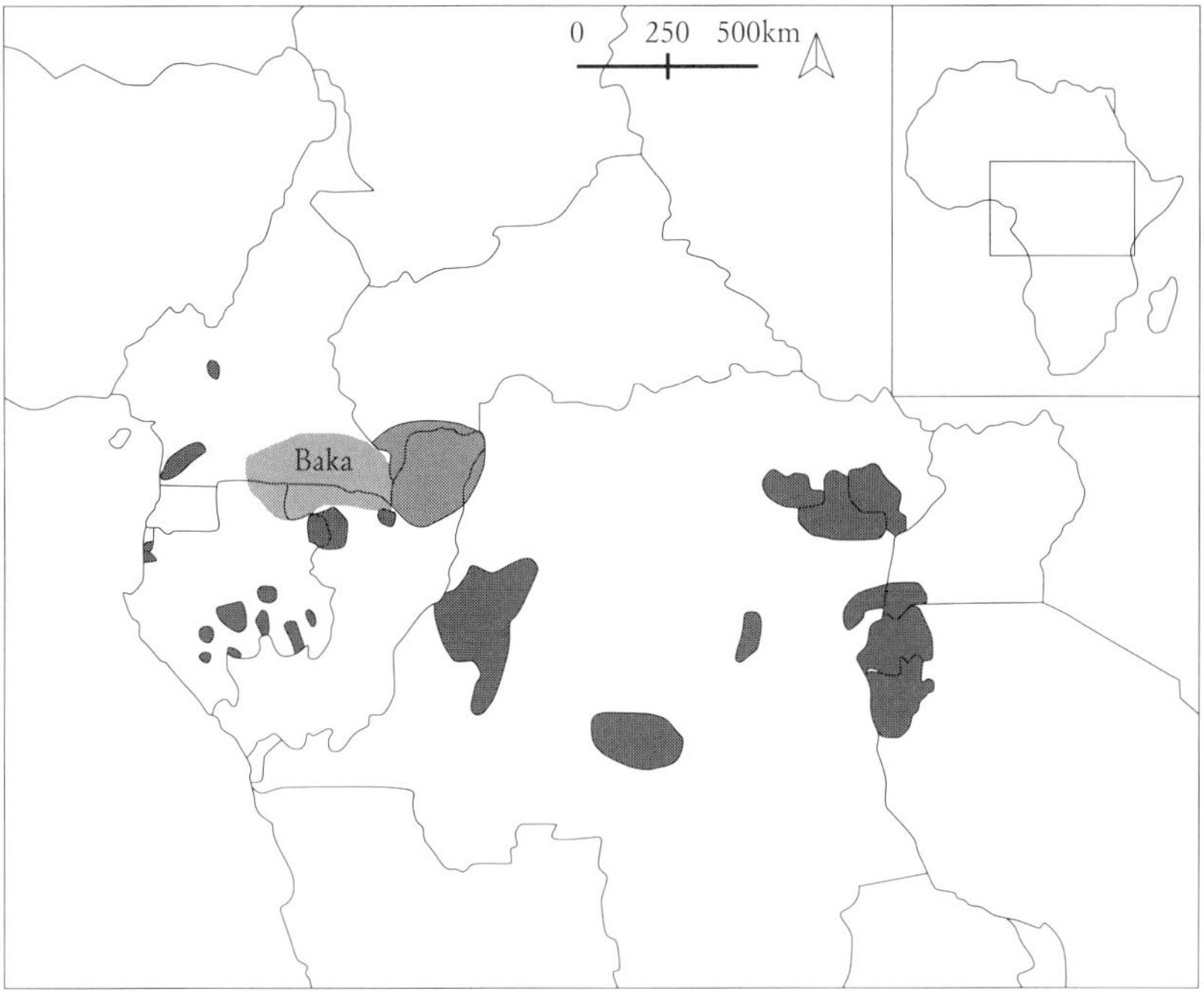

図9-2　コンゴ盆地におけるピグミー系狩猟採集民（Bahuchet 2014より筆者が作成）

バカの調査をおこなっている。人々にとって生業のひとつである狩猟採集活動の実践中に起こるバカの養育者と、二歳から一〇歳程度の子どもの対面的相互行為を観察し、バカの子どもたちが、生業への参加を通して、どのように一人前の生業実践者として育っていくのか、また、そうした活動を通じてどのような社会規範を学ぶのかを調査している（図9―1）。

なお、コンゴ盆地の生活者は狩猟採集民グループだけではない。農耕民族や牧畜民族も暮らしているが、一般的に家畜の熱帯病を避けるために牧畜民は比較的少ない。ピグミー系狩猟採集民には、一五以上のグループが存在するが、うち本論の調査対象であるバカは、カメルーン、コンゴ共和国、ガボン共和国に暮らすグループである（図9―2）。人口は約四万

図9-3　定住集落

人とされる。

一九六〇年代までは、森の中での遊動生活が彼らの生活様式の基盤となっていたが、一九七〇年代から始まった政府による定住化政策のもと、そのほとんどは森を出て、幹線道路沿いに定住集落を設けて生活している（図9―3）。しかし、かつて遊動生活をしていた森には、人々は今でも通っている。現在なお森林開発が進み、密猟の取り締まりもいっそう厳しくなる中、森での狩猟採集はますます困難になってきている。それでも人々は、仕掛けた罠の見回りや、委託猟、また都市部からやってくる買付け商人に依頼されたアフリカ・オイルビーンなどの木の実の採集、自家消費用の食料資源を求めて森に入る。

さて、バカの子どもたちは、養育者らが森に行くあいだ、集落に留まって子ども同士で遊びながら留守番をしているときもあるが、家族が日帰りではなく、たとえば数週間から数カ月など森に滞在するさいは、彼らとともに森に入ることもある。ここでいう養育者とは、父母、祖父母、オジ、オバといった大人集団だけではなく、子どもとも年齢の近いイトコのキョウダイら青年男女も含む。このように、日常的に子どもたちを取り巻く養育者は多く、バカの子どもたちは彼らのような多年齢集団との関わりの中で、知識・技術を学ぶ。

森の滞在ではまずキャンプを設営する。キャンプ地を掃き清めた後、モングルと呼ばれるドーム型住居（図9―4）を建てる。これは、枝々をしならせて、円型に地面に突き刺し、ドーム型に骨組みを作ったあと、そこにクズウコンの葉を葺いたものである。このキャンプが、狩猟採集活動の拠点となる。森を歩くのに不慣れな子どもでも、養育者たちの活動についていく。子どもたちは、狩猟採集活動に従事できるようになってからついていくのではない。参加することを通して作業の内容を身につけていくのだ。子どもたちが自発的についていく場合もあれば、長期の滞在などを理由に連れていかれる場合もある。

2……相互行為場面データの収集

筆者が森での養育者―子ども間相互行為を観察していたときのいくつかの事例を紹介する。二〇一一年から二〇一三年にかけて、フィールドノート、カメラ、ビデオカメラを持ち、日ごとに追跡する子どもを決め、朝の六時から夕方の一八時までのあいだ、その子どもが、誰と、どこで、何をしていたかをノートに記録していった（計二八日間、計一六人を対象とした）。さらに、目立った養育者―子ども間相互行為が生起したさいには、両者と、また両者を取り巻く周囲の人々が画面に映りこむことを意識した画角で、それを撮影した。その相互行

図9-4　モングル

為が生起した、あるいは生起しているタイミングでビデオカメラを回し、その相互行為が終了したと思われるところで止めた（いつまでもビデオカメラを回していると、「おい、ソノダ、移動するぞ」と子どもにたしなめられることもあった）。

3 教示を操る学習者

1……教示の協働的理解

四歳になる男子ビトンゴ(2)、母、そして祖母の三人が森の小川で掻い出し漁をしている場面である。掻い出し漁とは、小川を泥でせき止め（図9―5）、水位が低くなったところをクズウコンの葉（図9―6）を使って水を掻き出し、小魚やサワガニを獲る漁法である。子どもたちは、掻い出し作業のほか、岸辺に自生しているクズウコンの葉の収集や、集落から持ってきたホーロー鍋に獲物を入れて保管しておく作業を手伝う。

小川の水は、泥のダムによってせき止められているために、すでにくるぶしくらいまでの高さにまで引いている。祖母は数メートル離れた上流で、掻い出す作業をしている。ビトンゴはその祖母から、クズウコンの葉を持ってくるよう言われ、彼女のもとに届ける。しばらくすると、今度は地面に置いてあるマチェット（山刀）

（2）事例に登場する人物の名前はいずれも仮名である。

図9-5　掻い出し漁

図9-6　クズウコンの葉

を持ってくるよう祖母に指示されて、それを運ぶ。このさい、ビトンゴは水を掻い出そうとする母の隣にいたので、掻い出す邪魔になり、「はやくどいて」と注意を受ける。他方、ビトンゴの妹（一歳児）が母から離れたところで立ち尽くして泣き始めた。ビトンゴは、彼女を泣き止ませようと、いましがた獲れた小魚を手のひらに載せて、彼女に見せてやる。他方でビトンゴは、「ぼくの場所、ぼくの場所 *ʔèliba a lè, ʔèliba a lè*」とつぶやきながら、掻い出し作業をする母の回りをあちこち動き回りながら、自分が掻い出す場所を探している。エリバ *ʔèliba* とは、「川の中のやや深くなっている場所」であり、それに所有格を示す「私の *a lè*」と付けていることから、ビトンゴは自分の分担場所を探していることが分かる。ビトンゴは、すでにこれまでに掻い出し漁に何度か参加したことがあるのだろう。

これを聞いていた母は「そこを見に行って」と応答している。まず、この発話は、実際のところビトンゴの作業開始を伝える発話になっているが、ここからいくつかのことが見えてくる。この「ぼくの場所」という発話が、聞き手の母にどのように受け取られているか、である。当たり前のようではあるが、ビトンゴのこの発話を、母は彼の「参加意思の表明」と受け取っている。単に遊び場を探しているのではなく、掻い出し漁に参加する意思を表出したものとして、母は理解を呈示している。そこで、母は「そこ」と具体的な場所を指し示し、作業場所の提案をおこなっているのである。ビトンゴのこの発話は、掻い出し漁集団における、またはビトンゴら三人が活動をおこなっている、まさにその場所における役割分担を意識したものであることが読み取れる。彼の一連の活動の様子を見ていると、四歳の彼には俊敏に足元を泳ぎ回る小魚を獲れるようには筆者には見えなかったし、実際に漁果は無かったが、新参者であるビトンゴは、自身の役割、つまり自分も他の二人とは異なる場所で掻い出し作業に従事する者としての立ち位置があることに気が付いている。その発話に対し

1 M: (　　　　　　)
((水の掻き出す音で発話内容が聞き取れない.
ただしbiには聞き取れている.))
2 bi: sikà ((上流側（右奥）に振り向き))
待って
3 bi: (0.8)
4 bi: [mo?((上流側（右奥）を右手で指す))
そこ?
5 M: [sià mo kò.
そこを見て((下流側（画面手前）を注視
しながら移動する))
6 bi: mo? ((下流側に向き直り、同方を左手で指しながら))
そこ?

→はbiによる指差しの方向

て古参者である母は、彼に対して集団内役割を与えているのである。

　さて続きを見てみよう。母ンデンデが掻い出し作業をする横で、ビトンゴもどこで掻い出し作業をするか迷い、母の掻い出す様子をぼうっと見ていたところ、母が彼に向って指示を出す。以下が、そのときの会話の断片である。[3][4]

【事例1】「そこ？」（Mは母、biはビトンゴ）

　掻い出す作業をじっと見ていたビトンゴに対し、母は何かの指示を出していた（一行目）。残念ながら、水を掻い出す音のせいで筆者にはうまく聞き取れないのだが、おそらく掻い出す場所か、あるいは魚の居場所を見つけるよう指示したものと思われる。というのも、一二行目において、一〇秒の沈黙の後、新たにやりとりを再開する場面があるが、ここで「母さん、次はどこを探せばいいの？」と言っていることからも推測される。

　話を戻すと、この一行目の指示はビトンゴには聞き取れたようである。ビトンゴが「待って」と母を制止し、画面右奥の上流側へ振り向くと、「そこ？ *moʔ*」（四行目）と指を指す。ところが、母はこの発話に重ねる形で、画面手前、下流側を見やり、指差しこそしないが、全身をその場所

7　M:　> sià nɔɔ`kò <
他のを見て．((上流側（右奥）の方に両腕と体を向け直し、
自分の足元の魚を慌てて捕まえようとする．
Mの体がbiにぶつかり、biは少し体勢を崩しつつも、
Mとともに再び上流側（右奥）を振り返る．))
8　bi:　nɔɔ`mo? ((再び下流側を左手で指しながら))
他のはそこ?
9　bi:　e ama?
ねえ母さん?
10 M:　ndénge ʔa wɛɛ nɛ̀ a kpan,
tɛ mo dùe lo a gíɛ̀?
上流にいたデンゲ（小魚）はカゴに入れた?
11　bi:　oou.
うん．
((10秒沈黙))
12 bi:　ama, ko ma geè a kà?
母さん，次はどこを探せばいいの?

に向け、方向を指し示す形で「そこを見て」と言っている（五行目）。彼女がビトンゴの発話をさえぎり、やや急いだ様子で下流側へと移動したのは、彼女が小魚を見つけたからである。そこでビトンゴも前方に向き直り、今度は母に示された下流側を左手で指差し、「そこ?・*mo?*」と再び尋ねている（六行目）。この、ビトンゴが母の発話の意味を理解しようとして確認する行為のことを、会話分析では「修復」と呼ぶ。修復（repair）とは、相互行為を成り立たせるための前提となる発話の産出、発話の聞き取り、発話の理解に関わるトラブルに対処する方法のことである（串田ら二〇一七：一九一）。

さてビトンゴは、母に指し示された場所に関して修復を何度もおこなっている（四、六、八行目）。ただし、六行目の「そこ?・」は四行目のそれと異なっている。ここでの「そこ*mo*」とは、五行目で母が発した発話の引用の形でのくりかえしである。ここでの問題点は後述するとして、まずこのやりとりの全体を見てみよう。再び母は大きく体の向きを変える。今度は、反対方向の上流側に体を向けたかと思うと、勢いよく両腕を川に突っ込んで、小魚を捕まえようとする。その激しい動きで、ビトンゴは少し体勢を崩しつつも、母が見ている上流側へと目を向ける（七行目）。しかし興味深いのはこの後である。ビトンゴは、

母が示した上流側で一緒になって小魚を探そうとするのかと思いきや、ビトンゴは再び下流側を指して、「他のはそこ?」(八行目)と尋ねている。六行目と八行目において、母の体の向きが大きく下流側(画面手前)から上流側(画面右奥)へと移動しているにもかかわらず、ビトンゴは変わらず下流側を指差していることに注目してほしい。ビトンゴの指差す同一方向に対するこのこだわりは何なのだろうか。

母とのやりとりを追っていくと、母が「そこ」と言っていたのは、目の前にいる小魚(群)を指していたのであり、したがって、その小魚群が下流から上流へと移動したのを追認した形で、彼女は大きく向きを変えたことが分かる。母が指した「そこ」とは、まさに自分の足元から抜け出して上流へと逃げていく小魚(群)の位置を指し示していた。

ところが、指し示された箇所から、指を移動させず、母の再度の共同注意を得ようとしているビトンゴが指し示している場所は、もはや小魚のいる場所ではない。いったい彼は何を指し示しているのだろうか。ここに、母とビトンゴのあいだに認識上のずれが起きているように見える。グッドウィンの共-操作概念にあてはめると、六行目のビトンゴの指差し(ポインティング)は、母の身ぶりを再利用したものであるが、ビトンゴが母のここでの「そこ」(五行目)という発話をどのように理解したかが問題である。目下の小魚の位置ではなく、自分の持ち場をめぐる提案として聞いているのではないか。そうでなければ、共同注意の対象となっていた小魚(群)の移動とともに、母の注意の焦点が移行していることに合わせて、ビトンゴもその焦点を変えなければならないはずだ。しかし、結局彼の質問は回答を得られないまま終わってしまう。その結果として、一二行目の「次はどこを探せばいいの?」という発話をすることで、仕切り直している。

このやりとりを目的論的に考えれば、小魚を捉え損ねていることから協力は失敗しているのであるが、学習

における ヒトの社会的認知の面白い側面を描き出している。ビトンゴは、役割とひもづけられた持ち場にこだわることによって、「環境を構造化」(西阪 二〇〇八) しようとしている。指差し方向の維持はそのことを物語っている。

つまりこういうことだ。母は目の前の環境における、目の前の小魚をビトンゴに捕まえさせようとする、そしてわずかながらも漁果をあげようとする課題を解決するために指示しているにすぎない。ところが、ここではむしろ子どものほうが、「教えられている」という文脈を読み取ろうとしているのである。ここにヒトの社会的認知の面白さが見える。というのは、教示者側の「教える」という意図があろうとなかろうと、学習者側がその「教えられている」という文脈を自ら読み取り、教示を生成させようとしているからである。行為や、その行為とともに生起する意味構造に基づいて、「自然」(ここでは、下流側の奥まった場所) が、ビトンゴにとっては、掻い出し漁における他成員との役割分担をはじめ、掻い出し漁作業をめぐる種々の言説を賦活する「文化現象」へと変容する (グッドウィン 二〇一七:六九を参照)。誰からも教わらないわけではなく、いつなんどきでも学習は生起している。それは、学習者が教示者の行為を「教示」とみなすことによって、である。しかし、さ

---

(3) 会話データに用いられている、トランスクリプト記号の意味は以下の通りである (串田ら 二〇一七を参照)。[は、この記号をつけた複数行の発話が重なり始めた位置、] はその重なりが解消された位置、(数字) は沈黙の秒数、(　) は転記者がまったく聞き取れない部分、(( )) は転記者による注釈や説明、?は尻上がりの抑揚、= は前後の発話が切れ目なく続いている、「文字::」は直前の音の延び (「:」の数が多いほど長く延びている)、>文字<は早く発話されている、ことを示す。

(4) トランスクリプトにおけるバカ語の表記は、Brisson (2010) を参照した。

らに重要なことは、教示者の意図の有無を問わず、教える―教えられるという文脈が、ヒトのやりとりにおいては生起している点である（ところで、採食行動の観点から松本は、離乳前後の身体的に発達した子がオトナと異なる採食戦略を取る傾向にあることが、ヒトとチンパンジーに共通して観察される、と指摘している。第8章第2節第3項を参照のこと。またニホンザルのアカンボウによる採食戦略については、谷口の第12章第3節、第5節に詳しい）。

この事例では、教示者側の意図を問わず、母の身体動作を理解するという共-操作に支えられた指差し方向の持続によって、学習者側（ビトンゴ）が学習の文脈を生成させようとしていた。ここでは単一の対象に対し、母とビトンゴの両者は異なる文脈の表象を適用していると言ってよい。ビトンゴは、教示的文脈の表象を適用しているのに対し、母は目下の課題解決的文脈の表象を適用している。言い換えれば、ビトンゴが、「母が指し示している場所がどこなのか」が明確になるまで、つまり「修復」が達成されるまで、ある場所を指差しつづけたままである、というのは、この母の応答に対するビトンゴの理解の呈示が、目下の課題解決というよりも、集団内役割と結びついていたことを示しているのではないかと考えられる（狩猟採集民における労働の分かち合いの意味を論じた、八塚の第5章「おわりに」も参照のこと）。

2……学習者による学習の文脈の読み込み

認知という、より広義の点から捉えるならば、これはトマセロ（二〇二一）のいう「二人称的自己モニタリング」の延長にある現象である。他者がどのように評価するかをこころに抱きながら自身の行動上の決断を自己制御する（トマセロ 二〇二一：一二七）認知機能であるが、さらに重要なことは、コミュニケーションの当事者は自身のゴールや視点に縛られているわけではなく、認識的状態を推し量るしかない他者がとりうる、別の視点を考慮している点である（トマセロ二〇二二：一一八）。

さてこのように考えたときに、ここでのビトンゴは、母の発話の推量から、「教示をされている」という文脈を生成し、維持しようとしている。しかし母は、目の前の小魚の位置についての情報を提供したにすぎない。一方ビトンゴは活動における自身の位置取りについて教えられたものとして、その場所にこだわっているのである。母の注意の焦点がすでに別の方向に向いているにもかかわらず、ビトンゴが指差しの持続によって発話上のトラブルに関する修復を何度も試みているのは、そのためであると考えられる。

また、ビトンゴの集団内役割に対するこのこだわりは、「規範的自己モニタリング」（トマセロ二〇二二）と深く関わっている。コミュニケーションの当事者が自己モニタリングをし、自身の行為に集団的規範を介して自己制御をかけ、集団の期待に協調しようとする認知機能のことである（トマセロ二〇二二：一五四）。学習者であるビトンゴは、このモニタリング能力を働かせ、眼前の掻い出し漁における集団内役割を自ら見出そうとしている。ビトンゴが、教えられていないように見えるのは、学習者であるビトンゴが、「他者」の認識、すなわち、二人称的レベルでは対面相互行為の相手である母に対し、また規範的レベルでは集団の視点から会話の文脈を捉えようとしており、そのことで学習者自身によるこれらの他者への能動的な働きかけがあるためである。

【事例2】「終わり？・」（Gが祖母、ndがンディア）

次の事例では、祖母に一〇歳女子ンディアが背負いかごの編み方を教わっているところである。かごはまさに編み始められたばかりの状態であり、ンディアはかごの底部を形づくろうとしている。

1　G:　jaja ʔe kè, mò pendà nɛ̀.
((右手で指しながら))これを持って.ここを編んで.=
2　nd:　mm, bà sikà kè, gɔ sikà::.
=待って.((ひごから視線を離さず、体を左（Gの右隣）に移動させながら))　待って::
3　G:　pendà.
編んで.((右手を差し出そうとして止める))
4　G:　ee. ee =
((ndは両手でひごを通している.
ndがひごを通すのを見て))　そう．そう=
5　nd:　à mbɛ̀? ((右手のひらを上に向けて))
=終わり?
6　G:　bà sikà.
待って．((両手を出し、作業を手伝う))

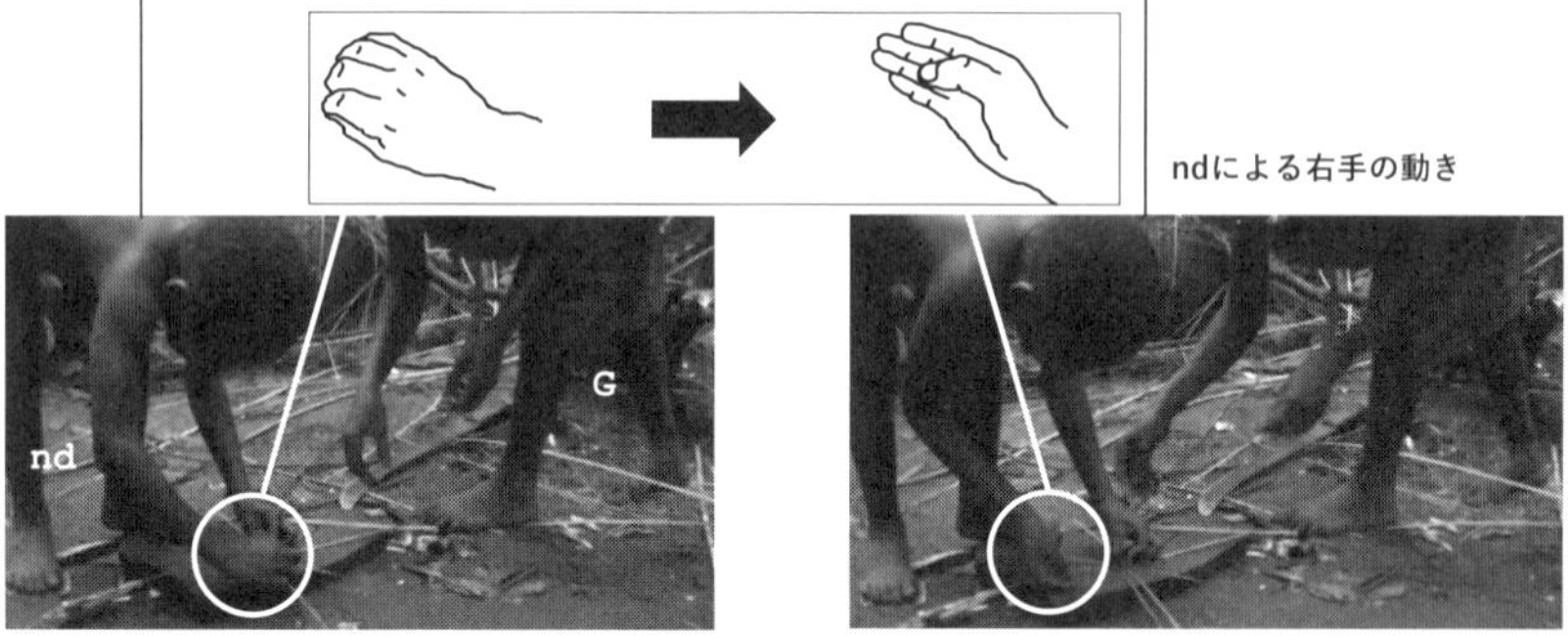

「ここを編んで」という指示を受けてンディアは、体を祖母がいる方向へと移動させる（二行目）。つまり、なるべく祖母の視点からひごを見るために、祖母の視線に自らのそれを重ねようと体の向きを変えたのである。この間、祖母は、ひごがバラバラにならないよう、放射状に広がるひごの中心部を左手で固定したまま動かない。「待って」とは、ンディアが体を移動させる間、ひごをその状態のまま動かさないよう指示をしているのである。この身ぶりによって彼女は、指示名詞「ここ」（一行目）で示された地点に対しての理解を呈示している。

さて、祖母の次の発話には具体的な指示名詞が欠如している（三行目）。ここではンディアの行為の継続を促す意味で（あるいはすでにンディアがおこなっている進行中の行為を言語化し、承認する形で）発話している。四行目のうなずきは、あるひごに別のひごを通し入れようとするンディアの手の動きに対する祖母の追認であり、ンディアのひとつひとつの動きに応答している。そして注目したいのが五行目である。「終わり?・」と放った同じタイミングで、ンディアは彼女から見て右に伸びたひごから右手を離し、手のひらを祖母に見せるような身ぶりをする。この「終わり?・」は、祖母に教示された通りの作業を無事にこなしているかについての確認要求である。この発話と右手の動きによる、共同注意の唐突な切断によって、ンディアが教示の文脈としてこのやりとりを区別していることが際立たせられている。ンディアは祖母による教示のタイミングの調整を、互いの視線の先にある「自身の右手」を使って遂行しているのである。このように、学習者であるンディアは、共-操作する(互いを操作し合う)主体として、教示の文脈の主導的立場におり、学習者であるンディアは教示者である祖母の身体を操作しているのである。

4 考察

本章では、サル(チンパンジー)とヒトの学習場に着目し、相互行為分析における「協力」、つまり「共-操作」の観点から、ヒトの認知の社会的側面について考えてきた。本節ではあらためてサルとヒトの認知の違いについて整理し、ヒトのそれの特徴について考察を深めたい。

1……行為の同化と教示の操作

チンパンジーの学習では、他個体との関係を帯びた食物をわざわざ食べようとする活動から、他個体と自己を重ね合わせる「行為の同化」（清野 二〇一〇：三五四）が認められた。それはこれまでの学習論で言われてきたような、「容認された盗み tolerated theft」（Gilby 2006）という功利主義的世界に留まらない、チンパンジーも他者と交渉するという、彼らの社会的認知世界に対して目を開かせる議論であった。チンパンジーは単に、食物やわざを盗むのではない。他個体によって関係づけられた物に注目したり、またその関係づけをおこなう他個体と交渉を重ねることを通して、その食物やわざに社会的意味付けをおこなっているのであった。

他方で、狩猟採集民バカの養育者—子ども間相互行為の例からは、学習者が教示者を操作する側面が見えてきた。このヒトのコミュニケーションに見られる特異性について、ここでは掘り下げていこう。学習者が教示者を操作する、とはいったいどういうことだろうか。

ここで紹介した事例を見て、読者はバカの子どもたちの学習場をどのように捉えただろうか。子どもたちが遊んでいるかのようにして学んでいる、という印象を得なかっただろうか。私たちは、「この子どもたちが教わっているかいないか」、という問いの水準にしばられてはいけない。教示はつねにあるのだが、学習者が学習しているという文脈（フレーム）それ自体をメッセージとして発し、教示者にそれらしく振る舞わせる、つまりその文脈に従わせているということがおこなわれている。重要なのは、この教示を操るとは、文脈を操作するという意味なのである。子どもたちが教えられていないように見えるとすれば、そのためであった。

バカの子どもと養育者のやりとりについて、グレゴリー・ベイトソン（Gregory Bateson）の遊び論に依拠して整理してみよう。たとえば、喧嘩ごっこをしている二人の子どもを想像してみてほしい。彼らの振舞いは、一見互いに「殴りかかる」様相を呈しているが、しかし「殴るフリ」をすることによって、「これは喧嘩ではない」ことを相手に伝え合っている。ベイトソンの言葉を借りれば、「真のムード・サイン」（子ども同士の「殴りあい」）と、それを模したサイン（「殴りあい」の演技）との区別を、受信者がおこなうのを可能にするメッセージが「遊び」[5]（ベイトソン二〇〇〇：二七三）となる。バカの事例にあてはめれば、真のムード・サイン（掻い出し漁やカゴ編みの作業）とそれを模したサイン（作業の真似、あるいは練習としての作業）との区別を、受信者（養育者）がおこなうのを可能にしている、ということになる。学習者である子どもたちが、明らかに学習の文脈とそれ以外の文脈とを区別し、またその区別を教示者となる養育者が受け取り、適切に振る舞うことで、学習場が生成される。平たく言えば、子どもたちは、「いま学んでいる」ことをメッセージとして発することで、教示を引き出すのである。このようにして、学習者自らが教示者を相手に学習の文脈を組織しようとする実践が認められた。

西江は、チンパンジーが、他者の行為の偶有性に身をゆだね、次にどのように出るかわからない状態に自分の身をゆだねる「認知的強靭さ」を、彼らの高度な認知能力として指摘している（西江二〇一〇：三九四）。他者の次なる行為を真摯に読み取り、そしてときに行為を同化させる。しかし、ヒトの社会的相互行為はそれに留

（5）ここでは、バカの子どもたちがやっていることが遊びなのか、学習なのか、という社会文化的意味付けの話とはやや異なることに注意してほしい。相互行為の文脈に、学習者側が主体的に学習の文脈とそうでない文脈とを区別する余地がある、という意味で、「遊び」であるという意味である。

まらない。学習者が教示者に対し、教示の文脈を操作したり、文脈を変更したりすることを能動的におこなう。なぜそんなことをするのか。それは、学びたいことを学習者が自ら引き出そうとするからである。

2……自己成長する学習者を支える社会化

学習者が教示者の教示を操作することで、学習の文脈を自ら生成するといった能動的な働きかけが描き出されたのだが、このように、「誰からも教わらない学習」を相互行為論の視座から捉えると、これまで文化人類学や社会学周辺で論じられてきた「社会化」論を問い直す必要があるように思われる。まず、社会学における「社会化」には、三つの意味がある。

（1）諸個人の相互作用により、集団や社会が形成される過程（Vergesellschaftung sociation）。
（2）生産（活動）や育児などの事象が、私的な形態から社会的・共同的なものへと変えられること（Sozialisierung）。
（3）個人が他者との相互行為を通して、諸資質を獲得し、その社会（集団）に適合的な行動のパターンを発達させる過程、つまり、人間形成の社会的な過程（socialization）（濵嶋ら編 二〇一五：二四六―二四七）。

このように、個々人の相互行為が社会を形成するという過程と、個人が社会的存在になる過程との双方向の過程がある。また文化のレヴェルでは、個人におけるその社会（集団）の文化の内面化（文化化）を指す。いずれにしても、「社会化」概念は、個人と社会を統合的に考えることを可能にし、さらにパーソナリティの発達や教育の問題を解明するうえでも重要な視角を与える。このように「社会化」は、社会学、心理学、人類学を綜合した行動科学が発展する中で、「パーソナリティ・文化・社会の全体的関連性を考えるさいの有効な概念」として広まってきた（安居 一九九九：八九）。

ところで、文化／社会人類学における社会化論では、この「社会化」に近い言葉として、「文化化 enculturation」「文化変容 acculturation」「主観形成 subject formation」なども用いられてきた（Chapin et al. 2016）。イギリス社会人類学においては、ある時期に「社会化」が注目された経緯があるが、他方で「文化化」という言葉が定着したのは、文化研究に主眼を置くアメリカ文化人類学であった（江渕 一九七六：八〇）。いずれにしても、人々の社会化を達成する相互作用（相互行為）が、儀礼、構造化された制度的関与、そしてインフォーマルな日常活動に見出される。文化／社会人類学は、必ずしも社会化研究とは銘打っていないものの、文化的パターンやパーソナリティ発達についての理解を進める目的で、子どもの社会化について古くから検討を進めてきた（Richards 1970: 3）。全体としてのコミュニティを描こうとする伝統的民族誌学（つまり、伝統的な文化／社会人類学）において、社会化が「ライフ・サイクル」（誕生、幼児期、青年期などに関連する諸習慣）の説明の一部として扱われてきたことがそれを示している（ヤホダ 一九九二：一五一―一五三）。

このように、文化／社会人類学における初期の社会化研究は、新参者に、文化的価値や信念を浸透させるために、社会が何をおこなうのかに注目していたが、近年の社会化論では、思考、行動、感情を他者とのやりとりの中で子どもが自ら発達させる能動的な過程として、社会化が描かれている（Chapin et al. 2016）。

本章では、教え―教えられる関係性を自ら形成しようとする学習者の姿が描き出された。しかし、こうした社会化は社会制度や社会規範の押し付けによって成立しているだろうか。どうもそうではないように見える。むしろ学習者が自ら、相互行為の実践の中で、「社会化」という「マクロなカテゴリー」（前田ら編二〇〇七：二六〇）を参照している一面を私たちは垣間見た。しかも彼らは「教えてもらっている」＝「社会化過程にいる」という文脈を、自ら、他の文脈と明らかに区別していた。この点は、チンパンジーの学習に見られるような、学習者の一方的な学習（あるいは他者の行為への意味づけ）とは明らかに異なっている。

最後に、教示者の行為を操作することで、自らの学習を教示者とともに協働的に組織しようとする学習者の志向性には、次のようなヒトの学習者の認知的特徴も想像できる。それは、いまは到達できていないが、いつか到達する目標としてある自己像（成長後の未来の自分）を想定し、他者と関係を構築し、他者支援を通して自己成長を（互いに）実現する、という意識である。相手に同化するサルは、その自己像を目の前の相手に見出し、教示を操るヒトは、自らの内部に見出すのかもしれない。これはあくまで、本章で得られた知見に基づく筆者の仮説である。未来の自分をも他者として対象化して見ようとするヒトのこうした認知のあり方にも、ヒトの社会的認知の特徴がうかがえる。

参考・参照文献

石黒広昭（二〇〇四）「学習活動の理解と変革にむけて――学習概念の社会文化的拡張」石黒広昭編著『社会文化的アプローチの実際――学習活動の理解と変革のエスノグラフィー――』北大路書房、二―三二頁。

江渕一公（一九七六）「社会化研究への提言――文化人類学の立場から」『教育社会学研究』第三一集、八〇―八三頁。

清野未恵子（二〇一〇）「チンパンジー同士の相互行為からうまれる食物の価値」木村大治・中村美知夫・高梨克也編『インタラクションの境界と接続　サル・人・会話研究から』昭和堂、三四〇―三五七頁。

串田秀也・平本毅・林誠（二〇一七）『会話分析入門』勁草書房。

グッドウィン、チャールズ（二〇一七）「人間の知と行為の根本秩序――その協働的・変容的特性」北村隆憲監訳、須永将史・城綾美・牧野遼作訳『人文学報（首都大学東京）』第五一三巻一号、三五―八六頁。

タイラー、エドワード・B（二〇一九）『宗教学名著選 第5巻 原始文化 上』松村一男監修、奥山倫明・奥山史亮・長谷千代子・堀雅彦訳、国書刊行会。

トマセロ、マイケル（二〇二一）『思考の自然誌』橋彌和秀訳、勁草書房。

西江仁徳（二〇〇八）「チンパンジーの「文化」と社会性――「知識の伝達メタファー」再考」『霊長類研究』第二四巻二号、七三―九〇頁。

西江仁徳（二〇一〇）「相互行為は終わらない　野生チンパンジーの「冗長な」やりとり」木村大治・中村美知夫・高梨克也編『インタラクションの境界と接続　サル・人・会話研究から』昭和堂、三七八―三九九頁。

西阪仰（二〇〇八）『分散する身体　エスノメソドロジー的相互行為分析の展開』勁草書房。

沼崎一郎（二〇〇九）「文化相対主義」日本文化人類学会編『文化人類学事典』丸善、七七六―七七九頁。

橋彌和秀（二〇一三）「「教える」と「教わる」のあいだ　その進化的／発達的起源」安藤寿康編『教育の起源を探る　進化と文化の視点から』ちとせプレス、四三―六三頁。

濵嶋朗・竹内郁郎・石川晃弘編（二〇一五）「社会化」『社会学小辞典〔新版増補版〕』有斐閣、二四六―二四七頁。

ベイトソン、グレゴリー（二〇〇〇）『精神の生態学 改訂第2版』佐藤良明訳、新思索社。

ボアズ、フランツ（二〇一三）「インディアン神話の生成――北太平洋沿岸地帯の諸部族における神話生成過程の研究」前野佳彦編・監訳、磯村尚弘、加野泉、坂本麻裕子、菅原裕子、根本峻瑠訳『北米インディアンの神話文化』中央公論新社、一二〇―一三八頁。

前田泰樹・水川喜文・岡田光弘編（二〇〇七）『ワードマップ　エスノメソドロジー　人びとの実践から学ぶ』新曜社。

松沢哲郎（一九九五）「野生チンパンジーの石器使用にみる「教示」」『日本ロボット学会誌』第一三巻五号、五八四―五八七頁。

安居哲也（一九九九）「社会化論の展開――再社会化の視点から」『同志社社会学研究』第三号、八七―九九頁。

ヤホダ、グスタフ（一九九二）『心理学と人類学――心理学の立場から』野村昭訳、北大路書房。

レイヴ、ジーン・ウェンガー、エティエンヌ（一九九三）『状況に埋め込まれた学習——正統的周辺参加』佐伯胖訳、産業図書。
ロゴフ、バーバラ（二〇〇六）『文化的営みとしての発達——個人、世代、コミュニティ』當眞千賀子訳、新曜社。

Bahuchet, Serge. (2014) "Cultural Diversity of African Pygmies," In: Hewlett, Barry S. (ed.) *Hunter-Gatherers of the Congo Basin: Cultures, Histories, and Biology of African Pygmies*, pp. 1-29. New Brunswick: Transaction Publishers.

Boesch, Christophe. (1991) "Teaching among Wild Chimpanzees," *Animal Behaviour* 41(3): 530-532.

Brisson, Robert. (2010) *Petit Dictionnaire Baka-Français Sud-Cameroun* [Small dictionary of Baka-French South Cameroon カメルーン南部バカ語—フランス語小辞典]. Paris: l' Harmattan.

Chapin, Bambi, Christine El Ouardani, and Kathleen Barlow. (2016) "Socialization," *Oxford Bibliographies*. URL: https://www.oxford-bibliographies.com/display/document/obo-9780199766567/obo-9780199766567-0133.xml(二〇二三年八月三〇日閲覧).

Gilby, Ian C. (2006) "Meat Sharing among the Gombe Chimpanzees: Harassment and Reciprocal Exchange," *Animal Behaviour* 71(4): 953-963.

Herrmann, Esther, Josep Call, María Victoria Hernández-Lloreda, Brian Hare, and Michael Tomasello. (2007) "Humans Have Evolved Specialized Skills of Social Cognition: The Cultural Intelligence Hypothesis," *Science*, 317(5843): 1360-1366.

Hirata, Satoshi, and Maura L. Celli. (2003) "Role of Mothers in the Acquisition of Tool-use Behaviours by Captive Infant Chimpanzees," *Animal Cognition* 6: 235-244.

Lancy, David F. (2010) "Learning 'from Nobody': The Limited Role of Teaching in Folk Models of Children's Development," *Childhood in the Past* 3(1): 79-106.

Richards, Audrey I. (1970) "Socialization and Contemporary British Anthropology," In: Mayer, Philip (ed.) *Socialization: the Approach from Social Anthropology*, pp. 1-32. London: Tavistock Publications.

Sterelny, Kim. (2014) "Constructing the Cooperative Niche," In: Barker, Gillian, Eric Desjardins, and Trevor Pearce (eds.) *Entangled Life: History, Philosophy and Theory of the Life Sciences*, vol 4, pp. 261-279. Dordrecht, Springer.

Tomasello, Michael and Esther Herrmann. (2010) "Ape and Human Cognition: What' s the Difference," *Current Directions in*

Psychological Science 19(1): 3-8.
Yamanashi, Yumi, Matsunaga Masayuki, Shimada Kanae, Kado Ryuichiro, and Tanaka Masayuki. (2016) "Introducing Tool-based Feeders to Zoo-housed Chimpanzees as a Cognitive Challenge: Spontaneous Acquisition of New Types of Tool Use and Effects on Behaviours and Use of Space," *Journal of Zoo and Aquarium Research* 4(3): 147-155.

第III部

環境のゆらぎ

第10章

離れて集まるニホンザルの日常

西川真理

はじめに――群れは見つかれど、あの子が見つからない

ニホンザル（*Macaca fuscata*）は数十頭の個体で群れをつくって生活しており、群れのメンバーは「まとまりが良い」と表現される。たとえば左記のような記述がみられる（引用文中の強調および脚注は筆者による）。

ニホンザルはよくまとまった群れをつくる。かなりの広がりは持ちつつも、通常、群れの構成員はいつも一団となって遊動する。[1]（杉山 一九九〇：一四八）

ニホンザルは、複数のオトナのオスと複数のオトナのメスとその子どもたちから成るきわめてコンパクトなまとまりをもった「群れ」を形成する。（北村 二〇〇九：五七―五六）

群れはメスを中心とした同じメンバーで空間的に良くまとまった凝集性の高い集団である。（本書第2章川添論文：七三）

こうした記述からは、群れのメンバー同士がいつもすぐ近くにいる状態を思い浮かべるかもしれない。しか

図10-1　西部林道で休息しているGn（中央）とそのコドモ

し、実際はどうだろうか。私が鹿児島県屋久島で野生ニホンザルの研究を始めた頃の出来事を導入として考えてみたい。

二〇〇四年六月七日午前、私は森のなかで途方に暮れていた。目の前には調査の対象にしているニホンザルの群れのメンバーが何頭かいるのだが、行動観察の対象にしようと決めていた個体（オトナメスのGn、図10—1）がまだ見つからない。いったいGnはどこにいるのだろうか。今日は調査を切り上げよう、という思いが何度も頭をよぎったが、もう少ししたらGnが見つかるかもしれない、という期待が交錯して諦めきれない。群れのメンバーについて歩きながら周囲を見わたし、Gnが現れるのを待つ。午前一一時〇三分、ついにGnの姿が私の視界にはいった。このとき、群れが見つかってすでに五時間が経過していた。

（1）遊動とは移動、採食、休息といった活動を繰り返す生活様式のこと。

この出来事があった当時、私はE群と名づけられた群れのGnという個体だけを行動観察の対象にしていた。そのため、森へ調査にでかけると、まずE群を探し、次にGnを見つけ出さなければならなかった。運よくGnがすぐに見つかる日もあるが、前述のように群れは見つかってもGnがなかなか見つからない日もあった。朝から夕方までGnの観察をしていると、周りにいるメンバーが多かったり少なかったり、ときには周りに誰もおらず、私とGnの二人きりでしばらくの時間を森のなかで過ごすこともあった。こうした経験を重ねるにつれて、しだいに「群れのメンバーはまとまりが良い」という言説に違和感を覚えるようになっていった。そこで、ニホンザルの群れメンバーは互いにどれほど離れて何をしているのか、その全体像を知りたいと思うようになり、Gnの他にも観察対象を増やして調べることにした。本章は、群れメンバー間の個体間距離から空間的・時間的な凝集性を定量的に調べることでその実態を描き出し、〝群れのメンバーはまとまりが良い〟というニホンザル像についてとらえなおす試みである。ニホンザルの話にはいる前に、ニホンザルを含む分類群である霊長類の群れ[2]の様相について概説することから始める。

1　霊長類の群れ

ヒト（*Homo sapiens*）を含む霊長類の多くの種は、メンバーシップの安定した複数の個体で群れをつくって生活している[3]。群れはメンバーの性構成と継承性によって類型され、その特徴は種によって概ね決まっている。性構成による類型では、単雄単雌型（一組の雌雄およびそれらのコドモ）、単雄複雌型（一頭のオスと複数のメスおよびそれらのコドモ）、複雄単雌型（複数のオスと一頭のメスおよびそれらのコドモ）、および複雄複雌型（複数のオスと複数のメスおよびそれらのコドモ）に類別される[4]（図10―2）。継承性とは、群れが雌雄どちらの性によって継承されるかを示し、父系（雌が出自群を出て別の群れに移籍する）、母系（雄が出自群を出て別の群れに移籍する）、双系（雌雄ともに出自集群を出て別の群れに移籍するか新たな群れを形成する）に類別される[5]。本章の主役であるニホンザルは、群れの性構成は複雄複雌型であり、継承性は母系である。私たちヒトはどうだろうか。現代のヒトにみられる集団構成や継承性は、地域や社会によって異なっており一様ではない。この多様性は農耕牧畜による定住化や近代化による社会の変化といった種々の要因によるものと考えられる。ヒトの最も古い生活様式は、農耕牧畜が出現する以前（後期旧石器時代まで）の狩猟採集である。現代の狩猟採集社会においては、複数の家族が集まった居住集団（バンド／キャンプ）をつくり、生業活動や子育てにおいて協力しながら生活しているが、集団の継承性には変異があるため、単一の類型に当てはめることが難しい（Hill et al. 2011; Singh and Glowacki 2022）。ヒトに進化的に最も近縁なチンパンジー（*pan troglodytes*）とボノボ（*pan paniscus*）の継承性は父系であることから、ヒト本来の継承性も父系である可能性が示唆さ

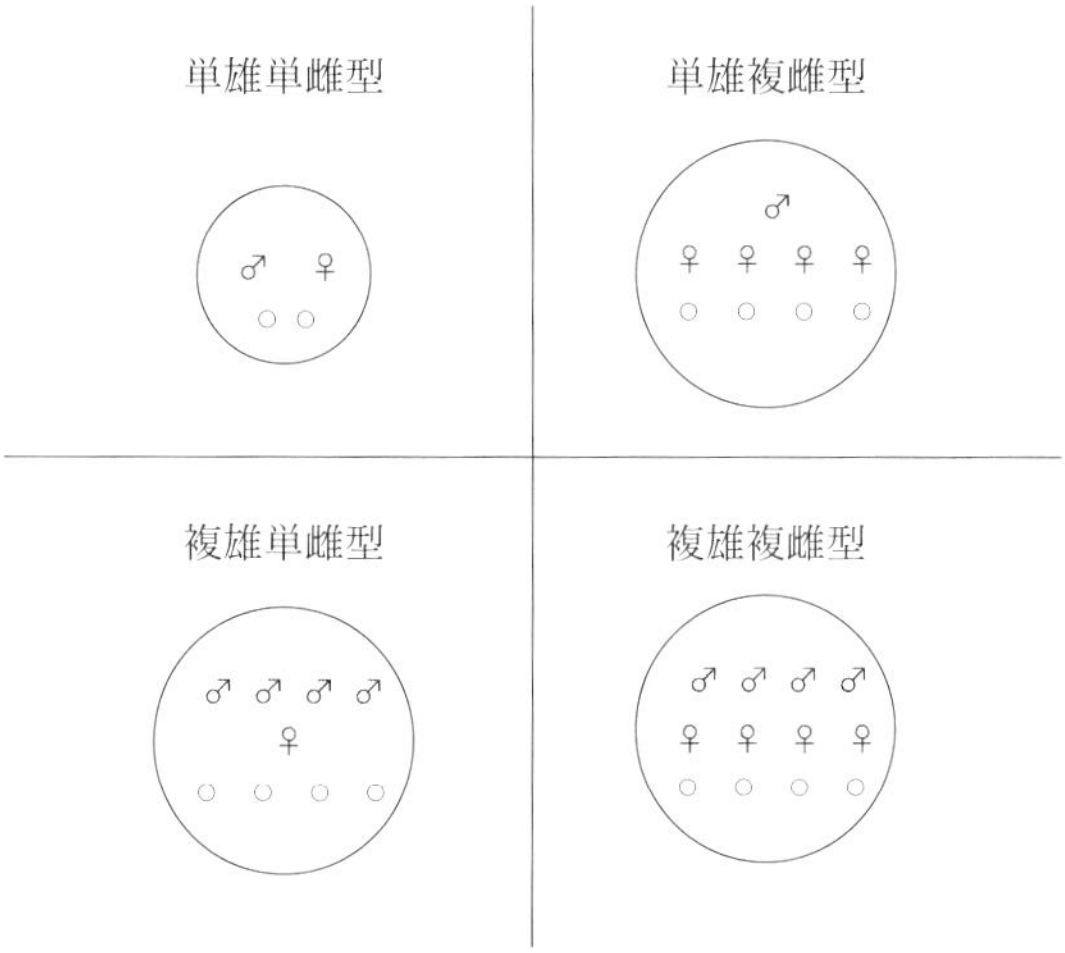

図10-2　霊長類の群れの性構成による類型。♂はオトナのオス、♀はオトナのメス、◯はコドモをあらわす。

れているが（中川二〇〇九）、議論が続いている。

霊長類の群れは、いずれの類型においてもオトナからアカンボウまでの幅広い年齢の個体がひとつの群れのなかで共存して生きている。この特徴は、鳥類や魚類の群れのように同じ体サイズの個体が数百〜数千個体で集まっている様相とはずいぶん異なる。次節では、異なる性・年齢の個体からなる霊長類社会の特徴について取り上げる。

2　霊長類社会の特徴と離合集散性

一般に群れでの生活には、捕食者の発見や回避、食物や配偶相手の発見、同種の他群との競合などにおいてメリットがある一方で、次のようなデメリットもある（Krause and Ruxton 2002）。霊長類の群れは、異なる性・年齢の個体で構成されているので、個体によって栄養要求や身体能力に差がある（Pertman 1970）。そのため、群れのメンバーと一緒にいようとすると、自身の欲求が満たされない場合が生じる。[6] たとえば、まだ休息していたいのに、他個体が移動を始めると休息を止めて移動しなければならなくなる。[7] 群れメンバーの近くに留まるためには、自分にとっての最適な活動や行動を妥協しなければならない。自分の欲求を優先するには他個体とは別に遊動することになるが、この場合、メンバー同士が空間的に離れてしまうため、群れ生活から受けるメリットは減ってしまう。そのため、群れのメンバーは状況に応じて他個体との近接度合いを調整する必要があり、このことが群れメンバーの空間的な凝集性に変化をもたらす。群れのメンバーが単独あるいは小集団(8)に分かれて別々に遊動する場合、そのメンバー構成や持続性は種によって、あるいは同じ種であっても生息地の捕食圧や食物分布といった環境条件によって異なる。こうした群れメンバーの空間的・時間的な動態にみられる特徴は、その種の社会を理解するうえで重要な要素である。Kappeler and van Schaik (2002) は、霊長類の社会システムを理解するための理論的枠組みを提唱し、霊長類の各種の社会は、次の3つの主要な要素によってその特徴が明らかになるとしている。

A) 社会組織 (social organization)：ある社会/群れの個体数と性年齢構成、および凝集性

B) 社会構造 (social structure)：ある社会/群れのメンバー間の順位序列や血縁びいき、および移籍パターン

---

(2) 霊長類の場合、種によって「群れ (troop)」や「集団 (group)」のように呼び方が慣例的に異なる。たとえば、ニホンザルでは「群れ」を用いるが、チンパンジーでは「集団」を用いることが一般的である。

(3) 群れのメンバーシップは、中長期的（半年~数年）にみれば、後述する個体の移出入によって変化する。

(4) 霊長類のなかには、群れをつくらず単独で生活する原猿類やオランウータン *Pongo* spp. も存在する。オランウータンについては第4章（田島論文）を参照のこと。

(5) 一方の性による移籍についての詳細は、第2章（川添論文）を参照のこと。

(6) 身体能力の差に着目した研究は、第12章（谷口論文）を参照のこと。

(7) 伊藤（二〇一〇）は、群れの移動開始場面に注目して、個体の動きが出発になる場合と不発になる場合を分析している。

(8) 「小集団」の他に「サブグループ」や「パーティ」といった用語が用いられることもある。それぞれの用語の定義は研究によって異なる。

C）配偶システム（mating system）：雌雄間の交尾と繁殖のネットワーク

群れメンバーの空間的・時間的な動態は、前述の三つの要素のうちの「A）社会組織」のなかの凝集性を特徴づけるものである。

群れメンバーの凝集性が変化する現象は「fission-fusion（離合集散）」という用語で表される。この用語はスイス人霊長類学者のHans Kummerがその著書『Primate societies: Group Techniques of Ecological Adaptation』（Kummer 1971）のなかで、霊長類のうち、群れのメンバーが小集団に分かれたりふたたび集まったりする特徴をもつ種（マントヒヒ*Papio hamadryas*、ゲラダヒヒ*Theropithecus gelada*、チンパンジーなど）の社会システムを表現する際に使ったのが最初だとされている（Aureli et al. 2008）。一九九〇年代頃までこの用語は主にチンパンジー、ボノボ、クモザル（*Ateles spp.*）、ムリキ（*Brachyteles spp.*）といった空間的・時間的に広範囲かつ長時間にわたって分散する種に対して用いられてきた。これらの種にみられる社会のことを離合集散社会（fission-fusion society）と呼び、時間的および空間的な情報の記憶、推論能力、類推能力、行動の柔軟性や抑制といった認知スキルの観点からも研究がおこなわれてきた。こうした研究の背景には、ヒトの集団の特徴でもある離合集散性について、ヒトに近縁な非ヒト霊長類を調べることで、ヒトに固有の認知能力の進化的基盤の解明を目指す動機があったようだ。

限られた種で注目されてきた群れメンバーの離合集散性であるが、二頭以上の個体で構成される群れであれば、程度の差はあれ、前述の種に限らずどの種のどの群れでもメンバーが集まったり離れたりする、すなわち離合集散することは明らかである。二〇〇〇年代にはいると、Aureliら（2008）によって、離合集散動態（fission-fusion dynamics）の度合いについて種間／系統間比較をするための概念的枠組みが提唱され、コミュニケーション能力や認知能力の基盤に作用する固有の選択圧になった可能性を検討するようになった（Amici et al. 2008）。離

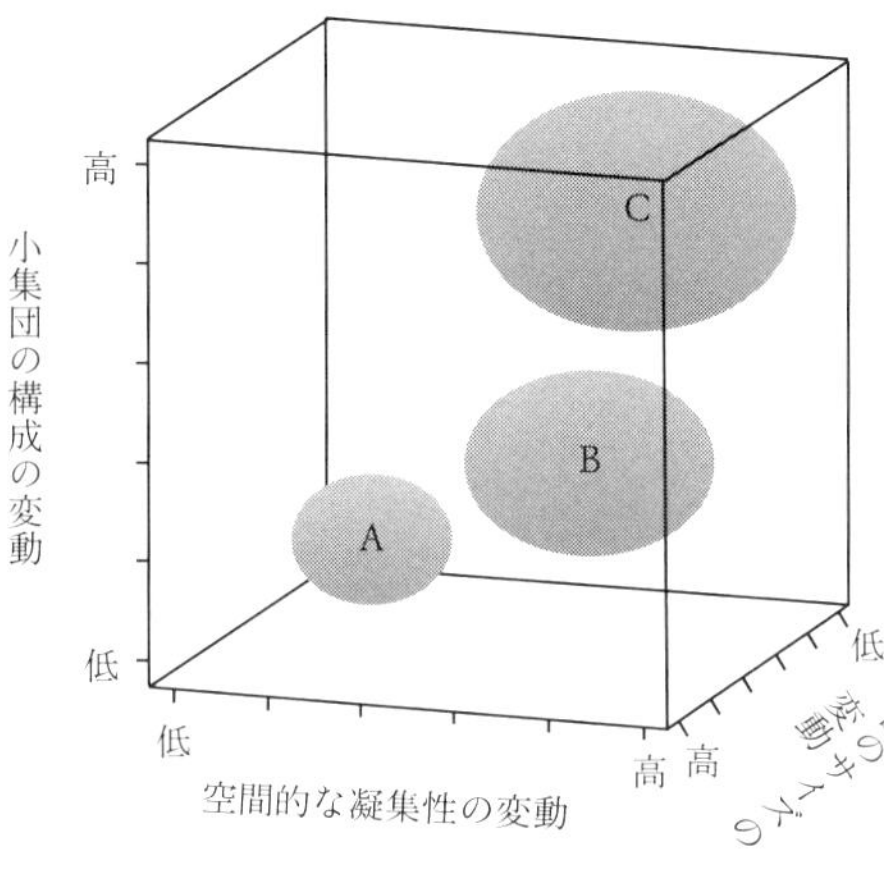

図10-3　離合集散動態の度合いをあらわすための三次元の概念的枠組み（Aureli et al. 2008より改変）。X軸は群れメンバーの空間的な凝集性の時間的変動、Y軸は小集団のサイズの時間的変動、Z軸は小集団の構成の時間的変動をあらわす。A領域はすべての次元が低い場合を示し、非常に凝集している群れや常に分散している単独性の種が含まれる。B領域は空間的な凝集性と小集団のサイズが大きく変動するが小集団の構成は変動しない場合を示し、マントヒヒなどが含まれる。C領域はすべての次元が高い場合を示し、チンパンジーやクモザルなどが含まれる。

合集散動態の度合いは、以下の三次元で定量化して評価することが提案されている（図10―3）。

a）空間的な凝集性（spatial cohesion）：群れメンバー間の空間的結束力（例：個体間距離）の時間的変動

b）小集団のサイズ（party size）：小集団を構成する個体数の時間的変動

c）小集団の構成（party composition）：小集団を構成する個体の性・年齢構成の時間的変動

ここで重要なことは、かつて離合集散という用語はチンパンジーなどの限られた種に対して用いられてきたが、現在ではさまざまな種に対して用いられている点である。

前述の離合集散動態の度合いを評価する三つの指標のうち、「b）小集団のサイズ」と「c）小集団の構成」については、調査者ひとりの目で直接観察することができるので、古くから定量的なデータを示した研究がおこなわれてきた（Nishida 1968; Chapman 1990）。しかしながら、「（a）空間的な凝集性」の研究は遅れていた。なぜなら、調査者の視界を超えた場所にいるメンバーの位置を把握することは困難だからである。しかし、二〇〇〇年代に入り、全地球測位システム（GPS）が普及し始めたことで事態が進展する。この頃から小型で安価なGPS受信機が霊長類を対象とした研究にも導入され始め、観察対象のサルの位置情報を手軽に記録することができるようになった。この技術進歩を取り入れて、私は冒頭の疑問「ニホンザルの群れのメンバーは互いにどれほど離れて何をしているのか」について離合集散動態の視点を取り入れて調査することにした。その詳細については6節で述べるが、その前に、ニホンザルの基本的な生態と調査地の屋久島について概説しておく。

3　ニホンザルの生態

1……生息環境

ニホンザルは、青森県下北半島から鹿児島県屋久島までの本州・四国・九州の森林に生息しており、冷帯から亜熱帯までの幅広い環境に適応している。たとえば、下北半島では積雪のある落葉広葉樹林を、屋久島の低地では積雪のない亜熱帯性樹種を含む常緑広葉樹林を利用して生活している。彼らの主要な食物は、木本植物の果実と葉であるが、他にも種子・花・樹皮・昆虫・菌類・脊椎動物なども食べる雑食性である。食物の種類やその質と量は、地域や季節によっても異なる（辻ほか二〇一一、二〇一二）。

2……社会組織と社会構造

ニホンザルは、複数のオトナのオスとオトナのメスおよびそのコドモをあわせた数十頭のメンバーで一つの群れ(複雄複雌群)を作って生活する。メスは生まれた群れで一生を過ごすが、オスは性成熟する四～五歳ごろまでに出自群から別の群れに移籍するので、群れの継承性は母系である。群れのメスのメンバー構成は、生死による変化を除けば安定している。群れのメスたちは、それぞれが母系の血縁でつながっており、ひとつの群れのなかにはいくつかの家系が共存している。母系血縁者の間では、毛づくろいなどの親和的な社会交渉が頻繁におこなわれ、けんかなどの敵対的交渉の際には血縁びいきの行動もみられる(Takahashi and Furuichi 1998)。一方、オスは出自群を出て別の群れに入り、数年経つとふたたび別の群れに移ることを生涯くり返すため(Sprague et al. 1998)、群れのオスのメンバー構成は毎年のように変化する。オスのなかには生涯の一時期をどの群れにも属さず、多くの時間を単独で過ごす個体もおり、こうしたオスをヒトリオスやハナレオスと呼ぶ。

ニホンザルの群れのオス同士とメス同士の間には、それぞれ直線的で明確な順位序列がある(Kawamura 1958)。つまり、任意の二個体の間には比較的安定した優劣関係があり、劣位の個体は優位の個体に対して食物や場所を譲る。オスの順位はその個体の力量や群れでの在籍年数によって決まる(Suzuki et al. 1998)。一方、メスの順位はその個体の母親の順位に依存し、母親が高順位のメスのコドモは高順位になるが、母親が低順位のメスのコドモは低順位にしかなれない(Nakamichi and Yamada 2010)。つまり、メスの順位は概ね生まれながらに決まっている。

3……行動圏

それぞれの群れは日常的に利用する地域が決まっており、その範囲のことを行動圏と呼ぶ。群れの行動圏は隣接する群れと部分的に重複することもあり、群れ同士が出会うと喧嘩などの敵対的交渉を生じることがある（Sugiura et al. 2000）。生息環境が同じ場合、行動圏の大きさは群れメンバーの個体数と相関する。すなわち、メンバーの数が多いほど、それだけたくさんの食物が必要となるので、群れの行動圏は大きくなる。また、群れのオトナ一頭当たりの行動圏の大きさ（群れの行動圏面積を群れのオトナの頭数で割ったもの）は、生息地の植生の攪乱の程度と植生タイプに影響される（Takasaki 1981）。本来の植生を破壊して植林されるスギ（*Cryptomeria japonica*）やヒノキ（*Chamaecyparis obtusa*）はニホンザルの食物にならないので、こうした針葉樹しかない人工林は彼らにとって利用価値がほとんどない。そのため、植生の攪乱の程度が大きい環境では、利用可能な食物を求めて広い範囲を利用する必要性から行動圏が大きくなる。植生タイプの違いは冬の食物不足の程度に影響する。落葉広葉樹林に生息するニホンザルは、冬に葉を食物として利用できなくなるので、常緑広葉樹林に生息するニホンザルよりも冬季の食物条件が厳しくなる（Agatsuma and Nakagawa 1998）。そのため、落葉広葉樹林に生息するニホンザルは、秋に高質の食物（果実や種子）を摂取し、脂肪としてエネルギーを蓄積しなければならない。したがって、広い範囲を歩き回って食物を得る必要があるため行動圏が大きい。植生の攪乱がほとんどない屋久島の低地（常緑広葉樹林）と宮城県金華山島（落葉広葉樹林）において、サルの食物となる木本植物の一ヘクタールあたりの密度を比較すると、屋久島の方が一・九倍高く、食物生産量の代替指標となる樹木の胸高断面積の合計値は、屋久島の方が二・二倍大きい。そして、群れの年間を通した行動圏は屋久島が平均九〇ヘクタールであるのに対し、金華山島は平均二二一ヘクタールである（Maruhashi et al. 1998）。食物の分布密度と生産性の低い金華山島に生息するニホンザルのほうが、大きな面積の行動圏で生活していることがわかる。

4……一日の生活

ニホンザルは日の出前のまだ薄暗いうちに泊まり場[9]から動き出し、果実や昆虫といった食物になるものを探して移動する。食物を見つけて採食を終えると、休息に適した場所に移動して群れのメンバー同士で毛づくろいをしたり、身を寄せ合って休んだりして過ごす。ひとしきり休息すると、ふたたび食物を探して移動する。日中はこうしたことを繰り返して遊動し、日没後になると母系血縁者や仲の良い個体と集まって睡眠と休息をとる（Nishikawa and Mochida 2010）。こうした遊動の過程において群れのメンバー同士は、周りを見回す行動や音声によって互いの様子や位置を把握している（杉浦・田中 二〇〇〇）。ニホンザルの音声には豊富なレパートリーがあり（Itani 1963; Green 1975）、最もよく発声する音声は「クー」や「ウワー」と聞こえるクー・コールという音声である。群れのメンバー同士は、クー・コールを交互に発する音声のやりとり（鳴き交わし）をおこない、母系血縁者同士でよく鳴き交わすことが知られている（Mitani 1986）。クー・コールには音の強弱にバリエーションがあり、平静時に発せられるクー・コールは約一〇〇メートル、強く発せられるクー・コールは約二〇〇

（9）ニホンザルが夜を過ごす場所のこと。泊まり場になるのは、地面、岩の上、木の根元、樹上といった場所である。泊まり場はその日の遊動によって変わり、決まった場所があるわけではない。

メートル離れた場所まで聞こえる（大井ほか二〇〇三）。

4 調査地と調査対象

1……調査地

調査をおこなった屋久島は、九州南端から南に約七〇キロメートルの海上にある直径約三〇キロメートルのほぼ円の形をした島である（第12章の図12—1）。この島の全土に野生のニホンザルが生息している。[10] 一九六四年に島の約四二%にあたる地域が霧島屋久国立公園（現：屋久島国立公園）に指定され、一九九三年にはさらにその一部地域がユネスコの世界自然遺産に登録された。私が調査をおこなった西部低地域は、国立公園かつ世界自然遺産の登録地域である。この地域は国立公園に指定されて以降、植物の伐採や動物の狩猟が禁止されており、亜熱帯性植物の混ざる照葉樹林にニホンザルの群れが連続的に分布している（四・八群/㎢、Yoshihiro et al. 1999）。西部低地域の森は、成長した樹木によって樹冠が閉じているため、林内は直射日光が届きにくく、薄暗い場所が多い。そのため、林床の下草や稚樹が少ないので歩きやすく、林内の視界は約二〇メートルである（Koda et al. 2008）。この地域に生息するサルを対象とした研究は一九七〇年代から始まり、これまで多くの研究者によって野生のサルの生態や社会の解明が進められてきた（山極 二〇〇八）。ここでは研究が始まった当初から「餌付け」はおこなわず、観察者の存在に慣らす「人付け」によって研究がおこなわれてきた。餌を与えていないので、サルは人に興味を示さず、近づいてくることもないため、サルの自然な生態を観察することができる。西部低地域にはアスファルト舗装された一車線の県道（通称：西部林道）が約一七キロメートルにわたって南北を貫くように通っており、島民の生活道路として使われている。サルはこの西部林道を毛づくろいや休息の場に利用している。道路上は水捌けが良いし、ヒルやダニといった衛生害虫もいないので、サルにとって座ったり寝転がったりして休むには好適な環境なのだろう。

2……調査対象

調査を始めるにあたって、まず、観察の対象とする群れを決めなければならない。私はその選定にあたって、見つけやすく、歩きやすい地形を行動圏に含む群れであることを重視した。なぜなら、群れが見つかりにくいと必要なデータを集めるのに時間がかかるし、急峻な地域を行動圏にしている群れを観察するのは、追跡が困難で体力を消耗するからだ。また、群れのメンバーがある程度、人に慣れていることも重要である。人慣れしていないと、観察者から逃げたり観察者を威嚇したりするため、データの収集が難しくなる。私はこうした条件を満たすE群[11]を観察対象に決めた。ここからは、二〇〇八年四〜六月の調査で得られたデータを中心に紹介する。[12]この時のE群の構成メンバーは、オトナメス（六歳以上）一一頭、オトナオスとワカモノオス（五歳以上）

（10） 屋久島に生息するニホンザルは、形態的特徴が他の地域とは異なることから、亜種（ヤクシマザル：*Macaca fuscata yakui*）として扱われている。

表10-1　E群のメンバー構成（2008年4月）。メスとコドモは家系ごとに①～⑤に区分して示した。オスは事例に登場する個体のみ個体名を記した。オトナメスの第一位はMn、第二位はNc、オトナオスの第一位はMS、第二位はMTである。

メス	①	Mn, Nc, Mk, コドモ×4
	②	Tr, Tm, コドモ×2
	③	Ke, Kt, コドモ×2
	④	Gn, Pk, コドモ×3
	⑤	Dm, Db
オス		MS, MT, TO, 他×10

一三頭、コドモ（一～四歳）一一頭の合計三五頭であった（表10―1）。ニホンザルの群れの継承性は母系なので、メスは群れ間を移出入することがない。そのため、群れの紐帯は主にメスによっていると考えられるし、調査中に別の群れに移籍していなくなってしまう心配もないことから、メスを対象として調査をおこなうことにした。行動観察の対象は、高順位と低順位から各三個体ずつ合計六頭のオトナメスに決めた。

5　小集団のサイズと構成

1……調査方法

ニホンザルの群れメンバーの離合集散動態について、まず、「b）小集団のサイズ」と「c）小集団の構成」について取り上げる。この節での「小集団」の定義は、「任意の個体とその視界[13]にいる群れメンバー」とする。小集団に含まれる個体数を「小集団のサイズ」とし、「小集団の構成」は、任意の個体の視界にいるメンバーを性年齢によって次の七タイプに分類した。1）単独タイプ（追跡個体のみ）、2）オスタイプ（一頭以上のオトナオス／ワカモノオス）、3）メスタイプ（一頭以上のオトナメス、またはオトナメスとコドモ）、4）コドモタイプ（一頭以上のコドモ）、５）オトナタイプ（一頭以上のオトナオス／ワカモノオスと一頭以上のオトナメス）、６）混合タイプ（一頭以上のオトナオス／ワカモノオスと一頭以上のオトナメスとコドモ、７）その他（一頭以上のオトナオス／ワカモノオスとコドモ）。

調査は観察対象個体のなかから一頭を選び、その個体の後について歩きながら行動を観察する個体追跡法を用い、追跡個体がおこなっている活動タイプ（移動、採食、休息、毛づくろい、その他）[14]を連続記録した。また、五分間隔のスキャンサンプリング法を併用することで追跡個体を中心とする小集団に含まれる個体名を瞬間記録した。

(11) 私はE群を対象とした調査を二〇〇四年から二〇一六年にかけて断続的におこなってきた。最後に調査をおこなった二〇一六年三月まで、群れは分裂することなく維持されていた。
(12) 本節以降に紹介する分析結果の詳細についてはNishikawa et al.（2014）を参照のこと。
(13) ここでの視界とは、追跡個体を中心とする全方向に見える範囲のことを指す。本調査地の視界は約二〇メートルであるが、自然環境なので場所によって多少の違いがある。
(14) ニホンザルの毛づくろいは、皮膚や体毛に寄生するサルジラミの卵や成虫を除去するための行動である。自分自身の毛づくろいをおこなう「自己毛づくろい」と他者に毛づくろいをしたりされたりする場合の「社会的毛づくろい」がある。社会的毛づくろいは親和的な行動であり、個体間の親密さの指標として用いられる（上野二〇一七）。分析では、社会的毛づくろいを「毛づくろい」とし、自己毛づくろいは「その他」として扱った。

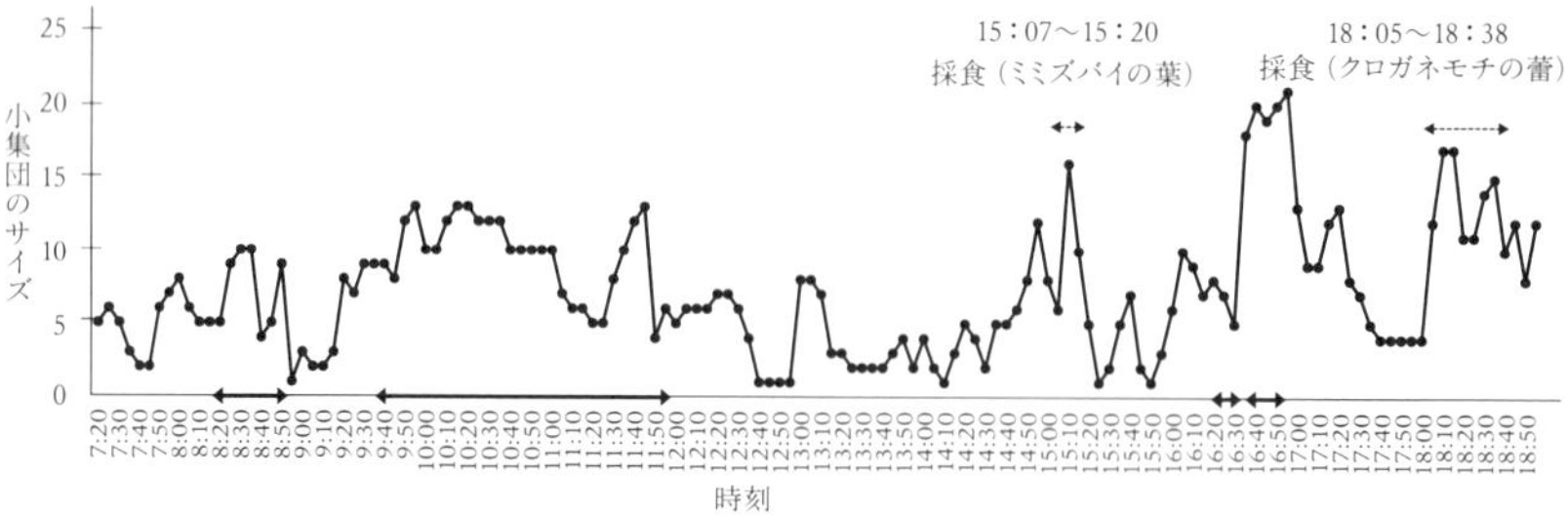

図10-4　2008年4月7日（追跡個体：Mn）の小集団のサイズの推移。継続した毛づくろいと休息が生じた時刻は、実線の両矢印でX軸上に示した。また、採食の際に小集団のサイズが特に大きくなった時刻は点線の両矢印でグラフ上部に示した。

2……結果

具体例として、二〇〇八年四月七日におこなったMn（第一位メス）の個体追跡によって得られた小集団のサイズの推移を図10―4に、小集団の構成のタイプ別割合を図10―5に示した。E群における小集団のサイズの潜在的な最大値は三五（頭）であるが、この日の最大値は16:55に観察された二一（頭）の混合タイプであり、このとき、小集団の多くの個体が休息または毛づくろいをおこなっていた。最小値は8:55、12:40から12:55、14:10、15:25、15:50に観察された単独タイプ（Mnの視界に他個体がいない）であり、いずれの時刻においてもMnは採食をおこなっていた。[15] 小集団のサイズの変化に関連する出来事の抜粋を以下に時系列に沿って記述したので、図10―4と照らし合わせて見てほしい。

事例1：二〇〇八年四月七日（曇り）追跡個体：Mn

07:10　E群を発見

07:16　Mnを発見（地上に落ちているバリバリノキ *Actinodaphne acuminata* の果実を採食中）

個体追跡を開始

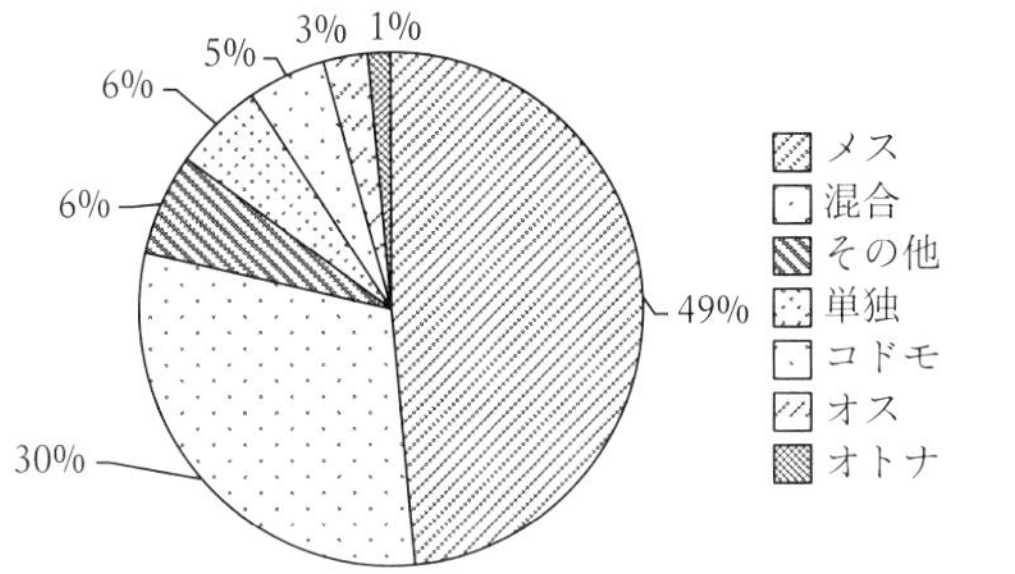

図10-5　2008年4月7日（追跡個体：Mn）の小集団の構成のタイプ別割合

08:19　西部林道（#3）[16]で毛づくろいを開始
08:51　移動・採食を開始（バリバリノキの落下果実、ハドノキ *Oreocnide pedunculata* の葉、菌類）
09:37　林床（#6）で休息・毛づくろいを開始
11:58　移動・採食を開始（バリバリノキの果実、イヌビワ *Ficus erecta* の果実、クロキ *Symplocos kuroki* の葉）
15:07　採食を開始（ミミズバイ *Symplocos glauca* の葉）
（五メートル離れた場所にある別のミミズバイで他メンバーも採食を始める）
15:49　採食を開始（バリバリノキの果実）
16:22　毛づくろいを開始（バリバリノキの樹上）
16:31　移動を開始
16:34　西部林道（#3）で毛づくろいを開始
16:54　移動・採食を開始（クスノキ *Cinnamomum camphora* の葉、ヒサカキ *Eurya*

（15）各時刻の採食品目は次のとおりである。8:55はバリバリノキの落下果実、12:40から12:55はクロキの葉とバリバリノキの落下果実、14:10と15:25は菌類、15:50はバリバリノキの果実。

（16）後述する事例2では、群れが毛づくろいや休息に繰り返して使う場所（毛づくろい場）が重要になるため、こうした場所は番号で識別して表記した。

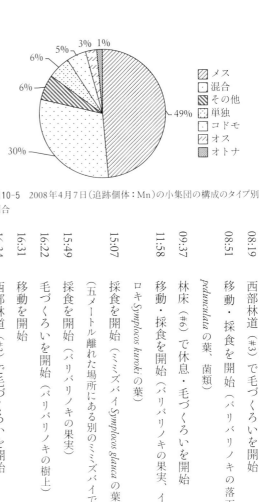

japonica の葉、イヌビワの果実）

18:05　採食を開始（クロガネモチ *Ilex rotunda* の蕾）

18:47　岩の上（#7）で休息を開始（MSとコドモ二頭と一緒）

18:52　NcとTmが集まってくるが、Tmは少しして別の場所に移動

　　　岩の上（#7）でNcとコドモ三頭の計五頭で集まって座っている

19:00　個体追跡終了

小集団のサイズの推移と活動タイプの関連をみてみると、移動・採食の際に小さくなり、休息・毛づくろいの際に大きくなる傾向が見て取れる。小集団のメンバー構成と活動タイプを分析すると、毛づくろいと休息の際は混合タイプが多いが、採食と移動の際はメスタイプが多くなり、単独タイプも観察された。活動タイプと小集団のサイズおよびメンバー構成について、調査期間に収集したすべてのデータを用いた分析においても、この日と同様の傾向であった。

採食と移動の際に小集団のサイズが小さくなるのはなぜだろうか。ニホンザルの食物は、行動圏のなかに無限にあるわけではないし、彼らの主要食物である木本植物は一本の樹木で群れのすべてのメンバーが同時に採食するには小さすぎる。そのため、メンバー間に生じる食物を巡る競合（採食競合）を回避するために小集団に分かれて移動し、互いに離れた場所で採食したことによって、採食と移動の際に小さな小集団サイズが観察されたと考えられる。採食競合回避のために分散した群れのメンバーたちは、毛づくろいや休息の際にふたたび集まることで社会交渉の機会を増やし、親和的な社会関係を形成・維持していると考えられる。

6 群れメンバーの空間的・時間的な凝集性

1……調査方法：群れメンバーの凝集性を定量化する方法

2節で触れたとおり、群れのメンバーが調査者の視界を超えて分散すると、ひとりの調査者では各個体の位置を把握することが難しくなる。そのため、群れメンバーの「a）空間的な凝集性」について定量的に調べることは困難だった。しかし、二〇〇〇年代になってGPSが普及し始めたことで事態が進展した。GPS受信機は時刻とともに位置情報（緯度・経度）を記録することができる。GPS受信機を携帯した複数の観察者が同時にそれぞれの観察個体を追跡する「同時個体追跡」をおこなえば、得られた位置情報から任意の時刻における個体間の直線距離を算出することができる。群れメンバーのさまざまな組み合わせについて同時個体追跡をおこない、個体間距離のデータを集積することで、群れ全体の空間的・時間的な凝集性として定量化することができる。個体追跡の際に観察個体の活動タイプもフィールドノートに記録しておけば、凝集性と活動の関連を調べることもできる。このようにGPSを利用することで、これまでは扱いにくかった「a）空間的な凝集性」にかんするデータ収集が可能となり、群れメンバーの離合集散動態を包括的に調べることができるようになった。私は共同研究者の鈴木真理子さん（当時：京都大学院生）とともに、E群の行動観察の対象個体から観察日ごとに異なる二個体を選び、同時個体追跡によって位置情報と活動タイプのデータを収集することで、「a）

空間的な凝集性」を調べることにした。

2……結果

個体間距離の一日の変化の例を図10―6に示した。どの日も個体間距離が長くなったり短くなったりしてお

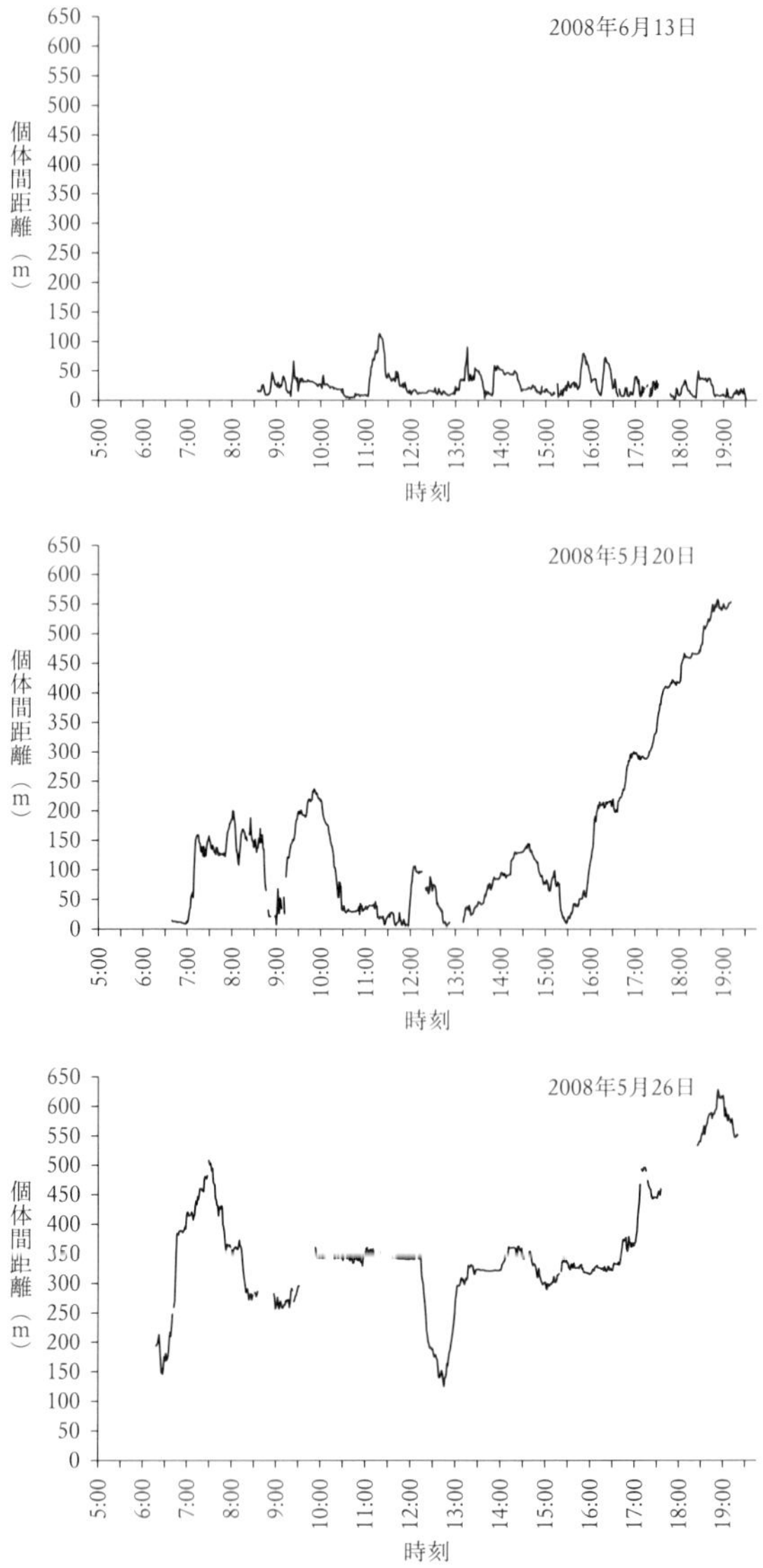

図10-6 オトナメスの同時個体追跡によって得られた個体間距離の1日の変化の例（西川2017より改変）。線が途切れている時刻は、追跡個体を見失ったため追跡できていないことを示す。

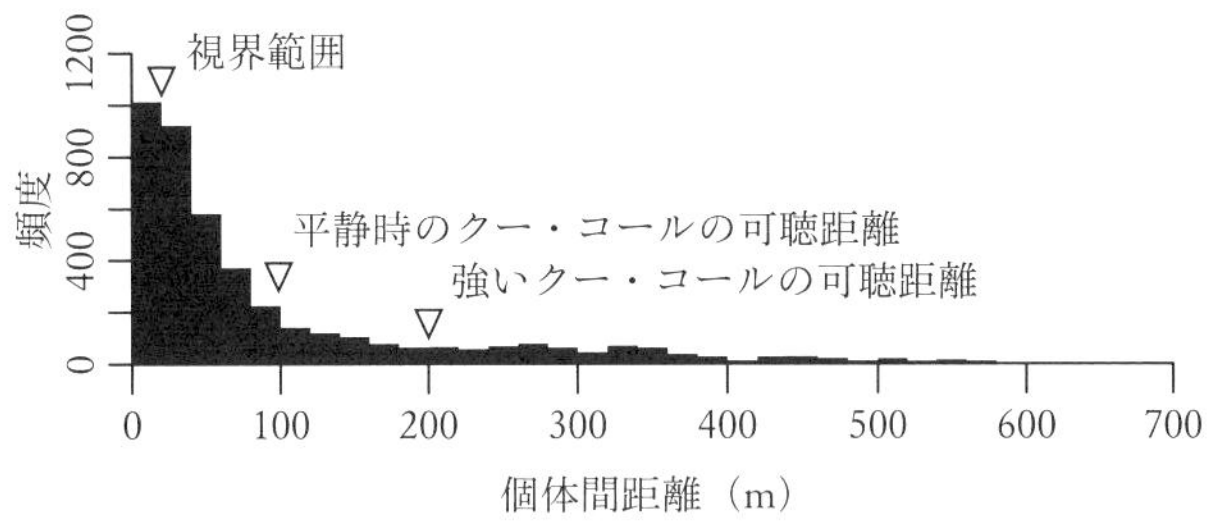

図10-7　オトナメスの個体間距離のヒストグラム（Nishikawa et al. 2014より改変）

り、追跡個体が互いに離れたり集まったりしている様子とその具体的な距離の推移が見て取れる。MnとNc（血縁あり・高順位と高順位）を観察した六月一三日の個体間距離は、一日を通して約一〇〇メートル以内の距離で推移していた。KeとDm（血縁なし・高順位と低順位）を観察した五月二〇日は、七時、九時、一二時前、および一三時に個体間距離の短い状態がみられるものの、大部分で互いが視界範囲（二〇メートル）を超えて遊動していた。個体間距離は一五時半頃にいったん縮まった後に広がり続け、観察を終了した一九時過ぎには五〇〇メートル以上離れた状態だった。翌日、KeとDmが合流したのは一〇時過ぎだったことから、当該二個体は異なる泊まり場で夜を過ごしたと考えられる。GnとDm（血縁なし・低順位と低順位）を観察した五月二六日は一日を通して互いが一〇〇メートル以上離れ続けており、観察を終了した一九時半には当該二個体は六〇〇メートル以上離れていた。この日にGnの視界に現れた群れメンバーはPkとコドモおよびオスのみだった。

調査期間に得られたすべての観察データを用いて個体間距離を分析すると、最小値は追跡個体同士が毛づくろいや休息で接触した場合の0メートル、最大値は六一八メートル、平均値は九九・九メートル、中央値は四七・四メートルの右裾が長い分布であった（図10—7）。この結果から、平静時のクー・コールの可聴範囲（<100m）に位置している頻度がもっとも高いことがわかった。[17] このことは、ニホンザルでは遊動の過程においてクー・コールによるコミュニケーションが重要であることを示唆している。一方で、

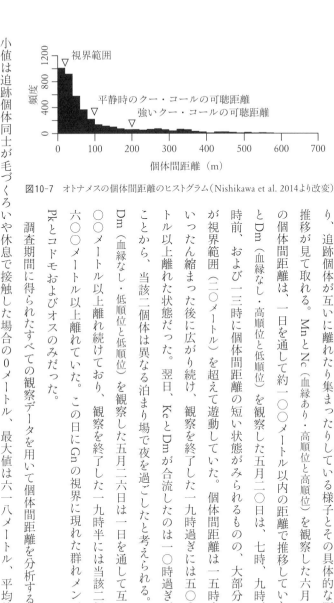

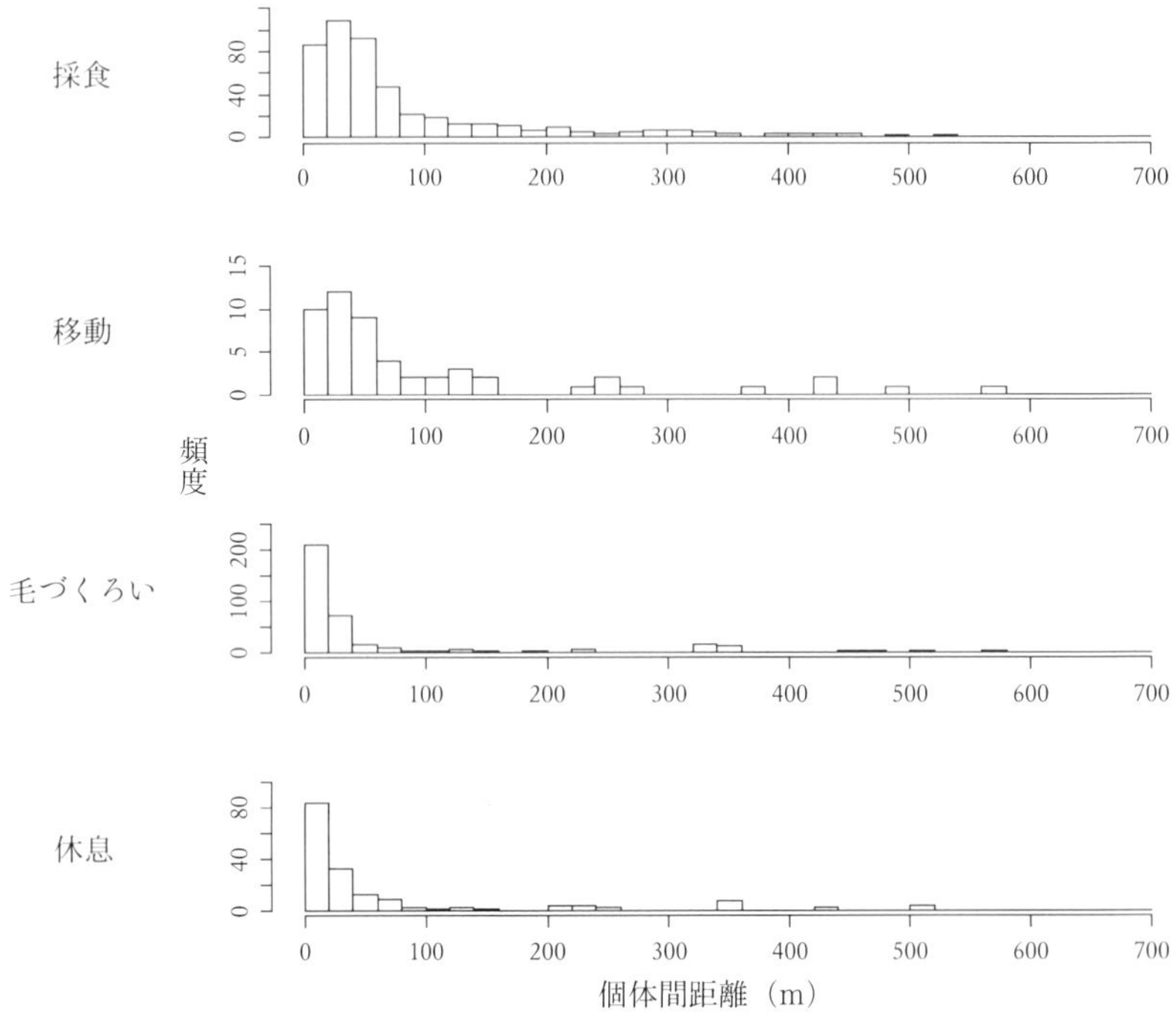

図10-8　活動タイプにおける個体間距離のヒストグラム（西川 2017より改変）

五月二〇日と五月二六日に見られたようなメンバー同士がクー・コールの可聴範囲を超えた場所まで分散した場合もあった。個体間距離が離れるほど互いに異なる活動をおこなう傾向があり、移動方向も一致しなくなることから（Nishikawa et al. 2021）、メンバー同士が視覚的にも聴覚的にも互いの場所を把握できないほど離れた状態では、互いが独立して遊動するサブグルーピングが生じていたと考えられる。

群れメンバーの個体間距離、すなわち空間的な凝集性に変異をもたらす要因は三つあることがわかった。まず、個体間距離はサルの活動タイプによって変化し、採食と移動の際に長く、毛づくろいと休息の際に短くなる傾向があった（図10—8）。このことは、小集団のサイズで見られた結果と矛盾せず、個体間距離の分析によってもその

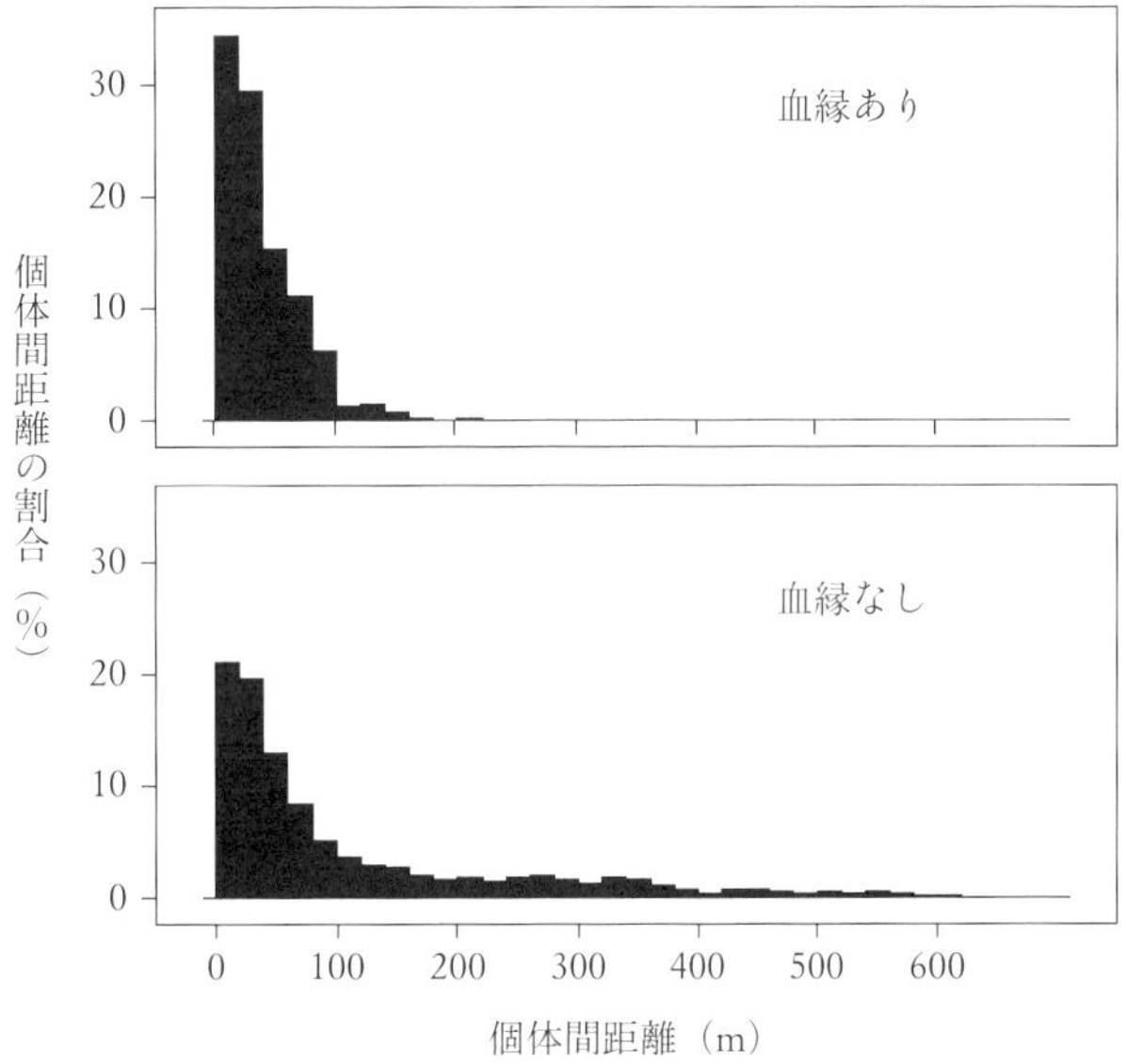

図10-9　オトナメスの血縁の有無による個体間距離の違い（西川 2017より改変）

特徴が裏付けられた。また、個体間距離は個体間の社会関係によっても異なることがわかった。すなわち、メスでは高順位同士の個体間距離が、高順位と低順位間および低順位同士よりも短かった[18]。群れのメンバーから離れて一時的に単独で遊動する場合もあり、こうした行動は低順位個体でより頻繁に見られた。ニホンザルには群れのメンバー間に順位序列があるため、質の高い食物パッチでは高順位個体が優先して採食できる（Saito 1996）。そのため、劣位の個体は優位の個体とは別の食物パッチを利用せざるを得ない場合がある。このように、低順位個体が採食競合に対して不利であることが社会関係によって個体間距離に違いが見られた原因であると考えられる。さらに、血縁の有無によっても違いがみられた。血縁のあるメス間では血縁のないメス間よりも個体間距離が短く、互いに平静

（17）　オトナオスも含めておこなった研究においても同様の結果が得られている（Otani et al. 2014）。
（18）　オスでは順位の高い個体ほどメスとの凝集性が高くなる（Otani et al. 2014）。

時のクー・コールが届く範囲内（<100m）に位置し、強いクー・コールが届く距離（<200m）より離れて分散することはほとんどなかった（図10―9）。血縁のあるメス同士は、休息状態から長距離の移動をする際に一緒に移動する場合が多いことからも（Jacobs et al. 2011）、メスは血縁者との近接を維持しようとする傾向があることがわかる。このように血縁個体が凝集しやすいのは、血縁者は採食時の近接を許容されることや（Furuichi 1983）、喧嘩やオスからの攻撃といった緊急の際に悲鳴などの強い音声を聞きつけて血縁者の援助に駆けつけられる距離にいることの重要性を示唆している。これら三つの要因に加えて、食物の分布状態が凝集性の変異に影響していることも知られている。たとえば、低木や草本のような行動圏のなかに散在している食物を食べるとき（夏）よりも、高木になる果実や葉のようなある程度まとまって存在する食物を食べるとき（秋・冬）のほうが、個体間距離が短くなり（Sugiura et al. 2011）、樹木であっても、特定の場所に集中分布している樹種を採食するときは、そうでない樹種を採食するときよりもメンバーが凝集する（Otani et al. 2014）。

群れのメンバー同士が離れた分散状態はどの程度の時間にわたって継続するのだろうか？メス同士が日中に二〇メートル以上離れた状態、すなわち、視覚的な接触がないままでの遊動の継続時間を調べると、平均二六分間であり、低順位のメス同士で最も長かった。ただし、一日のなかで個体間距離が二〇メートル以下で続いた状態が二回未満の日や、日没後になっても合流しなかった場合は、正確な継続時間がわからないので継続時間の分析には含められなかったが、こうした日をまたぐような長時間にわたるサブグルーピングは、血縁のないメスの間でのみ観察された。

以上のように、群れメンバーの個体間距離、すなわち凝集性は一日のなかで変化し、活動タイプ、順位序列や血縁関係といった他メンバーとの社会関係によってその程度に違いがみられることが明らかになった。血縁のないメンバー同士が長時間にわたって聴覚的な情報が使えない範囲に分散する状態は、劣位個体が優位個体の近くにいることの不利益を回避するように遊動したことで生じた可能性が考えられた。

7 離れて集まる

群れのメンバー同士が空間的に分散した場合、どのようにしてふたたび集まるのだろうか。金華山島に生息するニホンザルでは、個体間距離が四〇メートル以上離れると、その一〇分後には周辺個体数にかかわらず個体間距離が縮まることが知られている[19]（Sugiura et al. 2014）。このことから、群れメンバーの一部が視界を超えた状態が一〇分ほど続くと、凝集性を回復しようとする遊動が生じることがわかる。また、休息と移動の際に周りに群れのメンバーが少ないときや、個体間の距離が大きく離れた場合にクー・コールの発声頻度が高くなることから、個体間距離の調整には音声が用いられていると考えられる（Suzuki and Sugiura 2011）。

メンバー同士が音声の届く範囲内にいる場合は、音声によって互いの位置を把握しながら近づくことができるだろう。それでは、メンバー同士が音声の聞こえる範囲を超えて分散した場合はどうだろうか。ここでは、そうした場合についてサブグルーピングの後に合流した出来事から考えてみたい。ニホンザルは周辺に群れのメ

（19） 金華山島の視界は約四二メートルである（Koda et al. 2008）

ンバーがいないとき、遠距離まで届く強いクー・コールを発することがある。事例2ではこの音声をロスト・コールとして平静時に発せられるクー・コールとは区別して表記する。

事例2：二〇〇八年四月二四日（曇り）：追跡個体Gn

6:52　：Gnを発見（イヌビワで果実を採食中）
　　個体追跡を開始

（中略）

8時過ぎ：E群のすべてのオトナメスとコドモ、MS、MTが林床（#1）に集まって毛づくろいを開始
10時前：群れメンバーは、毛づくろいを終えて徐々に移動を開始するが、GnはTOと同じ場所で毛づくろいを継続
10:07　：移動・採食を開始
10:20〜11:00：単独で移動・採食・休息
11:05　：（ワカオスが視界に現れる）
11:30　：西部林道（#2）でDmとDbと合流。[20] GnJと毛づくろいを開始
11:40　：移動・採食を開始
11:45　：（ワカオスが視界からいなくなり、DmとDbとGnJのみ）
12:20　：（Keが視界に現れる）
12:28　：（DmとDbが視界からいなくなり、KeとGnJのみ）

12:52：GnとKeがロスト・コールを発声。鳴き返しはない。
12:54：ロスト・コールを発しながら、移動・採食（視界内にDmとDbが現れる）
13:23：Ke、Dm、Db、GnJと一緒に西部林道を歩き続けて毛づくろい場（#1、#2、#3）を通過するが、他メンバーはいない。鳴き返しはなく、西部林道から林内に移動（特にKeがロスト・コールを発している）
13:40：ロスト・コールを発しなくなり、林床（#4）でGnJと毛づくろいを開始
13:45：（Keがロスト・コールを発声しながら移動し、Gnの視界からいなくなる）
13:53：移動・採食を開始
13:56：（Keが視界にふたたび現れる）
13:58：視界外からオトナオスのクー・コールが聞こえ、Gnたちは盛んにクー・コールを鳴き返す
13:59：（Keはオトナオスのクー・コールが聞こえた方向へ移動）
14:10〜16:10：Dm、Db、GnJと採食
16:11〜16:25：岩場（#4）でGnJと毛づくろいを開始（同じ岩場にDmとDbもいる）
16:25〜17:26：移動・採食を開始（視界にはGnJのみ）
17:27：群れの他メンバーと毛づくろい場（#3）で合流（Keもいる）

事例2では、8時過ぎから10時前までE群のメスとオスが集まって毛づくろいと休息をしていたが、10:07以降、

（20）Gnの二歳のコドモ。

Gnは主にメスタイプまたは単独タイプの小集団で遊動した。11時台には一時的にワカオスが視界にいたが、その後はふたたびメスタイプまたは単独タイプの小集団で遊動し、17:27まで小集団のメンバーはKe、Dm、Db、GnJのみだった。この間、点線で示したようにロスト・コールを頻繁に発しており、13:23からは主要な毛づくろい場を巡る行動が観察された。群れのメンバーが集まって休息や毛づくろいで長い時間を過ごすのは、水はけや日当たりのよい快適な場所である(口絵参照)。こうした場所は、行動圏のなかに限られた数しか存在しない。そのため、群れの他個体とはぐれてしまっても、毛づくろい場に行けば、あるいは、毛づくろい場でしばらく待っていれば、他メンバーと合流できる可能性があり、分散したメンバー同士が再集合する待ち合わせ場所として機能している可能性が考えられる。ただし、群れの行動圏が大きい場合は、毛づくろい場が広範囲に分散していることが考えられ、合流が見込める毛づくろい場を予想することは難しいかもしれない。そのため、毛づくろい場を再集合の場とするやり方は、行動圏が比較的小さな群れに限られるかもしれない。

事例2は離合集散動態における音声の重要性を示唆している。13:58にオトナオスのクー・コールが聞こえた直後にKeはその方向に移動し、Gnの視界からいなくなった。Keはそれ以前に特にロスト・コールを発していたこと、Keの周辺に血縁個体がいなかったことから、Keは自身の血縁個体を探していたと考えられる。17:27にGnが合流した小集団のなかにKeもいたことから、Keは13:58のオトナオスの音声がした方向へ移動した先で別の小集団と合流していたと考えられる。今後は、毛づくろい場の利用や音声の観点から、群れのメンバー同士が離れた状態から集まった状態に移行するメカニズムをより詳細に調べることで、ニホンザルの群れの維持メカニズムの理解がさらに進むだろう。

群れメンバーの凝集性の低い状態がみられる主な要因として、本調査地のニホンザルには捕食者がいないことが考えられる。命を失ってしまう被食の危険性がないことは、まとまり続けることの差し迫った必要性を低め、各個体は比較的自由に遊動できると考えられる。しかしながら、隣接群との敵対的な出会いが生じた際には、群れのメンバー数の多い方が優位に立ちやすいことから（Sugiura et al. 2000）、隣接群の存在が群れメンバーにある程度の凝集性を維持させる一因だと考えられる。

おわりに

本章では、群れメンバーの空間的・時間的な凝集性について、小集団のサイズと構成に加えて個体間距離の計測によって定量的に評価することで、「まとまりが良い」と表現されるニホンザルの群れメンバーの離合集散動態の実態を検討してきた。E群のオトナメスを対象におこなった調査でわかったことは、各事例でも詳述したように、群れのメンバーはいつも皆で遊動しているわけではなく、ある個体の周辺に現れるメンバーの顔ぶれは、一日のなかで時間の経過とともに変化し、互いに近づいたり離れたりしながら遊動しているということである。メンバー間の距離を計測すると、個体同士は互いの視界を超えて位置していることも多く、音声の可聴範囲を超える場合さえあった。このように、ニホンザルは日常のなかで離れて集まることを繰り返しているため、観察者が群れのいずれかのメンバーを見つけたとしても、特定の個体がすぐに見つかるとは限らないのだ。さらに、Gnのような低順位のメスは、高順位のメスからも低順位のメスからも離れる傾向があるため、なかなか見つからない事態が生じることもわかった。

群れメンバーのまとまりが「良い」や「悪い」といった表現は、観察者による相対的な評価といえる。なぜなら比較対象がないと、その判断はつかないからだ。「はじめに」で述べたように、私はニホンザルの観察を始めた当初、「群れのメンバーはまとまりが良い」という言説に違和感を覚えた。これは、私がニホンザルの観察経験しかなかったためで、たとえば、季節によって数か月も互いが出会わないことが常態であるチンパンジーを観察したことがあれば(花村二〇一〇;中村二〇二〇)、互いが出会わない期間が数日ほどのニホンザルの群れを「まとまりが良い」と表現することに違和感を覚えることはなかったかもしれない。群れメンバーの個体間距離の定量データがあれば、観察者の経験による相対的な判断だけでなく、群れのまとまり方の特徴について具体的に検討することができる。そのためには、なるべく多くの種あるいは個体群の定量データを統一した枠組みのなかで比較することが望まれる。

謝辞

科学研究費補助金基盤(S)「社会性の起原と進化:人類学と霊長類学の協働に基づく人類進化理論の新開拓」(#19H05591)の若者研究集会におけるメンバーとの議論からは、本章の執筆にあたり多くの示唆を得た。また、編者の河合文氏、川添達朗氏、谷口晴香氏、および京都大学学術出版会の大橋裕和氏には、本章の構成と内容について多くの助言をいただいた。ここに記して、深謝申し上げる。

本研究は、JSPS科研費基盤研究(S)19H05591(代表者 河合香吏)と基盤研究(B)23370099(代表者 中川尚史)の助成を受けておこなわれた。さらに、京都大学霊長類研究所共同利用、京都大学野生動物研究センター共同利用、および京都大学グローバルCOEプログラム（A06）による支援を受けた。

最後に、私の存在を受け入れ、多くの気づきを与えてくれたE群のみなさんに感謝の意を表す。

参考・参照文献

伊藤詞子（二〇一〇）「群れの移動はどのようにして始まるのか？——金華山の野生ニホンザル」木村大治・中村美知夫・高梨克也編『インタラクションの接続と境界』昭和堂二七五—二九三頁。

上野将敬（二〇一七）「霊長類における親密な関係の量的記述」『霊長類研究』三三（一）：一一—二四。

大井徹・泉山茂之・今木洋大・植月純也・岡野美佐夫・白井啓・千々岩哲（二〇〇三）「音声を手がかりとしたニホンザル野生群の位置探索の正確さについて」『霊長類研究』一九：一九三—二〇一。

北村光二（二〇〇九）「人間の共在性はどこから来るのか？——集団現象における循環的決定と表象による他者分類」河合香吏編『集団——人類社会の進化』京都大学学術出版会三九—五六頁。

杉浦秀樹・田中俊明（二〇〇〇）「コミュニケーション——クー・コールを通してニホンザルの心をのぞく」高畑由起夫・山極寿一編『ニホンザルの自然社会——エコミュージアムとしての屋久島』京都大学学術出版会。

杉山幸丸（一九九〇）『サルはなぜ群れるのか——霊長類社会のダイナミクス』中公新書一二九—一五八頁。

辻大和・和田一雄・渡邊邦夫（二〇一一）「野生ニホンザルの採食する木本植物」『霊長類研究』二七：二七—四九。

辻大和・和田一雄・渡邊邦夫（二〇一二）「野生ニホンザルの採食する木本植物以外の食物」『霊長類研究』二八：二一—四八。

中川尚史（二〇〇九）「霊長類における集団の機能と進化史——地理的分散の性差に着目して」河合香吏編『集団——人類社会の進化』京都大学学術出版会五七—八七頁。

中村美知夫（二〇二〇）「「動く」ことで形作られるチンパンジー社会」大塚柳太郎編『生態人類学は挑むSession1動く・集まる』京都大学学術出版会七—三四頁。

西川真理（二〇一七）「群れの維持メカニズム」辻大和・中川尚史編『日本のサル——哺乳類学としてのニホンザル研究』東京大学出版会一八三—二〇二頁。

花村俊吉（二〇一〇）「偶有性にたゆたうチンパンジー」木村大治・中村美知夫・高梨克也編『インタラクションの接続と境界』昭和堂一八五―二〇四頁。

山極寿一（二〇〇八）「日本の霊長類――ニホンザルの研究の歴史と展望」高槻成紀・山極寿一編『日本の哺乳類学②中大型哺乳類・霊長類』東京大学出版会二九―四九頁。

Agatsuma, N., and Nakagawa, N. (1998). "Effects of habitat differences on feeding behaviors of Japanese monkeys: comparison between Yakushima and Kinkazan". *Primates*, 39, 275–289.

Aureli, F., Schaffner, C. M., Boesch, C., Bearder, S. K., Call, J., Chapman, C. A., ... and Schaik, C. P. V. (2008). "Fission-fusion dynamics: new research frameworks," *Current Anthropology 49* (4): 627–654.

Amici, F., Aureli, F., and Call, J. (2008). "Fissin-fusion dynamics, behavioral flexibility, and inhibitory control in primates," *Current Biology 18* (18): 1415–1419.

Chapman, C. A. (1990). "Ecological constraints on group size in three species of neotropical primates," *Folia Primatologica* 55 (1): 1–9.

Furuichi, T. (1983) "Interindividual distances and influence of dominance on feeding in natural Japanese macaque troop," *Primates* 24: 445–455.

Green, S. (1975) "Variation of vocal pattern with social situation in the Japanese monkey (*Macaca fuscata*): a field study," In Rosenblum, L. (ed.) *Primate Behavior*. pp. 1–102. New York: Academic Press.

Hill, K. R., Walker, R. S., Božičević, M., Eder, J., Headland, T., Hewlett, B., ... and Wood, B. (2011) "Co-residence patterns in hunter-gatherer societies show unique human social structure," *Science* 331 (6022): 1286–1289.

Itani, J. (1963) "Vocal communication of the wild Japanese monkey," *Primates* 4: 11–66.

Jacobs, A., K. Watanabe and O. Petit. (2011) "Social structure affects initiations of group movements but not recruitment success in Japanese macaques (*Macaca fuscata*)," *International Journal of Primatology* 32: 1311–1324.

Kappeler, P. M., and van Schaik, C. P. (2002) "Evolution of primate social systems," *International journal of primatology 23*: 707–740.

Kawamura, S. (1958) "The matriarchal social order in the Minoo-B group: a study on the rank system of Japanese macaque," *Primates*

1: 149–156.

Koda, H., Y. Shimooka and H. Sugiura. (2008) "Effects of caller activity and habitat visibility on contact call rate of wild Japanese macaques (*Macaca fuscata*)," *American Journal of Primatology* 70: 1055–1063.

Krause, J. and G. D. Ruxton. (2002) *Living in Groups*. Oxford: Oxford University Press.

Kummer, H. (1971) *Primate Societies: Group Techniques of Ecological Adaptation*. New York: Routledge.

Maruhashi. T., C. Saito and N. Agetsuma. (1998) "Home range structure and inter-group competition for land of Japanese macaques in evergreen and deciduous forests," *Primates* 39: 291–301.

Mitani, M. (1986) "Voiceprint identification and its application to sociological studies of wild Japanese monkeys (*Macaca fuscata yakui*)," *Primates* 27: 397–412.

Nakamichi, M. and K. Yamada. (2010) "Life time social development in female Japanese macaques," In Nakagawa, N., M. Nakamichi and H. Sugiura. (eds.) *The Japanese Macaques*. pp. 241–270. Tokyo: Springer.

Nishida, T. (1968) "The social group of wild chimpanzees in the Mahali Mountains," *Primates* 9: 167–224.

Nishikawa, M. and K. Mochida. (2010) "Coprophagy-related interspecific nocturnal inter-actions between Japanese macaques (*Maca-ca fuscata yakui*) and sika deer (*Cervus nippon yakushimae*)," *Primates* 51: 95–99.

Nishikawa, M., M. Suzuki and D. S. Sprague. (2014) "Activity and social factors affect cohesion among individuals in female Japanese macaques: a simultaneous focal-follow study," *American Journal of Primatology* 76: 694–703.

Nishikawa, M., Suzuki, M., and Sprague, D. S. (2021) "Activity synchrony and travel direction synchrony in wild female Japanese macaques," *Behavioural Processes 191*: 104473.

Otani, T., A. Sawada and G. Hanya. (2014) "Short-term separation from groups by male Japanese macaques: costs and benefits in feeding behavior and social interaction," *American Journal of Primatology* 76: 374–384.

Portman, O. W. (1970) "Nutritional requirements of non-human primates," In Harris, R. S. (ed.) *Feeding and Nutrition of Nonhuman Primates*. pp. 87–116. New York: Academic Press.

Saito, C. (1996) "Dominance and feeding success in female Japanese macaques, *Macaca fuscata*: effects of food patch size and inter-patch distance," *Animal Behaviour* 51: 967–980.

Singh, M., & Glowacki, L. (2022) "Human social organization during the Late Pleistocene: Beyond the nomadic-egalitarian model," *Evolution and Human Behavior* 43 (5): 418–431.

Sprague, D. S., S. Suzuki, H. Takahashi and S. Sato. (1998) "Male life history in natural populations of Japanese macaques: migration, dominance rank and troop participation of males in two habitats," *Primates* 39: 351–363.

Sugiura, H, C. Saito, S. Sato, N. Agetsuma, H. Takahashi, T. Tanaka, T. Furuich and Y. Takahata. (2000) "Variation in intergroup encounters in two populations of Japanese macaques," *International Journal of Primatology* 2[illegible]: 519–535.

Sugiura, H., Y. Shimooka and Y. Tsuji. (2011) "Variation in spatial cohesiveness in a group of Japanese macaques (*Macaca fuscata*)," *International Journal of Primatology* 32: 1348–1366.

Sugiura, H., Y. Shimooka and Y. Tsuji. (2014) "Japanese macaques depend not only on neighbours but also on more distant members for group cohesion," *Ethology* 120: 21–31.

Suzuki, M. and H. Sugiura. (2011) "Effects of proximity and activity on visual and auditory monitoring in wild Japanese macaques," *American Journal of Primatology* 73: 623–631.

Suzuki, S., D. A. Hill and D. S. Sprague. (1998) "Intertroop transfer and dominance rank structure of nonnatal male Japanese macaques in Yakushima, Japan," *International Journal of Primatology* 19: 703–722.

Takahashi, H. and T. Furuichi. (1998) "Comparative study of grooming relationships among wild Japanese macaques in Kinkazan A troop and Yakushima M troop," *Primates* 39: 365–374.

Takasaki, H. (1981) "Troop size, habitat quality, and home range area in Japanese macaques," *Behavioral Ecology and Sociobiology* 9: 277–281.

Yoshihiro, S., Ohtake, M., Matsubara, H., Zamma, K., Han' ya, G., Tanimura, Y., ... and Takahata, Y. (1999) "Vertical distribution of wild Yakushima macaques (*Macaca fuscata yakui*) in the western area of Yakushima Island, Japan: preliminary report," *Primates* 40: 409–415.

第11章

狩猟採集民モーケンの離合集散

鈴木佑記

1　ホモ・モビリタスとしての人類

現生人類をあらわす学名としてホモ・サピエンス（知恵ある人）が使われている。その他にも、研究者たちによってホモ・ロクエンス（話す人）（フライ一九八〇）、ホモ・ファベル（作る人）（ベルクソン二〇一〇）、ホモ・パティエンス（悩む人）（フランクル二〇〇四）、ホモ・ルーデンス（遊ぶ人）（ホイジンガ二〇一九）などの用語が、現生人類の特徴をあらわすものとして名付けられてきた。文化人類学者の大貫良夫と形質人類学者の片山一道は、移動することこそが人間の本質の一つであるとして、ホモ・モビリタス（動く人）という概念を提唱している（大貫・片山一九九三）。彼らによれば、人間はホモ・モビリタスであることによってはじめて、ホモ・サピエンスやホモ・ファベル、またホモ・ルーデンスたりえると主張する。つまり、ヒトは移動を通じて知恵や工作すること、そして遊びを発展させていったというわけである。

ホモ・サピエンスがそれまでの旧人とは異なる新人を指し示す述語である一方で、ホモ・モビリタスはチンパンジーから差別するものとして用いられていると考えられる。先史人類学者の赤澤威（二〇一二）は、猿人モビリタス、原人・旧人モビリタス、新人モビリタスとわけて、それぞれのモビリタスの特徴について次のように考察している。猿人時代にヒトは森から草原へ乗り出し、食餌行動によって四足から二足へ歩行様式が転換した。前脚が手の役割を持つにつれて道具製作と物の運搬能力が上がり、原人・旧人時代には直立二足歩行を完璧にこなして長距離移動が可能になった。脳が発達するにつれて新人時代には「もの作り」能力が飛躍的に伸び、様々な環境帯へ進出していった。類人猿ももちろん移動はするが、移動の質が人類では大きく異なるわけである。川田順三が提唱したホモ・ポルータンス（運ぶ人）も直立二足歩行以降の人類に当てはめて用いられていることから（川田 二〇一四）、ホモ・モビリタスの概念に近いといえる。そうとはいえ、モノを運ぶためには移動が伴うのが普通なので、やはりモビリタスの方が、ヒトの原理をより深く指摘している概念だといえそうだ。(1)

移動することがヒトをヒトたらしめる原理の一つであるとするならば、ヒトを対象とする人類学において移動現象はおのずと調査の射程に入ってくるはずである。実際、トロブリアンド諸島で調査を行ったマリノフスキ（二〇一〇）であれ、牧畜民のヌアー（ヌエル）人を扱ったエヴァンズ＝プリチャード（二〇二三）にしろ、彼らが著した古典といわれる民族誌では調査対象者たちの移動が要になっていた。前者は船を用いて「財」を運ぶクラ交換で、後者は牛を中心とする生活の中で移動を繰り返していた。その後の人類学者たちによる研究においても、移動を生活の中心に据える狩猟採集民や牧畜民が多く取り上げられてきた。そして彼らの生業に基づく移動を、しばしば遊動（nomadism）という用語であらわしてきた。

ところが二〇世紀後半から、狩猟採集民や牧畜民が定住化する事例が多く報告されるようになった。国家による自国領土の管理強化が進行したためであったり、宗教や農耕技術の伝播を契機としていたり、資本主義経

(1) モノを運ぶことこそがヒトの原理を突いているという指摘もできる。ただしここでは、直立二足歩行がモノの運搬を可能にしているという観点から、先に移動があるという意味で言及している。

済の波が彼らの社会へ押し寄せた結果であったりした。彼らの資源利用が制限され、特定の土地に根付いた経済活動への移行が各地で進んだ。つまり、狩猟採集民や牧畜民の遊動形態は大きく変化していった。ただし、彼らの多くは完全に定住するのではなく、新しい道具・人材・技術・インフラ等を利用しつつ、遊動のあり方を主体的に変更したり、移動を部分的に取り込んだりしながら変化に対応していた。大きな社会変容の渦中にいながらも、新しい局面下でしなやかに対応している狩猟採集民や牧畜民の姿が、人類学者たちによって描かれてきた（e.g. 風戸 二〇〇九；丸山 二〇一〇；孫 二〇一二；松浦 二〇一二；八塚 二〇一二；河合文 二〇二一；辛嶋 二〇二二）。逆説的にみれば、かつてのような自然環境に深く依存した高い遊動性を保持している狩猟採集民や牧畜民は、現代では存在しないということでもある。

ここで留意すべき点は、同じ遊動という言葉が用いられても、狩猟採集民と牧畜民の生業形態は大きく異なるところにある。基本的に、前者は略奪経済（foraging economy）であるのに対し、後者は生産経済（food producing economy）である。牧畜は家畜を人工的に増やして生産された肉や加工品などを入手するのに対し、漁撈を含む狩猟採集は自然環境から生物資源を直接得ることで生計を立てる。本章が取り上げるモーケンは、移動しながら資源を得るフォレージング（foraging）を活動の基盤とするフォレージャー（forager）である。特定の場所にある資源がなくなれば、別の場所へ移動して探すという、移動志向の強い生業を続けてきた。

本章では、モーケンが船を単位とした社会集団を形成し、移動性の高い狩猟採集をしていた時期——「遊動時代」——に焦点を合わせ、モーケンがバンドとして離合集散していた背景とその特徴について探ることを目的とする。また、モーケンのバンドでの遊動形態の特性を浮き彫りにするために、定住後における彼らの移動の様態を最後に紹介する。次節では、バンドという術語に着目し、狩猟採集民の離合集散性の特質について整理する。第3節では、モーケンが船団を組むことでバンドを成し、複数の近接集団との間を行き来しながら離合集散を繰り返していたことを、モーケンの語りを組み込みながら説明する。第4節と第5節では、船団を成したバンドでの遊動生活が行われていた背景には、海賊と仲買人の存在が深く関係していた点を指摘する。第6節では、スリン諸島のモーケン村落を事例として、陸上《おかあ》がり後の人口の変動とその背景について分析する。最後の「おわりに」では、本章の内容を整理したうえで、遊動時代におけるモーケンのバンドでの離合集散性の特徴について考察し、霊長類学における離合集散のそれと比較することで、ヒトの遊動と定住の特徴について明らかにしたい。

2　狩猟採集民のバンド

狩猟採集民は、野生の動物を狩り、植物を採る人びとのことである。これに漁撈民を加えて狩猟漁撈採集民(hunter-fisher-gatherer や hunting-fishing-gathering people)と呼ぶことがあるが、漁撈民も含めて狩猟採集民として扱うことが多い(e.g. 梅棹 一九七六：一七―一九)。そのような漁撈民の中でも、船を居住空間に利用する人びとを海の遊動民(sea nomads)として捉えることもある(cf. Bellina et al. 2021)。漁撈民を狩猟採集民の一部として捉える見方がある一方で、牧畜民が漁撈を生業の核に据える場合もあるので(cf. 佐川 二〇一九：大石 二〇二三)、漁民を短絡的に狩猟採集民であるとみるのは間違いである。そうとはいえ、本章では前者――フォレージャー――

の意味合いで漁民を狩猟採集民の一部として捉え、論述をすすめる。漁撈や狩猟採集においては通常、大型動物を中心とする獲物の捕獲には男性が狩人となりこなす。その一方で女性は、居住地に育児などで留まりながらその周辺で植物性食物や昆虫などの採集に従事する。

フォレージャーとしての狩猟採集民は、バンド（band）と呼ばれる小規模な集団を社会構造上の特徴とし、共同あるいは単独で資源を調達し、相互に分配しながら生活を送る。狩猟採集民の中には一部、恒久的な集落を築き、富を蓄積して階層社会の中で暮らしているが、その多くは平等主義的であり、食料を求めて季節周期的な移動を繰り返す。

狩猟採集民社会を捉える際、その集団をバンドという用語で指し示すが、固定した輪郭を持ったものではない。寺嶋秀明（二〇〇九：一九八）は、バンドを次のように説明する。少し長くなるが、本章のテーマである「離合集散」にとって重要だと思われるので引用する。なお、本章の引用文における丸括弧内の文言はすべて筆者が追記したものである。

（バンドは）必要なとき、必要な場所で、必要な形において、人びとの絆の結節点を包み込むように姿を現す。あくまで実体として存在するが、その姿は歴史の積み重ねと未来への展望にしたがってさまざまに変化する。変化の選択肢は個々人の手にあり、未来はつねに大きな流動性をはらんでいる。「今ここ」のバンドに対しても、個々人の関与の仕方、絆のあり方はさまざまであり、それぞれのメンバーはそれぞれのバンド像をいだいて、自らが身を置くバンドを構成しているのである。すなわち、メンバーの数だけのバンド像が重なり合ってひとつになっているのが、私たちが目にするバンドの姿であるといえよう。

ここで押さえるべきは、個人の視点からみた自他関係の重なりによってバンドの集団性が生成すると説いている点である。「今ここ」に居住するバンドの成員は、生活を送る上で協働し、食べ物をシェアリングすることで集団としての実体を持つ。しかしながら、個々人が持つ他者との結びつき（寺嶋は今村仁司の「社会的絆（social）」という用語を使用）は多様であり、複数のバンドを含む近接集団との間を移動しながら、全体の関わりの中で生きている。つまり個に注目してみると、「今ここ」で確認できるバンド内の個人は常にそこに居るわけではなく、（将来の可能性も含めて）時に別の集団に移動している。「歴史の積み重ねと未来への展望」に基づき個々人の「今ここ」があるというのだ。そして、個々人のネットワークの重層性がバンドを成り立たせているのだという。この指摘は、家畜キャンプの移動を検討して、遊動が過去の「記憶」とその経験に裏打ちされた「予見」をもとに実践される「いま・現在」の行為の重なりであるとする河合香吏（二〇二〇）の議論にも通ずる。(2) 次節からは、狩猟採集民モーケンがいかなるバンドを形成し、遊動してきたのか、定住化する前の時代におけるモーケンを例に記述する。なお、以下に提示するデータは、文献資料および聞き取り調査（二〇〇三年から二〇二四年にかけて断続的に実施）で得たデータに基づいている。

（2） 遊動民の移動形態において、過去と未来と連なる「今ここ」の重要性を説く議論がある一方で、遊動の本質的な〈動き〉は「今ここ」が上書き保存されるような「更新」にその特性を見出せるという重要な指摘もなされている（二文字屋二〇二〇）。

3 バンドとしてのモーケンの家船集団

1……船団の規模

モーケンが生活するのはタイ領およびミャンマー領のアンダマン海である。同海はインド洋の東端部分にあたり、メルギー諸島を中心に一〇〇〇以上の島が散在する。古くは船こそがモーケンの社会を基礎づけており、彼らは船を住まいとして島嶼間を移動してきた。住居であり人やモノの運搬手段でもある船を家船《えぶね》と呼ぶ。およそ一九七〇年代までは、モーケンが国境を意識することはなく、家船に乗ってタイとミャンマーの海域を往来し、生物資源を狩猟採集する遊動性の高い生活を送ってきた。

一隻の船には一組の夫婦とその子ども、また時に夫婦の親が一緒に暮らしており(3)、通常は船の群れをなして動いていた。男性の場合、成長して潜水漁などの仕事が一人前にできるようになると、結婚相手を探すのがならわしであった。男は結婚をした後は妻の両親の船で一定期間を過ごし、義父と共に船造りを行う。そうして出来上がった船に新郎新婦が乗り込み、一集団における家船の数が増えていった。つまり、家船集団(以下、船団も同義で用いる)を構成するのは主に女性の親族たちであった。それら船団の規模は六から八隻(Ivanoff 1986: 11)、八隻(Ivanoff 1995: 55)、七から一〇隻程度(Ivanoff 1999: 107)、五から二〇隻(Narumon 2000: 505)、一〇から三〇隻(ベルナツィーク 1968: 28)、四から四〇隻(Carrapiett 1909: 7)などの報告がなされている。一つの船団は少

地図11-1　アンダマン海域地図

なくとも四隻、多くて四〇隻から構成されていたことがわかる。つまり四世帯から四〇世帯が一つの集団となって行動を共にしていたことになる。

時代を遡れば遡るほど、船団の規模は大きい傾向にあるようだ。例えば、テナセリム管区の弁務官だったデュランド（Captain H. M. Durand）が一八四六年に残した記録には、四〇隻のモーケンの船が一つの湾に集まっており、各船には女性や子どもを含めて平均一〇名程が乗っていると述べている（Mason 1860: 100）。(4) 一九一二年が初版のメルギーの県知事（Deputy Commissioner）アンドリュー（George Percy Andrew）による記録では、「通常、彼ら（モーケン）はボートの中で生活しているが、大雨の時には、いくつかの島の浜辺に二〇〇人ものモーケンが野営しているのを見かける」とある（Andrew 1962: 9）。上述の三〇隻や四〇隻と書いた著者たちも、それを観察したのは二〇世紀初頭までのことである。遅くとも二〇世紀半ばには四〇世帯が一つの船団をなすのは珍しくなっていた。近年の研究者による成果や、筆者による高齢者のモーケンへの聞き取りからは、一九六〇年代以降は一〇から二〇世帯前後で移動するようになっていたことがわかっている。船団規模が小さくなった理由は、船外機（船のモーター）やその他の道具の発達によって、モーケンの伝統的な社会構造が崩れていったからだという指摘がある（Ivanoff 1999: 107）。船の動力がマストとオールを使ったものから船外機へと移行したことで、人力の重要性が低下したというものである。船外機の利用はガソリンを必要とし、それを安定的に購入するために現金を稼ごうと個人主義的な行動が促されたというわけである。なお、モーケン社会で船外機の利用が急激に広まったのは一九七〇年代のことである（Ivanoff 1999: 132; 鈴木 二〇一六：一七九）。

2……一九六〇～八〇年代半ばにおける船団の移動

船団は拡大家族と親族を中心とした関係性の中で形成されていたが、必ずしも固定的なものではなかった。各家船は別の船団に出入りすることもある流動的なものであった。例えば、新郎新婦の家船は最初に妻方の親族集団と行動を共にするが、夫方の親族集団に合流することもあるといった具合にである。以下は、バンドで遊動生活を送っていた頃を回顧した、五九歳（二〇二三年現在）のモーケン男性ジャーウの語りである。[5] なお、読者が理解しやすいよう、便宜的に「ミャンマー領」や「タイ領」という文言を、島名の前に筆者の判断で付記している。適宜、地図11—1と11—2を参照していただきたい。

小さい頃（一九六〇年代）は両親の家船に乗り、北はヤイート島（ミャンマー領、英名でDomel）から南はピピ島（タイ領）まで島々を移動しながら暮らしていた。最近まで（1980年代中頃まで）は（a）ミャンマーとタイの間を頻繁に往き来していた。

家船で移動するときは一〇から二〇隻の集団になって行動していた。両親の親戚とその家族が多かった。

（3）親が独り身になったり、両親が船を操縦できなくなったりしたときに乗せることがある。過去には老人たちは海辺に放置されていたといわれている（Ivanoff 1986: 10）。

（4）ヤイート（英名はDomel）島とヤーンゴ（英名はKisseraing）島の間に浮かぶマーブル（Marble）島の湾で目撃したと記録されている。

（5）二〇二三年七月二六日にタイ王国パンガー県クラブリ郡チャイパッタナー村で実施したインタビュー内容に基づく。

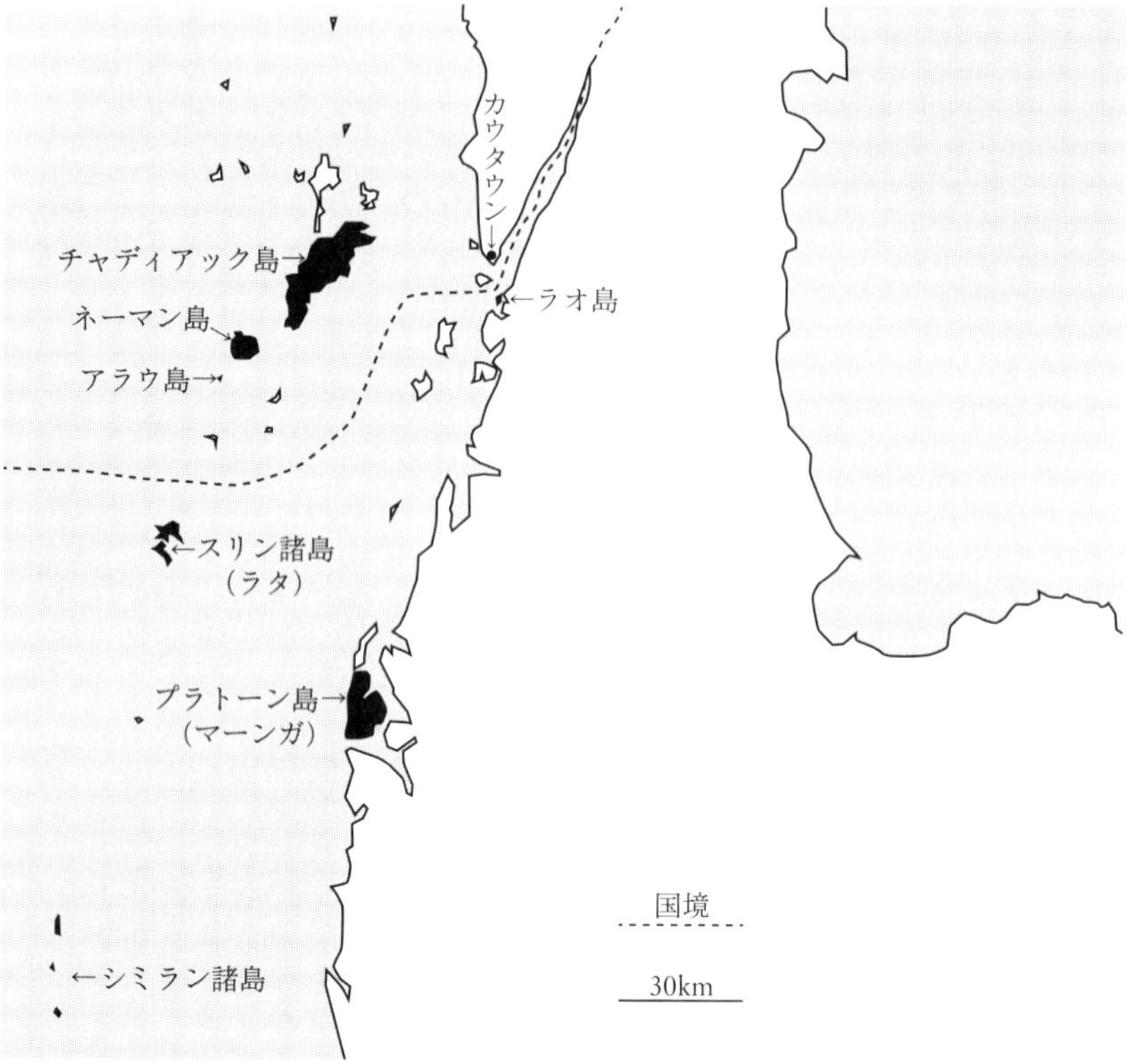

地図11-2　スリン諸島周辺海域

船団の規模はその時々によって異なる。移動時に付いてくる兄弟親族が多ければ大きくなるし、付いてくるのが少なければ小さくなる。集団で特定の島へ移動して魚介類を採集した後、別の海域に移ろうとなった時に、一緒には行動せずにそこに留まり続ける家船もある。

集団で移動するのは、（b）海賊の襲撃から逃れるためだと年長者たちから聞かされてきた。人数が多いと周囲に対する視野が広くなり、危険を察知しやすくなるからだ。そもそも集団で行動していないとできないことも多い。船を造るにしても、大木を刈って浜まで引きずって運ぶことも、幹を刳りだす作業も男手が必要である。陸地でイノシシを狩猟するときも、複数の成人男性が協力して仕留め、浜まで運ぶことができる。（c）イノシシだけでなくウミガメのような大きな動物を狩ったあと、皆で分け合って食べるのが普通でもある。

一〇代になって一人でナマコや貝類が捕れるようになると、違う船団に入らせてもらうこともあった。すべての船団は拠点となる島があって、南西モンスーンの季節（五～一〇月）に風雨をしのぐ小屋を建てる場所がそれにあたる。小屋を建てずに、家船でまとまって停泊する場合もあるが、（d）利用する島だけは決まっていた。真水を確保できる島であることが最低条件で、私が所属していた集団は、ミャンマー領のチャディアック（英名はSaint Matthew's）島やネーマン（英名はDavis）島、またタイ領のマーンガ（英名はPhra Thong、語り以外の部分ではプラトーン島と表記）島やラタ（英名はSurin、本章第6節で取り上げるスリン諸島のこと）島などの島々の入江を利用していた。天候が悪く海が荒れている間は動かないが、船が出せそうなときは、南西モンスーンの季節であっても頻繁に船の停泊場所を変えていた。

北東モンスーンの季節（一一～四月）は、（e）違う船団と一緒に漁をすることもあった。例えば自分のいる船団と別の集団が、偶然にも漁場が一緒になる機会がある。そんな時、両集団間で親族関係にある人物がいると、その船団に入ってアンダマン海北方域の島々を船で移動しながらナマコなどを採集していた。

家船集団の移動を決めるのは、ポタオと呼ばれる特別な年長者である。なかでも危険を察知する能力に長け、風を読む力や海に関する知識があり、人生経験豊富な年長者の男性が、次の移動先を決めるものだった。他民族と接触する際は率先してコミュニケーションをとることで、集団に危険が及ばないようにする役目も果たしていた[6]。

私が属していた集団を率いていたのは、ヤーダムというポタオだった。またヤーダムの船団を含めた、さらに大きな集団を率いていたのはマーダというポタオであった。ヤーダムはラタ（Surin）島を中心に、マーダはチャディアック（Saint Matthew's）島の周辺の島々を拠点にしていた（いずれもアンダマン海南方に位置する）。（f）私がいた集団（ヤーダムの船団）はマーダの船団の中に常にいるわけではなく、ときに合流したり離れたりしていた。基本的に私はヤーダムの家船と共に行動していたが、そこを離れてマーダの船団に入ることもあった。

ヤーダムとマーダの故郷はヤイート（Domel）島だったので、レビ（Sullivan's）島やヤーンゴ（Kisseraing）島まで出漁することもあった（いずれもアンダマン海北方に位置する）。ラタ島やチャディアック島などの拠点となる島嶼間を移動する場合は船団で動くが、北方の島々へ出漁する際は、男だけが少数の船に乗りこみ、女性と子どもは拠点となる島へ置いていった。一回の出漁につき一週間から一か月ほど過ごした。その間、(g)知り合いのほとんどいない島の海域で漁をする場合は、事前にそこを拠点としているモーケン集団のポタオに「少しだけ漁をしたらすぐに出ていく」旨を伝えていた。

ジャーウの語りからわかることは、少なくとも四つある。一つ目(傍線a)は、かつてのモーケンはタイであれミャンマーであれ、領海を気にすることなく、家船に乗ってアンダマン海広域を移動していたということである。そもそもモーケン語に国境を意味する言葉がないので、他国に入るという意識はなかった。あったのは、特定の名前の島や湾、砂浜や岩場へ移動するという意識のみだったと聞かされている。

二つ目(傍線c)は、男性は魚介類を採集するだけでなく、陸海の大型動物をも狩猟していた事実である。ベルナツィーク(一九六八:三〇)の記述の中に「女子供たちは、隣の島々へ漕ぎ出て、野生の果物や漿果《しょうか》(種子のある木の実)や根をとってくる。一方男たちは密林にはいり、野生の蜜蜂をとってくる。時々、この食糧に亀の肉や狩りとった猪が加わることもある」と男女の経済活動を対象的に描いている場面があるが、フォレージャーとしてのモーケンの姿を見て取ることができる。

三つ目(傍線d)は、南西モンスーンの季節の間は拠点となる島があり、真水を確保できることが拠点としての条件であったことである。このことは、南西モンスーンの季節だけに限らない。北東モンスーンの季節にお

---

(6) モーケン社会は平等主義でリーダーは存在しない。ここで言及するポタオも集団を先導する存在ではあるが指導者のことではない。あくまで年長者の中で周囲から最も尊敬されている男性のポタオの意見が強かった。

いても、船で移動する先に真水を入手できる地点を把握しておく必要があった。

四つ目（傍線eとf）は、基本的には自らの家族と近しい親族を中心とする家船集団でまとまって移動していたが、ときには別の船団に入りこんで行動を共にすることもあったということである。モーケンは複数の近接集団との間を行き来しながら、非固定的なネットワークのなかで移動を繰り返していたことになる。

3……五つのモーケン集団

船団で活動する空間は、南西モンスーンの季節に過ごす島を中心に決められており、ジャーウの場合はアンダマン海南方域がその主要な場であった。フランス人研究者のジャック・イヴァノフ（Jaques Ivanoff）は、モーケン社会に船団が存在する理由を、各船団が遊動し必要十分な生産物を得られるように、それぞれの船団が利用する遊動空間と採集地を分ける必要があったからだと説明している（Ivanoff 1999: 107）。また彼は、モーケンには南から北の順に、チャディアック集団、ニャーウィ集団、レビ集団、ヤイート（ジャイートともいう）集団、ドゥン集団という五つのグループに分けることができると指摘した（地図11―3参照）（Ivanoff 1986: 11; 1997: 55）。そのグループの中には、例えばチャディアック集団の中にいるラタ集団（スリン諸島を中心とする集団）のように、さらに小さなサブグループを確認できるという（Ivanoff et al. 2002: 27）[7]。ジャーウの語りのなかで登場したマーダはチャディアック集団のポタオで、ヤーダムはラタ集団のポタオであった[8]。

既述の通り、ナマコなどの底生生物は特定の場所に棲息しており一生を通じてほぼ動かない。そのため、ある場所で採集を終えたら、その場所でナマコが再び繁殖（リプロダクション）するまで放置する必要がある。そ

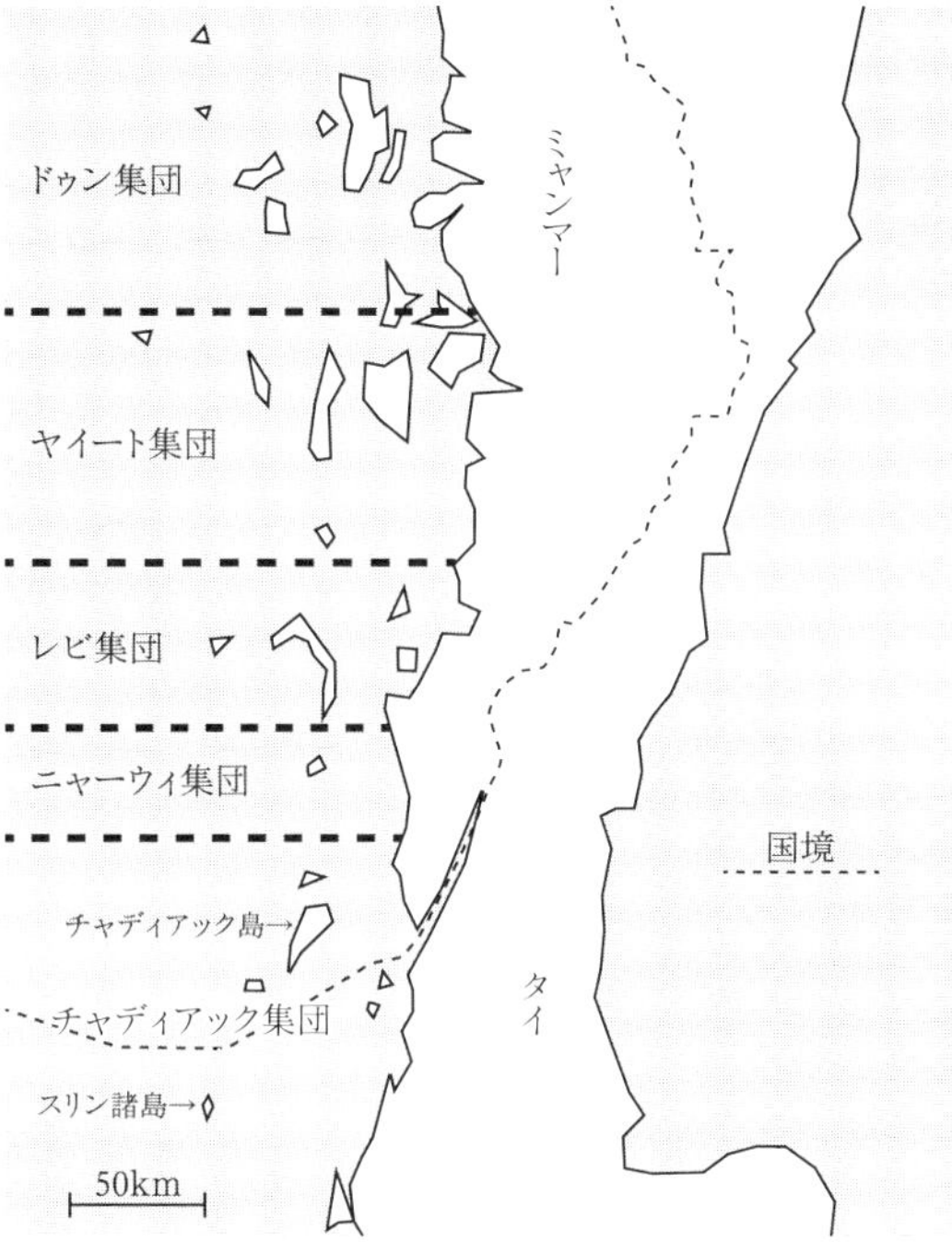

地図11-3

れは焼畑耕作を行う山地民が休閑期を設けるのと似ている。そのため、遊動範囲はある程度広くなければならないし、またある採集地は特定の集団が主に利用する空間である必要がある。だからこそ（傍線g）、自分の所属する船団の拠点ではない場所で漁をする際は、事前にそこを拠点としているモーケンに「少しだけ漁をしたらすぐに出ていく」と伝えていたのである。

ジャーウの発言で興味深いことの一つ（傍線b）に、家船が集団となって移動するのは、海賊の襲撃から逃れるためであ

（7）英領テナセリム地方の行政弁務官のメインギーによる一八二七年二月二五日の記録によると、モーケンはドン（Dong、イヴァノフが言及するドゥン集団と同じ）、シリヘー（Sillyhee、イヴァノフが言及するヤイート集団と同じの可能性が高い）、ランプ（Lumpu、イヴァノフが言及するレビ集団と同じ）の三つの集団に分けることができるという（Maingy 1928: 55）。おそらく彼がアンダマン海北方域を中心に活動していた結果、南方域に暮らすニャーウィ集団とチャディアック集団を認識していなかったと考えられる。

ったという話がある。集団で過ごすことについて、狩猟採集を行う際の利点も述べられているが、もともとは外部からやってくる危機に対処することに重点が置かれていたようである。次節では、モーケンが家船で移動生活をする契機をつくったとされる、海賊に関する記録を取り上げる。

4 モーケンの家船移動の背景(1)海賊

現在確認できるモーケンに関する最古の記録は、チャルーンズ(The Chaloons)として一八二五年一〇月一二日に残されている。第一次英緬戦争(一八二四〜二六年)の過程でテナセリム沿岸地方の行政を任されたメインギー(A. D. Maingy)が英領インド政府宛に送った書簡のなかで、モーケンが蜜蝋とマットを租税としてビルマ人知事に収めていることを最初に記述している。続いて、モーケンが真珠、大量のナマコ、少量の竜涎香を採捕している事実が述べられている(Maingy 1928: 6, 8)。その三年後の一八二八年には、アジア・太平洋地域の情報を地名項目別に載せた書籍のなかで、メルギーの項目において、モーケンがマレー人の海賊を恐れ、奴隷狩りから逃れるために絶えず移動しながら、ナマコやツバメの巣を採集している様子が描かれている(Hamilton 1828: 226)。

ハミルトンの文章からは、モーケンの海上移動の理由には消極的な側面を強く読み取れる。実際、二〇世紀半ばまでの記録には、モーケンが海賊からの攻撃を恐れて移動を繰り返していたとする記録が多く確認できる。

本章に関連するモーケンの年表

年代（または出版年）	外部との関わり／出来事	生業	移動の特徴
1825	ビルマ人知事／租税の徴収	フォレージング	不明
1828	マレー人海賊／物資の略奪、殺人、奴隷化 中国人商人／物々交換	フォレージング	海賊からの逃避 絶え間ない移動 集団化
1897	中国人・マレー人の船頭／物々交換	フォレージング	広範囲 集団化
1909	中国人仲買人／物々交換	フォレージング	仲買人の同行 集団化
1936	マレー人・中国人仲買人／物々交換、外敵からの庇護	フォレージング	仲買人の同行 集団化
1950〜60年代	タイ人、ミャンマー人、仲買人	鉱山労働 フォレージング	集団化
1970年代	船外機の導入が進む		個別化
1970年代後半	タイ人、ビルマ人、カレン人、中国人仲買人（頭家）／労働力の争奪 鉱山開発の隆盛	鉱山労働 フォレージング	個別化
1980年代以降	タイ政府・ミャンマー政府による海域管理の強化	フォレージング 観光業	定住化 個別化 短期的 局地化
2004年12月26日	インド洋大津波	フォレージング 観光業	定住化
2015年以降	ボートツアーの隆盛	フォレージング 観光業	個別化 短期的 局地化

一九〇〇年代初頭、メルギー諸島で新たなビジネスを開始するために、材木を含む自然資源を探索していたイギリス人アインスワース（Leopold Ainsworth）は、モーケンがアンダマン海で暮らすようになった経緯を書き残している。それによると、モーケンはかつてマレー半島で定住生活を送っていたが、北方からビルマ人の山地民、南方からマレー人の海賊からの攻撃にあい、メルギー諸島へ逃げのびたのだという。ところが再びマレー人の海賊に村落を襲われたことを契機として、いつでも避難できるよう船の中で生活するようになった（Ainsworth 2000: 21-22）。この内容が事実であれば、好戦的なマレー人に土地を追われて船に住み始め、移動を繰り返すようになったことになる。

この他にも、キリスト教を伝道すべく自らモーケン語を学んだイギリス人宣教師のホワイト（Walter Grainge White）が家船居住の起源について書き残している。それによると、モーケンの祖先はもともとマレー半島本土に住んでいたが、ビルマ人とマレー人に追いやられメルギー諸島に移り住んだものの、再びビルマ人に襲われたので海に逃れるために船を造り住まいとするようになったというものである（ホワイト 一九四三：七三―七四）。彼の話では、メルギー諸島移住後に再度モーケンを襲ってきたのはマレー人ではなくビルマ人となっている。アインスワースがメルギーに住む中国人商人の紹介でモーケンと初めて会ったのは一九〇八年のことである。彼はこの説話を自身がモーケン語を習得した後に耳にしたとあるので、おそらく一九一〇年前後に聞き取りをした内容と考えられる。

家船で移動を繰り返してきた東南アジアの海の遊動民のなかには、モーケンと同様に海賊の襲撃から逃れるために移動していたバジャウ（サマ）の存在が報告されている（長津 一九九七）。ただしその一方で、海の遊動民が海賊となり、海での高い機動力を活かして船を襲い、奴隷狩りをしていたことも知られている（Warren 2007）。

ただしその場合は、自分たちが暮らす海域を支配する王国に仕え、その国の労働力確保を命じられて行っていた場合が多かったと考えられている。モーケンの場合、少なくともビルマのイギリスによる植民地支配後は特定の王国に仕えていた記録は残されていない。[9]そうではあるが、一九七〇年代にアンダマン海南方域を牛耳っていたスギャムという仲買人がモーケンを子分とし、彼らに海賊行為を働かせていたという話を筆者は聞いたことがある。モーケンの場合も、海賊を恐れる者と海賊になった者の両方がいたと考えてよいだろう。

いずれにせよ、一九世紀から二〇世紀半ばにかけて、モーケンが海賊からの攻撃を恐れて、集団で海上を移動していたことは間違いなさそうである。他方で、メインギーとハミルトンの記述にあるように、ナマコやツバメの巣を採集することも、移動の原動力になっていた。次節では、それらの生物資源を取り引きしていた仲買人に焦点を合わせて、モーケンの遊動形態の変化について論じる。

（8）マーダがチャディアック集団のリーダーであった事は、彼の娘ミシャと結婚していたジャック・イヴァノフも言及している（Ivanoff 2004: 110）。他方で、二〇二三年一一月二日にモーケン研究の第一人者であるナルモン氏（Dr. Narumon Arunotai）にこの点に関する見解を伺ったところ、マーダはチャディアック集団だけにとどまらずニャーウィ集団を含む複数の集団をまとめあげるような存在の珍しいポタオだったのではないかとの考えを示した。少なくとも、マーダの出身地がヤイート（Domel）島であったことから、ヤイート集団、レビ集団、ニャーウィ集団と関係が深かったと想像できる。

（9）イギリスによるビルマの植民地支配以前には、モーケンの出自集団と考えられる民族がクダ王国（独立スルタン王朝時代の一一三六―一八二一年における一七世紀以前）の部隊としてアンダマン海南方の海域で活動していたとする指摘がある（黒田 二〇二〇：三七）。

5 モーケンの家船移動の背景(2)仲買人

1……パトロンとしての仲買人

彼ら(モーケン)は物静かで無愛想で、船に乗って生活し、ナマコ、魚、甲殻類、蘇芳木、(海)亀、貝、真珠、蜜蝋などを求めて島から島へと放浪し、本土から来た中国人やマレー人の船頭(仲買人)と米、酒、アヘン、綿布などと交換する。(Bird 1897: 225)

モーケンが船で移動するのは、奴隷狩りや災厄から逃れるための事もあったが、それだけが理由ではない。中国人やマレー人等の仲買人と物々交換するための、天然資源の採集活動も移動する主要な目的の一つであった。言葉を換えるならば、自らの経済活動を維持するための移動も重要であった。モーケンは島嶼に眠る多様な物資を採集してきたが、彼らが生活する上で最も重要なものが特殊海産物(鶴見 一九九九:一八二)、または南海産品(村井 二〇〇九:一〇〇)と呼ばれる資源である。特殊海産物ないし南海産品とは、主に中国人・華人市場向けに運ばれるナマコ、ツバメの巣、タイマイ(ウミガメの種類)の甲羅、夜光貝、白蝶貝、高瀬貝、フカ(大型のサメ)のヒレ、蜜蝋、香木、香料などの熱帯地域で捕れる産品を指す。モーケンはこれらの生物・植物資源を古くは物々交換、近年では換金を目的として、アンダマン海を遊動しながら狩猟採集してきた。

上述した資源のなかでは、タイマイとフカ以外は特定の場所にいる／あるものである。ナマコも動くが、その範囲はとても狭い。そのため、ある地点に存在する資源の大部分を採捕しつくしたら、新たな場所を目指して移動するのが常である。その際、ポタオが船団を率いることが多いわけだが、必ずしも自由意志に基づく移動が常になされていたわけではなかった。以下に並べる記述は、一九〇〇年頃、仲買人の存在がモーケンの移動の鍵を握っていたことを示唆するものである。文中に出てくるサロンとは、ミャンマー人によるモーケンの他称である。

天気の良い間、海が周囲にある限りは彼ら（モーケン）が絶えず休むことなく動いているのを、（マレー半島）西側の遠く離れた島々で見かける。サロン（モーケン）が野営するすべての場所には、密壷に群がる虫のように中国人がいることを確認できる。（中国人たちは）コウモリの翼の形をした独特な帆を備えた、自ら所有する帆船（ジャンク船）で何カ月もの間彼ら（モーケン）と共に移動し、さまざまな苦労や危険を共にして過ごしている。物々交換が行われると、米やその他の物資を積んでいた（中国人の）船は夜光貝やナマコ、その他の海産物でいっぱいになる。それらの海産物はメルギーにいる商人のところで売られ、売り上げの一部は米や魚などの他、銀でも支払われる。米や塩魚などの食料が尽きると、（中国人の）彼は新鮮な物資を求めて町へ出航する。町に到着すると、彼は自分の仕事を急いで済ませる必要がある。というのも、彼が囲っている落ち着きのない（モーケンの）働き手たちが、（中国人の留守中に）最後の野営地からかなり離れた場所に移動してしまうか、何者かが自分の居場所を奪い去ってしまうかもしれないからである。マレー人には良心の呵責などはなく、もしも（モーケンの船団を囲う）親分が不在であることがわかれば、無力で臆病なこのような人たち（モーケン）から奪えるだけのものを簒奪してしまう。サロンは島から島へ、岩場から岩場へと絶え間なく移動して暮らしており、彼らを元気づけるものは何もなく、将来に何かを求めるということもない。外部の世界から入ってくる情報は皆無であり、地元の事情ですらまったく知らない。ただ唯一中国人の親分と彼の船を漕ぐ者二名が後方にくっついており、常に米や酒、それにアヘンを渡す用意をしている。（Carrapiett 1909: 14-15）

中国人の仲買人がモーケンの船団に随行し、海上生活を共に過ごすことで海産物を独占していた様子が伝えられている。ただし、仲買人不在中にモーケンが「最後の野営地からかなり離れた場所に移動してしまう」ことがあるように、モーケンの自律的な移動は担保されていた。このように仲買人がモーケンに付きまとい、モーケンが採集した魚介類、ツバメの巣、林産物を独り占めしていたことは、他の記録にも散見される（e.g. ホワイト 一九四三：一三四）。一九三六年にメルギー諸島を深訪した民族学者ベルナツィークは、モーケンの家船集団のなかにマレー人の乗った帆船を見つけ、マレー人が米や塩干魚やアヘンをモーケンに与えるかわりに、モーケンにナマコやツバメの巣といった大量の南海産品を採集させている様子を描写している。ベルナツィークによると、南海産品を物資に交換してくれるマレー人か中国人の仲買人（またはその代理人）こそが、モーケンを襲う第三者を遠ざけてくれる唯一の存在であるという（ベルナツィーク 一九六八：二〇一―二一）。

このように、仲買人はモーケンの庇護者であり、海賊からモーケンを守る役割を果たしていた。モーケンと共に海上を移動しながら、南海産品を確保していた。ところが、そのようなパトロン―クライアント関係に基づく遊動形態も、一九七〇年代以降に変わっていった。仲買人がモーケンの船団を囲い込むことが難しくなっていったからである。第3節で述べたように、モーケン社会で船外機の利用が急激に広まったのは一九七〇年代のことである。船外機の利用はモーケンの機動力を上げただけでなく、現金獲得のための個人主義的な行動を促し、船団が小規模に分散するきっかけともなった。それまでモーケンの比較的大規模な船団を囲いこむことで海産物等を独占的に入手していた仲買人は、船外機を利用し始めるようになったモーケンを、その船体の駆動力と分散傾向の高さから、自らの監視のもとに常に置くことが困難になったと思われる。

2……労働力を奪い合う仲買人とタイ人

その他、モーケンの生業において、狩猟採集以外の選択肢が増えたことも関係しているのではないかと筆者は考えている。一九七〇年代後半はアンダマン海域各地で鉱山開発が盛んに行われており、多くのモーケンがその労働者として賃金を稼ぐようになったためである。鉱山自体はそれ以前からも存在しており、筆者も一九五〇年代と六〇年代に鉱山労働に従事したモーケンの話を記録している（鈴木 二〇一六：一一四－一一六）。ところが、タイで一九七五年（仏暦二五一八年）に新しい採掘方法が導入され、それまで開発されてきた島の沿岸部やマングローブが植生する汽水域の鉱山だけでなく、島の丘陵地帯にある鉱山まで開発されるようになると(Prathip 2006: 160)、新しい採掘技術を身につけたタイ人が各地に進出し、一部はミャンマーでも鉱山開発に着手した。そして各地で多数のモーケンが鉱山労働に従事するようになったのである。第3節で取り上げたジャーウは自身が一〇代前半の頃（一九七〇年代後半）に、父と共に鉱山労働に従事しつつ、当時雇われていた仲買人のもとから距離を置くようになった話を以下のように語った。[10]

（一九七〇年代後半）当時チャディアック島近くに浮かぶミャンマー領のアラウ島（英名はDrake Island）という小さな島に、各地からモーケンが集まっていた（地図11―2参照）。アラウ島で錫の鉱脈が発見された後、鉱山開発のためにたくさんの労働力が必要とされていて、その噂を聞きつけたモーケンが、ラタ島やチャディアック島の集団だけでなく、遠くはヤーイラム（英名はLord Loughborough）島の集団（ニャーウィ集団のサブグループ）やレビ（英名はSullivan）島の集団までもがこの小島に集まり、家船で砂浜が埋めつくされていた。モーケン以外にもビルマ人や少数のカレン人が一緒に働いていた。私はそこで三年くらい働いていたと思う。仕事は仲買人のもとで働いていた頃とは違い、休みたいときに休めたし、食事も無料で支給されていた。大きな石の塊に穴を開けたり、砂礫を運んだりする重労働だったが、楽しい記憶が強く残っている。採れた鉱物はタイ人が買い取っていった。

ところが、そこに複数の中国人のタオケー（漢字で頭家、仲買人を指す）がやってきて、モーケンに空き時間を使ってナマコや夜光貝を採集するよう求めた。彼らは既知の間柄ということもあり、また以前よりもたくさんの報酬がもらえるということで、多くのモーケンがアラウ島周辺の海域で素潜り漁に従事するようになった。すると、アラウ島の錫鉱山を仕切っていたタイ人は中国人の仲買人と敵対し始めた。二者間で、労働者としてのモーケンの奪い合いに発展していったのだ。争いは激しさを増していき、殺人事件まで起きた（被害者がタイ人側なのか中国人側なのかは不明）。もともと揉め事を嫌う私たちモーケンは、その事件をきっかけとして小さな集団に分かれて散り散りになってアラウ島から離れていった。その後は中国人の仲買人から私たちの船団に近づいてくることはなくなった。彼らの多くは本土で店を構えるようになっていたので、モーケンの各世帯はそこに採集したナマコなどの海産物を売るために自ら運ぶようになった。

以上のように、仲買人に囲い込まれながら、海産物を採捕するためアンダマン海広域を移動していたモーケンの生活も、一九七〇年代に変化していった。仲買人がモーケンの家船集団に付きまとうのをやめるようになったのは、モーケン社会における船外機利用の広がりや、利害関係者との衝突といった契機があったが、より大きな時代の背景がある。それはアンダマン海が国家によって管理され始め、モーケンの家船での遊動生活に制約が加わるようになったためである。つまり、国家こそがアンダマン海域全体の「保護／管理者」となったのである。次節では、モーケンがどのように陸上《おかあ》がりし、また彼らの離合集散のあり方にどのような変化が訪れたのか、筆者の調査地であるタイ領スリン諸島を事例に説明する。

(10) 二〇〇六年一一月一七日から一九日にかけた三日間、および二〇二三年七月二六日、いずれもタイ王国パンガー県クラブリ郡チャイパッタナー村で実施したインタビュー内容に基づく。ただし、二〇〇六年の聞き取り時はジャーウが一三歳(当時四二歳なので一九七七年)頃の話として語っていたのに対し、二〇二三年時には一五歳(当時五九歳なので一九七九年)頃と発話していた。

6 定住後における移動の実態

1……一時的な「定住」

モーケンの遊動生活に大きな変化が訪れたのは、一九八〇年代に入ってからのことである。タイとミャンマー両政府が、アンダマン海を豊かな資源が眠る空間として見出すようになったためである。ミャンマー側では同海を、政府が漁業を推進する場所として評価したのち、観光開発に着手するようになった。このことは一九九六年に、海域管理をより効率的に行うために、海軍基地を島嶼部北端の最奥部にあるダウェー（タヴォイ）から、島嶼部の中心地メルギー（ベイッ）に移していることからもうかがえる（地図11—1参照）（Boutry 2005）。メルギー諸島がアンダマン海域において、地政学的に重要な位置にあると国家に認識されたことを示すものである。また同年には観光開発が政府主導で本格的に着手されるようにもなった（Boutry 2014）。このようにミャンマー側では、国家が漁業や観光開発を推進するための空間としてアンダマン海を見出し、一九八〇年代以降に領域化を進めていった。

タイ側では、一九八一年以降に島とその周辺海域を海洋国立公園に指定することで自然保護体制を強化していった。国立公園の指定区域では、木材伐採や動植物の狩猟採集が法律上禁止されている（DNP 2004: 13-14）。モーケンの主要な移動手段であり、ときに住居にもなる船の材料を集めることも、主生業である漁に出ることさ

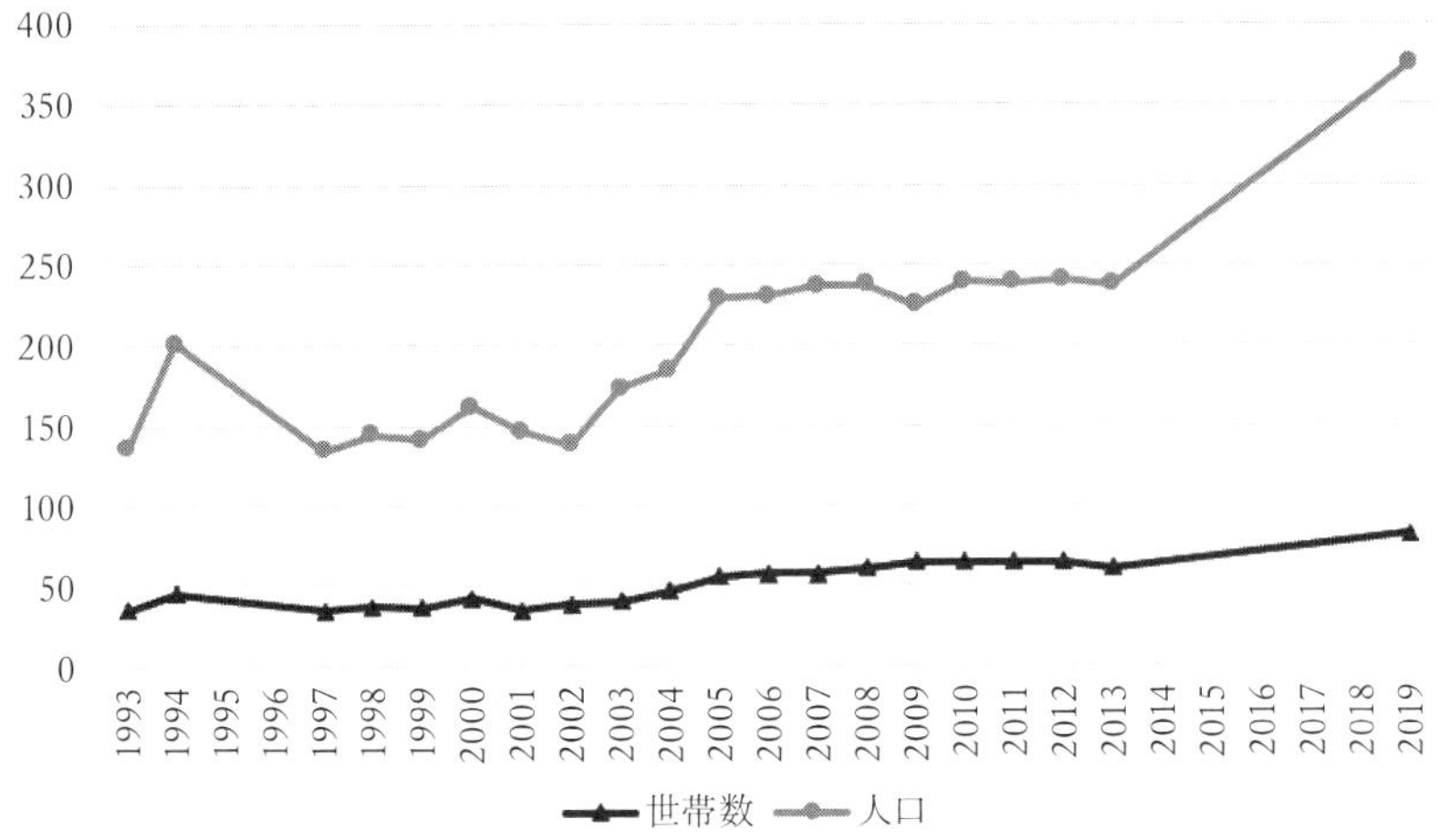

図11-1　スリン諸島のモーケン村落総人口の推移（年単位）

えも、禁じられたことを意味する。

その結果、チャディアック集団、ニャーウィ集団、レビ集団、ヤイート集団、ドゥン集団の五集団、またそのサブグループは、アンダマン海域に浮かぶ島々に恒久的な家屋を建てて暮らすようになった。それらの場所は、かつて南西モンスーンの季節に仮小屋を建てたり船団で停泊していたりした島であることが多い。第3節で取り上げた、チャディアック集団のサブグループであるラタ集団に属していたジャーウが最初にスリン諸島（モーケン名はラタ、本節のみスリン諸島と表記する）に家屋を建てるようになったのも、そのような経緯があってのことだった。ただし、ここで「最初に」と傍点を付しているように、多くのモーケンは特定の土地で永続的に定住したわけではなかった。図11—1は、スリン諸島のモーケン村落の総人口の推移を示したものである。[11] 一九九三年と一九九四年のデータはナルモン氏（Narumon Arunotai）、二〇一九年のデータは村落火災後に救援活動を実施したクラブリ郡役所、それ以外はすべてチュラーロンコーン大学社会調査研究所（CUSRI）によって収集されたものによる。なお、筆者が収集した二〇〇七年の詳しいデータについては後述する。

一九九三年は一三六人（三五世帯）、翌年には二〇一人（四五世帯）まで増えたが、一九九七年に一三四人（三四世帯）と減っている。その後も、一九九九年に一四一人（三六世帯）、二〇〇〇年に一六一人（四二世帯）、二〇〇一年に一四六人（三四世帯）、二〇〇二年に一三八人（三八世帯）、二〇〇三年に一七三人（四〇世帯）のように増減を繰り返している。

図11―1が示すのは、スリン諸島を出たり入ったりするモーケン世帯が一定数存在するということである。一九九三年四月から一二月までの九か月間をスリン諸島で民族誌的調査を実施したナルモン氏（Narumon Arunotai）は、調査開始から一か月が経過した頃、南西モンスーン期に入る直前にミャンマーのチャディアック島へ移住するという家族から、三〇〇バーツ（当時の為替レートで約1,300円）で家屋を譲り受けた。そのモーケン家族は南西モンスーンの季節になると、スリン諸島よりチャディアック島で過ごすのを好むとのことであった（Narumon 1996: 24）。このことから推測されるのは、北東モンスーンと南西モンスーンで、季節によって住む場所を変えるモーケン世帯が少なからずいたということである。件のジャーウも、アラウ島で鉱山労働に従事した後、しばらく父と共にミャンマー領のヤーイラム（英名はLord Loughborough）島で生活していたが、チャディアック集団のポタオであったマーダがスリン諸島に拠点を置いたという話を聞きつけ、その後すぐに同諸島へ移動して彼らと一緒に暮らすようになった。

マーダ率いるチャディアック集団がスリン諸島で最初に恒久的な家屋を建てたことは、タイ人研究者のネット氏（Paladej Na Pombejra）がマーダの孫に対する聞き取りで明らかにしている（Paladej 2003: 41-42）。彼の記述によると、マーダ率いるチャディアック集団がスリン諸島に腰を落ち着けるようになった時期は、年代は特定できないが、多くのモーケンが錫鉱山で労働に従事していた頃であった。マーダ達がスリン諸島で暮らすようになってから一年が経つと、ドゥン集団、ニャーウィ集団、レビ集団にそれぞれ属していた一部のモーケンも移住してきた。一九八一年にスリン諸島が国立公園に指定され、同地に事務所が建てられると、マーダ達は鉱山労働に従事するためにプラトーン島へ移動した。ところが鉱山での仕事が下火になると、またスリン諸島へ戻り、複数の湾を移動しながら各地の砂浜に集落を形成しては手放し、また新たに家屋を建てていたという。

ジャーウ（第3節と第5節の語りで登場）は、長女（第三子）が誕生した一九九〇年当時は、プラトーン島で暮らしていたが、ナルモン氏がモーケン村落でフィールドワークを実施した一九九三年には、再びスリン諸島で生活し始めたことを覚えている。当時、長男（第一子）と次男（第二子）は学校に通わせるためにプラトーン島の義母の家に預け、スリン諸島では長女を育てていた。長女が大きくなると、彼女を学校に通わせるためにプラトーン島のパークチョック村へ移住することを決めた（地図11―2参照）。二〇〇四年一二月二六日に発生したインド洋大津波により同村落が壊滅した後は、政府によって本土に新設されたチャイパッタナー村（後述するライオーン村とは異なる）で暮らしている。なお現在、長男と長女はそれぞれモーケンのパートナーを見つけて家庭を築き、スリン諸島で暮らしている。ジャーウのようにスリン諸島を離れる世帯が確認できる一方で、彼の長男と長女のように新たに世帯を持ってスリン諸島に住みつく者もいるということである。

なお、二〇一四年から二〇一八年にかけての五年間のデータはないが、この間に爆発的に人口が増えている

（11）「総人口」とあえて断りを入れるのは、一九九〇年代後半から二〇〇四年一二月二六日までスリン諸島内に二つのモーケン村落が形成されていたためである。

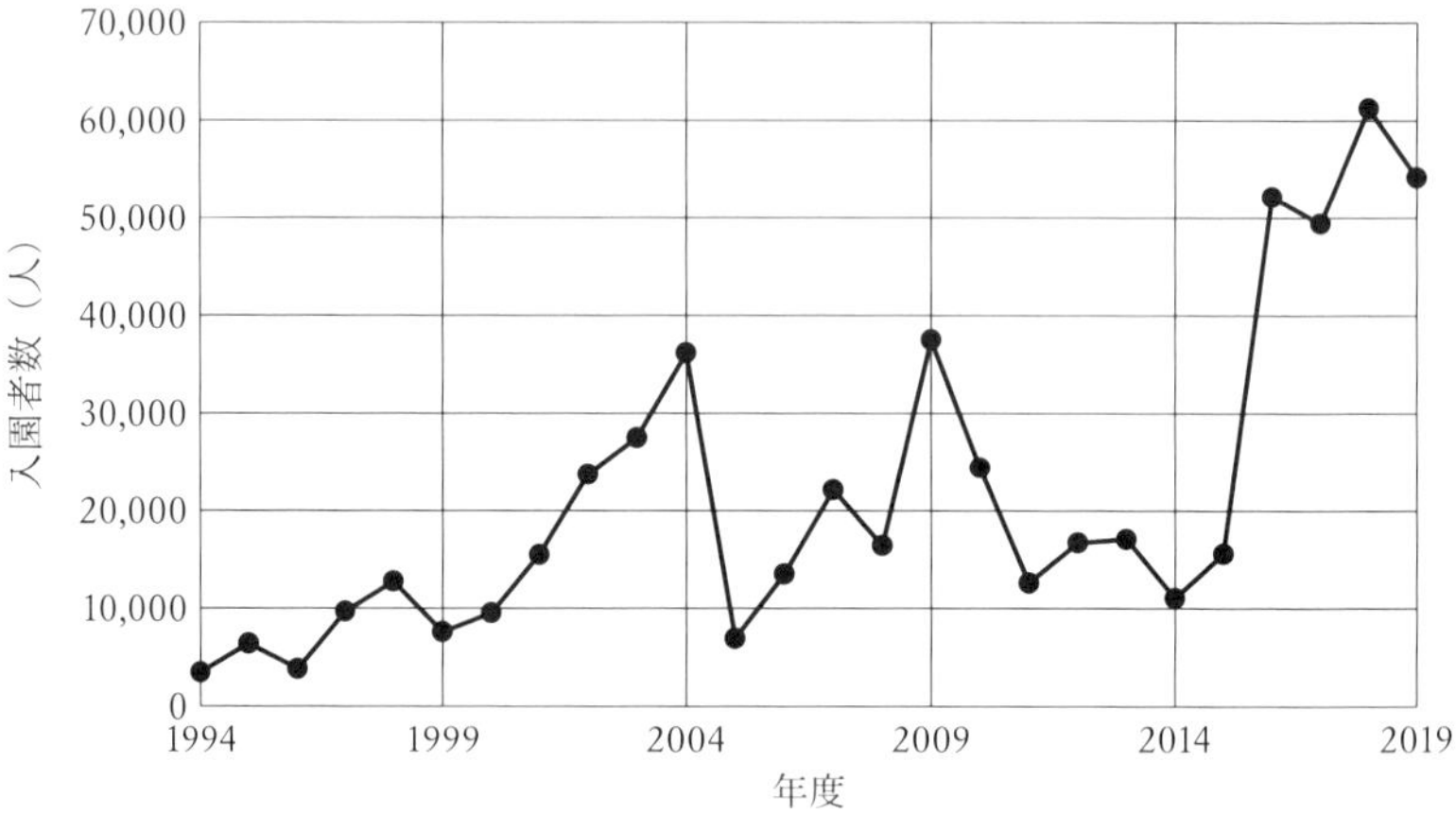

図11-2　年度別スリン諸島訪問者数の推移(12)
出典：DNP Homepage

背景には、ミャンマー海域において生きにくさを感じたモーケン世帯のスリン諸島への流入と同諸島へ訪問する観光客の急増を指摘できる。二〇一六年頃からスピードボートでスリン諸島を日帰りするツアーが隆盛を極め、大勢の観光客（特に中国人）が訪れるようになっていた（図11―2）。そうした観光客へ土産物品を販売したり、スピードボート・ツアーの運営会社での雇用機会が増しており、大勢のモーケンがスリン諸島へ移住するようになったため人口が増えたのであった[13]。その多くはチャディアック島に暮らす若いモーケン男性であり、その一部は観光シーズンを終えるとスリン諸島を離れ、チャディアック島に戻ることを、筆者は二〇二四年二月二一日にスリン諸島で実施した現地調査で確認している。

2……頻繁な出入り

図11―1では、スリン諸島のモーケン人口の推移を年単位であらわしているが、年間を通して同じ人口・世帯数で

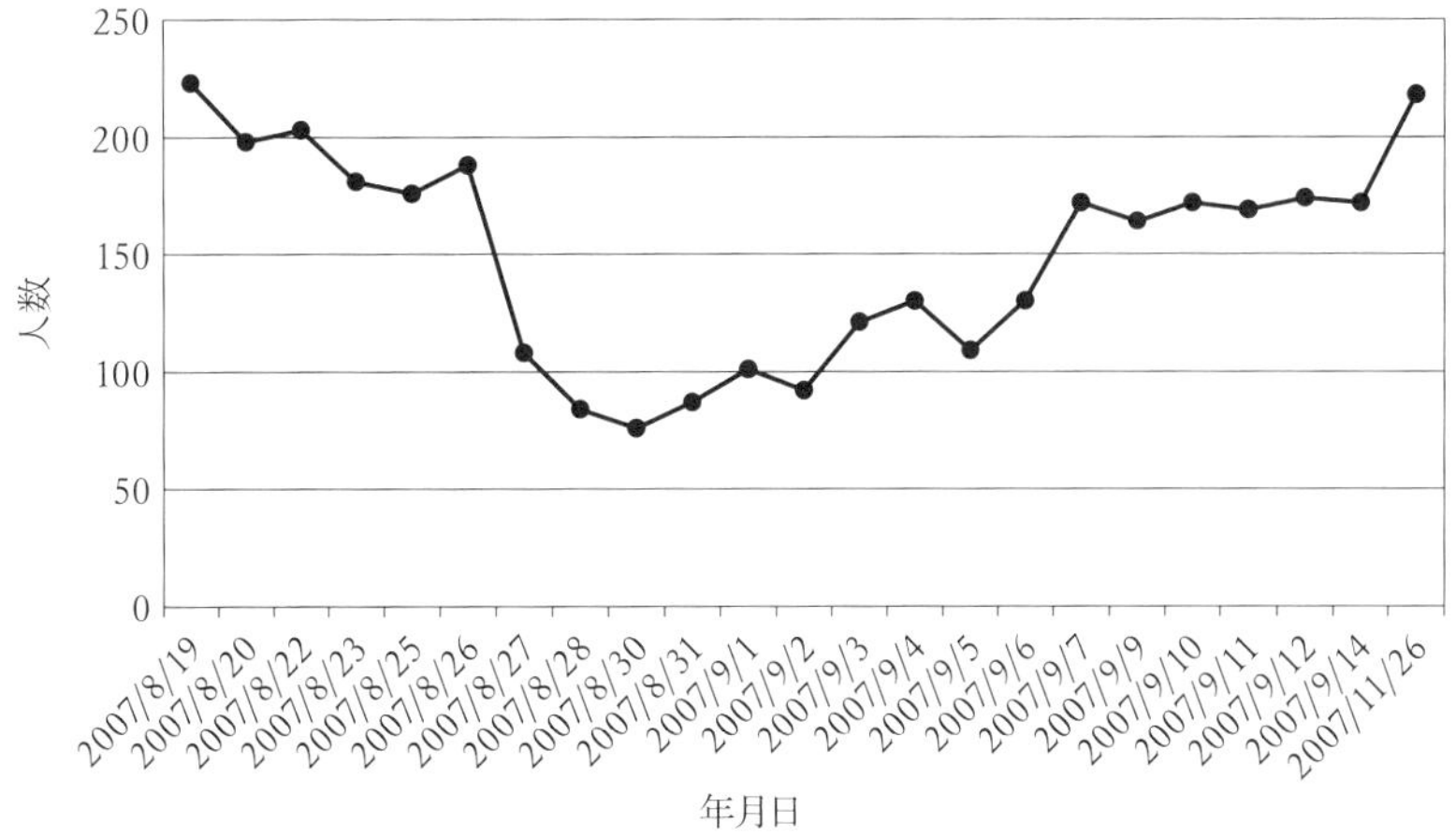

図11-3　2007年8月から11月にかけてのスリン諸島のモーケン村落総人口の推移

はないことに注意する必要がある。ジャーウのように長期的にスリン諸島から他所へ移住することもあれば、短期的に離れて戻る場合もあるからだ。図11―3は、筆者がスリン諸島のモーケン村落で、二〇〇七年八月一九日から九月一四日の間、および一一月二六日に記録した人口の推移を示したものである。

約三か月の間にも、人口は最大で二二三名（二〇〇七年八月一九日）、最小で七六名（二〇〇七年八月三〇日）と、増減幅が広いことを確認できる。八月二〇日から二八日にかけて、異常に人口が減少しているが、その大半がプラトーン島で建設労働に従事するためにスリン諸島を離れたためである。ちょうどその頃、プラトーン島を管轄するクラブリ郡役所主導で津波により全壊したパークチョック村を再建する事業が開始されたので、性別問わず郡役所に雇われるかたちで大勢のモーケンが出稼ぎに出たのである。[14] その後一一月に至るまで、再建村落とスリン諸島の間を往来するモーケンの動きを確認できた。ただし、それだけが離合集散の背景にあったわけではない。例えば二〇〇七年八月二五日に一八一名から一七六名に減少したのは、五名のモーケン男性がミャンマー領のチャディアック島へ出漁したためである。彼らのうち四名は八月三〇日にスリン諸島へ戻ってきた。残りの一名は、チャディアック島に妻子がいる人物で、漁をした後は家族のもとへ帰った。他にも、八月二六日から二八日にかけてラオ島のモーケン男性一二名が漁を目的にスリン諸島に滞在して一時的に人口が増えたり、九月五日に男性二一名がシミラン諸島に船上一泊二日の夜間漁に出かけて人口が減ったりしている。なお、九月七日に四二名増えたのは、男女のモーケンがプラトーン島からスリン諸島へ戻ってきたためである。プラトーン島への集団移動は突発的なものであったが、漁を主目的とした近隣の他島への短期的な移動は頻繁にみられ、定住後も離合集散が繰り返されているのを確認できる。(15)

7 霊長類学との対話に向けて

1……モーケンの離合集散の特徴とその変化

本章では、アンダマン海広域を舞台に活動していた遊動時代に焦点を当てて、モーケンの離合集散のあり方について論じてきた。元来、家船こそがモーケン社会の基盤を成す単位であり、その集合体である船団をバンドとして捉えることができた。大きなバンドとしてはチャディアック集団、ニャーウィ集団、レビ集団、ヤイート集団、ドゥン集団の五つが存在し、各集団の中にはさらに小さなバンドが存在した。各家船世帯は所属するバンドがあったが固定的なものではなく、ときに他のバンドへ移ることも珍しくなかった。バンドとしての船団規模は、古くは三〇隻や四〇隻のこともあったが、一九六〇年代頃には一〇隻から二〇隻程度と小さくなっていった。

家船に乗って移動するようになったきっかけは海賊の存在があり、集団で行動するのはその襲撃リスクを低減させるためであった。また、海賊からの庇護者として存在していたのが仲買人であった。彼らはモーケンの家船集団と海上生活を共にすることで、外敵からモーケンを守ると同時に、ナマコなどの南海産品を独占的に確保していた。ところがそうしたパトロン―クライアント関係も、モーケンが船外機を用いるようになり、狩猟採集以外の生業（雇用労働）機会が増大した一九七〇年代には解消した。

一九八〇年代にアンダマン海が、タイ側とミャンマー側双方で政府による管理が強化されると、モーケンは

(12) グラフにおける年は年度のことであり、明記されている年の前年の一〇月一日からその年の九月三〇日までの入園数を指す。

(13) この点については、拙著「あわいを生きる――コロナ前後のタイ領アンダマン海におけるモーケンの観光業への従事」と題し、『脱観光化の人類学――かわりゆく観光と社会のゆくえ』（ミネルヴァ書房、二〇二五年出版）で一章分詳述した。

(14) パークチョック村の再建ではあるが、津波前にあった砂浜から数百メートル離れた場所にライオーン村と名称変更されて村落が新設された。

(15) ただし二七日には八〇名、二八日には二六名ものモーケンがプラトーン島へ向けて出発している。また二八日に二名のモーケンがプラトーン島からスリン諸島に戻ってきている。八月三〇日のデータからラオ島の一二名を外している。同日にはチャディアック島から四名が戻っているので人口が七六名となる。

特定の島々に恒久的な家屋を建てて暮らすようになった。いわゆる定住生活を始めたわけだが、彼らのほとんどは特定の土地に永住したわけではなかった。スリン諸島にはチャディアック集団のポタオであるマーダが仲間を引き連れて、最初に恒久的な家屋を建てた。その後、ドゥン集団、ニャーウィ集団、レビ集団からも一部のモーケンがスリン諸島に集まった。彼らはプラトーン島で鉱山労働に従事した後、スリン諸島に戻ってきたが、特定の湾に腰を落ち着けることはなかった。同諸島内の砂浜に村落を形成しては手放し、また別の砂浜へ移動していた。遊動時代においてみられた季節周期的なキャンプ地の移動が実践されていたとみることもできる。だが、大きく異なるのはその地理的範囲である。かつては国境を越えた島嶼間で行われていたが、国家による海域管理の強化後は特定の島の中で行われるようになったのである。

それでもモーケンのなかには、家族や親族のネットワークを利用して、いまだに国境を越えて他島へ出かける者もいた。とりわけ漁を主目的とする近隣の島々への移動がみられる。ここでも遊動時代と比べて相異なるのは、その移動は集団的というよりも個別的であり、かつ長期的ではなく短期的なものになっている点にある。ジャーウがアンダマン海北方域に出漁していた頃は一週間から一か月単位で拠点とする島（キャンプ地）へ戻らなかったというが、定住した現在は二日から一週間程度の出漁で元の場所へ帰ってきている。

現在スリン諸島に暮らすモーケンは、チャディアック集団の他にドゥン集団、ニャーウィ集団、レビ集団の子孫である。ところがもはや、これらの分類はモーケンの日常生活の中で意味をもたない。かつてはバンドとしてそれぞれの集団が存在しており、各集団のサブグループを含めたバンド間の移動がなされていた。しかし現在ではスリン諸島から距離的に近いチャディアック島を例外として、ドゥン島、ニャーウィ（英名はSir W. James）島、レビ島まで移動するモーケンは存在しない。五〇歳以下のほとんどのモーケンにとってはスリン諸島こそが故郷であり、友人や親族が暮らす近隣の島々までの範囲のみが彼らにとっての生活圏となっているからだ。バンド単位でキャンプ地を転々とする中で、違うバンドに一時的に所属する機会はもはやない。

以上のまとめから導き出される、遊動時代における狩猟採集民モーケンの離合集散の特徴は次のようなものである。家船がモーケン社会の基礎単位であり、その集合体であるバンドとしての船団が海上移動とキャンプ地移動の要であった。自ら所属する船団はあるが、バンド間の移動は個々人の意思に基づいて行われ、アンダマン海広域を移動しながら狩猟採集を実践していた。定住後の移動形態と比較すると、遊動時代においては集団的、長期的、広域的の三点が狩猟採集民モーケンの離合集散の特徴であったとまとめることができる。

狩猟採集民の離合集散は遊動と表裏一体の関係にある。狩猟採集民の遊動とはフォレージングに基礎づけられており、特定の場所で狩猟採集をして資源がなくなると別の場所へ移る。ある場所から別の場所へと移動する際には必ずしも同一集団に帰属し続けるわけではない。所属集団を離れ、別の集団に合流した後、またもとの集団に戻ってきたりする。そのような遊動と離合集散が狩猟採集民にとって不都合なく実行できるのは、広域を移動する自由が確保できている限りにおいてである。一旦移動に制限が加えられると、集団で長期のフォレージング活動をすることは困難になる。移動が不自由になるとフォレージングの範囲は狭まる。そして、フォレージングを実施する場合でも短期化・個人化する傾向にあることがモーケンの事例から導き出された。狩猟採集民が移動する自由を奪われる時とは、定住化が進行する時期と重なっていた。その意味において、定住化の機制は狩猟採集民の移動をみる際に重要な特性の一つである。フォレージングや遊動の形態を大きく変化させ、その結果として離合集散のあり方さえも変える契機となるからだ。

フォレージングによらない離合集散についても、ヒトの移動を語るうえでは考える必要がありそうである。モーケンの事例でも、主体的に移動してフォレージングをする以外に、海賊からの避難や仲買人の存在による船団単位での移動がみられた。鉱山労働などの新たな経済活動手段の流入、ボートへの船外機の導入といったことも、離合集散の様態を変容させるきっかけとなっていた。なかでも国家による管理強化は、モーケン社会に定住化をもたらし、離合集散のあり方をそれ以前のものとは大きく異なるものへと変化させた。外部社会からの影響に強く左右されるのがヒトの離合集散の特徴といえる。とりわけ定住化の機制が、二〇世紀後半以降の人類の離合集散に多大な影響を持ち始めているといえそうである。

2……ヒトとサルの遊動

本章では、人類における離合集散の特徴を調べる上で、狩猟採集民モーケンを事例として取り上げた。最後に霊長類における離合集散の特徴と比較する前段階として、遊動に関して若干の覚書を記したい。本章で頻出した遊動という術語は、霊長類学では異なる意味合いで用いられることに気をつけなければならない。人類学では遊動をnomadismの訳語として、霊長類学ではrangingの訳語として用いられることが一般的である。元来は牧畜民を指すnomadが狩猟採集民にも当てはめられるようになり、nomadismが自然環境に深く依存した生業に基づく移動に対して用いられるようになった。なかでも自然から食べ物等を直接的に得るフォレージングに遊動性の高さを見出せる。ではヒトのフォレージングによる遊動nomadismと、サルが食物を探すために、ときに休みながら移動する遊動rangingと異なる点は何であろうか。

ヒトの遊動過程においては、一定期間寝泊りする構造物が存在する点が指摘されている（中村二〇二〇：一六一八）。チンパンジー等の多くの霊長類は日ごとに異なる樹上で寝るという。チンパンジーは毎日新しい場所でベッドを作るが、ヒトのベッドは同じ場所で繰り返し利用されることになる。モーケンの場合は、北東モンスーン期には家船が、南西モンスーン期には家船ないし簡素な小屋がその構造物にあたる。数日間で使い捨てられるシェルターなども、狩猟採集民の間で使用されてきた同様の構造物に含まれる。複雑な道具を創作する能力をヒトは備えているとみることも可能だが、そのような構造物がなければ身体的にも精神的にも負担がかかりやすい脆弱な存在ともいえる。寝るための構造物を作成するということは、一定期間を過ごす居住地（キャンプ）を設けるということでもある。モーケンであればバンドの拠点となる島の入り江や出漁先の砂浜がそれに選ばれていた。そして居住地を移動させつつ、離合集散を繰り返していた。

西田正規（二〇〇七：六四―六八）は、『人類史のなかの定住革命』において、遊動民がキャンプ地（居住地）を移動させる理由として、以下の五つを挙げている。

（1）安全・快適性の維持
（2）経済的側面
（3）社会的側面
（4）生理的側面
（5）観念的側面

（1）は風雨、洪水、寒冷、酷暑といった厳しい自然環境から逃れるための理由、それにゴミや排泄物といった生活を送る上で出てくる不要物に囲まれた場所から逃れるための理由がある。（2）は食料、水、原材料を得るためであったり、交易や協同で狩猟をするためであったりする。（3）は自集団内や他集団間との緊張関係を解くためにその場を離れること（モーケンが海賊の襲撃から逃れるために集団で移動するのもこれに含まれるであろう）、儀礼や行事への参加や情報交換を目的としたものとがある。（4）は肉体的ないし精神的な癖としての移動のことである。（5）は死者の出た場所や死体から遠ざかるためであったり、災いから身を守るための逃避であったりする。

キャンプ地を前提とした項目ではあるが、これら五点を、ヒトとヒト以外の霊長類の離合集散性の諸特徴を比較する際に、参照点の一つとすることはできないだろうか。本章で取り上げたモーケンの移動の主な理由は漁であり、上記の（2）にあたる。しかし、その他の側面による理由も存在することは間違いない。また、各側面は折り重なって出現することもあるだろう。酷暑で食べ物となる植物が枯れてしまって他所へ食料を探しに移動することや、他集団との軋轢を避けて競合者の少ない場所で狩猟採集するために移動することもあるはずだ。霊長類学においては、（1）は森林開発等の人為的影響、風雨・低温・降雪等を避けるための自然環境の利用（岩陰や積雪が少ない急斜面、針葉樹林帯を選択すること）、（2）は食物や水場の確保・共同利用（6章貝ヶ石論文を参照のこと）、（3）はメスをめぐる争い、隣接する他の群れとの群間関係（10章西川論文を参照のこと）、（4）は個別的欲求の優先（体温の維持や栄養要求量が似通っている同じような体の大きさの個体同士で集まること等）（12章谷口論文を参照）、（5）オスによる子殺し現場の忌避や火災現場からの避難、またサニテーション（排泄）といった事柄が調査項目として思い浮かぶ。とはいえ、同じ霊長類のなかでも個別的移動の傾向が高い種とそうでない種があったり（2章川添論文を参照）、離合集散性の高い種とそうでない種とに分かれたりもするだろう（10章西川論文を参照)。霊長類学では研究手法によっては、調べるのに適さない項目もあると考えられる。ヒトとサルの離合集散性の比較研究に至るまでに課題は山積しているが、検討可能なところから共同研究を進めていけたらと考えている。

謝辞

本稿は、筆者を代表とする科学研究費補助金の若手研究(研究課題番号18K18258)および国際共同研究加速基金(課題番号20KK0267)による研究成果の一部である。記して感謝申し上げる。

参考・参照文献

赤澤威(二〇一二)「ホモ・モビリタス700万年の歩み」印東道子編『人類大移動——アフリカからイースター島へ』朝日新聞出版、七—三二頁。

梅棹忠夫(一九七六)『狩猟と遊牧の世界——自然社会の進化』講談社。

エヴァンズ=プリチャード(二〇二三)『新版ヌアー族——ナイル系一民族の生業形態と政治制度の調査』向井元子訳、平凡社。

大石侑香(二〇二三)『シベリア森林の民族誌——漁撈牧畜複合論』昭和堂。

大貫良夫・片山一道(一九九三)「ホモ・モビリタスを発見する——人類の生成・脱アフリカ・適応拡散と非適応拡散」大貫良夫監訳『民族移動と文化編集——変動時代のノマドロジー』NTT出版、一一—七八頁。

風戸真理(二〇〇九)『現代モンゴル遊牧民の民族誌——ポスト社会主義を生きる』世界思想社。

辛嶋博善(二〇二二)『現代モンゴルの牧畜経済——なぜ遊牧は持続しているのか』明石書店。

河合文(二〇二一)『川筋の遊動民バテッ——マレー半島の熱帯林を生きる狩猟採集民』京都大学学術出版会。

河合香吏（二〇二〇）「牧畜民の遊動再考――東アフリカ・ドトスの『極限』への対処をめぐって」河合香吏編『極限――人類社会の進化』京都大学学術出版会、二四三―二六五頁。

川田順三（二〇一四）『〈運ぶ人〉の人類学』岩波書店。

黒田景子（二〇二〇）「ムソビシの時代――1821年―1842年のシャムによるクダー占領期」『鹿児島大学総合教育機構紀要』3：二七―四〇。

佐川徹（二〇一九）「漁撈を始めた牧畜民――ダサネッチにおける生業をめぐる文化的評価とその変化」『社会人類学年報』45：四一―六二。

鈴木佑記（二〇一六）『現代の〈漂海民〉――津波後を生きる海民モーケンの民族誌』めこん。

スミス、ヴァレン・L編（二〇一八）『ホスト・アンド・ゲスト――観光人類学とはなにか』市野澤潤平・東賢太朗・橋本和也監訳、ミネルヴァ書房。

孫暁剛（二〇一二）『遊牧と定住の人類学――ケニア・レンディーレ社会の持続と変容』昭和堂。

鶴見良行（一九九九）『ナマコ』（鶴見良行著作集九）みすず書房。

寺嶋秀明（二〇〇九）「『今ここの集団』から『はるかな集団』まで――狩猟採集民のバンド」河合香吏編『集団――人類社会の進化』京都大学学術出版会、一八三―二〇一頁。

長津一史（一九九七）「西セレベス海域におけるサマ人の南下移動――素描」『上智アジア学』15：九九―一三一。

中村美知夫（二〇二〇）「『動く』ことで形作られるチンパンジー社会」大塚柳太郎編『動く・集まる』京都大学学術出版会、七―三四頁。

西田正規（二〇〇七）『人類史のなかの定住革命』講談社。

二文字屋脩（二〇二〇）「動きを能う――ポスト狩猟採集民ムラブリにみる遊動民的身構え」『年報人類学研究』10：一三四―一五四。

フライ、D．B（一九八〇）『ホモ・ロクエンス――ことばを話す動物としての人間』枡矢好弘訳、こびあん書房。

フランクル、ヴィクトール・E（二〇〇四）『苦悩する人間』山田邦男・松田美佳訳、春秋社。

ベルクソン、アンリ（二〇一〇）『創造的進化』合田正人訳、筑摩書房。

ベルナツィーク、H．A（一九六八）『黄色い葉の精霊――インドシナ山岳民族誌』大林太良訳、平凡社。

ホイジンガ、ヨハン（二〇一九）『ホモ・ルーデンス』高橋英夫訳、中央公論新社。

ホワイト、ウォルター・G（一九四三）『漂海民族――マウケン族研究』松田銑訳、鎌倉書房。

松浦直毅（二〇一二）『現代の〈森の民〉――中部アフリカ、バボンゴ・ピグミーの民族誌』昭和堂。

マリノフスキ、ブロニスワフ（二〇一〇）『西太平洋の遠洋航海者』増田義郎訳、講談社。

丸山淳子（二〇一〇）『変化を生きぬくブッシュマン――開発政策と先住民運動のはざまで』世界思想社。

村井吉敬（二〇〇九）『ぼくが歩いた東南アジア――島と海と森と』コモンズ。

八塚春名（二〇一二）『タンザニアのサンダウェ社会における環境利用と社会関係の変化――狩猟採集民社会の変容に関する考察』松香堂。

Ainsworth, Leopold.（2000）［1930］*A Merchant Venturer Among the Sea Gipsies*. Bangkok: White Lotus.

Andrew, G. P.（1962）［1912］*Burma Gazetteer Mergui District Volume A*. Rangoon: Superintendent, Govt. Printing and Staty, Union of Burma.

Bellina, Bérénice. Blench, Roger and Galipaud, Jean-Christophe（eds.）（2021）*Sea Nomads of Southeast Asia: From the Past to the Present*. Singapore: NUS Press.

Bird, George W.（1897）*Wanderings in Burma*. London: Simplin, Marshall, Hamilton, Kent & Co. Ltd.

Boutry, Maxime.（2005）“The Sea a New Land to Conquer: Appropriation of the Marine and Insular Environment by the Myanmar Fishermen of the Myeik Archipelago,” *Myanmar Historical Commission Conference Proceedings Part 2*. Yangon: U Kyi Win, the Universities Press, pp. 272-293.

Boutry, Macime.（2014）“The Maung Aye’s Legacy: Burmese and Moken Encounters in the Southern Borderlands of Myanmar, 1987-2007,” In: Wen-Chin Chang and Eric Tagliacozzo（eds.）*Burmese Lives: Ordinary Life Stories under the Burmese Regime*. New York: Oxford University Press, pp. 147-173.

Carrapiett, W. J. S.（1909）*The Salons*. Rangoon: Ethnographical Survey of India No. 2.

DNP（Department of National Parks, Wildlife and Plant Conservation）.（2004）*Phraratchabanyat Utthayan Haeng Chat Pho. So. 2504. Lae Kot Rabiap thi Kiaokhong kap Utthayan Haengchat*. Bagnkok: DNP.（タイ語『1961年国立公園法および国立公園関連規則』）

Hamilton, W. (1828) *East India Gazetteer* Vol. II, London: Parbury, Allen and Co.

Ivanoff, Jaques. (1986) “LES MOKEN LIttérature Orale et Signes de Reconnaissance Culturelle,” *Journal of the Siam Society* 74: 9-20.

———. (1995) *Bonem et la reine Sibiane*. Hatier. Paris.

———. (1997) *Moken: Sea-Gypsies of the Andaman Sea Post-war Chronicles*. Bangkok: White Lotus.

———. (1999) *The Moken Boat: Symbolic Technology*. Bangkok: White Lotus.

———. (2004) *Les Naufragés de l’Histoire: Les Jalons épiques de l’identité moken (archipel Mergui, Thaïlande-Birmanie)*. Paris: Les Indes Savantes.

Ivanoff, Jaques. and Thierry Lejard. (2002) *A Journey Through the Mergui Archipelago*. Bangkok: White Lotus.

Maingy, A. D. (1928) [1825] “Enclosure No. 7. In Superintendent, Government Printing and Stationery,” Burma (ed.) *Selected Correspondence of Letters: Issued From and Received in the Office of the Commissioner Tenasserim Division for the Years 1825-26 to 1842-43*. Rangoon: Superintendent, Government Printing and Stationery, Burma.

Mason, Francis. (1860) *Burmah, Its People and Natural Productions: or, Notes on the Nations, Fauna, Flora, and Minerals of Tenasserim, Pegu, and Burma, with Systematic Catalogues of the Known Mammals, Birds, Fish, Reptiles, Insects, Mollusks, Crustaceans, Annalids, Radiates, Plants, and Minerals, with Vernacular Names* (2nd. ed.). Rangoon: Thos. Stowe Ranney.

Narumon Arunotai. (1996) “The Analysis of Moken Opportunistic Foragers’ Intragroup and Intergroup Relations.” PhD diss. Honolulu: University of Hawai’i.

Narumon Arunotai. (2000) “Kabang: The Living Boat,” *Techniques & Culture* 35-36: 499-507.

Paladej Na Pombejra. (2003) “Lok khong Chao Mokaen: Mong chak Khwamru Phuenban kiaokap Thale Phuenthi Chaifang,” M.A. Thesis. Bangkok: Chulalongkorn University.（タイ語「モーケン人の生活世界——沿岸域に関する土地の知恵からの考察」）

Prathip, Miikhatithamm. (2006) “Koarani Chumchon Koa Phurathong,” *Raingan Kanlamuet SittEi Manutsayachon Panha Thidin: Phuenthi Prasopphaithoraniphibat Suenami*. pp. 158-182.（タイ語「プラトーン島コミュニティの事例」『土地に関する人権侵害報告書——津波災害被災地』）

Warren, James Francis. (2007) [1981] *The Sulu Zone 1768-1898: The Dynamics of External Trade, Slavery, and Ethnicity in the Transformation of a Southeast Asian Maritime State*. Singapore: National University of Singapore.

Web

DNP (Department of National Park, Wildlife and Plant Conservation) Homepage. Statistical Data. Retrieved from https://www.dnp.go.th/statistics/dnpstatmain.asp（最終閲覧日：二〇二四年二月二一日）

第12章

環境としての他者

——ニホンザルのアカンボウの伴食相手の変化を事例に

谷口晴香

はじめに

本書に関わる執筆者たちと、霊長類学と人類学の協働点を求め社会性に関わるタームをテーマに研究会で議論を重ねてきた。そのなかで、人類学者と「環境」をテーマに議論をした際に、霊長類学の理論（例：社会生態学モデル：social ecological model）が想定している「環境（例：食物の分布、捕食圧など）」というものが、現代の人に対しては当てはめにくいという事態にうろたえた。

人は究極のニッチ構築者である。人は、環境の自然選択のソース（供給源）を能動的に変更することが容易である。例えば、人は植物を栽培したり、動物を家畜化したり、技術を用い自身の生態学的な環境を生産的空間に改変することが可能である（Odling-Smee et al. 2007）。人の環境改変能力を前にすると「人は特別である」とここでこの章を締めたくなる。しかし、思いなおしてみると、人もサルも他者と共に様々な環境に順応し生きている。ひとりでは生きられない。人も含めた生き物は環境と相互に作用しあい、環境という場を介して他者と再帰的な相互作用を繰り返し、ときには集団として共存し、ときには単独／小さなまとまりで行動する（例えば、10章の西川論文、11章の鈴木論文を参照）。そのような視点で「他者」を環境としてとらえた際に、人の特別さは曖昧なものになっていくのではないだろうか。この人とサルをこえた視点のなかに、協働点が見つかるかもしれない。そして、このような協働点を見つけることがヒトの社会性の起原と進化を解き明かすことにもきっとつながるだろう。

1 他者と生きる

1……環境としての他者

社会集団を形成する動物は、共存する個体と互いに作用しあう。群居性の霊長類において、同種他個体と共に移動や採食する際に、個体間の「ニッチ」の差が問題になることがあり、ときに群れのメンバーと移動や採食を共にすることは、良い面もあるがしがらみとなることもある（Van Schaik and Van Noordwijk 1986）。それは、多くのサルの群れが異なる性年齢や順位の個体で構成されていることと関連している。群れメンバーが必要とする栄養要求や活動の好適なタイミングはそれぞれ異なり、つねに群れのメンバーが共にいようとすると、自身の要求が満たされない場面が生じる（例えば、10章の西川論文を参照）。その際に、「だれと移動するか」、「だれと伴食するか」は、重要な問題となる。

ニッチ（niche）とは生物と環境との関りあい方を表す概念であるが、その様式のちがいからニッチには二つの系統の考え方がある。（1）生息場所ニッチとは、ある特定の生物種が必要とする資源の要素、およびどのようにそれを使うかの資源の利用パターンのことである（Hutchinson 1957）。一方で、（2）栄養的ニッチとは、種が食物連鎖や食物網のなかで占める位置についての定義である（Elton 1927）。つまり、生物同士の相互作用に着目し、複数の種がバランスを保ち機能しあうことにより生物群集全体が維持される現象をとらえようとした概念である。とらえ方の系統に違いはあるが、生物がどのようにニッチを利用しているかは、（1）生息場所の植生や食物の分布、（2）それをめぐって争う競争者、そして捕食者など、共存する相手がどのように生活しているかに依存している。本章ではニホンザルという種の同種内の話に限定するが、ニッチという言葉を使用する際には、（1）母子間の食物利用のちがいという点で生息場所ニッチを考え、（2）同種他個体との伴食を考える上で栄養的ニッチを考慮していく。本章は、（1）と（2）を区別せず、「ニッチ」という用語を使用する。

本章では、「環境」という場のなかで、共存する同種他個体との相互作用をとおし、新たな採食ニッチを互いに生成する過程に焦点をあてる。足立（二〇一六）が指摘しているように、生き物全体に共通する環境利用という特性を基礎に「他者」をとらえることができれば、「環境としての他者」は人にもサルにも適用可能な概念となるのではないだろうか。

2……霊長類の離乳期のアカンボウ

先述したように、群居性の霊長類において、同種他個体と共に移動や採食する際に、個体間のニッチの差が問題になることがあり、それは母子間においても同様である。人では、養育者が離乳期の子どもに飲みこみやすく調理された食物や養育者が噛んでやわらかくした食物を与えるため、母子間にニッチ差があったとしても共に食卓を囲むことができるが、ヒト以外の霊長類（以下、霊長類とする）ではマーモセット亜科[1]を除き母親でさえ子どもに積極的に食物を渡すことはほとんどなく、子どもは食物を自ら入手し処理する必要がある（Noordwijk et al. 2013)。霊長類のアカンボウは、母親と比較し、入手や処理の容易な食物（例：やわらかい食物、操作が少ない食物、小さい食物、低い位置にある食物）を好む傾向にあり（Altmann 1980; Taniguchi 2015）、そのため、つねに母親が伴食相手として適しているとは限らない。しかし、母乳から固形物へ食物が移行する過程の離乳期のアカンボウにとって、母親から離れひとりで利用可能な食物を探索しつつ、はぐれないように群れの動きについていくことは容易なことではないだろう。サルのアカンボウにとって「誰と食べるか」は重要な問題である。母親と食物利用にちがいが生じた際に、アカンボウはどのようにその問題を解決しているのだろうか。

本稿の対象種であるニホンザルのアカンボウは、春から初夏にかけて生まれ、冬に入る前には母乳のみでは栄養を賄えなくなり、固形の食物を採食する必要が生じている（Nakayama et al. 1999; Tanaka 1992）。ニホンザルは雑食性で、果実、種子、葉、芽、キノコ、昆虫類、魚などの食物を食べ、量的には植物質のものの利用が多い。環境条件（気温や食物）が厳しい冬季に、アカンボウがどのような物理的性質の食物を選択し自立した採食を始めるのかはその生存を考える上で重要である。特に、食物のかたさは霊長類のアカンボウの食物利用に影響を与えることが知られている（Van Schaik and Van Noordwijk 1986; Taniguchi 2015）。例えば、積雪地のニホンザルのアカンボウは母親と比較し、二〇〇〇J／㎡を超えるかたさの食物の利用が少なく、やわらかい食物を利用し、冬

（1）マーモセット亜科は、南アフリカのアマゾン川流域とその周辺に分布する、新世界ザルの中でも小型のサルのグループである。マーモセットの仲間は、母子間でだけでなく親子間、オスメスのペア間、きょうだい間での食物分配が報告されている。食物分配は離乳期によくみられ、離乳期のアカンボウに十分な食物を与える機能があることが示唆されている（齋藤 二〇一九）。

を越していることが報告されている(Taniguchi 2015)。

本章では、鹿児島県屋久島に生息するニホンザルを対象に、まずは食物のかたさに着目し、母親と比較し離乳期のアカンボウがどのようなかたさの食物を選好しているのかを検討する。その後、ニホンザルのモクタチバナ食を事例に、以下(1)〜(3)について検討し、ニホンザルのアカンボウにとっての「環境としての他者」を描きだす。

問い(1) 母親とアカンボウ間の食物利用に差はあるか(本章3節)

問い(2) (1)にちがいがある場合、アカンボウは誰と伴食するか(本章3節)

問い(3) 採食場所の社会的な危険度に応じ、アカンボウの伴食相手は変わるか(本章4節)

最後に人の共食の議論も交え、ときに厳しい生息環境を他者と共に生きることについて共食/伴食を軸に人類学との協働点をさぐってみたい。

2 調査対象・調査地・調査方法

1……ニホンザルの由来

本章の対象種であるニホンザル(*Macaca fuscata*)は日本の固有種であり、北は青森県下北半島から南は鹿児島県屋久島まで広く分布している(川本 二〇二三)。特に北限の青森県下北半島のニホンザルは、ヒト以外の霊長類が生息する最北端の場所に住むため、「北限のサル」として知られている。熱帯地域に生息することが多い霊長類のなかで、ニホンザルは寒冷地にも生息できるように適応してきた。

ニホンザルの祖先は朝鮮半島経由で大陸から日本列島に遅くとも六三—四三万年前までに侵入したと考えられている(相見 二〇〇二)。ニホンザルは亜種ではホンドザルとヤクシマザルに区別されており、本章の対象である屋久島のニホンザルは、別亜種のヤクシマザルであるとみなされている。ヤクシマザルは一七・八万年前にその他のニホンザル集団(ホンドニホンザル)から分岐した(Nozawa et al. 1991)。また、七三〇〇年前の鬼界カルデラの噴火によりヤクシマザルの個体数は壊滅的な減少をしたことが示唆されており(Hayaishi and Kawamoto 2006)、その際のボトルネック効果によりヤクシマザル特有の形質が進化した可能性が考えられている。一方で、DNAの系統地理学的な研究では、ヤクシマザルの亜種分類を支持する証拠は得られていない(川本 二〇二三)。

2……ニホンザルの社会と生態

本題に入る前に、ニホンザルの社会について簡単に紹介したい。ニホンザルは、複数のオトナオスとオトナメスにその子どもからなる複雄複雌の群れを形成し、オスは性成熟に達する前に生まれた群れを移出する一方、メスは生まれた群れに留まる。群れは血縁関係により結ばれたメスが家系を継なぎ、世代を超え維持されていく。メスの優劣関係は血縁に従ってきまり、上位の家系のメスすべてが下位の家系のメスより優位な順位序列が成立している。

ニホンザルは特定の季節に繁殖を行う季節繁殖性を示し、秋から冬に妊娠し、春から初夏に出産する。出産

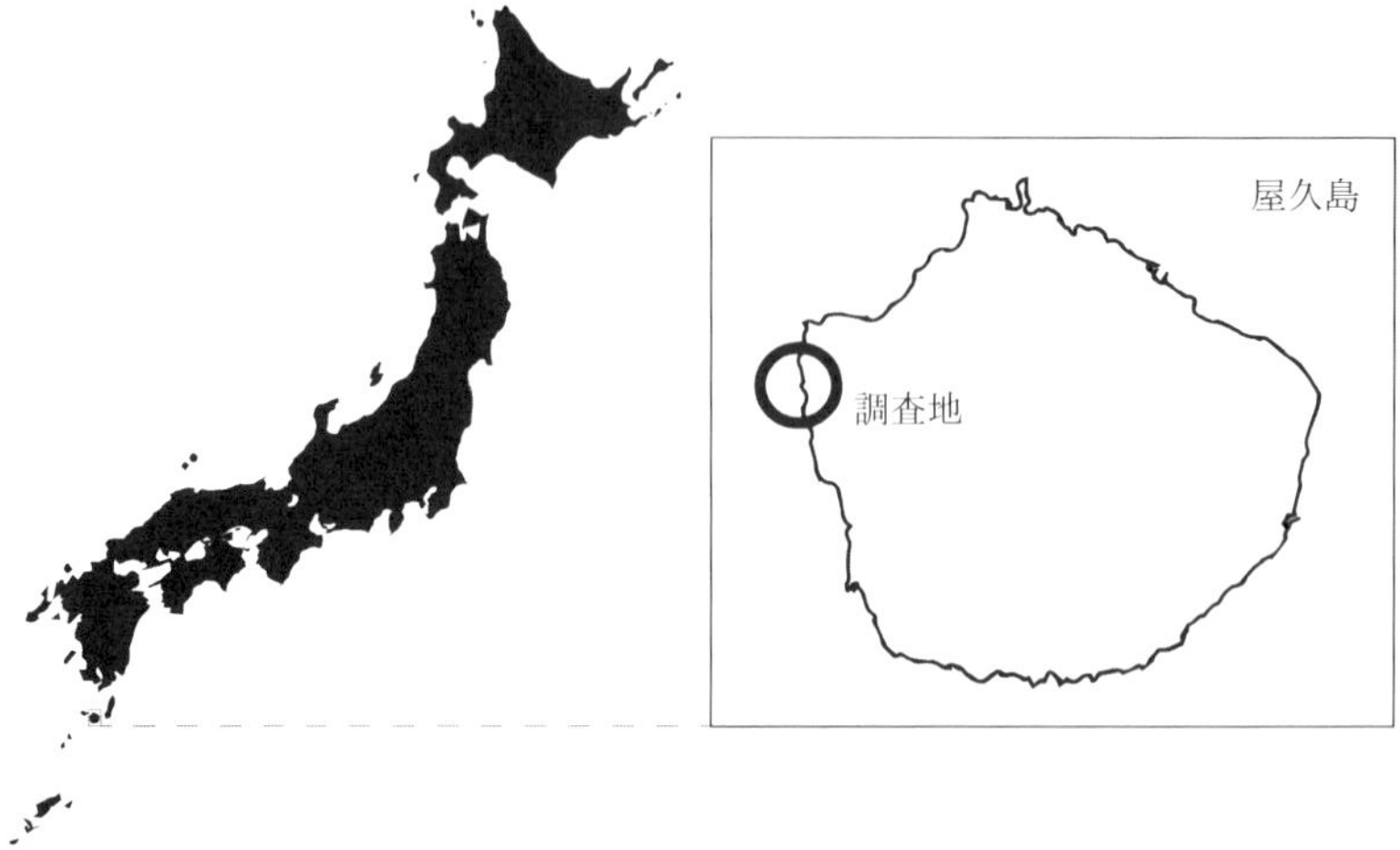

図12-1　調査地の位置
屋久島の西部海岸域（丸で囲った個所）にて調査を実施した。

数は一回で一頭出産し、双子は稀である（高槻・山極編二〇〇八）。ニホンザルの一生は、いくつかの性・年齢区クラスにわけられる。ニホンザルでは、生後一年までをアカンボウ期とよぶ。生後初期のアカンボウは、母親の胸のなかに入り、授乳を受けられる。しかし、生後半年をすぎるころには、自力で食物を採食する必要があり、また、母親からの授乳の拒否行動も増加する。つづく、コドモ期（一―三才）には、母親への栄養的な依存からほぼ脱し、自力で採食や移動などを行う。そして、コドモからオトナへの移行段階として、ワカモノ期がある。四才程度で母親から離れはじめるものの、身体の成長はその後もつづき、オトナになるのは、メスは初産を迎える五〜七才、オスでは一〇才以上になってからである。野生群では、二〇才台前半に寿命をむかえる個体が多いと考えられている。

3……調査地の概要

調査は、鹿児島県の佐多岬から南方へ約六〇キロメートルに位置する屋久島の西部海岸域にて行った（図12―1）。屋久島の西部海岸域（標高〇―三五〇メートル）は、亜熱帯性の樹種を含む照葉樹林帯であり、ほぼ一年を通じてサルは果実が利用できる（Agetsuma 1995）。屋久島における冬季の月間降水量は七三―三〇三ミリ[2]、月平均気温は八・四―一五・六度である（栗原・相場二〇二〇）。

なお、ニホンザルを捕食する可能性のある動物は、イヌ、クマタカ、イヌワシであり、これらの種は未成体や体の小さなオトナメスにとって脅威となる種である（大西ら二〇一〇）。そのなかで、屋久島に生息し、サルを捕食する可能性のある動物は、イヌ（野犬）であるが、野犬を目撃すること自体が稀であるため本章では捕食者については考慮しないこととした。

4……調査対象群と行動データ取得方法

屋久島の西部海岸域に生息するウミ群（七四頭、アカンボウ一〇頭[3]）のアカンボウとその母親五組を対象に、二〇一〇年一一月〜二〇一一年二月に母子それぞれ各個体を各月一〇〜一四時間ずつ、個体追跡[4]をした（図12―

（2）二〇〇五―二〇一四年における一二―三月の月間平均を算出。

（3）調査期間中にウミ群の下位家系が頻繁にサブグルーピングするようになった。ニホンザルは一般的に集合性の高い群れを形成し共に移動するが、ときに二つ以上のサブグループに分かれて活動することがある。一日以上、サブグループのメンバーが出会わないこともある（10章西川論文参照）。本章の内容とは関連しないため、サブグルーピングの詳細については割愛する。

2）。三分ごとに追跡個体がなにをしているか（例：採食・休息・移動など）を記録し、また食物を採食している際にはその食物の種名と部位を記録した。

3 誰と伴食するか

1……アカンボウの生活の様子

まずは、ニホンザルのアカンボウの日常の様子を少し紹介したい。紹介する事例は、二〇一〇年二月一二日一一時三九分〜一三時一二分に、Rugby（RB）という個体のアカンボウ（RBb）を個体追跡した際の事例である。アカンボウが他個体と伴食している際には、**太字傍線**で示している。

11:39—

アカンボウ（RBb）は、**母親（RB）と二メートル以内に近接し、枯れ木の中の虫を母親とともに採食**している。

11:46

母親（RB）が枯れ木の中の虫の採食をしているなか、アカンボウ（RBb）は、同じ群れのアカンボウ

図12-2　観察風景（鈴木滋氏撮影）
サルの邪魔をしないように周りに注意しながら、追跡対象のサルの後ろをついて歩く。

六頭の集まりへ移動する。

11:46—12:06

アカンボウ（ＲＢｂ）は、**同じ群れのアカンボウ三〜六頭と二メートル以内に近接し、休息・採食・移動をしている。**母親は視界から見えなくなる。

12:09—12:27

アカンボウ（ＲＢｂ）が、祖母（ＲＬ、当歳子持ち）のさるだんご[5]（二頭、祖母（ＲＬ）とＲＬのアカンボウ）に加わる。母親（ＲＢ）は不在のままである。アカンボウ（ＲＢｂ）は、祖母（ＲＬ）のさるだんごに接触したり、離れたりを繰り返す。六メートル以内に、同じ群れのアカンボウが五〜六頭いる。

12:33

アカンボウ（ＲＢｂ）は、祖母（ＲＬ）やアカンボウの集まりから離れ、採食をしている母親（ＲＢ）と合流する。**母親（ＲＢ）と二メートル以内に近接し、母親とともに枯れ木の中の虫を採食する。**

12:42—13:04

アカンボウ（ＲＢｂ）は、母親（ＲＢ）と共に七頭のさるだんごに加わる（さるだんごの構成：アカンボウ（ＲＢｂ）、母親（ＲＢ）、オトナメス（ＮＭ）、オトナオス二頭、ワカモノ二頭、二才一頭、ＲＬのアカンボウ）。12:53に母親（ＲＢ）はそのさるだんごを抜け、採食へむかう。母親（ＲＢ）不在のさるだんごにアカンボウ（ＲＢｂ）は残る。そのさるだんごには同じ群れのアカンボウ（最大六頭）も参加する。

13:04

さるだんごがばらける。

13:05
移動する母親（RB）にアカンボウ（RBb）が近づき合流する。

13:08—13:12
アカンボウ（RBb）が母親（RB）から離れる。母親（RB）が枯れ木の中の虫の採食をしているなか、アカンボウ（RBb）は、再び七メートル先のアカンボウ七頭の集まりへ移動し、**そのアカンボウたちとともに枯葉の中の虫を採食する。**

右記のように、ニホンザルのアカンボウは、母親や群れのメンバー（特に、同世代のアカンボウ）と伴食したり、休息したり、移動したりしながら、一日を過ごしていた。

2……母子間のニッチ差

さて、本節では冒頭に示した問い（1）「母親とアカンボウ間の食物利用に差はあるのか？」に関し食物のか

（4）個体追跡法の詳細は2章川添論文を参照。
（5）さるだんごとは、互いに体を接触し休息することで形成されるサルのかたまりのことである。他の年齢クラスと比較し、体の小さなアカンボウは、体の体積の割に体の表面積が大きく熱を失いやすい。そのため、気温が低くなると、特にアカンボウは体温を維持するために他個体（主に母親）に接触しようとする傾向にある。

たさに着目し検討する。サルの利用が確認された食物を採集し硬度計で裁断し、かたさ（J/㎡）の計測を行った。その結果、積雪地のニホンザルを対象に行った先行研究（Taniguchi 2015）と同様に、屋久島のアカンボウもやわらかい食物を選好する傾向にあり、二〇〇〇J／㎡を超える食物を利用する割合は母親と比較し低かった（Taniguchi 2016）。アカンボウは咀嚼筋の発達が未熟であること（Dechow and Carlson 2005）や、歯が乳歯であること（岩本ら一九八四）など身体能力や形態面での制約により、母親と比較し、かたい食物よりやわらかい食物をより利用したと考えられる。

3……母子間のモクタチバナ利用のちがい

ここからは、冬季に調査対象群のウミ群のサルによく利用されていたモクタチバナを中心に話を進めていく。モクタチバナはヤブコウジ科ヤブコウジ属の高さ約五メートル程度の常緑小高木である。果実は直径七～八ミリの球形で、晩秋に熟し、翌年の春まで残る（城川ら二〇〇八；川原二〇〇二）。秋から冬にかけウミ群のサルはモクタチバナの果実から落下種子まで広く利用していた。モクタチバナの樹上の果実（未成熟果と成熟果の果肉・種子）のかたさの中央値は二〇〇〇J／㎡以下であるのに対し、落下種子のかたさの中央値は、二〇〇〇J／㎡を超え、樹上の果実と比較し落下種子はかたかった（図12―3）。前項で紹介した先行研究（Taniguchi 2015）を鑑みると、モクタチバナの落下種子は、二〇〇〇J／㎡を超えるため、アカンボウにとってはかたく利用しにくい食物であると考えられる。

調査期間中の母子のモクタチバナの利用状況について検討したところ（図12―1）、母子ともに、食べる時間

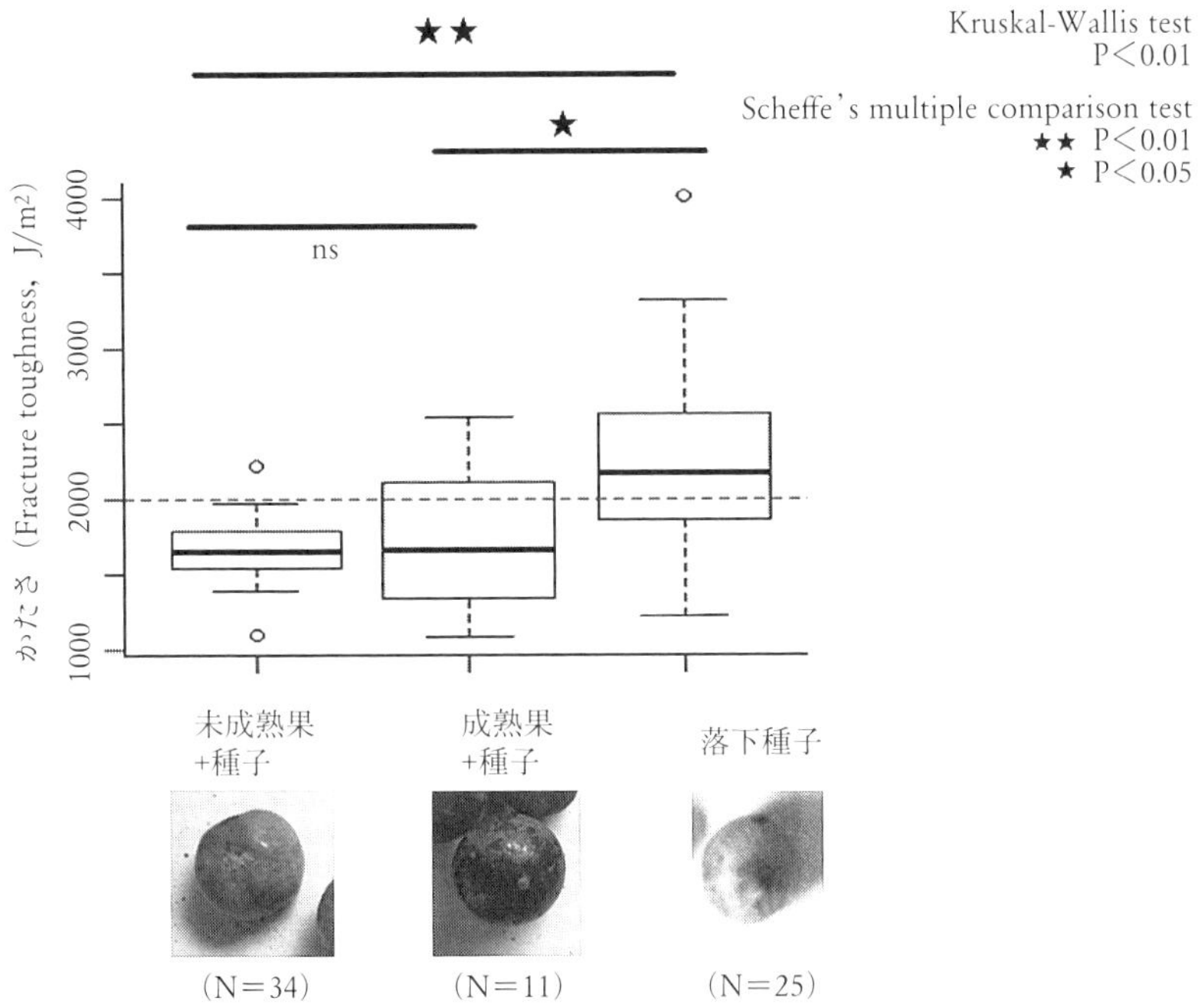

図12-3　モクタチバナの部位ごとのかたさ
落下種子と比較すると、樹上の果実（＋種子）はやわらかい

の平均一—三割程度をモクタチバナの果実や落下種子の利用に費やしていた。月ごとの利用状況について図を細かくみてみると（図12—4）、母親は、一一月までモクタチバナの樹上の果実を主に利用していたが、一二月から落下種子を食べる割合が増加し、翌年の一月と二月は主に落下種子を利用していた（図12—4上段）。一方で、アカンボウは一一〜一月までは主に樹上の果実を利用し、二月ごろから落下種子へと移行した（図12—4下段）。このように、母子間でモクタチバナの利用に差があり、アカンボウは、落下種子への移行が母親よりも遅かった。母子間で、モクタチバナの部位の利用に差が生じていたが、アカンボウの伴食相手には変化があったのだろうか。次項で検討する。

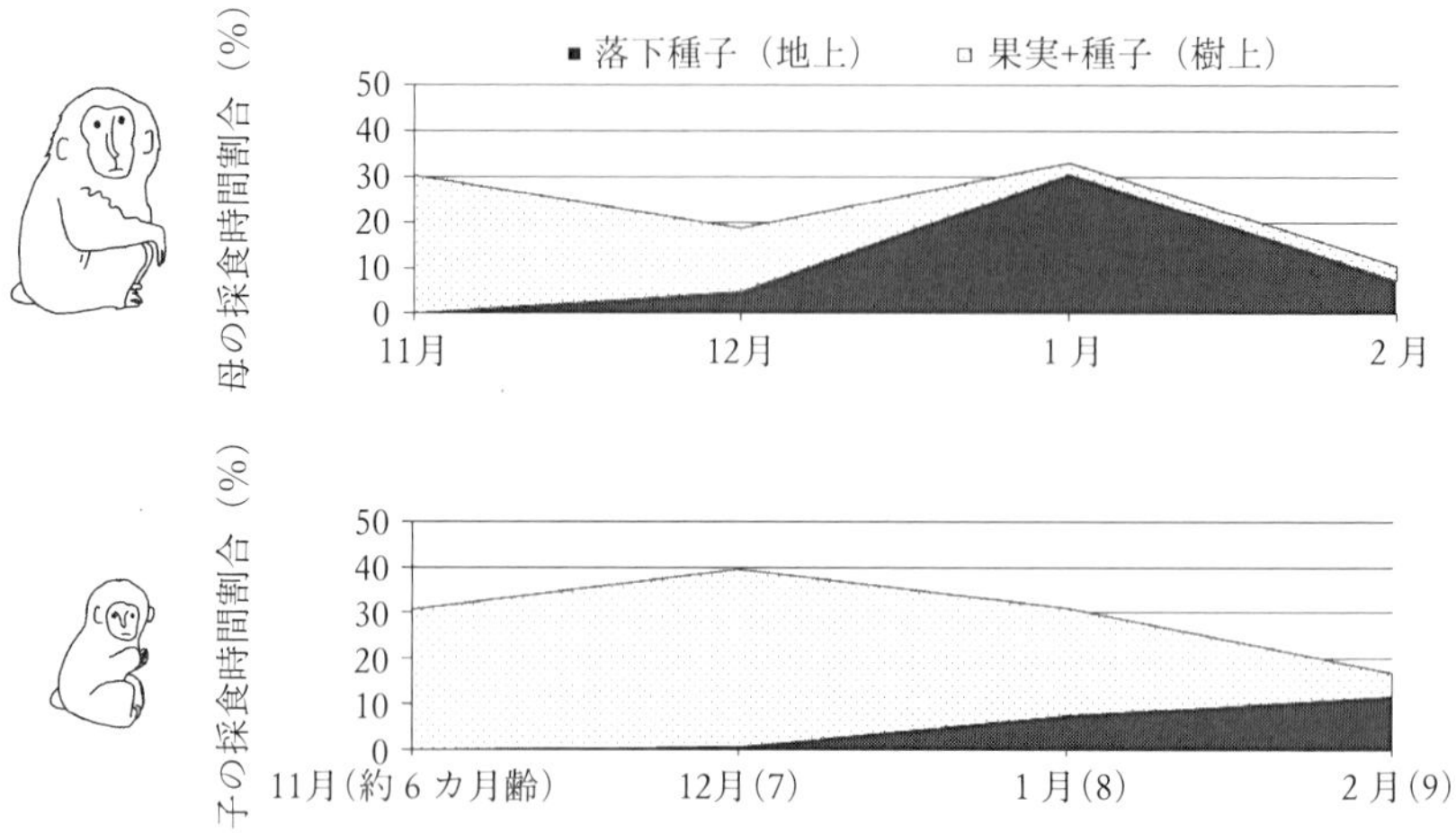

図12-4　モクタチバナの利用割合の変化
11月から2月までのモクタチバナの部位(果実＋種子、落下種子)の採食割合の変化
上の図：母親(オトナメス)
下の図：アカンボウ

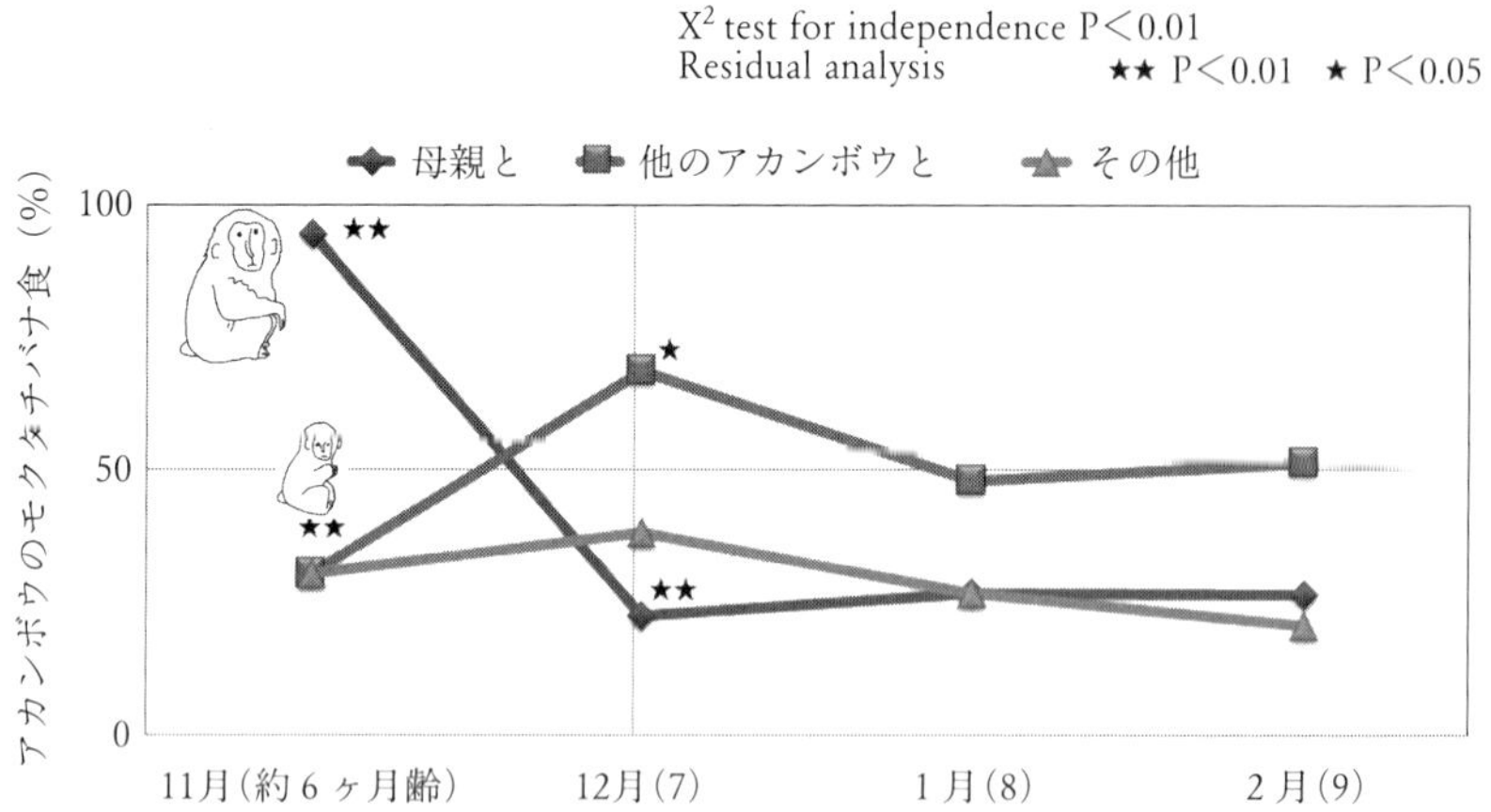

図12-5　アカンボウの伴食相手の変化
アカンボウのモクタチバナ採食中に、2m以内に近接していた伴食相手の割合
◇：母親、□：アカンボウ、△：その他のメンバー

樹上で伴食しているアカンボウたち

樹上で伴食しているアカンボウたちの様子

図12-6　モクタチバナを食べるアカンボウたち
高さ5-6mほどの樹上でモクタチバナの果実を採食しているアカンボウたち。アカンボウのいるところを白線で囲んだ。

4……母子間のニッチ差とアカンボウの伴食相手の変化

本項では、冒頭に示した第二の問い「母親とアカンボウ間の食物の利用にちがいがある場合、アカンボウは誰と伴食するのか？」について検討していきたい。本章では、伴食を「追跡個体の採食時に追跡個体の半径二メートル以内に他個体が近接している状態」と定義し分析した。アカンボウのモクタチバナの伴食相手について検討すると（図12―5）、一一月までは主に母親と伴食していたが、一二月以降は主に他のアカンボウと伴食するようになり（図12―6）、その傾向は少なくとも二月まで継続した。母親とのモクタチバナ利用の差が生じはじめた一二月以降（図12―4）に、アカンボウの伴食相手の変化がみられ、母子間の食物のニッチ差がアカンボウの伴食相手の変化の一因になっていることが考えられる。

図12―4で示したように、アカンボウに比べ、母親はモクタチバナの果実から落下種子に移行する時期が一―二ケ

月ほどはやかった。なぜだろうか。母親の食物の移行が始まった一二月は冬季で気温が低下する時期にあたり、体温維持のために消費するエネルギーが多くなる。木にのぼったり、おりたりの探索の手間がかかる樹上の果実を一定量以上見つけるには、気温の低いときはエネルギー出費がより多くかさんでしまう(揚妻 二〇〇一; Agetsuma 1995)。そのため、気温が下がる一二月頃からは、母親は果実より探索する労力が少ない地上の落下種子をより利用したと考えられる。一方で、アカンボウは先述したとおり、咀嚼能力や身体能力が未熟であるため、探索の手間をかけてもかたい落下種子よりやわらかい樹上の果実を選好したのではないだろうか。また、体サイズが小さく、体重も軽いため、オトナより枝先にある果実を入手しやすいという利点もあるだろう。

このように、アカンボウは利用する食物を母親にあわせることなく、伴食相手を母親からニッチの類似している同世代のアカンボウに変え、アカンボウたちで食物を探すことで探索コストを軽減し、自らが選好する食物の利用を続け、冬を越していた。また、離乳期にモクタチバナのような食物がきっかけとなり、母親離れが進み、群れメンバーとの交流が促進されるといった、食を介した社会関係の形成も示唆された。

4 食べる場所と伴食相手

1……共在する他者の影響

前節で紹介したように母親との間でモクタチバナ利用に違いが生じた際には、アカンボウは母親以外のメンバー、主に同世代のアカンボウたちと伴食していた（詳細は3節、図12―5）。しかし、母親から離れることで危険も伴う。栄養面や体温保持の面で母親からの授乳や抱擁といったサポートを受けにくくなったり、他個体からの攻撃や捕食者からの襲撃（Schino et al. 1993; Yamada and Nakamichi 2006）が生じた際に母親からの保護を受けにくくなる。

　野生のニホンザルのアカンボウの死亡の直接の原因は実際のところ多くの場合で不明であるが、離乳前後に死亡する場合には、主に、以下（1）と（2）が考えられている（伊沢 二〇〇九）。（1）冬期間の食糧不足や厳しい寒さが原因となる死亡（太郎田 二〇〇二）、（2）オスに攻撃され、大けがを負い死亡する場合（Soltis et al. 2000; Yamada and Nakamichi 2006）である。また、屋久島の海岸域はニホンザルの生息密度が高いことが知られており、かつ群密度も高い（Hanya et al. 2006）。そして、行動圏[6]の周縁部は隣接群と重複し、群間競合が高く、群れ間の敵対的な交渉（〇・〇三九の群間エンカウンター／時間：そのうち四六％のエンカウンターが敵対的交渉を含む）も報告されている（Sugiura et al. 2000）。そのため、（3）群れ間闘争にまきこまれる危険についても屋久島の海岸域では考慮にいれる必要がある。母親は栄養面や体温保持面の（1）の危険に対する保護だけでなく、社会的な危険（2）と（3）に対してもアカンボウを保護してくれる存在である。オスや他群とのエンカウンターが生じる危険が高い行動圏周辺部で採食する際には、特に（2）や（3）のような社会的な危険が高まるため、アカンボウはより母親と伴食する傾向にあるかもしれない。

　前節において、一二月以降は、アカンボウは主に同世代のアカンボウと伴食する傾向にあることがわかった

（6）行動圏（home range）とは、ある個体（または群れ）が採食、繁殖、子育てに通常利用する場所のことである。

（詳細は3節、図12―5）。しかし、群れ外のオスや他群と出会いやすいと予測される行動圏の周辺部では、アカンボウは、母親とより伴食するだろうか。冒頭で示した第三の問い「社会的な危険が高い行動圏周辺部（行動圏のコアエリア外）でモクタチバナを利用する際には、アカンボウは母親とより伴食する傾向にあるか？」に関して本節で検証してみよう。

2……行動圏と他群／オスとのエンカウンター

アカンボウが同世代のアカンボウとよく伴食を行うようになった一二月から二月のモクタチバナ採食時の採食事例を用い分析をおこなった[7]。行動観察の方法は、2節4項で示したものと同様である。採食事例は同じ食物種（ここでは、モクタチバナ）を連続したサンプリングポイントで採食している場合は同一事例として扱い、二サンプリングポイント以上その食物種を利用しなかった場合、その採食事例は終了とし、その採食事例に母親が二メートル以内に近接していたかを検討した。

行動圏の算出のため、二〇一〇年一〇月～二〇一一年三月の個体追跡時のＧＰＳ（全地球測位システム）受信機により記録した位置情報データを使用し分析をした[9]。固定カーネル法により行動圏（固定カーネル法、九五％範囲）とコアエリア（固定カーネル法、五〇％範囲）を算出した（図12―7）[10]。また、参考までに、観察事例数は少ないが、他群とのエンカウンター事例とワカモノ／オトナオスとのエンカウンター事例も図12―7に示した[11]。事例数は四事例と少なく参考程度であるが、群間エンカウンターやオスとのエンカウンターの四事例中三事例はコアエリア外で生じていた[12]。

3……採食場所と母親との伴食

さて、前項の結果から、行動圏周辺部では、エンカウンターの確率が高くなることが示唆された。行動圏周辺部（行動圏のコアエリア外）でモクタチバナを利用する際に、アカンボウは母親とより伴食するのだろうか。分析の結果、コアエリア内と比較し、行動圏の周辺部（コアエリア外）では母親との伴食事例がより多かった（図12—8）。屋久島海岸部に生息するニホンザルを対象にした研究において、群間競合に弱い小さな群れに所属す

（7）母子それぞれの月ごとのモクタチバナ利用の詳細については3節図12—4を参照。

（8）サンプリングポイントは、三分ごとの瞬間サンプリングポイントのデータのことを示している（詳細は、2節4項を参照）。

（9）観察日数は平均一八日／月。

（10）カーネル法（kernel method）は、ある地点の利用確率を左記の確率密度関数で記述する方法である。

$$\hat{f}h(x) = \frac{1}{nh^2}\sum_{i=1}^{n} K\left[\frac{x-Xi}{h}\right]$$

nは観測点数、xはその地点の座標を表すベクトル、Xiは各観測点の座標を表すベクトル、hはband widthまたはsmoothing parameterとよばれる定数、Kは一山形の二変量確率密度関数で、二変量正規分布が用いられる。hの値をすべての観測点で固定したものが固定カーネルである。

（11）群れが一列に並ぶ、群れ全体がざわつき方向転換した場合の推定群間エンカウンターの事例を含んでいる。

（12）オスと群れ個体が交渉した事例（追いかけるなど）をワカオス・オトナオスとのエンカウンター事例に含めた。交尾期にあたる一〇・一一月は群れ内へのオスの流入が特に激しい時期となるため、オスとのエンカウンターに関しては行動観察期間にあわせ一二—二月の期間の事例のみを使用した。

図12-7 調査期間中のウミ群の遊動域とモクタチバナの採食場所

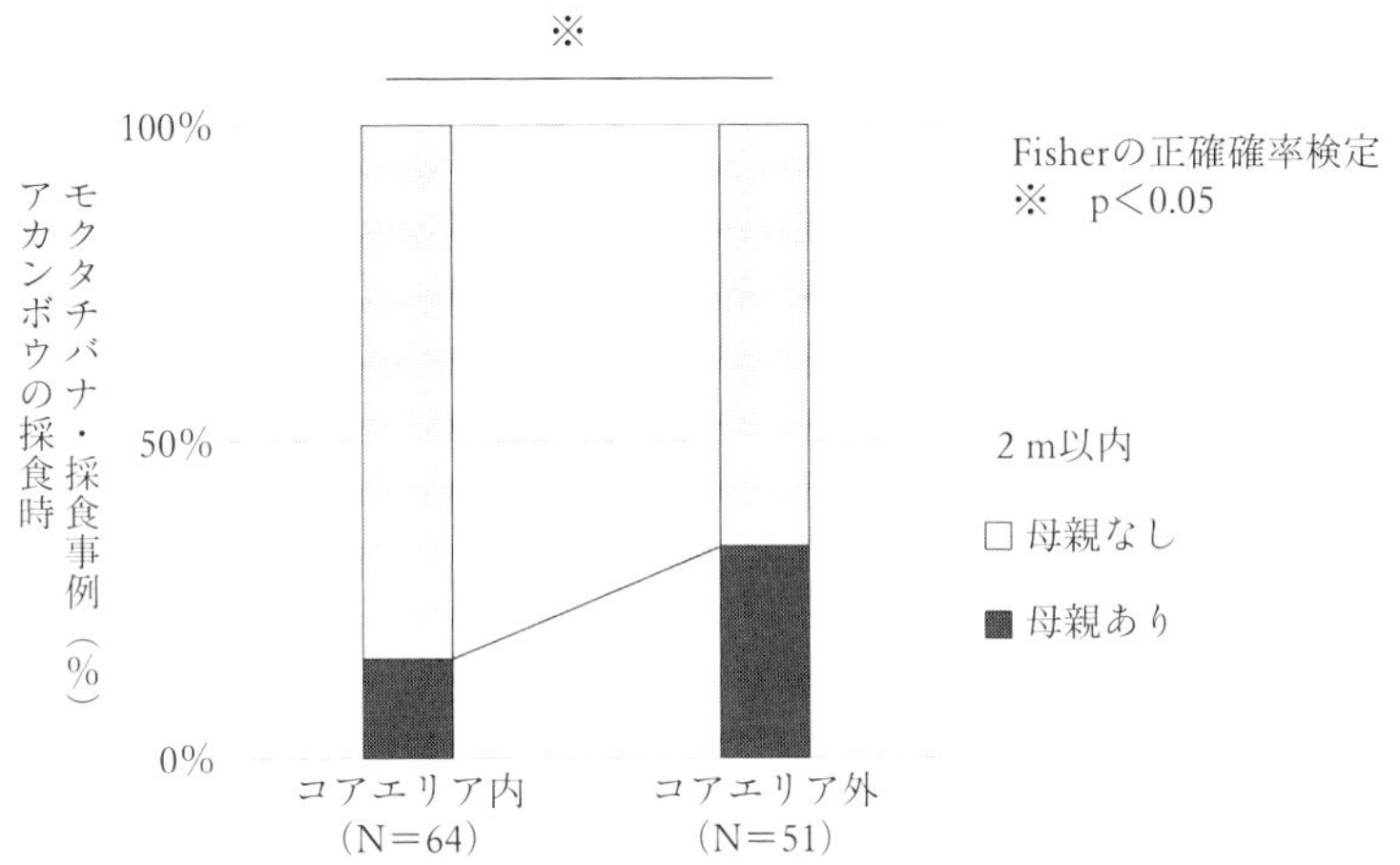

図12-8　行動圏のコアエリア内と外における母親とのモクタチバナ伴食割合

るサルは、行動圏周辺部で採食する際に伴食個体数を増やすことが報告されている。それは、隣接群（大きな群れ）とのエンカウンター時の敵対的な交渉を警戒するため、行動圏周辺部では単独でいることを避け、かつ他群の接近を感知できるように群れのメンバーが集まっているのではないかと考察されている（Kurihara and Hanya 2018）。他の性年齢カテゴリと比較し、群間競合に脆弱なアカンボウも母親と伴食することで群間闘争に巻き込まれる危険を軽減している可能性がある。これまでの結果から、離乳期のアカンボウは、母親の食物の物理的性質（3節）や採食場所の社会的な危険度（本節）に応じ柔軟に伴食相手を調整していることがわかった。

5　伴食ネットワークの狭まりと拡がり

母親と共にいること／いないことは、アカンボウにとってどのようなメンバーと伴食することにつながるのだろうか。最後に、アカンボウの採食空間における母親の存在の有無が伴食ネットワークに与える影響を調べた。

ニホンザルでは採食時に他個体との個体間距離が五メートルを超える場合には攻撃交渉（威嚇、追いかけ、他個体の接近に対し採食場所をゆずる行動など）がみられないことから（Ihobe 1989）、本章では五メートル以内をニホンザルの「採食空間」であると想定した。アカンボウが母親と五メートル以内に近接して採食する場合と、五メートルを超え離れて採食する場合との間で、伴食ネットワークの構造に差はあるだろうか。本節で検討していきたい。ちなみに、生後六カ月以降は、母親がアカンボウに近づくよりも、アカンボウが母親に近づくことで母子間の近接は保たれている（Collinge 1991）。

1……伴食ネットワーク構造と母親の有無

アソシエーション分析を用い、「伴食相手にAが含まれる場合には、Bも含まれる傾向にある」というアソシエーションルール（規則性）の抽出をアカンボウの伴食相手の性年齢カテゴリの全組み合わせを対象に試みた。[13]本分析は、アカンボウが母親と離れ、主に他のアカンボウと伴食を行うようになった一二月から二月のアカンボウのモクタチバナ採食時の事例を用いた。伴食相手を以下の五つの性年齢ごとに区分した。1）同世代のアカンボウ、2）コドモ（一—三才）、3）ワカモノ（四—六才、ただし経産メスはオトナメスとした）、4）オトナオス、5）オトナメスである。[14]採食事例の中で最も多く性年齢カテゴリを含み、また伴食相手数が多いサンプリングポイントをその採食事例の代表として選択した。

アカンボウが母親の五メートル以内でモクタチバナを採食する場合には、伴食相手（採食時の二メートル以内の近接相手）に母親が含まれることが最も多く、その次に、他のアカンボウ、コドモと続いた（図12―9a―1）。そして、アソシエーション分析の結果（図12―9a―2）、二ルールを抽出した（母親↓コドモ、コドモ↓母親）。つまり、コドモ（一―三才）と伴食すると母親を伴いやすく、またその逆の傾向もあった。この結果から、アカンボウが、母親と伴食する際にはコドモ（一―三才）、おそらく年上のきょうだいとも伴食する傾向にあると考えられる。

（13）アソシエーションルールとは、共起頻度の高い事象の組み合わせを指している。「伴食相手Aがいる際は、Bも同時に伴食している」という事象の組み合わせが、「A↓B」というルールとして表現される。本章では、支持率（特定の伴食相手の組み合わせがデータの中にどれだけ頻繁に出現するか）が〇・一以上、信頼度（伴食相手Aが含まれるすべての事例の中に、AとBが同時に含まれる割合）が〇・一以上、リフト値（AとBが同時に伴食する割合が、Bのみと伴食する割合と比較しどれほど大きいか）が一・〇以上のルールを抽出した。支持率、信頼度、リフト値は、以下の式であらわされる。なお、Pは出現頻度である。

・支持率（support）：P（A∪B）

・信頼度（confidence）：P（A∪B）/P（A）

・リフト値（lift）：confidence / P（B）

リフト値が一より大きい場合は伴食相手Aと食べた場合には伴食相手Bと食べる割合がランダムな場合より高いと言え、リフト値が一以上であるルールに意味があるとする方法がある。リフト値が大きくても支持率が極端に低い場合には、意味のあるルールとは言いにくいため、支持率と信頼度も〇・一以上のルールを本章では採用した。

（14）採食事例の定義は4節2項を参照。

一方で、アカンボウが母親から五メートルを超えて離れ、モクタチバナを伴食する際には、その事例の七割程度は同世代のアカンボウと伴食する傾向にあった。次に、伴食相手としてコドモ、オトナメス、オトナオスがつづいた（図12―9b―1）。アソシエーション分析の結果（図12―9b―2）、二ルールを抽出した（他のアカンボウ→オトナメス、オトナメス→他のアカンボウ）。他のアカンボウと伴食する際には、オトナメス（母親以外）を伴う傾向にあり、またその逆の傾向もあった（図12―9b―2）。ちなみに、伴食したオトナメスは全て当歳子持ちのメスだった。つまり、同世代のアカンボウたちと伴食することは、結果的にだれかの母親と伴食する機会をもつことにもつながっていた。

2……伴食ネットワークの狭まり・拡がり

前項で述べたように、母親と伴食することで、一―三才のコドモ（おそらく、血縁のあるきょうだい）と伴食する機会が増えていた。特に、行動圏の周辺部では、母親と近接し採食することで、その母親の子どもたち（アカンボウや一―三才のきょうだいたち）は、オスからの襲撃や他群との遭遇時に母親からの援助（例：逃走時の運搬、威嚇などによる追い払い）を得られるように備えているのかもしれない。例えば、ニホンザルにおいて、群れ外オスが現れた際に、ほとんどのアカンボウは母親に回収されたが、単独でいたアカンボウは群れ外のオスにかまれ、数日後に死亡する事例が報告されている（Yamada and Nakamichi 2006）。そのため、社会的な危険が高い場面では母親の存在が重要であることが示唆される。またその報告された事例では、見知らぬオスを見た際に、そのかまれて死亡したアカンボウが逃げだしたことからアカンボウは群れ外のオスに本能的に脅威を感じている

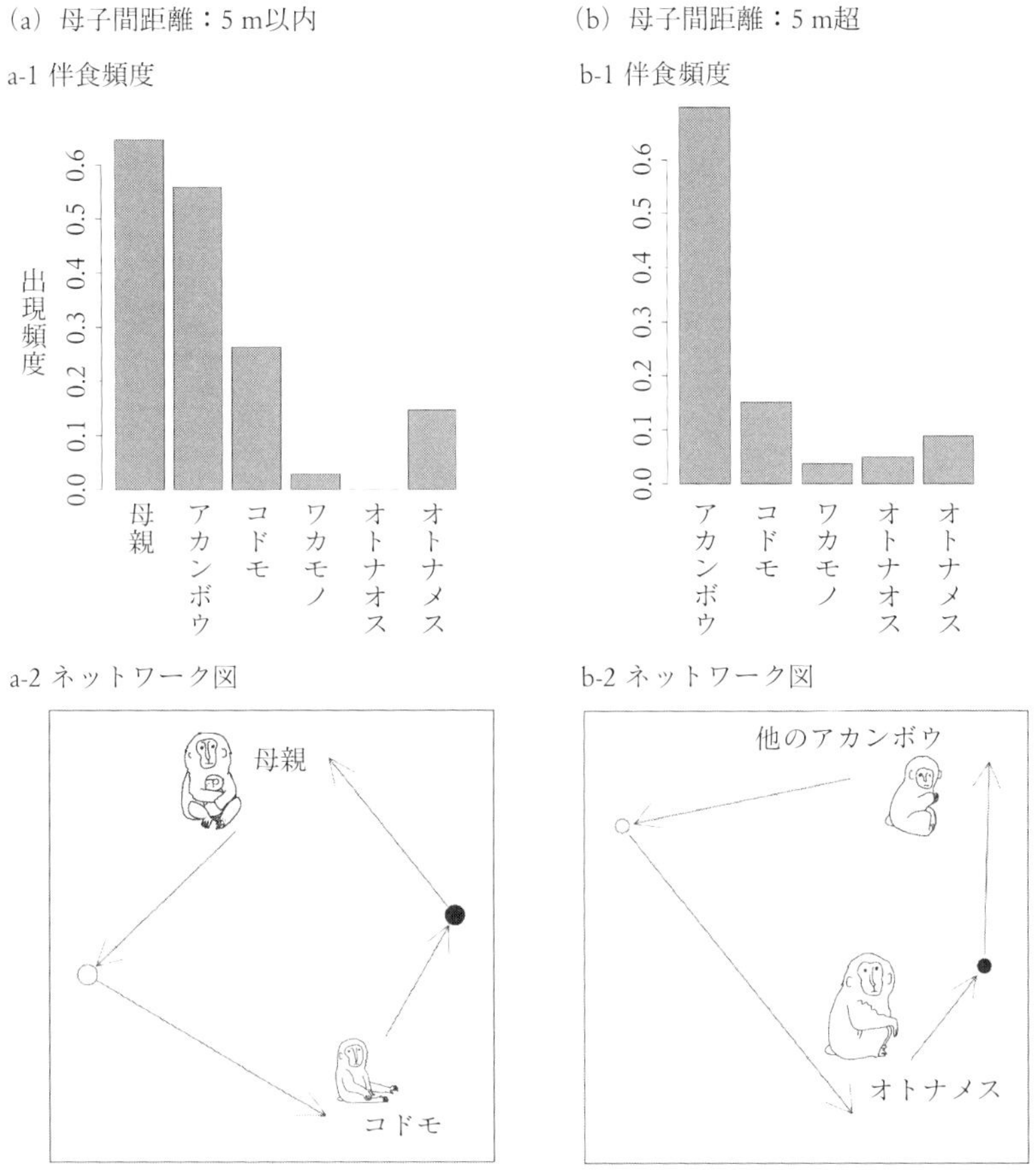

図12-9　アカンボウのモクタチバナ採食時の各年齢カテゴリの伴食頻度（上段）とアソシエーション分析のネットワーク図（下段）

アソシエーションのネットワーク図（a—2, b—2）の矢印はアソシエーションルールの方向性を示し、伴食カテゴリ間の円の大きさはその伴食カテゴリの支持率の大きさ、円の濃淡は信頼度の大きさを示し、色が濃いほど信頼度が高いことを示している。

ことが窺える。

母親から五メートルを超えて離れて採食した場合にも、ニッチが類似している他のアカンボウと伴食することで、食物が見つけやすくなるだけではなく、母親以外のオトナメスとの伴食にもつながっていた。危険な場所（例．行動圏の周辺部）では血縁でまとまり、安全な場所（行動圏の中心部）ではアカンボウ同士でまとまり採食・移動し（図12―10）、ときにメンバーの母親と伴食することで、安全と採食効率のバランスをとりながら離乳期の屋久島のアカンボウは冬を越していた。

3……アカンボウの視点からみた離合集散動態

ニホンザルの群れは、複雄複雌のいろいろな性年齢構成の個体が集まって形成される一〇数頭～一〇〇頭程度の集団であり、共に移動しながら、ときに小集団を形成し、採食や移動を行う（詳細は10章の西川論文を参照）。霊長類では、ヒトのように性による分業化が進んでおらず、おおむね群れのメンバーは共に移動したり、採食したりするため、アカンボウは、本章の3節1項の事例で示したように一日のなかで流動的に性年齢の組み合わせを変えた小集団を形成することが可能である。例えば、「母親とその子どもたちの集まり」や「アカンボウの集まり」を一日のなかで流動的に形成することができる。

さきほど、「ニホンザルは、おおむねメンバーは共に遊動する」と紹介したが、例えば、屋久島のニホンザルでは同じ群れのオトナメス同士が最大で六〇〇メートルほど離れることが報告されており（Nishikawa et al. 2014）、

① 樹上移動

② 樹上から地面へ移動

③ 地面で休息

図12-10 日常的にみられる屋久島のニホンザルのアカンボウの集まり
アカンボウたちで集まり、①共に採食したり（写真左）、②共に移動したり（写真右上）、③共に休息する（写真右下）

同じ群れのメンバー同士が大きく離れることもときに生じる。アカンボウは、母親とはぐれることはないのだろうか。母親が大きく移動を開始する前に、アカンボウの集まりから自分の子を迎えに来るような事例を私は観察したことがある。群れの中心から母親が離れる際にはあらかじめ母親がアカンボウを回収しに来るのかもしれない。観察して感じることは、屋久島の離乳期のアカンボウが、母親から離れ、「アカンボウの集まり」のなかで過ごすことができるのは、「そのうち母親が迎えに来る」という一種の安心感があるからのように思う。また、母親の方も「うちの子はアカンボウの集まりのなかにいるだろう」という一種の予測があるように感じる（谷口 二〇一五）。例えば、こんな事例を観察したことがある。母親が

図12-11　アカンボウの集まりとオトナメス
オトナメス（RL）とそのアカンボウ（RLb）の周りに、他のアカンボウ4頭が集まり、さるだんごを形成している。

アカンボウの集まりに近づき、その集まりのなかに自分のアカンボウが不在だった際に、突然その母親が大きな声でなきはじめ、来た道を逆行したことがあった。その後、しばらくするとその母親が背中に自身のアカンボウを背負い群れと再合流した。私からはわが子がアカンボウの集まりにいないことにその母親が動揺したようにみえた。「アカンボウの集まり」は母親が自身のアカンボウの居場所を予測できる程度には屋久島では常態化した現象なのかもしれない。

本章では詳細は触れないが、アカンボウの日常の様子を紹介した事例（詳細は3節1項）にもあるように、採食だけでなく休息時に同世代のアカンボウの母親にアカンボウたちが集まることもあり（図12―11）、家系をこえた母親間の育児や見守りのようなものがみられた。いざというときは、そのオトナメス（だれかの母親）はアカンボウの集まりの見守り役または避難地帯として機能しているのかもしれない。詳細は、今後調査していきたい。

6 環境としての他者

屋久島のニホンザルの離乳期のアカンボウは、危険な場所（例：行動圏のコアエリア外）では血縁がまとまり、安全な場所（行動圏のコアエリア内）ではアカンボウ同士でまとまり採食・移動することで、安全と採食効率のバランスをとりながら冬を越しているようである。他者と伴食することで生まれる採食ニッチについて、これまでの結果をまとめつつ考えてみる。

結果で示したような伴食相手の変更がなければ伴う危険とはなんだろうか。

（1）栄養不足

積雪地に生息するニホンザル研究において、一日のエネルギー摂取量を用いエネルギー収支を計算したところ、冬季にオトナメスとアカンボウのエネルギー収支がマイナスとなることが示されている（Nakayama et al. 1999）。オトナメスは秋に体重を増やし体に貯めたエネルギーを使用し、冬をしのいでいる。そのため、冬季（離乳期）のアカンボウは、栄養不足分を母乳に頼るだけでなく積極的に栄養摂取を行わなければ、自身だけでなく母親も栄養不足に陥る危険がある（Nakayama et al. 1999; Iwamoto 1982）。冬季にアカンボウ同士で自らの選好する食物を積極的に利用することは、アカンボウやその母親の栄養不足の回避につながると考えられる。

（2）群れ間エンカウンターやオスの襲撃による負傷の危険の上昇

行動圏の周辺部で母親と伴食しなければ、オス／群間エンカウンター時に攻撃交渉に巻き込まれけがをする危険や群れとはぐれる危険が高まることが考えられる。

アカンボウが伴食相手を変えることで前述した危険を回避していた。（1）については、アカンボウの集まりを形成することで、周辺の状況に社会的な変更を加えより自身の採食しやすい場を互いに構築していた。また（2）については母親と近接し採食することで、エンカウンターに伴う危険を下げ、安全な採食の場を確保していた。

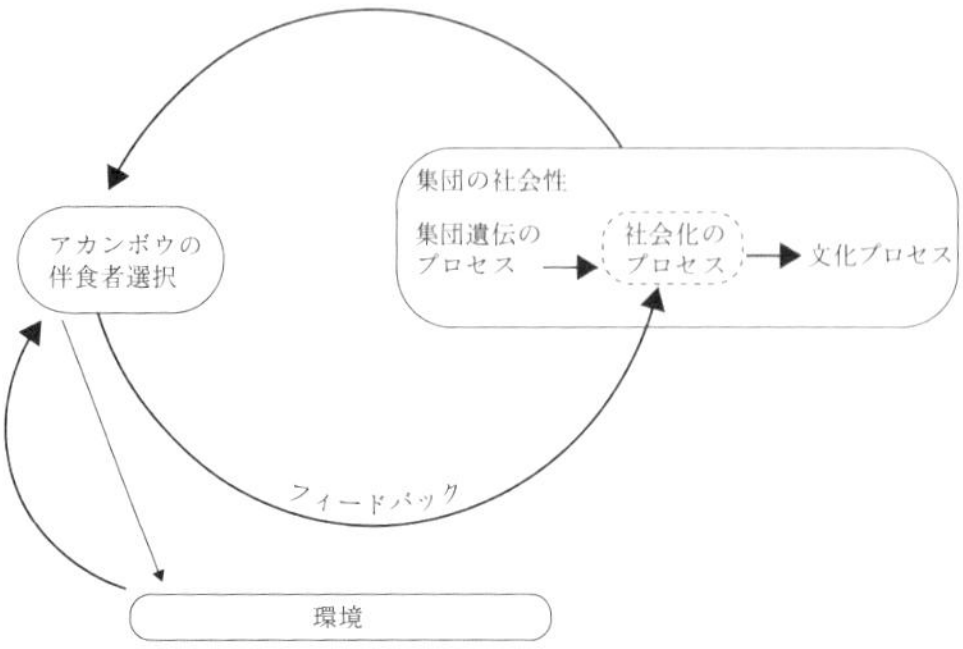

図12-12　環境と社会化のプロセスのからみあい

屋久島のニホンザルの社会は、他の地域個体群と比較し「寛容」[15]であること（「寛容さ」の詳細については6章の貝ケ石の章を参照）が指摘されている（Nakagawa 2010）。本章では詳細は触れていないが、アカンボウ同士で伴食する際に、他のアカンボウの母親と接触したり（図12―11）、伴食したり（図12―9b―2）が可能なことも、先述のようなアカンボウの伴食行動を可能にする社会的な土台となっていると考えられる。採食時のアカンボウの集まりが毎年のようにその発達過程で繰り返し形成され、社会のなかに環境が入りこみ、同時にその伴食体系が環境に影響を与え互いに作用をしている（図12―12）。今後、他のニホンザルの地域個体群と比較し、屋久島の社会の特徴を考えていきたい。

おわりに

これまではニホンザルを事例に、他者とともに環境に順応することについて考えてきた。屋久島のニホンザルのアカンボウは自身の周りの近接個体を変化させることで環境に順応することが可能であった。さいごに、人とニホンザルの子どもの共食／伴食関係（≒環境としての他者）の相違点と共通点について考えてみたい。

---

(15) ニホンザルはマカク属という分類群に属している。マカク属は、優劣スタイルの厳しさにより四段階に分けられ、社会関係は系統によりある程度決まっていると考えられている（Thierry 2000）。優劣スタイルの厳しい社会と比較し、ゆるやかな社会では、社会交渉において優位個体と劣位個体の間の行動上の差異が小さいことや血縁者間の連合の程度がゆるやかであることが指摘されている。また、優劣スタイルの厳しさにより、子育て方法が異なる。ニホンザルを含む、優劣スタイルの厳しい種では、母親がアカンボウを頻繁に回収するため、アカンボウが他個体と交渉をもつ機会が少ない。一方で、優劣スタイルがゆるやかな種では、母親が他個体に許容的であり、アカンボウが母親以外のメスや子ザルと関わる機会が多い。ニホンザルは優劣スタイルが最も厳しい種に分類されている（Thierry 2000）が、いくつかの地域（屋久島、小豆島、淡路島）において、優劣スタイルの「ゆるやかな」方向への変異が示唆されている（淡路島個体群の詳細は、6章貝ケ石論文を参照）。

1……人の子どもとの食事場面の比較

さて、まず両者の相違点と共通点について検討する前にひとつ考えておかなければならないことがある。ニホンザルと人の子どもにおいて、年齢区分をそろえ、共食／伴食体系の比較を行うことは可能だろうか。動物の生涯を段階でわけるライフステージという区分のなかに、チャイルド期という区分がある（詳細は8章の松本を参照）。チャイルド期は、アカンボウ期とコドモ期の間に位置し、離乳しているが[16]年長の人々に食物と保護を依存している状態と定義されている（Bogin 1997; Bogin 2009）。ヒトのチャイルド期は、おおむね乳歯列完成から七才ごろまでに該当する。この時期は、乳歯と小さな消化器官のため、噛むことが簡単な食物や消化によい食物を食べる必要がある。一方で、霊長類では離乳すると、チャイルド期を経ずにコドモ期に入る。ヒト以外の霊長類にチャイルド期がないのは、離乳後は性的には未熟だが、独立した採食ができると考えられているためである。このように、ヒト独自のライフステージ（例：チャイルド期）が存在し、ライフステージ間での人と霊長類の比較が困難であるため、本章では、形態面（乳歯列完成から永久歯の萌出まで）の知見を基に、人と霊長類の発達段階をあわせ食事場面を比較することにする。人の乳歯列完成から永久歯の萌出までの時期（二―七歳、ライフステージはチャイルド期にあたる）とニホンザルの乳歯列完成から永久歯萌出までの時期（今回は調査対象の七―一〇ヶ月齢、ライフステージはアカンボウ期にあたる）における食事場面に関し、両者の相違点と共通点の検討を試みた。

共食／伴食の場において、人では食物の運搬や調理により性年齢の異なるメンバーが同じ場で食事することが容易であり、本事例のニホンザルの母子間のように両者で食物利用のちがいが生じたとしても問題なく、人の子どもたちは母親や父親を含むおとなと同じ食卓を囲むことができる。例えば、南部アフリカのブッシュマンの人々は、夜になると家族で集まり食事を共にする（田中 一九九〇）。

一方で共通点としては、人でも子ども同士の集まりや伴食が知られている。南アフリカの狩猟採集民のサンの子どもたちは、授乳期を終えた後に養育者から多年齢からなる子ども集団に愛着の対象を移すことが報告されている（高田 二〇二二）。また、狩猟採集民のバカでは、おとなが狩猟や採集に出た後、昼間の時間帯におとなに放任された子どもたちは集まりを形成し、年少期（五―一〇才）の子どもたちはそれに参加を繰り返しながら、知識と技術を身につけていく（亀井 二〇一〇）。日中おとな達が本格的な狩猟採集活動に出かけている間、子どもたち（五―一五才）のみで小動物（ネズミ、鳥、リスなど）の狩猟や果実などの採集を行うことがある（亀井 二〇一〇）。乳歯列完成から永久歯の萌出までの時期には、ニホンザルでも、人の子どもでも、「子ども集団のなかで共に食べる」という点は共通しているのかもしれない。

（16） ヒトの育児は、共同育児と子への積極的な食物供給というユニークな特徴が指摘されている（Kramer 2005; Humphrey 2010）。これらの特徴により、大型類人猿と比較し、ヒトは子を早く離乳させ、また子の死亡率を増加させず、短い出産間隔で子を産むことが可能となったとされている。ニホンザルや大型類人猿は、第一大臼歯の萌出前後に離乳が完了する傾向にある（Humphrey 2010）のに対し、ヒトの授乳終了は非産業社会では平均二・四歳という報告があり（Sellen 2001）、乳歯が生え揃ったころに離乳する。

2……共同体のなかでの育児

ニホンザルのアカンボウたちは、伴食しつつ、周りで他の母親によるゆるやかな支援（さるだんごの輪の中に入れる、伴食するなど）がみられた（本章3節1項）。杉山（二〇二〇）の焼畑農耕民ベンバの社会（母系の親族集団）の事例と共通する点があったため、本項では紙面を割いて、杉山（二〇二〇）の研究を紹介したい。焼畑農耕民ベンバの社会では、調理加工の共同による女性の集まりが常態し、子どもたちは女性たちについていき食事をすることができる。また、子どもたちは、村内（一三世帯一〇〇人程度）に複数の食事場所を持っている（杉山二〇二〇：図13a）。二―七歳のベンバの子どもは、子ども集団をよく形成し、子ども集団の中においてまた食物の確保・調理・分かち合いが行われている（杉山二〇二〇）。集団の中で脆弱性の高い成員である子どもたちは子ども集団をつくり、自分たちで共食すると同時に、随時、異なる共食の場に参加することにより、環境変化による厳しい状況下での生存可能性を高めていると考えられている。このように他者とともに、他者がいるから環境に順応できるシステムをベンバの社会も保持している。

杉山の提示した図12―13aを参考に、本章の結果を基に屋久島のニホンザルにおいても共同体のなかでの伴食体系に関する図12―13bを作成した。このような体系図を比較するなかで人と霊長類の子どもの伴食／共食関係を考えていくことも可能かもしれない。図12―13aと図12―13bを並べてわかるように、ニホンザルは調理もせず、食物分配をすることも非常に稀である（Jaeggi and Van Schaik 2011）が、子どもの集まりだけでなくオトナメスが自分の子ではないアカンボウと伴食したり、さるだんごを形成したり（図12―11）するなど、オトナメス（母親）同士の相互扶助のようなものもみられ、厳しい冬を越すために、共同体のなかでの子育てがおこな

(a) 焼畑農耕民・ベンバの共食

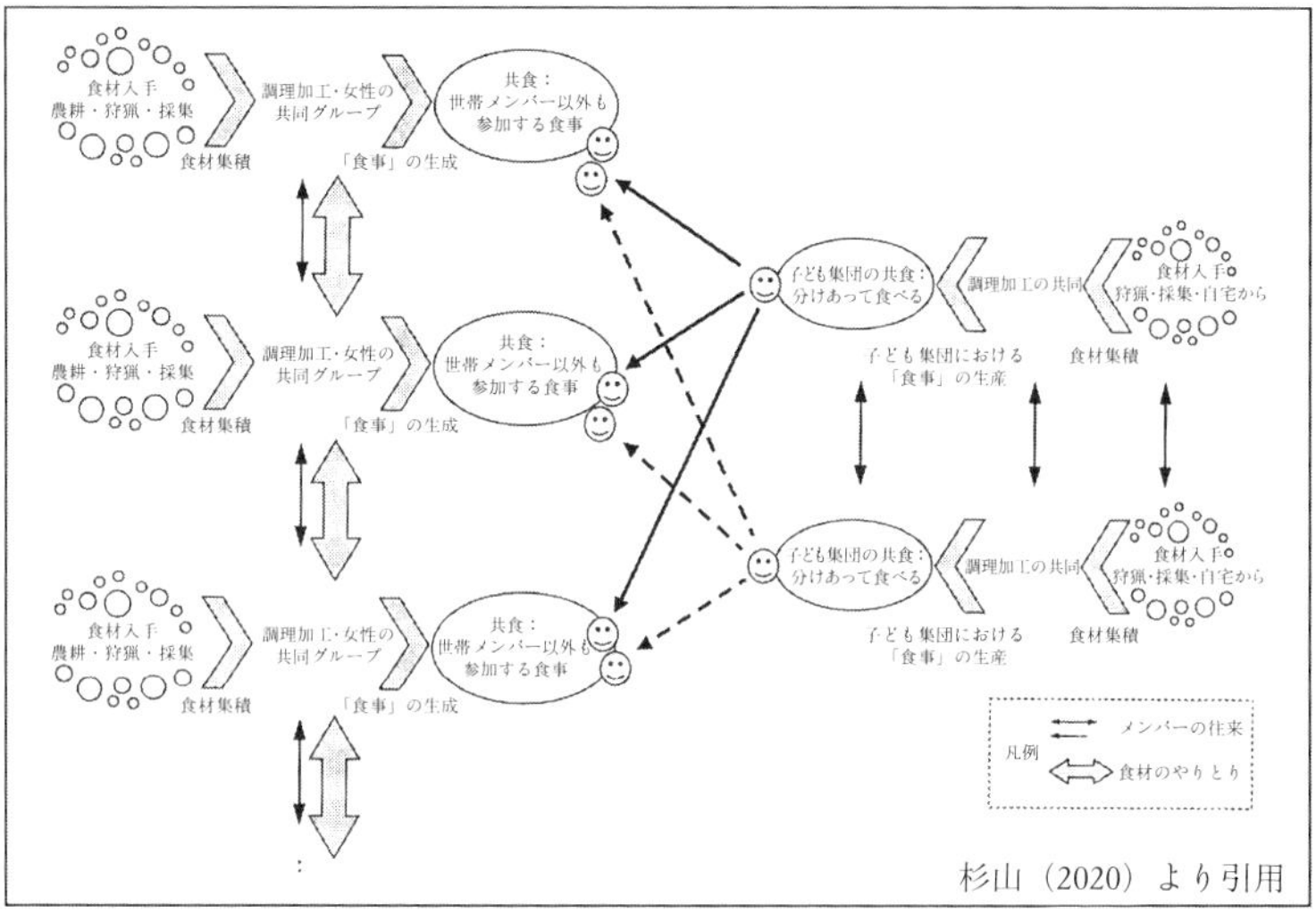

(b) ニホンザルの伴食（離乳期のアカンボウ）

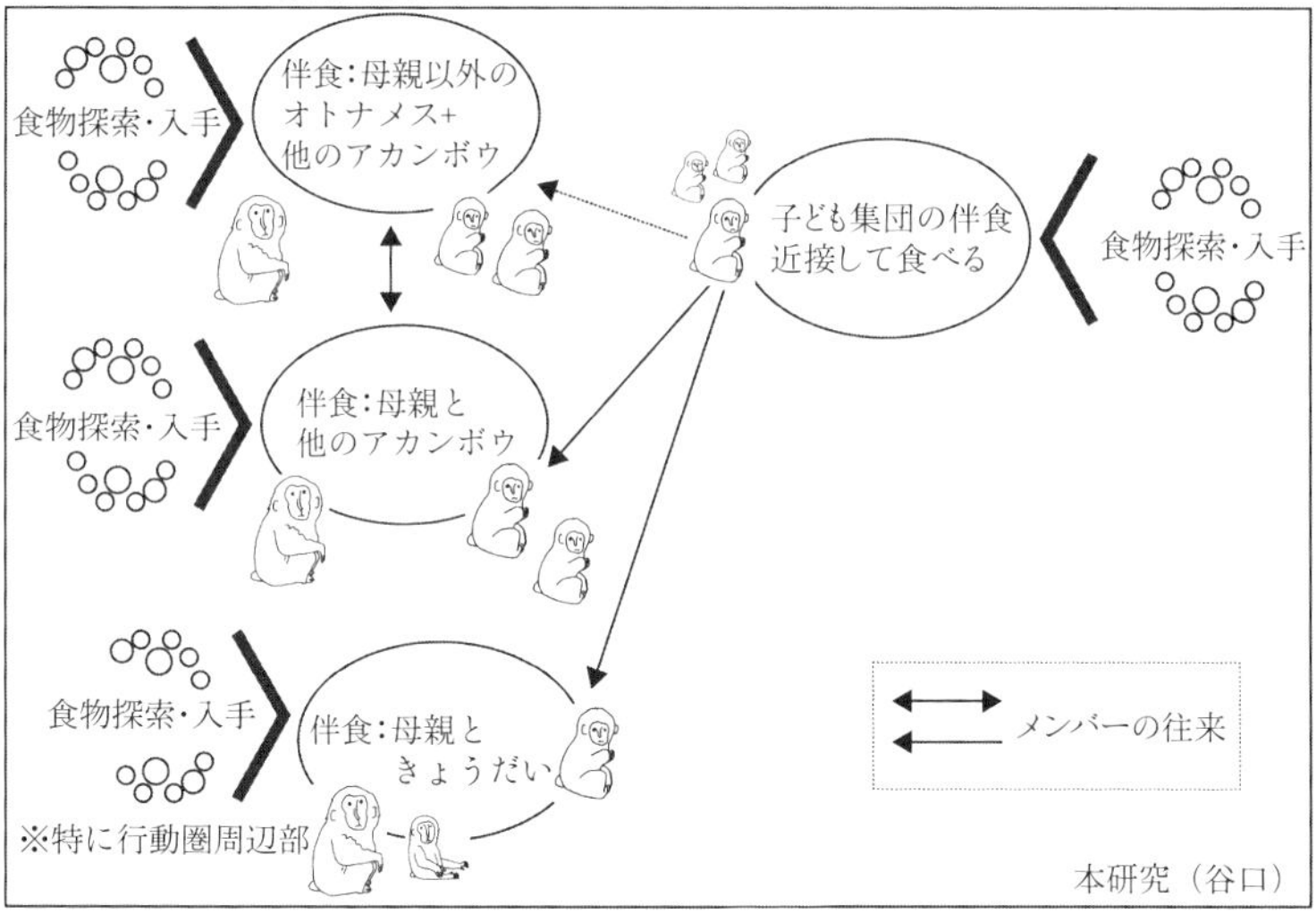

図12-13　人とサルの共食/伴食
(a)焼畑農耕民ベンバの共食体系：杉山(2020)より引用
(b)ニホンザルのアカンボウの伴食体系：本章の結果を基に作成

われていた。

3……誰と採食するか／誰と狩猟採集をするか

離乳前後の子どもにとって誰と採食するか／狩猟採集するかは重要な問題である。子ども同士で集まることで獲得効率が高まる食物が存在する可能性がある。狩猟採集民のバカを対象とした研究では、子どもたち自身の経験に基づき収集された専門知識に関して「子ども文化」の存在がほのめかされている（Gallois et al. 2017）。霊長類の子どもが、オトナと比較すると、処理や入手の容易な食物（Taniguchi 2015）や環境中にありふれた植物（Matsumoto 2019）をより利用することも「子ども文化」のようなものに近いのかもしれない。8章の松本もチンパンジーの子ども独自の食物について報告しており、子がおとなとは異なるニッチを占めることを示唆している（Matsumoto 2019）。離乳前後の子どもにとっては、入手しやすく食べやすいという意味で重要な食物であっても、身体能力が向上し、成長してからは選択しなくなる、そのような子ども時代のみの食物選択基準というものが人でもサルでも存在しているのだろう。

一方で、おとなから子どもまで多年齢で協働して狩猟採集を行う方が、安全面や学習面などから考えると効率がよいだろう。本書第9章の園田の事例のように、狩猟採集民のバカのおとなと子どもが協働し漁労を行う場合は、子どもは熟練者から知識の獲得が容易になる。霊長類においても子どもが年長の個体から食物を学習することが報告されている（Rapaport and Brown 2008）。伴食相手により効果は異なり、その点についても、環境としての他者という視点から霊長類と人の共通点として協働点を探れるかもしれない。

環境という場を介して、ときには子どもの集まりで、ときにはおとなと伴食／共食するといったことの繰り返しが、再帰的な相互作用の契機となり、習慣化し、繰り返しそのものを引き起こす契機となり、他個体がその環境のなかで共に食べる他者となる。子どもの共食／伴食から「他者」が生まれる過程は人にもサルにも共通しているのかもしれない。その点は人類学と共通し議論できるのではないだろうか。

一方で、13章の後藤が示すようにヒトに固有なサイケデリックへの志向性や11章の鈴木が示した外部社会の規制（例、定住化）による離合集散動態の変更は、人の共食形態や他者性にどのような影響をおよぼすのだろうか。ここからヒトの固有性を考えることは可能だろうか。今後も人類学者と対話をつづけながら考えていきたい。

謝辞

本章を執筆するにあたり、科学研究費補助金基盤（S）「社会性の起原と進化：人類学と霊長類学の協働に基づく人類進化理論の新開拓」（#19H05591）の若者研究集会におけるメンバーとの議論から多くの示唆を得ることができた。また、京都大学学術出版会の大橋裕和氏、編者の河合文氏と川添達朗氏には本章の構成と内容について、多くの助言をいただいた。大村敬一氏と足立薫氏からは、本章の理論的な飛躍や人間を特別視しすぎている点について重要な指摘やコメントいただいた。ここに記して、深謝申し上げる。

本研究は、JSPS科研費 基盤研究（S）19H05591（代表者 河合香吏）、JSPS科研費 若手21K13547（代表者 谷口晴香）、JSPS科研費 基盤研究（B）23370099（代表者 中川尚史）、JSPS科研費 特別研究員奨励費12J01479（代表者 谷口晴香）、文部科学省グローバルCOEプログラム（生物の多様性と進化研究のための拠点形成）の助成を受けたものである。さらに、京都大学霊長類研究所の共同利用研究、京都大学野生動物研究センターの共同利用研究として支援をうけた。

参考・参照文献

相見滿（二〇〇二）「最古のニホンザル」茂原信生・高井正成編『Asian Paleoprimatology』二：一三―一九頁。

揚妻直樹（二〇〇一）「ひなたぼっこをするサル――温帯生態学のすすめ」杉山幸丸編『霊長類生態学――環境と行動のダイナミズム』京都大学学術出版会、一五三―一七五頁。

足立薫（二〇一六）「環境の他者へ――平衡と共存の行動学試論」河合香吏編『他者――人類社会の進化』京都大学学術出版会、三五七―三七七頁。

伊沢紘生（二〇〇九）『野生ニホンザルの研究』どうぶつ社。

岩本光雄・浜田穣・渡辺毅（一九八四）「ニホンザル乳歯の萌出年齢」『人類学雑誌』九二：一七三―一七九頁。

大西賢治・山田一憲・中道正之（二〇一〇）「ニホンザルによるムササビへの攻撃反応」『霊長類研究』二六：三五―四九頁。

亀井伸孝（二〇一〇）『森の小さな〈ハンター〉たち――狩猟採集民の子どもの民族誌』京都大学学術出版会。

川原勝征（二〇〇二）『屋久島の植物』南方新社。

川本芳（二〇二三）「ニホンザル（オナガザル科）」日本霊長類学会編『霊長類学の百科事典』丸善出版、六八―六九頁。

栗原洋介・相場慎一郎（二〇二〇）「屋久島・永田における9年間（2005―2014年）の気象観測記録」『*Nature of Kagoshima*』四六：三一七―三二七頁。

齋藤慈子（二〇一九）「パパは超イクメン――マーモセット」齋藤慈子・平石界・久世濃子編『正解はひとつじゃない子育てする動物たち』東京大学出版会、一八三―一九六頁。

城川四郎・高橋英男・中川重年（二〇〇八）『山渓ハンディ図鑑5　木に咲く花（第三版四刷）』山と渓谷社。

杉山祐子（二〇二〇）「ヒト的な様相としての調理加工の共同と生存――食が社会にひらかれるとき」河合香吏編『極限――人類社会の進化』京都大学学術出版会、四七九―五〇三頁。

高田明（二〇二二）『狩猟採集社会の子育て論』京都大学学術出版会。

高槻成紀・山極寿一編（二〇〇八）『日本の哺乳類学2 中大型哺乳類・霊長類』東京大学出版会。

田中二郎（一九九〇）『ブッシュマン――生態人類学的研究』思索社。

谷口晴香（二〇一五）「ニホンザルのアカンボウの集まりについていき、彼らの「普通」を体感する」木村大治編『動物と出会うII――心と社会の生成』ナカニシヤ出版、一六四―一六六頁。

太郎田均（二〇〇二）「豪雪の谷に生きる」大井徹・増井憲一編『ニホンザルの自然誌』東海大学出版会、九三―一一六頁。

Agetsuma, Naoki. (1995) "Dietary Selection by Yakushima Macaques (*Macaca Fuscata Yakui*): The Influence of Food Availability and Temperature," *International Journal of Primatology*, 15: 611-627.
Altmann, Jeanne. (1980) *Baboon Mothers and Infants*, Chicago: University of Chicago Press.
Bogin, Barry. (1997) "Evolutionary Hypotheses for Human Childhood," *American Journal of Physical Anthropology*, 104: 63-89.
Bogin, Barry. (2009) "Childhood, Adolescence, and Longevity: A Multilevel Model of the Evolution of Reserve Capacity in Human Life History," *American Journal of Human Biology: The Official Journal of the Human Biology Association*, 21: 567-577.
Collinge, Nancy E. (1991) "Variability in Aspects of the Mother-Infant Relationship in Japanese Macaques During Weaning," In: Linda Marie Fedigan, Pamela J Asquith (eds.) *The Monkeys of Arashiyama*. Albany: SUNY Press. pp. 157-174.
Dechow, Paul C, David S Carlson. (2005) "Occlusal Force and Craniofacial Biomechanics During Growth in Rhesus Monkeys," *American Journal of Physical Anthropology*, 83: 219-237.
Elton, Charles S. (1927) *Animal Ecology*, London: Sidgwick and Jackson.
Gallois, Sandrine, Romain Duda,Victoria Reyes-García. (2017) "Local Ecological Knowledge among Baka Children: A Case of "Children's Culture" ?" *Journal of Ethnobiology*, 37: 60-80.
Hanya, Goro, Mieko Kiyono, Aya Yamada, Katsuya Suzuki, Mari Furukawa, Yutaka Yoshida, Akira Chijiiwa. (2006) "Not only annual food abundance but also fallback food Cluality determines the Japanese macaque density: evidence from seasonal variation in home range size," *Primates*, 47: 275-278.
Hayaishi, Shuhei, Yoshi Kawamoto. (2006) "Low Genetic Diversity and Biased Distribution of Mitochondrial DNA Haplotypes in

the Japanese Macaque (*Macaca Fuscata Yakui*) on Yakushima Island," *Primates*, 47: 158-164.
Humphrey, Louise T. (2010) "Weaning Behaviour in Human Evolution," *Seminars in Cell & Developmental Biology*, 21: 453-461.
Hutchinson, George Evelyn. (1957) "Concluding Remarks," *Cold Spring Harbor Symposia on Quantitative Biology*, 2: 181-187.
Ihobe, Hiroshi. (1989) "How Social Relationships Influence a Monkey's Choice of Feeding Sites in the Troop of Japanese Macaques (*Macaca Fuscata Fuscata*) on Koshima Islet," *Primates*, 30: 17-25.
Iwamoto, Toshitaka. (1982) "Food and Nutritional Condition of Free Ranging Japanese Monkeys on Koshima Islet During Winter," *Primates*, 23: 153-170.
Jaeggi, Adrian V, Carel P Van Schaik. (2011) "The Evolution of Food Sharing in Primates," *Behavioral Ecology and Sociobiology*, 65: 2125-2140.
Kramer, Karen L. (2005) "Children' s Help and the Pace of Reproduction: Cooperative Breeding in Humans," *Evolutionary Anthropology: Issues, News, and Reviews: Issues, News, and Reviews*, 14: 224-237.
Kurihara, Yosuke, Goro Hanya. (2018) "Within-Population Variations in Home Range Use and Food Patch Use of Japanese Macaques: A Perspective of Intergroup Hostility," *Folia Primatologica*, 89: 397-414.
Matsumoto, Takuya. (2019) "Opportunistic Feeding Strategy in Wild Immature Chimpanzees: Implications for Children as Active Foragers in Human Evolution," *Journal of Human Evolution*, 133: 13-22.
Nakagawa, Naofumi. (2010) "Intraspecific Differences in Social Structure of the Japanese Macaques: A Revival of Lost Legacy by Updated Knowledge and Perspective," In: Naofumi Nakagawa, Masayuki Nakamichi, Hideki Suguira. (eds.) *The Japanese Macaques*. Tokyo: Springer Japan. pp. 271-290.
Nakayama, Yuri, Shiro Matsuoka, Yutaka Watanuki. (1999) "Feeding Rates and Energy Deficits of Juvenile and Adult Japanese Monkeys in a Cool Temperate Area with Snow Coverage," *Ecological Research*, 14: 291-301.
Nishikawa, Mari, Mariko Suzuki, David S Sprague. (2014) "Activity and Social Factors Affect Cohesion among Individuals in Female Japanese Macaques: A Simultaneous Focal - Follow Study," *American Journal of Primatology*: 694-703.
Noordwijk, Maria A, Christopher W Kuzawa, Carel Pvan Schaik. (2013) "The Evolution of the Patterning of Human Lactation: A Comparative Perspective," *Evolutionary Anthropology: Issues, News, and Reviews*, 22: 202-212.

Nozawa, Ken, Takayoshi Shotake, Mitsuru Minezawa, Yoshi Kawamoto, Kenji Hayasaka, Sakie Kawamoto, Shinichi Ito.（1991）"Population Genetics of Japanese Monkeys: III. Ancestry and Differentiation of Local Populations" *Primates*, 32: 411-435.

Odling-Smee, F John, Kevin N. Laland, Marcus W Feldman.（2007）*Niche Construction: The Neglected Process in Evolution*（『ニッチ構築』佐倉統・山下篤子・徳永幸彦訳、共立出版）.

Rapaport, Lg, Gr Brown.（2008）"Social Influences on Foraging Behavior in Young Nonhuman Primates: Learning What, Where, and How to Eat," *Evolutionary Anthropology: Issues, News, and Reviews*, 17: 189-201.

Schino, Gabriele, Filippo Aureli, Francesca R D' amato, Monica D' antoni, Nicoletta Pandolfi, Alfonso Troisi.（1993）"Infant Kidnapping and Co-Mothering in Japanese Macaques," *American Journal of Primatology*, 30: 257-262.

Sellen, Daniel W.（2001）"Comparison of Infant Feeding Patterns Reported for Nonindustrial Populations with Current Recommendations," *The Journal of Nutrition*, 131: 2707-2715.

Soltis, Joseph, Ruth Thomsen, Kiyoaki Matsubayashi, Osamu Takenaka.（2000）"Infanticide by Resident Males and Female Counter-Strategies in Wild Japanese Macaques（*Macaca Fuscata*）," *Behavioral Ecology and Sociobiology*, 48: 195-202.

Sugiura, Hideki, Chiemi Saito, Sizue Sato, Naoki Agetsuma, Hiroyuki Takahashi, Toshiaki Tanaka, Takeshi Furuichi, Yukio Takahata.（2000）"Variation in Intergroup Encounters in Two Populations of Japanese Macaques," *International Journal of Primatology*, 21: 519-535.

Tanaka, Ichirou.（1992）"Three Phases of Lactation in Free-Ranging Japanese Macaques," *Animal Behaviour*, 44: 129-139.

Taniguchi, Haruka.（2015）"How the Physical Properties of Food Influence Its Selection by Infant Japanese Macaques Inhabiting a Snow - Covered Area," *American Journal of Primatology*, 77: 285-295.

———（2016）*Effects of the Habitat Differences on Feeding Behavior and Co-Feeding Relationships in Infant Japanese Macaques（Macaca Fuscata）During Weaning Period*, Doctoral Thesis, Kyoto: Kyoto University.

Thierry, Bernard.（2000）"Covariation of Conflict Management Patterns across Macaque Species," In: Filippo Aureli, Frans De Waal.（eds.）*Natural Conflict Resolution*. University of California Press. pp. 106-128.

Van Schaik, Carel P, Maria A Van Noordwijk.（1986）"The Hidden Costs of Sociality: Intra-Group Variation in Feeding Strategies in Sumatran Long-Tailed Macaques *(Macaca Fascicularis)*," *Behaviour*: 296-315.

Yamada, Kazunori, Masayuki Nakamichi. (2006) "A Fatal Attack on an Unweaned Infant by a Non-Resident Male in a Free-Ranging Group of Japanese Macaques (*Macaca Fuscata*) at Katsuyama," *Primates*, 47: 165-169.

第13章

生態・生理・認知が交わるところ

──サイケデリック宗教の観点から考える社会性の進化

後藤健志

はじめに

霊長類は、高度な社会性、すなわち個体群内部における相互行為や相互関係を特定の様式として共有し、世代間で継承することで、個体間の有機的結合を持続させようとする形質を発達させてきたことで知られる。ヒトは霊長類に共通するこの形質を直接的にはホミニンから継承した。それでは、ヒトに固有な社会性とは、霊長類共通の基盤から、どのような特徴として新たに派生したものなのだろうか（cf. Fuentes 2015: 307）。また、この問いに関する考察は、どのような方法を通じて可能になるのだろうか。

ヒトの社会性を他の霊長類のものとは大きく異なる様態へと変化させた要因として「言語」と「道具」を使用する能力が挙げられる。両者の獲得は、直立二足歩行により手、顔、脳が力学的に解放され、これらの器官が連動する形で両者の運用に専従できる形質が新たに発現したことと不可分である（ルロワ＝グーラン 二〇一二：二〇一）。そのため、一見それぞれ異質なものとして捉えられがちな両者の能力の間には顕著な相関が認められる（Stout et al. 2008）。つまり、それらはいずれも「象徴」という次元へと創発した記号同士の関連を扱うことを可能にする認知能力の発達を前提とする（詳しくは1節で検討）。人類進化をめぐる従来の研究では、この認知能力を通じて、ヒトがいかに知識を増大させ、技術を向上させ、他の霊長類には見られない大規模な社会を形成するにいたったのかといった問題に多くの関心が向けられてきた（e.g. Sterelny 2011; Dumber 2012; Fuentes 2015）。

一方、本章では、象徴を介した社会性の進化をめぐる従来の議論では十分に検討されてこなかった、以下のような問いについて考察を試みる。すなわち、象徴の使用を可能とするヒトに固有な形質の健康状態は、栄養的・医療的な意味において、どのように維持・管理されてきたのだろうか。そして、この形質自体から派生する様々な認知的弊害や閉塞は、どのように対処・調整されてきたのだろうか。

これらの問いを検討するため、本章では現代における「サイケデリック宗教」の実践に光を当てる。この試みはA・フエンテスによって提起された方法論的示唆と対応関係にある。ヒトの進化は無数の要因同士が多重に絡まりあうなかで展開してきた。それゆえ、その探求は、特定の事象を特定の分析モデルに還元して説明するのではなく、それらの総体を包括的に記述する作業を通じて、よりいっそう深められるものと考えられる(Fuentes 2015: 302)。サイケデリック宗教への着目は、この方法論的示唆に積極的に応答することにつながる。なぜなら、この観点は、ヒトに固有な社会性のあり方を、(1)生物と環境[(1)]の相互関係としての「生態(ecology)」、(2)生命現象の物理・化学的側面としての「生理(physiology)」、(3)生物が情報を知覚・認識する過程としての「認知(cognition)」がそれぞれに交わるところから眺望することを可能にするからである。

本章で考察するサイケデリック宗教とは、具体的には南米アマゾニアに発祥し、「アヤワスカ(*ayahuasca*)」と呼ばれる向精神性の飲料を服用した状態で執り行われる精神の探究に向けた集合的実践の体系を指す。アヤワ

---

(1) 本章で扱う「環境」とは「自己」の外界に存在するあらゆる要因を指し、①気候や地形などの物理的条件だけでなく、②他生物や同種他個体との関係性も含まれる。なお、②に相当する「他者」を「自己」を取り巻く「環境」の一部として捉える発想は、12章の谷口論文にも共有されている。

スカを含めた「サイケデリック（psychedelic）」(2)とは、自己の精神を可視化させる薬物であるが、生物医学では通常、「幻覚剤（hallucinogen）」に分類される（詳しくは2節で検討）。その体験とは、自己に外在する環境で生成された生化学物質（生態的要因）が、自己に内在する様々な身体器官に作用し（生理的要因）、自己の認知に様々な変化を生じさせる（認知的要因）一連の過程である。

本章は以下のように構成されている。1節では象徴と社会性の進化の関係性について生命記号論（biosemiotics）を参照に概観する。2節ではサイケデリックがヒトにもたらす影響のうち、生理と生態の側面について考察する。3節ではサイケデリック宗教がヒトの認知にもたらす影響を浮き彫りにするため、その実践を民族誌的に記述する。4節では3節から得られた知見を分析し、ヒトの社会性に固有な特徴を抽出する。

1　象徴をめぐる生命記号論

ヒトに固有な社会性の進化をサイケデリック宗教の観点から考察する場合、生物が環境との相互作用において情報を媒介する「記号（sign）」の作用に注目する必要がある。G・ベイトソンは世界を、「生命と精神（mind）からなる世界（クレアトゥーラ）」と「物質とエネルギーからなる世界（プレローマ）」に二分したうえで、前者を生命同士が種や個体の境界を越えて共振する世界として把握した（ベイトソン 二〇二二：二二一―二二三）。ベイトソンの発想をC・S・パースの記号論（semiotics）を基盤に汎生命的な人類学理論へと発展させたE・コーンは、以下のように述べる。

生命とは隅々まで、記号の過程の産物なのである（…）生命を活力のない物理的世界から分け隔てるのは、生命形態が何らかの仕方で世界を表象する（…）という事実である。私たちが非人間的な生きものと共有するのは（…）記号とともに記号を通じて生きているという事実である。（コーン 二〇一六：二一）

あらゆる生物は自己の意図を外形、音声、化学物質のような記号として出力し、他者がそれを解釈するまでの記号過程（semiosis）のなかに存在している。記号とは解釈されることで表象する対象に関する情報を自己や他者に伝達する媒体であり、視覚、聴覚、体性感覚などを通じて感知できる形式をとる。

パース記号論では記号は以下の三種類に分類される。記号が情報を媒介する際、①表象する対象との「類似」を表わすのが「イコン（icon）」である。②対象との類似ではなく、別の実在する対象を指示するのが「インデクッス（index）」である。③対象の実在性の有無とは関係なく、対象間の関連を想像させるのが「象徴（symbol）」である（コーン 二〇一六：二〇）。これらの記号は階層状に組織化され、上位に固有な性質とは、下位の集合から創発（emergence）したものである。すなわち、イコンの組み合わせからはインデクッスが、さらにそれらの組

（2）「サイケデリック」という言葉は、本来、精神が可視化された状態を指す「形容詞」であるが、その効果をもった「薬物」を指す「名詞」としても使用される。よって本章では、後続の名詞を伴わず、単に「サイケデリック」と言及した場合、それらの「薬物」を指す。

み合わせからは象徴がそれぞれ派生している。最上位の記号である象徴を使用できるのは、現存する生物ではヒトのみであるが、この事実は同種の社会性に固有な特徴を与えている。

ヒトは自己の遺伝的変化を迂回させたまま、周囲の環境との間に生態的変化を引き起こし、その変化を次世代へと継承する能力をもつ（Odling-Smee et al. 2007: 194）（サルに関するこの問題は12章の谷口論文を参照）。従来、人類学者はこの能力を「文化」という言葉で曖昧に定義してきたが、言語や道具をはじめ「文化」と呼び表わされるあらゆる事象は象徴の作用に依存する。[3]また、象徴を使って思考する能力とけ、脳の肥大化[4]と相関して獲得されたものである。

一方、本章で注目するのは、脳の肥大化に伴う象徴的思考の獲得が、同時に以下のような必要性をヒトに対して突き付けてきたという点である。一つは、認知機能を健全に維持するために不可欠な栄養源の確保や医療的ケアである。もう一つは、象徴的思考に付随して引き起こされる様々な認知的弊害や閉塞への対処である。これらはいずれも、サイケデリック宗教が実践される背景的問題として考えられる。前者に関する議論は2節に譲るとして、以下では、後者について概観する。

象徴的思考は、通常の覚醒した意識状態（以下、「通常意識」と表記）のもとでは、世界に存在する事物を知覚し、名付け、分類し、体系化し、知識として蓄積することで、複数の現象を因果関係のもとに把握することを促す。また、これにより世界に関するヒトの知識の獲得は飛躍的に増大した。一方、象徴的思考は認知を一定のパターンへと固着させる作用とも不可分であった。こうした認知の硬直化は、何らかの危機的状況に直面した際、既知の因果関係では説明できない事柄に対する不安や恐怖をことさら助長することにつながる（cf. ダグラス 二〇〇九）。

この状況を打開するには、通常の認知とは異なる事物同士の関連性を新たに発見することや、既存の因果関係のスキームから欠落した未知の部分を既知の事実の集合から類推し補填することが不可欠である。これらの思考法はパース記号論では「アブダクション（abduction）」（「仮説的推論」とも訳される）と呼ばれる（cf. 米盛二〇〇七）。アブダクションは象徴に依拠した知識の蓄積を前提に成り立つため、その能力は象徴的思考と表裏一体で獲得されたと考えられる。

通常意識下の思考では、帰納や演繹を通じた因果関係の探究が優先する一方、アブダクティヴな思考は通常とは異なる意識状態、すなわち「変性意識状態（altered states of consciousness：ASC）」に自らを置くことで、より効果的に行使することができるようになる。なぜなら、この意識のモードでは、通常意識を通じて構築された知の秩序体系が一時的に相対化され、分類間の差異を超越した統合的思考が加速されるからである。

多くの場合、変性意識状態は宗教や神秘的体験のもとで発現する。また、この意識のモードを意図的に引き

（3）例えば、初期人類に強力な環境改変能力をもたらした石器の作製に注目してみよう。石器は階層状に秩序化された複数の工程が、最終的にどのような機能を帯びた道具へと創発するのかを、あらかじめ象徴的に認知できていなければ作製することができない（Stout et al. 2008）。また、その技術が世代内で共有され、世代間で継承されるためには、徒弟制度のように組織され、共有された志向性のもとで知識の教示や学習を行う実践共同体を必要とし（この点に関しては9章の園田論文も参照）、そこでも象徴は不可欠な役割を果たす（Kendal 2011: 242）。

（4）脳の肥大化は、ホモ属の出現と関連した肉食の開始や、ホモ・サピエンスの出現と関連した料理の発明などを通じて段階的に進んだ。栄養価が高く消化の良い食物は、両者の過程に不可欠な優れた栄養源となっただけでなく、消化管の形成・維持に費やされるエネルギーの効率的な転用を促した（Odling-Smee et al. 2007: 285）。

出すための実践は、文化の差異を超えてヒトの生活世界に普遍的に観察される（Wirkelman 2011）。それらの実践は、不眠や断食を伴う瞑想や苦行、長時間に渡って繰り返される音楽や舞踏、そして、サイケデリックの使用といった形式を取ってきた。

変性意識状態では、アブダクションが優先することにより、通常意識下で分類、体系化、蓄積された個々の知識から、これまで想像もしなかったような新たな関連が見つけ出される。それゆえ、この意識のモードを通じて獲得される知識には、独創性、創造性、斬新性といった価値が付加されている。また、その過程は体験者自身には、何か超越的な存在から「教え」や「啓示」を受けた出来事として解釈・記憶される。この点は、変性意識状態が多くの場合、宗教や神秘的体験と密接な関連を示すことの理由でもある。

これまでサイケデリックをめぐる知識は、例えば生態学、生理学、宗教学など、個々の学問分野に細分化した形で積み上げられてきた。この傾向自体は、近代学問の大きな特徴である因果関係の探究という思考態度を強く反映させたものである。一方、本章ではサイケデリックに関わる様々な現象をアブダクションの思考法に倣い、生態・生理・認知が交わるところから統合的に記述することを試みる。

2　サイケデリックの生理・生態的側面

1……生理的側面

サイケデリックとは、一九五〇年代にH・オズモンドによって造語された向精神性薬物の分類用語であり(Rudgley 1999: 210)、ギリシア語の「精神(ψυχή)」と「顕在化/開示する(δῆλος)」という語素の組み合わせからなることから、「精神展開剤」とも訳される。それらの薬物は摂取者に対し、通常意識下では表出しない自己の潜在意識を主観的体験として顕在化させる効果をもつ。また、L・グリンスプーンらによる以下の定義が示唆するように、サイケデリックは他の向精神性薬物と明確に異なる性質をもつ。

> サイケデリックとは、身体的な耽溺、依存、[5] 障害、譫妄、失見当識、健忘を引き起こすことなく、[6] 程度の差はあれ確実に、思考、気分、知覚に変化を生じさせる薬物である。それらの変化とは、夢、瞑想や宗教的恍惚、鮮明な無意識的記憶の回想、急性精神疾患など以外ではごくまれにしか体験されない。(Grinspoon and Bakalar 1979: 9)

世界各地には歴史的にも現代においても幾種類ものサイケデリックが存在し(表13―1)、それらは様々な民族的・文化的集団によって宗教的・神秘的体験を引き起こす触媒として利用されてきた(Schultes et al. 1992)。

---

(5) 依存性は身体が薬物に耐性をもつことで発生する。サイケデリックには依存性が存在しないばかりか、逆にアルコールなどの薬物依存症に対して治療効果を発揮する(cf. Domínguez-Clavé et al 2016: 97)。

(6) 世界各国の法律で規制され、危険なイメージが先行するが、サイケデリックは薬学的には安全な物質である。その治療指数(数値の高さ=安全性の高さ)とは、ニコチンが一二、アスピリンが一九九なのに対して、シロシビンでは六四一、LSDでは四八一六である(Tylš et al. 2014: 348)。

表13-1　世界各地のセロトニン作動性サイケデリック

通称	種名（学名）	主な化学成分	使用地域
アヤワスカ／ヤヘ *ayahuasca / yagé*	*Banisteriopsis caapi*, *Psychotria viridis* (*Diplopterys cabrerana*)	ハルミン、ハルマン、ハルマリン DMT	南アメリカ （アマゾニア）
エボカ *eboca*	*Tabernanthe iboca*	イボガイン、イボガミン	西アフリカ
オルキロリティ *olkiroliti*	*Acacia nilotica*	DMT、テトラヒドロハルマン	東アフリカ
サンペドロ *san pedro*	*Echinopsis pachanoi*	メスカリン、3, 4-ジメトロキシフェネチルアミン	南アメリカ （アンデス）
シロシベ *psilocybe*	*Psilocybe mexicana*, *Psilocybe cubensis*, *Psilocybe argentipes* etc.（シビレタケ属）	シロシビン、シロシン	中央アメリカ カリブ海 （全世界に分布）
セビル *cebil*	*Anandenanthera colubrina*	DMT、5-メトキシ-N, N-ジメチルトリプタミン（5-MeO-DMT）	南アメリカ （チャコ）
ペヨーテ *peyote*	*Lophophora willamsii*	メスカリン、ペロチン	北アメリカ南部 中央アメリカ
（歴史的に使用されていたと考えられるもの）			
キュケオン *kykeon*	*Claviceps spp.* （バッカクキン属）	エルゴメトリン、エルゴタミン（麦角アルカロイド）	地中海ヨーロッパ
ハオマ／ソーマ *haoma / soma*	*Peganum harmala*	ハルミン、ハルマン、ハルマリン	西アジア 南アジア

出典：Arce and Winkelman（2021: 6）をもとに作成。

サイケデリックには、菌類に由来するもの、植物に由来するもの、人工的に合成されたものが含まれるが、それらに共通する特徴とは、動物の体内で合成される神経伝達物質であるセロトニン（5—Hydroxytryptamine：5—HT）と類似した分子構造をもち、そのアゴニスト（作動薬）[7]として作用する点である。そして、中枢神経系のセロトニン受容体の一つである5—HT_{2A}に取り込まれ、その機能を代替・補完する効果をもつ（Carhart-Harris and Nutt 2017: 1091）。

本章で検討するアヤワスカには、N, N—ジメチルトリプタミン（N, N-Dimethyltryptamine：DMT）という物質が含まれ、これもまたセロトニンのアゴニストとして作用する。なお、アヤワスカに関しては3節1項でより詳しく説明する。

セロトニンが果たす生理機能は多岐にわたるが、ここで注目すべきなのは、ヒトやサルを含め、多くの哺乳類にとって、同物質が怒り、不安、恐怖といった感情を制御し、それらの感情に由来するストレスを軽減することで、精神の安定に寄与する（セロトニン受容体5—HT$_{1A}$と関連）という点である。加えて、環境変化に柔軟に対応するための神経の可塑性（neuroplasticity）[8]を向上させ、個体間での社会性の維持に不可欠な協調性や寛容性を促進する（5—HT$_{2A}$と関連）（Carhart-Harris and Nutt 2017: 1091）[9]。同様の理由により、サイケデリックは、セロトニンの欠乏に由来するうつ病や不安障害など、様々な精神疾患に有意な治療効果を発揮する（Domínguez Clavé et al. 2016）。

また、サイケデリックとセロトニンは、いずれも変性意識状態の発生と密接な関連性をもつ[10]。D・マッケナらはサイケデリックが摂取された状況をもとに、変性意識状態において神経系に発生する変化を以下のように

（7）神経伝達物質などの生理機能物質と類似した構造をもち、生体の受容体に結合することで、それらと同様の機能を示す物質の総称である。対照的に、受容体に結合し生理機能物質の働きを無効化する物質はアンタゴニスト（拮抗薬）と呼ばれる。

（8）経験に応じて神経回路を再構成する能力。

（9）マーモセットを使った実験からも同様の知見が得られている（Yokoyama et al. 2012）。

（10）例えば、瞑想を体験中の者から採取された血液からは、セロトニン受容体の増加が確認される（Aghajanian and Merek 1999）。

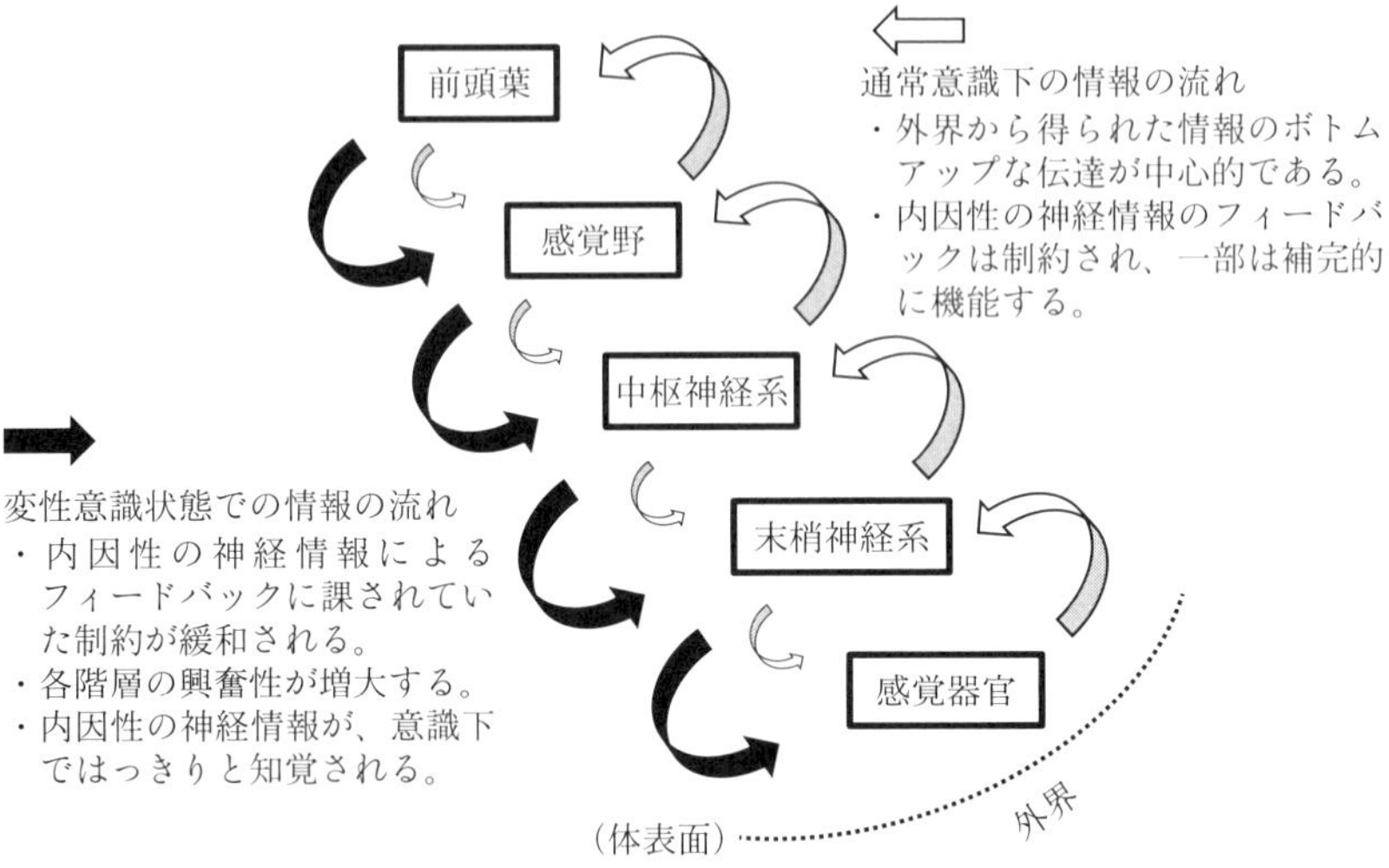

図13-1　変性意識状態における神経情報の流れ
出典：McKenna and Riba（2016: 24―25）を参照に作成。

説明する（図13―1）。ヒトの神経系は、通常意識のもとでは主に外界からの情報処理と統括に従事している。一方、サイケデリック体験を通じて神経伝達物質の取り込みが活発化すると、大脳皮質に蓄積された内因性の情報は中枢神経系に横溢するようになる。そのため、この状況下では、従来、それぞれの感覚器官が個別に捉えていた情報は、通常とは異なる様態に統合されるだけでなく、自己の身体経験として鮮明に知覚されるようになる（McKenna and Riba 2016: 24）。

それゆえ、サイケデリック体験では、①ヴィジョン（内因性の神経情報による視覚体験）、②共感覚（synesthesia：聴覚と視覚など本来は異質な感覚同士が融合すること）、③脱魂（ecstasy：身体から精神が離脱する感覚）、④憑依（possession：自己や他者といった異質な人格間の融合）などの様々な現象が主観的あるいは間主観的に引き起こされる。

これらの現象は、生物医学の観点では「対象なき知覚」であることから「幻覚」として片付けられてしまう。しかし、これらを変性意識状態の発現として捉えた場合、そこには共通する特徴が認められる。前節で提起した問題と対応させて整理するなら、これらを通じて個体に引き起こされる変化とは、以下のような一連の過程として理解することができる。サイケデリック体験では、通常意識のもとで狭小化が進み硬直するにいたった既存の認知の体系から、通常とは異なる事物間の関連がアブダクティヴに導き出される。そして、そこから獲得された知識は新たに再構成された認知へと創造的に再統合される。

サイケデリックが神経系に作用する際、個体の主観的経験の次元では、上記のような認知様式のラディカルな転換が起こっている。そして、この新たな認知様式により、個体は環境変化などにより生じた危機や未知の事柄に対して、以前よりも柔軟に適応することができるようになる。そのため、M・ヴィンケルマンは、変性意識状態を単なる「通常」からの「変性」とみなす見地を超えて、「意識の統合的モード（integrative mode of consciousness)」として再定義し、人類の社会性の進化にとって不可欠な要素であったと指摘する（Winkelman 2011)。

2……生態的側面

セロトニンおよびサイケデリックの化学成分は、いずれもトリプタミン系化合物と呼ばれ、アミノ酸の一種トリプトファンの誘導体（derivative）[11]として合成される（図13―2）。動物にとってトリプトファンは、タンパク

（11）ある化合物の一部が変化してできた物質。

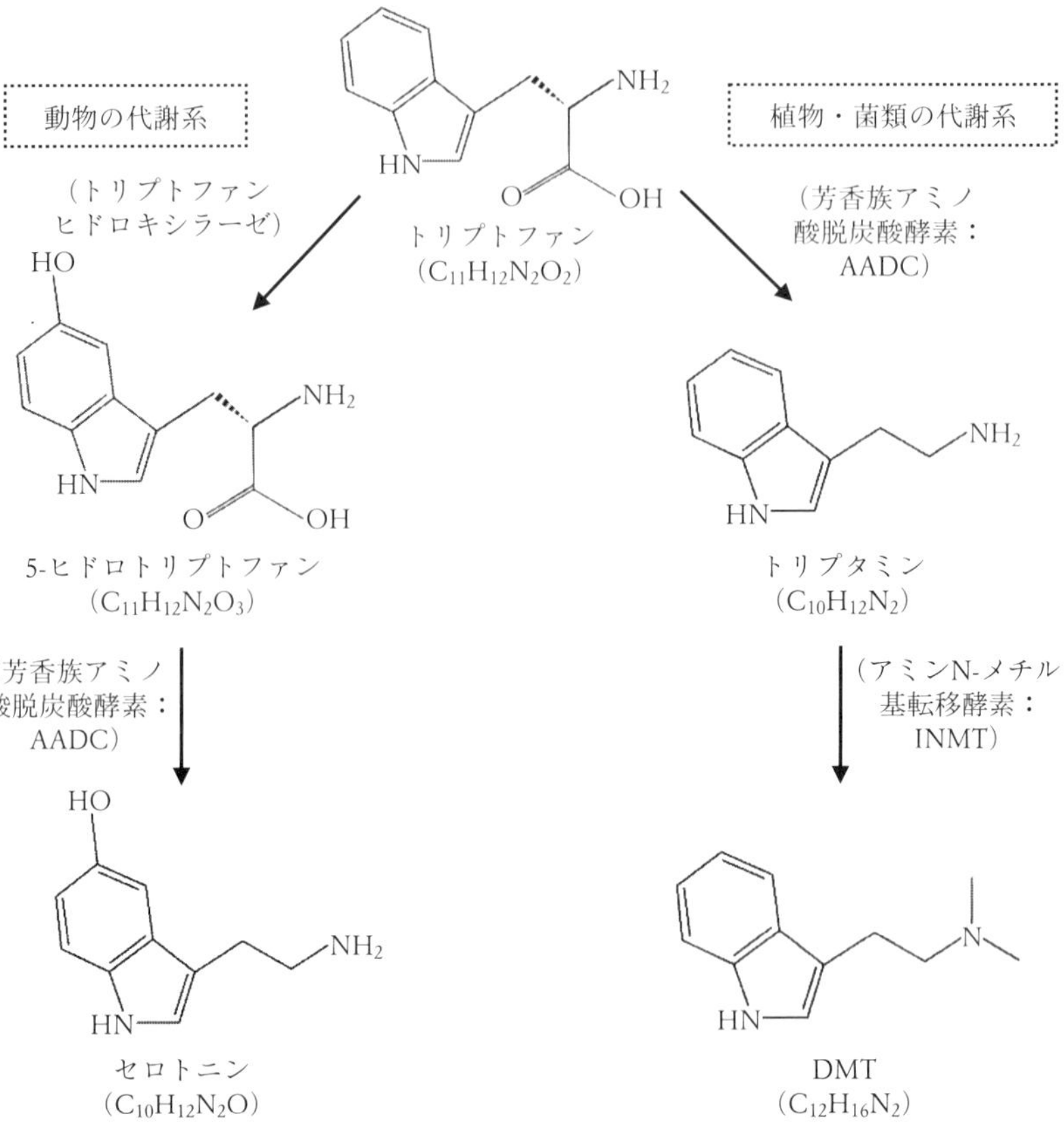

図13-2　トリプトファンの代謝経路
出典：Berumen et al.（2012: 2）をもとに作成。

質の合成に不可欠な栄養素であるだけでなく、セロトニンなどの神経伝達物質が合成される前駆体（precursor）[12]でもある。

一方、サイケデリックとは、トリプタミン系アルカロイドとも呼ばれ、菌類や植物が生み出す二次代謝物（secondary metabolite）[13]であり、細菌などによる感染や動物による食害から自己を防衛するために合成される。多くの動物がアルカロイドを忌避するのは、それらが苦みを呈し不味なだけでなく、神経系に攪乱を引き起し、昆虫などにいたっては致死性の毒物ともなりうるからである。

このように菌類、植物、動物は生命としての共通の起原をもつだけでなく、それらの間では、化学物質を介して細胞間で情報を送受信する経路が分類学的境界を越えて共有されている。同一の生態系に属する複数の生物種間では、この経路を通じた記号過程が繰り返されており、その作用はヒトの進化にも大きな影響を及ぼしてきた(Schultz 2002; Kennedy 2012)。

進化史的に見た場合、サイケデリックに相当する生化学物質の多様化は、中生代における被子植物の出現と密接な関係にある(Wink 2020)。被子植物は二次代謝物を介したアレロパシー(allelopathy)[14]の能力に優れ、自己に利益をもたらす特定の他者(例えば受粉昆虫など)を伴侶種として選別した。これにより植物・動物間の共進化と種分化は促進され、被子植物は地球上で繁栄の時代を築いた。

一方、被子植物と同じく中生代に登場した哺乳類は、それらの植物を主体とした栄養環境に長期間晒されることで、二次代謝物を代謝/解毒できる能力[15]を発達させた(Sullivan and Hagen 2002: 392-393)。これにより、かれらは被子植物を食物として摂取するだけでなく、そこに含まれる二次代謝物を用途に応じて道具的に利用する

(12) ある化合物が生成される前の物質。
(13) 生存に直接関連する一次代謝物とは異なり、二次代謝物とは環境適応など補助的役割を果たすため合成される物質を指す。テルペノイド、ポリフェノール、フラボノイド、アルカロイドなどが、これに相当する(Wink 2020)。
(14) 植物が合成した化学物質が同種や他種に対してもたらす諸作用。
(15) 具体的には肝臓でのシトクロムP450の発現などが挙げられる。

ようになった。

多くの哺乳類はアルカロイドを含む植物を積極的には摂食しない。一方、霊長類の複数の種では、身体の恒常性（homeostasis）[16]を維持・回復させる目的から、それらを意図的に摂取する行動が観察される（e.g. Huffman 1997; Hanson et al. 2003; Forbey et al. 2009）。この行動は摂取者に、吸血昆虫などからの防御、寄生虫の駆除、生殖能力の向上、体温調節、捕食回避、敏捷性の増加、精神状態の改善といった恩恵をもたらす（Arce and Winkelman 2021: 7）。この点から、二次代謝物の道具的利用は、ホミニンの出現以前から霊長類の間で広く学習・伝達されてきたと考えられる。

初期人類による二次代謝物の道具的利用は、かれらが地球上の多様な自然環境に進出した過程でとりわけ重要な意義をもったと考えられる（Arce and Winkelman 2021: 8）。なぜなら、かれらは新たな環境で直面したであろう乏しい栄養条件のもとでも、自己の神経系の健康を維持していく必要性に迫られていたからである。

セロトニンの前駆体であるトリプトファンは必須アミノ酸であり、環境から食物として供給される必要がある。トリプトファンは動物性の食物や植物の種子などに多く含まれる。しかし、それらの栄養源が十分に確保できなくなると、神経伝達物質の欠乏に由来する抑うつ状態、ストレスへの脆弱性、認知的柔軟性の低下などの症状が現れ始める。それらの長期的持続は、心身症のリスクを高めるだけでなく、他個体との協力や学習に必要な協調性や寛容性を大きく損うことにつながる（Sullivan and Hagen 2002: 396; Arce and Winkelman 2021: 8）。

スリヴァンらによれば、初期人類は採集・狩猟などの形による食物確保の体系を確立したあとも、気候変動や居住環境の変化などの影響により、神経伝達物質の合成に必要な栄養素（トリプトファン、フェニルアラニン、コリンなど）の欠乏にたびたび直面してきた（Sullivan and Hagen 2002: 396）。このような状況下で、神経機能の健全な維持に不可欠な役割を果たしたのは、神経伝達物質のアナログ（類似物）として摂取可能な菌類・植物の二次代謝物であったと推測される。

　この点に関して、J・アルセらは、人類進化の舞台となった鮮新世（約五〇〇万年前―二五八万年前：類人猿と猿人の分化からホモ属の出現まで）のアフリカの草原環境を想定したうえで、大型草食動物の糞に生育し、それらを追跡中に容易に発見することができたシロシベ類がもっとも頻繁に摂取されたサイケデリックであったと仮定する（Arce and Winkelman 2021: 2）。[17] また、スリヴァンらは、現代でも向精神性植物の生産・利用が生活の重要な部分をなす人々が暮らす地域が、高地、乾燥地帯、熱帯雨林など、神経伝達物質と関連した栄養素の確保が季節的に困難となる極地環境の分布[18]と相関する点を指摘する（Sullivan and Hagen 2002: 395）。

　ヒトを含めた霊長類に共有された形質とは、セロトニンを介して神経の可塑性を向上させ、協調性や寛容性を醸成し、社会性を円滑に維持する能力である。[19] また、神経伝達物質の補完を目的とした二次代謝物の道具的利用は、ヒト以外の霊長類でも観察される。一方、ヒト以外の霊長類によるそれらの行動は、身体の恒常性の

（16）　生物の生理状態が一定に調節される性質。
（17）　アルセら自身が認めるように、この仮説を考古学的に実証することは不可能である。一方、ヴィンケルマンは、世界各地の考古遺跡から発見され、神話や宗教との関連が認められる遺物や壁画に、シロシベなどの菌類をかたどったモチーフが普遍的に発見されることを挙げ、この仮説の根拠としている（Winkelman 2019）。
（18）　同様の理由により、スリヴァンらは、ヒトに向精神性薬物の獲得に固執する薬物探索行動（substance-seeking）が普遍的に確認できるのは、人類が祖先環境への適応を試みてきたことで獲得された形質と密接な関連があると指摘する（Sullivan and Hagen 2002: 398）。

回復・維持といった生理的効果を期待したものと推測され、そこには社会性の維持や調整に向けた積極的動機や個体間での志向性の共有は認められない[20](Arce and Winkelman 2021: 18)。

本節の議論は、サイケデリックが霊長類に及ぼす影響のうち、ヒトに固有な特徴を抽出するためには、「生理」や「生態」といった側面からだけでなく、それらが「認知」へと交わる局面を詳細に把握する必要があることを示唆する。以下の各節では、宗教や神秘的体験を通じて変性意識状態に到達するというヒトに固有なサイケデリックへの志向性が、いかなる実践の様態を取るのか、民族誌的手法を通じて考察する。

3　アマゾニアのサイケデリック宗教

1……アヤワスカの概要

アヤワスカとは、アマゾニアに産出されるサイケデリックの一種であり、キントラノオ科の蔓植物(1)*Banisteriopsis caapi* とアカネ科の低木(2)*Psychotria viridis* を主体とする原料を加熱・抽出することで得られる薬草茶[21]のことを指す[22](図13―3)。原料や製法の違いによりアヤワスカには様々な種類が存在するが、おおむね、その外観は褐色で濁りを呈し、また、その味は苦味、渋味、甘味、酸味が混然一体となっている。

アヤワスカの薬理作用は以下のように説明することができる。まず、(2)にはセロトニンのアゴニストであるDMTが含まれる(図13―2)。一方、モノアミンの一種である同物質は経口摂取された場合、消化管のなかでモノアミン酸化酵素（MAO）によって即座に分解されてしまう。これに対して、（1）にはハルミンなどのモノアミン酸化酵素阻害剤（MAOI）が含まれる。つまり、アヤワスカという形で両成分を同時に摂取することにより、DMTは分解が阻害され、身体に効率よく吸収されることになる。

これまで私は、サイケデリック宗教の一つであるブラジルのアヤワスカ宗教[23]（ayahuasca religions）を対象に、人類学的調査を実施してきた。アヤワスカ宗教とは、アヤワスカの実践をキリスト教やアフロ・ブラジリアン宗教[24]の信仰体系と習合・折衷させた複数の新宗教を総称する用語である（Labate et al. 2014: 1）。それらは、いずれも

（19）　12章の谷口論文では、サルにおいては特定の栄養源の確保が社会性の維持に寄与するだけでなく、栄養源の確保という行為自体が社会性と密接に関連する点が示唆されている。そのため、この過程には、ここで提示したような一般化された理解には収まりきらない複雑な因果関係が存在することに留意する必要がある。

（20）　霊長類学では、サルの観察からそれらの行動に伴う微細な精神的変化を捉えることができないため、このような見解を取らざるを得ないともいえる。

（21）　原料植物は地域ごとに異なる。例えば、*Banisteriopsis* 属にはMAOIを合成する複数の種が含まれ、それらもアヤワスカの原料として利用される。また *Psychotria viridis* に代わり、DMTを含む *Diplopterys cabrerana* が利用される場合もある。

（22）　アヤワスカとは、ケチュア語で「魂の蔓」を意味し、本来、*Banisteriopsis caapi* を指す言葉であった。しかし、現在では、むしろ、これを原料とする薬草茶全般を指す。よって、本章では「アヤワスカ」という用語を、植物名としてではなく、「薬草茶」を指す言葉として使用する。

（23）　これらの物質はβ—カルボリン・アルカロイドに分類され、MAOIとして作用するだけでなく、それ自体がGABA受容体に結合することで向精神作用をもつ。

（24）　カンドンブレやウンバンダなど、アフリカ系の人々の間で発展した宗教で、そこでは変性意識状態を伴う憑依儀礼が実践される（cf. 古谷二〇〇八）。

図13-3　アヤワスカの原料および製造工程
出典：筆者作成。写真は、左上がRätsch（2005: 110）より、それ以外は筆者撮影。

アマゾニア西部のアクレ州（Estado do Acre）一帯（図13―4）に起原をもつ。これまで私が研究してきたのは、一九三〇年代に州都ヒオ・ブランコ（Rio Branco）で、ハイムンド・イリネウ・セーハ（Raimundo Irineu Serra：以下、教団内部での呼称“Mestre Irineu”に従い「イリネウ師」と表記）によって創設されたサント・ダイミ（Santo Daime）の系統を引く諸教団である。[25]

サント・ダイミは複数の教団に分かれ、そこからさらに分岐・派生した複数の教団も存在するため、決して一枚岩的に把握することはできない（Labate 2010）。そのなかで私がとりわけ深いつながりをもってきた教団とは、一九七〇年代にセバスチアゥン・モタ・ヂ・メロ（Sebastião Mota de Melo：以下、「セバスチアゥン代父」と表記）を指導者として成立したICEFLU（Igreja do Culto Eclético da Fluente Luz Universal［直訳：万物を流れる光の折衷信仰教会］）（cf. MacRae 1998）である。ICEFLUは都市中産階級に広く受容され、アマゾニア以外のブラジル各地、南米、北米、欧州諸国にも多くの信者を獲得し、サント・ダイミ系諸教団のなかで最大の規模を誇る。

アヤワスカは先コロンブス期から、病気治療、祖先祭祀、降霊、呪術、卜占など、先住民の生活世界との関連のなかで様々な形態で利用され、原料植物の栽培化／半栽培化も進んできた（Ogalde et al. 2009; Whitney et al. 2014）。アヤワスカの伝統を有する先住民[26]としては、ペルー東部からアクレ州南部のパノ語族（Panoan）、ペルー

(25) アヤワスカ宗教には、初期サント・ダイミから分岐したバルキーニャ（Barquinha）や、一九六〇年代にサント・ダイミとは別系統の宗教として成立したウニアゥン・ド・ヴェジェタゥ（União do Vegetal：UDV）などが含まれる。

(26) アヤワスカ宗教を介して、歴史的に使用してこなかった先住民諸集団（例えばブラジル南部のグアラニーなど）にも、新たにアヤワスカが普及する動向も見られる（Labate and Coutinho 2014）。今日では、アヤワスカを使用する先住民は七〇集団あまりにのぼる（Goulart 2011: 24）。

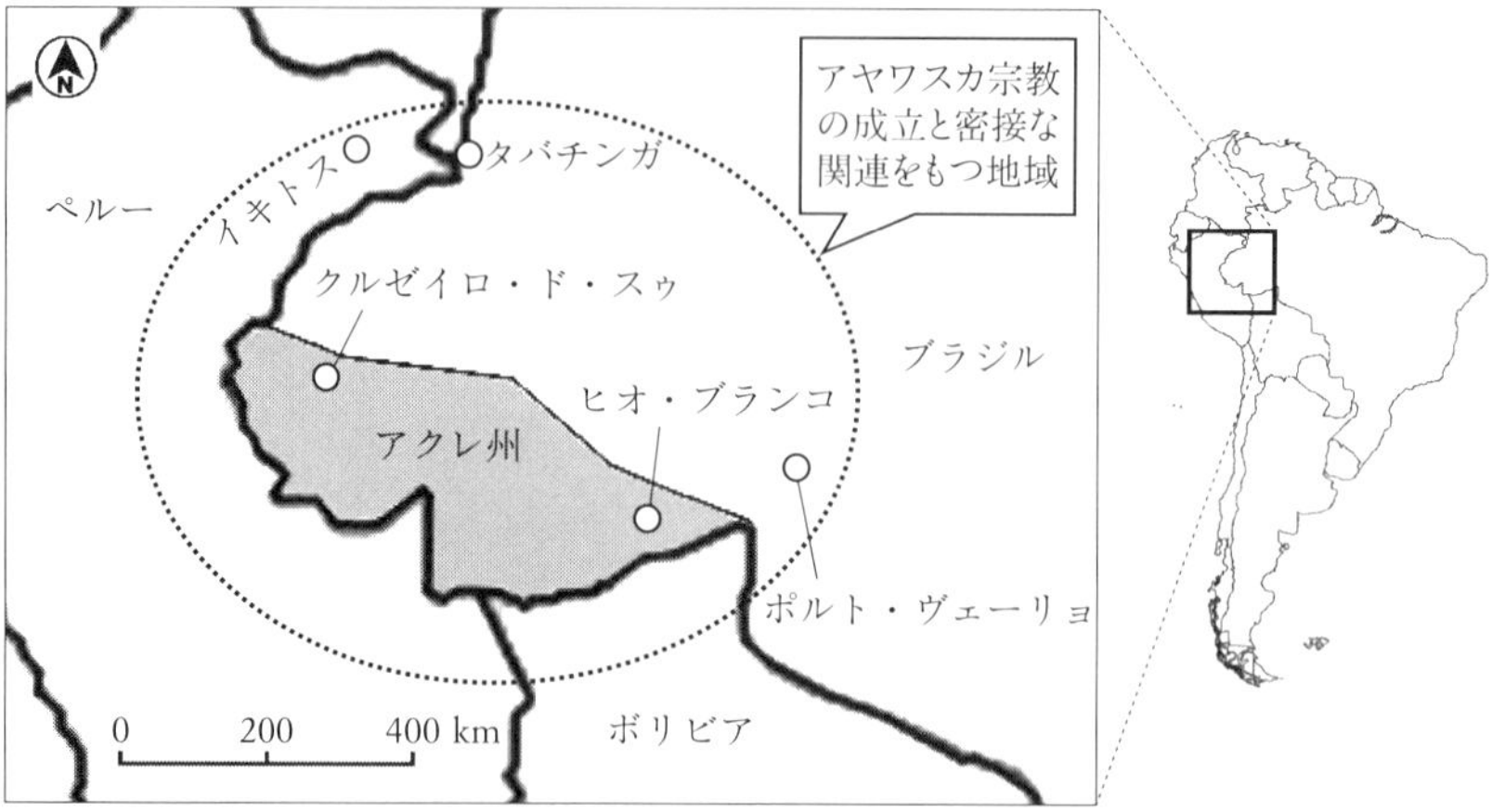

図13-4　ブラジル、ペルー、ボリビア国境地帯
出典：筆者作成

のアラワク語族（Arawak）、コロンビアのトゥカノ語族（Tucano）の諸集団が挙げられる（Goulart 2011: 24）。

今日のアヤワスカ宗教に見られる実践体系が確立される契機となったのは、一九世紀中盤のペルーやボリビアのアマゾニア地域にゴム経済が浸透し、それに伴い域外からのゴム採取人が流入し、メスティソ（混血）文化が形成されたことである。当該地域に暮らす先住民によるアヤワスカの実践は、上述したような様々な形態を取り、決して一様ではなかった。一方、先住民からの影響を部分的に取り入れながら、メスティソたちの間で新たに確立されたのは、ベヘタリスモ（*vegetalismo*：直訳すれば、「植物［*vegetal*］への信仰［*-ismo*］」の意味）と呼ばれ、アヤワスカなどの向精神性植物を用いて病気治療を行う近代的なシャーマニズムであった（Luna 1987; Gow 1996）。

やがて一九世紀末から二〇世紀初頭にかけて、マナウスやベレンなどブラジル・アマゾニアの諸都市を中心にゴム経済のブームが発生すると、ペルーおよびボリビアと国境を接するアクレ一帯へのゴム採取人の流入が増大した。かれらの大部分はブラジル北東部を出身とし、そのなかには、イリネウ師をはじめ、のちにサント・ダイミの創設に関わる人々が含まれていた。イリネウ師は一九一二年にアクレに到着し、当初はゴム採取などの仕事に従事していたが、その後、ブラジル軍の国境策定任務に参加し、その任務中にボリビアとの国境地帯でメスティソのシャーマンらを介してアヤワスカを経験し宗教的啓示を受けた。[27]

アヤワスカ宗教の成立背景には、西洋の資本主義経済がアマゾニアの周辺地域に浸透したことで発生した移民と、当時のかれらを取り巻いていた社会経済的に不安定かつ医療へのアクセスが絶たれた生活状況が密接に関連している（Carneiro da Cunha 1998; Goulart 2014: 26）。この点で、アヤワスカ宗教は、そうした状況での生活を余儀なくされた地方貧困層の間で病気治療に特化した実践として成立した背景を、ペルーおよびボリビアのベヘタリスモと共有する。[28]

以上の歴史的経緯からも明らかなように、アヤワスカ宗教とは、「近代」という特定の時代状況の産物であり、同事象を「太古から継承された先住民文化」のようなものとして表象すること、あるいは、そこからさらに飛躍させ、人類の社会性の起原へと関連づけて理解しようとすることは、荒唐無稽であるといわざるをえない。よって、本節の議論における中心的関心とは、むしろヒトの身体がサイケデリックと接触した際に発生する認知

---

(27) アクレ州の領土が、アクレ戦争をへてボリビアからブラジルに割譲・編入されたのは一九〇三年であり、当時、三国間の国境は未だ明確に策定されていなかった。

(28) スペイン語圏ではアヤワスカは「ゴム採取人の薬草（*yerba de conchero*）」とも呼ばれ（Luna 1986: 31）、その実践は都市周辺のメスティソやかれらと関連をもつ先住民に局在する一方、河川上流域などの遠隔地に暮らす先住民の間ではあまり一般的ではない（Gow 1996: 110）。

的現象をつぶさに把握できるようにすることに置かれている。

2……身体とアヤワスカの接触

私は二〇一二年一二月七日の夜から八日の未明にかけて、ブラジルの首都ブラジリアにあるサント・ダイミ(ICEFLU)の教会、セウ・ド・プラナゥト(Céu do Planalto)にて、初めてアヤワスカ(以下、同教団の語彙に従い「ダイミ」とも表記)を服用し、その儀礼(*trabalho*:直訳すると「仕事」の意味)に参加した。以下の記述は、そのときの体験を記したフィールドノートと記憶に依拠している。

当時の私はアマゾニアの土地問題に関する長期調査[29]に着手してから一ヶ月が経過したばかりの段階にあり、ポルトガル語の能力は未熟で、調査地に入る前の準備段階として首都での研究者訪問などの活動に従事していた。その一環として、ブラジリア大学(Universidade de Brasília)の人類学研究室を訪問した際、私は大学院生でサント・ダイミの信者(*daimista*:以下、「ダイミスタ」と表記)でもあるルイス・ギリェルミ[30]と偶然に知り合った。かねてからこの宗教に関心を抱いていた私は、彼の誘いに応じて、その晩に開かれる予定であった「聖母受胎の祭礼(Nossa Senhora da Conceição)[31]」に参加[32]することになった。

セウ・ド・プラナゥトは、ブラジリア郊外の人気の少ないセラード(灌木林)のなかに位置していた。このときの礼拝は、聖歌(*hino*)の合唱と舞踏(*baile*:以下、「バイレ」と表記)からなる「バイラード(*bailado*)」と呼ばれる様式で行われた。参加者は男女計六〇―七〇名ほどであり、妊婦や子どもも含め、あらゆる世代層からなっていた。そのなかには、教会の正式な構成員で白を基調としたユニフォーム(*farda*)[33]をまとったファルダード（*fardado*）だけでなく、私を含め私服（赤と黒は禁止され、白や淡色が勧められる）をまとった訪問者（*visitante*）が男女計一〇名ほど見られた。

この日の儀礼は午後八時に開始し、翌日の午前五時ごろまで続いた。聖歌はサント・ダイミの創設者イリネウ師がダイミから授かった一二九曲からなる聖歌集（*hinário*）"*O Cruzeiro*"（Serra 2012）が歌われた。礼拝堂の空間は、中央に配置され代父（*padrinho*）、代母（*madrinha*）[34]、役職者、ギターなどの楽器奏者が周りに座る五芒星形の机を基点に、男性側と女性側に二分されていた。バイレでは、中央に着座した者たちや、礼拝堂の隅で儀礼

（29）その研究成果はのちに単著として出版された（後藤 二〇二一）。

（30）南極を調査地とする科学技術人類学者である（Resende de Assis 2019）。

（31）サント・ダイミは民衆カトリックの伝統を受け継いでおり、「聖母マリア」や「洗礼者ヨハネ」など、聖人の祝祭に因んだ儀礼が行われる（Goulart 2011: 29）。

（32）参加条件としては、ダイミスタ自身が「ダイミはすべての者に開かれている」と語るように、あらゆる希望者がそれを体験することができる。一方、強いサイケデリック体験を伴うことから、通常、未経験者が初体験する際は、着座のまま比較的短い時間で行われる「瞑想（*concentração*）」や「ミサ（*missa*：死者の霊に祈りを捧げる儀礼）」、あるいはダイミの服用を伴わない形に変更された後者への参加が勧められる。この日に関しては、私自身、紹介者のルイス・ギリェルミ、責任者のフェルナンド代父が、いずれも人類学者であることを理由に、参加許可が下りた。私はこのことをのちにルイス・ギリェルミを通じて知った。

（33）この日の儀礼は祝祭の意味をもつことから、参加者は白のユニフォームを着用していた。一方、毎月定例の礼拝である瞑想やミサでは、青のユニフォーム（白のワイシャツに紺のスラックス／スカート）が着用される。

（34）教会の責任者は「聖職者」ではなく「世俗」に属するため、かれらは「名付け親（godparent）」を意味するこれらの称号で呼ばれる。

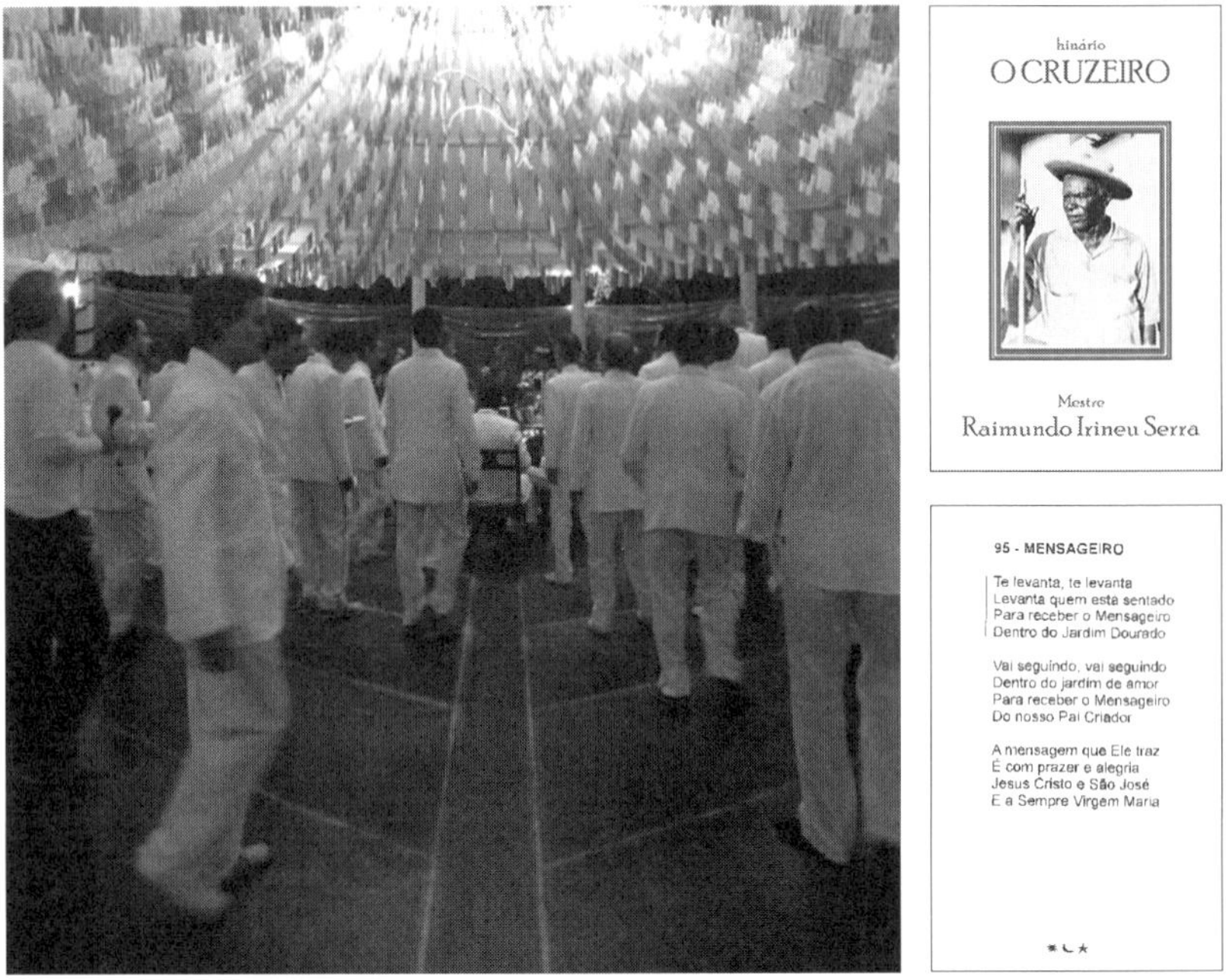

図13-5　バイラードの光景
出典：左写真は筆者撮影。右上はイリネウ師の肖像が描かれた聖歌集“*O Cruzeiro*”の表紙、右下は聖歌95番（Serra 2012）。

の場を観察し、体調不良者などを介助する監督役（*fiscal*：ファルダードの男女が持ち回りで担当）を除き、全員が中央を囲む形で複数の横列に整然と並んだ。そして、各自の立ち位置で聖歌に合わせて規則的なステップを踏みながら、左右に動く動作が繰り返された（図13―5）。

開始の祈祷のあと、参加者全員が礼拝堂奥の祭壇のまえに並び、コップに少量（約二〇―五〇ミリ）注がれたダイミを飲み、バイレは開始した。私は参加者たちがつくった横列の末端に加わり、聖歌の内容に注意を向けながら、ときにそれらを口ずさみ、周囲の人々に合わせてステップを踏んだ。しかし、当時は教義に関する詳しい知識をもたず、聖歌をうまく歌う技能もなかったため、開始から数時間が経過すると延々と繰り返される単調な動作にある種の退屈と疲労を覚えた。

二杯目のダイミを飲み終えたあたりから、閉眼した際に色鮮やかな幾何学図形のパターンが（外界からの視覚情報によらず、視神経を直接的に介した形で）脳裏に浮かぶことに気づき、これまでまったく経験したことのない感覚が身体に訪れていることを意識し始めた。そして、バイレの列から外れ休憩を取るたび、この奇妙な感覚を椅子に着座しながら観察していた。なお、このヴィジョンに関しては図13―6を参考に挙げた。

一方、周囲のファルダードたちの間では、視覚的に観察できるような身体状態や行為の変化は一切認められず、かれらは儀礼の開始当初と同様に朗々と聖歌を歌い上げ、マラカスでリズムを刻み、力強いステップを踏み続けていた。[35] やがて深夜を過ぎ、聖歌集の約半分を歌い終わると、儀礼の前半部が終了し、一時間ほどの全体休憩となった。その間、参加者たちは庭の焚火の周りなどで、それぞれ憩いの時間を過ごしていた。

3……代謝にいたるまでの過程

礼拝の後半部が開始すると私は三杯目のダイミを飲んだ。前の二杯とは異なり、このとき供されたのは、どろりと濃度がある液体で、服用量は先の半分ほどであった。その後、衝撃的な一連の出来事が発生した。突然、

(35) のちに複数の儀礼に参加し理解するにいたった事実であるが、強烈な変性意識状態の発生と儀礼の場で求められている正確な身体操作は常に両立しうる。実際、儀礼の過程でファルダードたちは、各自に様々な知覚および心理現象を体験しているが、それに耽溺するため、不要な休息を取ったり、身体操作を怠ったりすることはない。

図13-6　アヤワスカを通じた視覚体験
ベヘタリスモの体験をもとに創作活動を行っていたペルーの画家パブロ・アマリンゴによるこの作品では、幾何学図形のパターン（背景）から様々な具象（前景）が出現する様子が確認できる。
出典：Amaringo (2008)。

不安感、焦燥感、悪心などが一体となった強い衝動に襲われたことにより、私は礼拝堂の外の茂みで嘔吐するにいたった。しかし、複数回の嘔吐で胃の内容物をすべてを吐き出したにもかかわらず、身体・精神的な不快感は一向に治まる気配がなかった。自己に生起した状態に対し、何をどう対処すれば良いのか分からず、途方に暮れた私は、外のベンチに横になり、目を閉じ、気分が回復するのを待つことにした。周囲には、そのような状態の者は誰もおらず、礼拝堂からは聖歌の演奏が変わらず響き続けた。

自己の異常に必死に対処するため安静を取ろうとするが、目を閉じた世界にもこの不快な衝動からの逃げ場が存在しないことにすぐに気がついた。先ほどまでは美しい鑑賞の対象であった幾何学図形が、今度は赤と白の単調な模様の恐ろしい怪物として暗闇に浮かびあがり、自己に対して襲い掛かってきた。慌てて目を開けるが、それまで閉眼時にしか見えなかった幾何学図形は、今度は目を開けた状態でも見えるようになった。この恐怖に騒ぎ声をあげ、パニックに陥るが、その状態はしばらく続いた。地面にうずくまり、うなされる私のもとに、やがてルイス・ギリェルミが援助にやってきてくれた。ようやく、この深刻な問題の克服に向けた助言が、理解可能な言語を通じて頭の奥に投げかけられたのであった。

ルイス・ギリェルミは「これは誰もが避けては通れない浄化（*limpeza*）の一過程だ」と私に伝えた。そして、彼は焚火のそばへと連れていき「この火を見ろ。この火のようにすべては秩序のもとにある。すべては大きな秩序のもとにあるのだから、君は自分を支配しようとするな」と諭した。また、私が直面した問題を以下のように説明した。

君は自分のなかに恐怖を見つけた。しかし、君はそれが敵なのか何なのか分からないから恐れている。しかし、君のなかの恐怖とは君自身だ。それを落ち着いて見つめ、静かに戦え。騒いだところで何も変わらないから、静かに考えて、本来ここにあるはずの秩序のもとに自分を置き、それに向き合え。(フィールドノート：二〇一二年一二月八日)

この言葉を聞いてから、徐々にではあるが、自分がいま存在している状況を論理的に理由づけて考えられるようになった。目を閉じれば幾何学図形が見えてはいたが、それが制御不能に暴れだすことはなくなっていた。以前と同様の不快な衝動は波のように襲ってきたが、どうすればそれを乗り越えられるのかを冷静に考えられるようになった。この変化を察知したルイス・ギリェルミは、「さあ、今こそ戻るときだ、行こう」と言い、私を礼拝堂のなかへ促した。

一連の出来事から生じた疲労により、礼拝堂の隅に置かれた椅子にしばらく腰掛けていると、監督役の男性が私の顔を横から覗き込み、聖歌集を指差しながら、今の歌が九五番であることを伝えた。そこには「立ち上がれ (…) 黄金の庭に使者を迎えるために (…) 彼がもたらす託宣は楽しみと喜びとともにある」と書かれていた。私は心のなかで「楽しみと喜び。そうだ、そんな概念があったのだ」と思い出し、テクスト理解という論理の行使が感覚秩序の回復に寄与することに驚かされた。続く九七番の歌詞には「私は呼び、知っている (…) 誰があなたを遣わしたのか (…) 私はあなたを受け入れる (…) 愛とともに受け入れる」とあり、先ほど暗闇から襲いかかってきた存在を自分が受け入れようとしているのではないかという連想が浮かんだ。そして、九八番の歌詞は「私はこの真実の息子であり、この力の主人である。神は強固さ (*firmaza*) とともに私に託し、私はこれを衰えさせてはならない」と続いた。

私は試行錯誤を繰り返しながら、論理的思考と身体操作の連動を取り戻すことに集中していた。脳裏に映るヴィジョンからは幾何学的な硬直さが失われ、より柔らかな線で描かれた黄昏の太陽のように輝く色彩として知覚された。壁に飾られたイリネウ師のイコンに目を向けると、彼は青い空間に無数の枝葉を伸ばしそびえる緑色の木として捉えられた。そして、この木から降り注ぐ力を、参加者全員が左右の運動を繰り返すことにより、波として循環させているという解釈が導き出された。

ようやく私はバイレの列に参加する気力を取り戻した。壁に飾られた教団の旗（白・青・緑が横に三分割され、左上に太陽、中央に月、右下に六芒星が描かれている）に目を向ければ、そこに描かれた天体は光り輝き、そこから発せられた青い光は自己の身体を突き抜け、どこまでも直進していった。そして、この光を浴び続けることで、うまくステップが踏めるのではないかと考え実行した。

私は、身体が感知する情報を論理的な言葉に置き換えて想像し、それを行為として実行する能力を回復した。さきほどまでの苦しみがまるで嘘であったかのように、そのときは感覚に従い身体を操作することと論理を用いて思考することの狭間を歓喜とともに揺れていた。既存の認知の秩序が崩壊し、すべてを一時的に失ったあと、今度はそれを形づくっていた諸要素を一つ一つを取り戻しながら新たに再構築していく過程が、歓喜を超えて深い充足へと変化していくことを体感しながら。夜空に黎明が訪れるころ、私は一二九曲からなる儀礼の過程を通過し終えた。

4 社会性の調整と維持

1……植物からの教え

サント・ダイミの世界観の中心に据えられているのは、紛れもなく「ダイミ（＝アヤワスカ）」である。ダイミはカトリックでいうところの聖餐（*sacramento*）として拝受され、「キリストの血」とも言い換えられる。一方、同教団の折衷主義という立場ともあいまって、ダイミと呼び表される対象には、一貫性が認められないほど多様な意味が付与されている。例えば、ダイミは「イリネウ師自身」と解釈されるだけでなく、彼に啓示を授けた霊的存在（*entidade*）とも関連づけられる。のちに彼自身がこの霊的存在を「聖母（*virgem da conceição*）」と同定したことにより、ダイミの観念はカトリックの聖人崇拝とも節合された。このように様々な霊性が収斂していることから、ダイミとはそれらの総体が液体の形をとったものと定義せざるをえない（Goulart 2011: 37）。

また、液体という形をとる前の二種類の植物、すなわち、サント・ダイミでは（1）「ジャグービ（*jagube*）」と呼ばれる*Banisteriopsis caapi*、および（2）「ハイーニャ（*rainha*）」と呼ばれる*Psychotria viridis*にも、ダイミと同様の神性が認められている。それらは明確な意思をもち、ヒトに「教え」を授ける行為者とみなされる。[36] なお、この観念はべへタリスモにおいてすでに確立されており、のちにサント・ダイミへと継承されたものと考えられる（Goulart 2011: 28; cf. Luna 1986: 13）。

この「植物からの教え」という観念は、サント・ダイミの教義の核心をなしている。前節で言及した聖歌集“*O Cruzeiro*”はイリネウ師がダイミから授かった教えの集大成であるが、彼の後継者たちが残したすべての聖歌集もまた、ダイミとの同様の関係性を通じて授けられたものである。そのため、それらのいずれのテクストにおいても、ダイミからの「教え（*ensino*）」という表現やダイミを「教師（*professor*）」とみなす比喩が頻繁に繰り返される。

サント・ダイミには「ダイミを作るのはダイミである（*é o Daime que faz o Daime*）」（MacRae 2009: 28）という言葉が存在する。この言葉は原料の植物からダイミが製造されるまでの過程と対応し、この過程は「フェイチーオ（*feitio*）」と呼ばれる儀礼の形式で実行される。この儀礼では、イリネウ師が明確に定めた工程が忠実に再現されるだけでなく、すべての参加者がダイミを飲んだ状態でその作業に従事する。また、この儀礼でもダイミからの教えの果実である聖歌集が様々な場面で歌い上げられる。

上記の内容をつなぎ合わせると、ダイミとは物質性を伴った生命であると同時に霊性の総体であるという命題、そして、イリネウ師とはダイミから教えを授かった人物であると同時に彼自身がダイミであるという命題が、ダイミスタたちの間では経験的な一貫性をなしていることになる。この観念では、原料の植物を栽培しダイミに加工するまでの生態的過程、これを摂取したときに身体に発生する生理的過程、両者の経験の全体性か

(36) この観点は9章の園田論文と12章の谷口論文の見解を架橋しうる。すなわち、自己を取り巻く環境に存在し、社会性の進化に不可欠な「教示」をもたらす「他者」とは、決して同種他個体に限定されるものではない。本章の事例は「植物」などの存在もまた、この過程に積極的に寄与する行為者であることを示唆する。

ら教義が抽象される認知的過程が、時間性を超えた因果関係の相互包含を形づくっている。

それでは、この因果関係の相互包含から獲得される教えとは、ダイミと接触した身体を介して、どのような現象として体験されるのだろうか。その現象が「教え」であるからには、必然的に一方から他方にむけた情報伝達が伴うはずである。ここで想定された「一方」とはダイミ（植物）であると同時にその実践共同体であり、「他方」とはそこから「教え」を授かるダイミスタ（ヒト）の諸個人である。この記号過程では、どのような性質の情報が伝達されるのだろうか。

2……意識の可視化

サント・ダイミの語彙では、前節で「幾何学図形」や「ヴィジョン」と描写した視覚現象（図13―6参照）は「ミラサゥン（*miração*）[37]」と呼ばれる。これは外界への視覚的感知に由来するものではなく、大脳皮質に蓄積された内因性の情報が投影されることで発生する。また、そこには体験者の内界に湧出した感情や記憶だけでなく、演奏された聖歌の意味内容や音響などの聴覚情報なども投影されており、その時々の状況に応じて動的変化を遂げていく。

教義の観点からいえば、ミラサゥンとはダイミがもたらす効果の絶頂を意味し、「信者と神聖な世界の接触の決定的瞬間」（Goulart 2011: 27）として解釈される。ダイミスタは、この瞬間を通じて自己が抱える問題の本質を洞察し、その解決策を発見し、進むべき方向を見定める[38]。例えば、ダイミは何らかの病いや苦悩を抱える者に対して、それ自体が医薬としての効果をもつばかりでなく、その病いの原因を啓示し、特定の薬剤の服用、生活習慣の改善、思考態度の変革といった方策を教え、治癒をもたらす。実際、初期サント・ダイミがアマゾニアの地方都市で急速に発展・拡大した背景には、この治療メカニズムがゴム採取人たちに実質的な治癒をもたらしたことが関係している。

これは決して超自然的な事柄を主張しているのではない。なぜなら、ある問題の根源を同定し、その改善に向けた方向性を提示すること、そしてダイミがセロトニンのアゴニストとして精神的安定をもたらすことは、身体の恒常性を回復（≒プラセボ効果を発現）させるうえで医学的にも有効なアプローチといえるからだ。[39] この点は先住民によるアヤワスカが、狩猟の失敗などの不運の原因究明、紛失物の発見、妖術師の同定、卜占による意思決定など、ある問題の因果関係の解明に利用されてきたこととも関連する。

私が「恐怖」という感情のミラサゥンを体験したことに関して、さらに掘り下げて考察してみよう。生理学的に解釈すれば、この体験はダイミが私の体内の恐怖に関わる感情を司る器官（扁桃体など）のトリガーを引いたことにより、過度に強調された形で発現したものであるといえる。ダイミには同様の経路を通じて恐怖だけでなく様々な種類の感情を瞬間的かつ突発的に湧出させる効果がある。私がこのとき抱えていた恐怖とは、フィールドワーカーが調査の初期段階に必然的に直面する様々な不安、不確定性、リスクなどに起因するもので

（37）スペイン語の「見る（*mirar*）」という動詞から派生した概念である。サント・ダイミにおけるこの概念は、ブラジル、ペルー、ボリビア国境地帯における言語の混在状況およびベヘタリスモからの影響を示唆する（Goulart 2011: 27）。
（38）実際、そこにはMAOIのように生物医学でも抗うつ薬として利用される化学成分が含まれている。
（39）同様の治療メカニズムは世界各地の憑依儀礼にも共通して確認することができる（cf. 花渕二〇〇五）。

あったと回顧することができる。実際、当時の研究テーマは、殺人をはじめ様々な暴力が付きまとうアマゾニアの土地紛争[40]という文脈での長期間の参与観察を必要とするものであった。

ダイミは私を抑圧していた「恐怖」に関して、その感情の根源をミラサゥンとして可視化させた。さらにはルイス・ギリェルミの語りが示唆するように、この感情に対して、自己にとって不可欠な一部分として向き合い、受け入れるための有効な方策を示した。実際、生物にとっての恐怖とは、危険を事前に察知し、回避するために獲得された能力である。自己に最大の安全をもたらす態度とは、この感情を単に克服することでも、忘れ去ることでもなく、うまく活用しながら向き合うことである。実際、この経験以降、私はアマゾニアでの調査を、心身の健康と安全を維持しながら遂行することができた。

ダイミが引き起こすミラサゥンとは、自己の苦悩を洞察し、その解決策を発見することを体験者に促す「教え」である。それが出現している状況では、通常意識が生み出す分類や差異化といった認知作用が一時的に停止される。これに代わり、自己の奥底に潜む様々な事柄同士の絡まり合いは、その全体的布置を眺望できる対象に変化する。通常の視覚体験からは想像もしえないヴィジョンが突如出現し、それが自己にとって観察できる対象であるという事実は、一見まったく信じがたいことである。しかし、この過程で可視化されるのは自己の意識のあり方そのものであり、それはダイミを介して限なく精査する（*examinar*）ことができるようになる。[41]

3……浄化の作用

ミラサゥンによる意識の可視化も含め、ダイミが身体に取り込まれ代謝されるまでの儀礼の全体過程は、ダイミスタにとって「浄化」として捉えられている。この観念もまたサント・ダイミの教義を支える重要な要素の一つである。ルイス・ギリェルミからこの言葉を初めて聞いたとき、私は自己に起こった驚嘆すべき出来事に対処することに手一杯で、なぜこの体験が「浄化」として解釈しうるのか、明確な関連性のもとに理解することができなかった。

確かにダイミの化学成分は、嘔吐や排泄を促し、あるいは腸管に生息する寄生虫などに対する虫下しとしての効果をもつ点で、身体に物理的浄化をもたらす。一方、前節で記述した体験に改めて注目してみると、そこでは認知のあり方に関する浄化も同時に引き起こされていたことが確認できる。私はそれを通常の認知が一旦崩壊したあと、認知を形づくっていた諸要素が一つ一つ回収され、新たに再構築される過程として理解し、それが歓喜を越えた充足感をもたらす体験であると記した。

情報処理の観点でいえば、この過程はコンピューターの記憶装置の「デフラグメンテーション」に類似している。断片化した状態で蓄積された乱雑な情報を統合的に再配置することは、情報へのアクセスを効率化し、パフォーマンスを向上させる。ダイミと接触した神経系にも同様のことが引き起こされており、これにより体験者の認知能力、とりわけ断片的な情報の集合から相互関連を発見し、全体の法則を洞察する能力（＝アブダクション）は向上する。

（40）この問題に取り組む研究者が調査中に何らかの危害を受けた前例は（私や同僚研究者が知る限り）存在しないが、小農や先住民への暴力が蔓延していることは事実である。
（41）この解釈は、セバスチアゥン代父の聖歌集 *"Justiceiro"* に収められた聖歌七一番の歌詞を参照にしている。

さらに注目すべきは、ポルトガル語の「浄化」という言葉には「掃除」という意味も含まれるという点である。一般的に（日本語のニュアンスを含め）、掃除とは単に汚れを除去することだけではなく、ある空間に置かれた事物をいったん別の場所に置き換え、それらの細部を点検し、整理整頓し、また新たに加わった事物を既存の配置のなかへと組み込むことで、空間全体の構成を快適に利用できる状態に再組織化する行為である。

ダイミにおける浄化もまたこれと類似した過程として経験される。儀礼の過程では、見当識（orientation：時間や場所に関する自覚）の変容や人格間の融合（憑依）といった出来事を通じて、それまで自明視していた認知の構造が一時的に突き崩され、あるいはその境界が相対化される。また、これに伴い誘発される恐怖、困惑、動揺といった感情に対処し克服することも、そこでの大きな試練となる。しかし、これは参加者の誰もが乗り越えるべき浄化の一過程であり、そこで直面した困難が儀礼の終盤まで未解決のまま引きずられることは非常に稀である。これらの困難を通過し終えた先には、認知の構造が新たに再構築される段階が待ち受けている。こうして新たに獲得された自己は旧来よりもはるかに強固で柔軟なものに変化している。

これらの点で、サント・ダイミでいう浄化とは、V・ターナーが指摘した通過儀礼における「コムニタス（communitas）」と類比して考えることができる現象である。コムニタスとは日常化した社会規範や社会関係を指す「構造」に対置された「反構造」である。それは構造自体を消滅させるのではなく、旧来の硬直したそのあり方を一時的に相対化することで、新たな状態へ刷新する作用である（ターナー 2020）。一方、ターナーの用法では、コムニタスによって調整される範疇としては、ヒトという種に限られた社会性が漠然と想定されているだけである。また、その調整メカニズムに関しても、共有された志向性のもとで実行される通過儀礼などの形式を通じた認知過程としてしか描き出されていない。

コムニタスとサント・ダイミでいう浄化は、いずれも構造に反構造を対置することで構造自体を刷新するという点で特徴を共有している。一方、浄化とは一義的には儀礼の文脈でダイミが身体に取り込まれ代謝されるまでの過程であるが、個々の儀礼の成立は、4節1項でも指摘したように、二種類の植物をダイミへと加工する儀礼の実行を前提とし、一つの儀礼の実行には先行する別の儀礼の実行が入れ子状に含みこまれている。ひいては、ダイミとはダイミスタが森林を切り拓き栽培した二種類の植物が、儀礼を通じて服用可能な液体へと変換されたものである。つまり、浄化とは、これらの因果関係の全体からもたらされる作用として捉えられるべきである。この点で、「コムニタス」が把握しうる範囲が社会性の調整と維持に関わるヒトを中心に据えた認知過程に限定されるのに対し、「浄化」の観点からは同様の認知過程に対して生態と生理という側面を反映させた理解が可能となる。

本節では、サント・ダイミの実践を支える様々な教義のうち、植物がヒトに教えを諭すという観念（4節1項）、自己の意識が可視化されるミラサウンという現象（4節2項）、儀礼の過程がもたらす浄化の作用（4節3項）に注目し考察した。それぞれは先行する各節で「変性意識状態」という言葉で一括りにしてきた現象の様々な表出型である。それらをつなぐ共通項とは、ヒトが環境との相互作用で遭遇する様々な困難を認知可能な対象へと変換し、自己が生存可能な条件へと変更していく志向性である。儀礼の過程を通じて、これらの問題に対処できる強固で柔軟な自己が刷新されることは、社会性の調整と維持に有益な効果をもたらすと考えられる。サント・ダイミが近代的なシャーマニズムの派生物として成立したにもかかわらず、サイケデリックとの対話を重ねることで、上記のような一連の観念、実践、教義の体系を編み上げていった事実は、ヒトの認知に固有な特徴を映し出している。最後に、この点を冒頭に提起した問題と関連づけ、本章の議論を締め括ることにする。

おわりに

本章では、アマゾニアのサイケデリック宗教の観点を通じて、ヒトの社会性が生態・生理・認知が交わるところに生成している様態を描き出すことを試みた。この試みは、ヒトに固有な社会性の進化に関する以下のような把握に依拠していた。同種にとっての社会性の進化とは、象徴的思考を可能にする高度な認知能力の獲得によって特徴づけられるが、同時にそれは、この獲得された形質自体から派生する様々な認知的弊害や閉塞に対処していく必要性と一体化していた。サイケデリック宗教に関する諸事例は、同実践がこの必要性への有効な対処策として発明されたことを示唆する。

そこで本章では考察の出発点として、象徴を扱う認知能力と表裏一体で獲得されたアブダクションという思考法に着目した。通常の覚醒状態にある意識作用のもとでは、環境に存在する事物は象徴的思考を通じて分類され、体系化され、知識として蓄積される。一方、それに伴い新たに発生する認知的問題を調整するうえで重要な役割を果たすのがアブダクションである。

アブダクティヴな思考法では、分類と体系化によって弁別された事柄同士が通常とは異なる様式へと組み替えられ、新たな認知として再統合される。この思考法を行使するのに最も適したアプローチとは、個体群内部で共有された志向性のもと変性意識状態を発現させることである。そして、変性意識状態を環境中の他生物から獲得される化学物質を通じて、一定の統制下で意図的に作出するための技法として発明されたのがサイケデリック宗教である。

ヒトが進化の初期段階から、社会性の調整と維持という目的のもと、サイケデリックを利用していたかどうかを考古学的に実証することは不可能である。一方、この目的を達成する実践が今日でも文化の差異を超えて普遍的に確認することができる事実は、変性意識状態を意図的に発現させる実践が、同種に固有な社会性の進化に重要な意義をもたらしてきたことを示唆する。

本章では、このような関心のもとサイケデリック宗教に注目し、変性意識状態という曖昧模糊とした対象を、化学物質が環境中に生成され、身体内部に取り込まれ、代謝されるまでの明確な過程として把握し、生態・生理・認知が交わるところとして考察した。また、サイケデリック宗教の共同体を通じて編み上げられた観念、実践、教義の体系に注目することで、変性意識状態が体験者諸個人にとっての安寧を実現しうる点、また、その延長線上において社会性の調整と維持に寄与しうる点について、分析的に描き出すことを試みた。

サイケデリック宗教の観点は、人類進化理論において支配的な唯物主義的性向（cf. Fuentes 2015: 303）を、物質性から大きく乖離することなく変革・刷新する方法論的可能性を秘めている。ヒトの認知能力はその物理的な形質の発展だけでなく、その管理と維持という触知不可能な記号過程との関係からも検討される必要があるからである。この問題意識は、人類進化をめぐる諸事象を文化に注目せずに自然に還元するという科学的態度が、文化と自然の相関のなかで進化を遂げたヒトという種を考察するうえで、皮肉にも非科学的態度であるという指摘（Marks 2012: 139）とも共鳴する。

分類と差異化が自然科学の実践共同体の発展を促したのなら、そこに蓄積された知識もまた、サイケデリック宗教の教義が示唆するように、アブダクションを通じた再統合の可能性に常に開かれているはずである。この態度は、科学者が知識の発見者として世界に外在するために、精神という全体性から離床させた意識（ベイトソン 二〇〇〇：二二二）を、その生態・生理・認知が交わるところに再び着地させることにも寄与するだろう。

参考・参照文献

コーン、エドゥアルド（二〇一六）［二〇一三］『森は考える――人間的なるものを超えた人類学』奥野克己ほか訳、安芸書房。

後藤健志（二〇二一）『アマゾニアにおける市民権の生態学的動態』明石書店。

ターナー、ヴィクター・W（二〇二〇）［一九六九］『儀礼の過程』富倉光雄訳、筑摩書房。

ダグラス、メアリー（二〇〇九）［一九六六］『汚穢と禁忌』塚本利明訳、筑摩書房。

Odling-Smee, F. John, Kevin N. Laland, and Marcus W. Feldman.（2007）［2003］『ニッチ構築――忘れられていた進化過程』佐倉統ほか訳、共立出版。

花渕馨也（二〇〇五）『精霊の子供――コモロ諸島における憑依の民族誌』春風社。

古谷嘉章（二〇〇三）『憑依と語り――アフロアマゾニアン宗教の憑依文化』九州大学出版会。

ベイトソン、グレゴリー（二〇〇〇）［一九七二］『精神の生態学』佐藤良明訳、新思索社。

――（二〇二二）［一九七九］『精神と自然――生きた世界の認識論』佐藤良明訳、岩波文庫。

米盛裕二（二〇〇七）『アブダクション――仮説と発見の論理』勁草書房。

ルロワ＝グーラン、アンドレ（二〇一二）［一九六四―一九六五］『身ぶりと言葉』荒木亨訳、筑摩書房。

Aghajanian George K. and Gerard J. Merek.（1999）"Serotonin and Hallucinogens," *Neuropsychopharmacology* 21（2S）: 16-23.

Amaringo, Pablo.（2008）"Huas Yachana," DMT: The Spirit Molecule. https://www.facebook.com/photo/?fbid=10156251137342098&set=artwork-by-pablo-amaringo（最終閲覧日：二〇二四年二月二日）

Arce, José Manuel Rodrígues and Michael James Winkelman. (2021) "Psychedelics, Sociality, and Human Evolution," *Frontiers in Psychology* 12: 1-26.

Berumen, Laura Cristina, Angelina Rodríguez, Ricardo Miledi, and Guadalupe García-Alcocer1. (2012) "Serotonin Receptors in Hippocampus," *The Scientific World Journal* vol. 2012: 1-15.

Carhart-Harris, R. L. and D. J. Nutt (2017) "Serotonin and Brain Function: A Tale of Two Receptors," *Journal of Psychopharmacology* 31 (9): 1091-1120.

Carneiro da Cunha, Manuela. (1998) "Ponto de vista sobre a floresta amazônca: xamanismo e tradução," *MANA* 4(1): 7-22.

Domínguez-Clavé, Elisabet, Joaquim Solera, Matilde Elices, Juan C. Pascuala, Enrique Álvareza, Mario de la Fuente Revenga, Pablo Friedlande, Amanda Feilding, and Jordi Riba. (2016) "Ayahuasca: Pharmacology, Neuroscience and Therapeutic Potential," *Brain Research Bulletin* 126: 89-101.

Dumber, Robin I. M. (2012) "Bridging the Bonding Gap: The Transition from Primates to Humans," *Philosophical Transactions of Royal Society B: BIological Sciences*. 367: 1837-1846.

Forbey, Jennifer S., Alan L. Harvey, Michael A. Huffman, Fred D. Provenza, Roger Sullivan, and Deniz Tasdemir. (2009) "Exploitation of Secondary Metabolites by Animals: A Response to Homeostatic Challenges," *Integrative and Comparative Biology* 49(3): 314-328.

Fuentes, Augustín. (2015) "Integrative Anthropology and the Human Niche: Toward a Contemporary Approach to Human Evolution," *American Anthropologist* 117(2): 302-315.

Goulart, Sandra Lucia. (2011) "The Notion of Cure in the Brazilian Ayahuasca Religions," In: Guimalães dos Santos, Rafael (ed.) *The Ethnopharmacology of Ayahuasca*, pp. 23-53, Trivandrum: Transworld Research Network.

Gow, Peter. (1996) "River People: Shamanism and History of Western Amazonia," In: Thomas, Nicholas and Caroline Humphrey (eds.) *Shamanism, History and the State*, pp. 90-113, Ann Harbor: The University of Michigan Press.

Grinspoon, Lester and James B. Bakalar. (1979) *Psychedelic Drugs Reconsidered*. New York: Basic Books, Inc.

Hanson, Amy M., Kathie T. Hodge, and Leile M. Porter. (2003) "Mycophagy among Primates," Mycologist 17 (1): 6-10.

Huffman, Michael A. (1997) "Current Evidence for Self-Medication in Primates: A Multidisciplinary Perspective," *Yearbook of Physical Anthropology* 40: 171-200.

Kendal, Jeremy R. (2011) "Cultural Niche Construction and Human Learning Environments: Investigating Sociocultural Perspectives: Investigating Sociocultural Perspectives," *Biological Theory* 6: 241-250.

Kennedy, David O. (2014) *Plants and the Human Brain*, Oxford: Oxford University Press.

Labate, Beatriz Caiuby. (2010) "As religiões ayahuasqueiras, patrimônio cultural, Acre e fronteiras geográficas," *Ponto Urbe* 7: 1-9.

Labate, Beatriz Caiuby e Tiago Coutinho. (2014) "'O meu avô deu a ayahuasca para o Mestre Irineu': reflexões sobre a entrada dos índios no circuito urbano de consumo de ayahuasca no Brasil," *Revista de Antropologia* 75(2): 215-250.

Labate, Beatriz Caiuby, Edward MacRae, and Sandra Lucia Goulart. (2014) "Brazilian Ayahuasca Religion in Perspective," In: Labate, Beatriz Caiuby and Edward MacRae (eds.) *Ayahuasca, Ritual and Religion in Brazil*, pp. 1-20, London: Routledge.

Luna, Luis Eduardo. (1986) *Vegetalismo: Shamanism among the Mestizo Population of the Peruvian Amazon*, Stocholm: Almqvist and Wiksell International.

Marks, Jonathan. (2012) "The Biological Myth of Human Evolution," *Contemporary Social Science* 7(2): 139-165.

MacRae, Edward. (1998) "Santo Daime and Santa Maria: The Licit Ritual Use of Ayabuasca and the Illicit Use of Cannabis in a Brazilian Amazonian Religion," *International Journal of Drug Policy* 9: 325-338.

——— (2009) "O uso ritual de substâncias psicoativas na religião do Santo Daime como um exemplo de produção de danos," In: Nery Filho, Antônio, Edward MacRae, Luiz Alberto Tavares e Marlize Rêgo. (eds.) *Toxicomanias: Incidências Clínicas e Socioantropológicas*, pp. 21-36. Salvador: EDUFBA

McKenna, Dennis and Jordi Riba. (2016) New World Tryptamine Hallucinogens and the Neuroscience of Ayahuasca. In Halberstadt, Adam. L. (eds.) *Behavioral Neurobiology of Psychedelic Drugs*. pp. 283-311. Cham: Springer Nature.

Müller, Christian P. (2020) "Drug Instrumentalization," *Behavioral Brain Research* 390: 1-15.

Ogalde, Juan P., Bernardo T. Arriaza, and Elia C. Soto. (2009) "Identification of Psychoactive Alkaloids in Ancient Andean Human Hair by Gas Chromatography/Mass Spectrometry," *Journal of Archaeological Science* 36: 467-472.

Rätsch, Christian. (2005) *The Encyclopedia of Psychoactive Plants: Ethnopharmacology and Its Applications*. Translated by Baker, John R.

Rochester: Park Street Press.
Resende de Assis, Luís Guilherme. (2019) "A proa pressentida: táticas oceanográficas para atravessar a duração e avistar baleias no Estreito de Gerlache, Península Antártica," Dissertação de Doutorado, Florianópolis: Universidade Federal de Santa Catarina.
Rudgley, Rechard. (1999) *The Encyclopedia of Psychoactive Substances*. London: Abacus.
Schultes, Richard Evans, Albert Hoffmann, and Christian Rätsch. (1992) *Plants of the Gods: Their Sacred, Healing and Hallucinogenic Powers (Revised and Expended Edition)*. Rochester: Healing Arts Press.
Schultz, Jack C. (2002) "Shared Signals and the Potential for Phylogenetic Espionage Between Plants and Animals," *Integrative and Comparative Biology* 42(3): 454-462.
Serra, Raimundo Irineu. (2012) [1981] *O Cruzeiro*. Ribeirão Preto: Gráfica Rainha.
Sterelny, Kim. (2011) "From Hominins to Humans: How Sapiens became Behaviourally Modern," *Philosophical Transactions of Royal Society B: Biological Sciences*. 366: 809-822.
Stout, Dietrich et al. (2008) "Neural Correlates of Early Stone Age Tool Making: Technology, Language and Cognition in Human Evolution," *Philosophical Transactions of The Royal Society B: Biological Sciences* 363: 1939-1949.
Sullivan, Roger J. and Edward H. Hagen. (2002) "Psychotropic Substance-Seeking: Evolutionary Pathology or Adaptation?," *Addiction* 97: 389-400.
Tylš, Filip, Tomáš Páleníček, and Jiří Horáček. (2014) "Psilocybin: Summary of Knowledge and New Perspectives," *European Neuropsychopharmacology* 24: 342-356.
Whitney, Bronwen S., Ruth Dicker, Francis E. Mayle, John Walker, J. Daniel Soto and José Iriarte. (2014) "Pre-Columbian Raised-Field Agriculture and Land Use in the Bolivian Amazon," *The Holocene* 24(2): 231-241.
Wink, Micheal. (2020) "Evolution of the Angiosperms and Co-Evolution of Secondary Metabolites, Especially of Alkaloids," In: Merillon, Jean-Michel and Kishan Gopal Ramawat (eds.) *Co-Evolution of Secondary Metabolites*, pp. 151-174, Cham: Springer International Publishing.
Winkelman, Michael James. (2011) "A Paradigm for Understanding Altered Consciousness: The Integrative Mode of Consciousness," In: Cardeña, Etzel and Michael James Winkelman (eds.) *Altering Consciousness: Multidisciplinary Perspectives 1*, pp. 23-44.

Lund: Lund University Publications.

——— (2019) "Introduction: Evidence for Entheogen Use in Prehistory and World Religions," *Journal of Psychedelic Studies* 3(2): 43-62.

Yokoyama, Chihiro, Akihiro Kawasaki, Takuya Hayashi, and Hirotaka Onoe. (2013) "Linkage Between the Midline Cortical Serotonergic System and Social Behavior Traits: Positron Emission Tomography Studies of Common Marmosets," *Cerebral Cortex* 23 (9): 2136-2145.

終章　〈社会性〉の諸相
——人類学と霊長類学の接続可能性と特異性

河合文
川添達朗
谷口晴香

本書のタイトルに含まれる〈社会性〉という語は、一般的には人間や霊長類などの動物が、他者とのコミュニケーションを通じて関係を調整しながら共存する方途であると解釈される。そこでは他者との協力や協調、他者への共感、利他的な行動など社会を構成するメンバーの調和をうながすような行動が存在し、ともすれば、そうした行動や規範を身につけ、社会の中で「うまくやる」ことが「社会性」であるかのように理解される。いわばこうしたポジティブなやりとりは、進化生物学などの分野では「向社会性」として位置づけられ、人類に特異とされる高い共感性の進化的基盤として広く研究の対象とされてきた。

本書ではそうした立場とは一線を画し、紛争や不服従といったネガティブともみなされる行為、さらには「かかわらない」態度も、他者との共存のあり方を知るための重要な要素だと考えた。そして河合（二〇一二）の立場に倣い、親和的・友好的とは限らない黙認や無視といった敵対的な関係も含めて社会性と考え、人々や複数個体が共に生きる、あるいは共存することの術や方途について、フィールドにおける参与観察や相互行為の観察記録をもとに考察を深めてきた。

この際に手掛かりにしたのが、人類学と霊長類学の分野でとりあげられてきた「社会性」をめぐる諸々の概念である。第1部「まとまりのゆらぎ」における論考は、社会組織、配偶／婚姻形態、親族関係、社会組織、互酬性、互恵性、平等・不平等、贈与、分配、協力、コミュニズム、第2部「ゆらぐかかわり」の論考は、発達、育児、生活史、離乳、対立、専制・寛容、そして第3部「環境のゆらぎ」の論考では離合集散性、移動性、遊動、環境の変化、社会性の物質的基盤といったキーワードに基づいて考察を深めた。それにより、〈社会性〉を軸とした人類とその他の霊長類の共通点や特異性を探ると同時に、人類学と霊長類学という二つの学問の共通点や差異についても検討してきた。本章ではこれらについて考察すると同時に、二分野のズレや対象の違いにもあえて目を向けることにより、従来の枠組みで見落とされてきたことを拾いなおすことを目指す。まずは二分野の異同について論じた後、本書の核となる〈社会性〉にかんする前者の問いに答えたい。

フィールドの科学としての人類学と霊長類学

序論で述べたように人類学と霊長類学では同じような語を使用していても、分野によって意味や射程が異なり単純には比較検討できない。そのため本書ではフィールドでの観察や参与観察をもとに考えることにこだわった。各章では理論や用語も検討しつつ考察し、具体的な状況も示すことで議論が過度に抽象的になることを避け、フィールドの科学としての人類学と霊長類学という共通点を担保するよう試みた。それによって見えてきた二分野の共通点や差異、共に議論し研究を行う際の課題について、①調査法と調査対象、②記録、③理論化と書くこと、④スケールと一般化、の四点から検討する。

① 調査法と調査対象

人類学と霊長類学は、ともに霊長目を対象とする分野でありながらも調査対象が異なる。様々な立場があるが、霊長目はキツネザルやロリスを含む曲鼻亜目と、ヒト、オランウータン、オナガザル、メガネザルなどを含む直鼻亜目に分けられ、そのうち狭鼻小目に本書でとりあげたニホンザル、オランウータン、チンパンジー、ヒトが含まれる。霊長類学で対象とされる種は、それぞれの種の生息域も異なり、それゆえに生態も多様である。いっぽう人類学の対象はヒトという一種であるが、ヒトは多様な適応を遂げることで地球の広域に拡散を成し遂げた生物である。それゆえの、言語、文化の多様性といったものが存在する。

それと同時に、霊長類学の場合は調査者と対象が別種であるのに対し、人類学はそうではない。これに付随してそれぞれ調査上の限界がいくつか存在する。まず霊長類学の場合は、調査者と対象の身体能力が異なり、対象が木にのぼったり、崖にのぼったりするとついていくことが難しい。また、対象とする個体を捜して発見するところから調査をはじめるため、常に安定して観察できるというわけではない。いっぽう人類学の場合は、調査者の属性、とくに性別によって、見ることのできる場面や観察対象が制限される。また参与観察の場合、調査者も対象社会の様々な活動に参加するため、人類学者は否応なく対象社会に影響を与えるだけでなく、様々なプライバシーにからむ事柄が研究にかかわってくる。

しかし場合によっては、本書9章で人類学者の園田がおこなったように時間を決めて特定の子どもを追跡し、インタラクションのあった相手と場所、その内容を記録することも可能であろう。これは霊長類学者が対象の個体追跡をする方法と類似する。ただし人類学の場合は、調査者はフィールド社会のその場で繰り広げられる実践に、参加者ではなく観察と記録をおこなう調査者として存在することを、人々にも理解してもらう必要がある。

また、人類学と霊長類学では調査者が対象とする個体や人々とどの程度相互コミュニケーションをとれるかが異なる。これについては主に言語の使用に関連する事項としてとりあげられてきたが、言語に限定されるわけではないだろう。まず、霊長類学者が初めてフィールドに入った時と調査を一定期間経験してからでは対象やその周りの「みかた」が異なる。調査を続けていくなかで、対象とする霊長類のコミュニケーションについても理解が進み、何をどのようにみるのか（これには「きく」も含まれる）、といった感覚が養われていく。これについては人類学者も同様で、初めてフィールドに入った時には、場合によっては言葉もジェスチャーもなかなか通じないなか、現地の言語やコミュニケーション様式にかんする感覚を養っていく。こうしたことがあるため人類学者がニホンザルやチパンジーを目にしても霊長類学者のように様々なことをすぐに理解することは困難で、その逆もしかりである。さらに、コミュニケーション様式を理解できるようになっても、自らと同種であるヒトを対象とする場合と霊長類を対象とする場合とでは、実際に自分がそれを実践して相手や個体とコミュニケーションをとれる度合いに違いがあり、この点が相互コミュニケーションに影響する。

さて、そのうえで言語についてであるが、第3章をはじめ人類学分野の論文では、言語といった象徴は時空間を超えたコミュニケーションにも関係することが示されている。また、言語で伝えられた内容と実際の行為は必ずしも一致するわけではない点も多くの章で示されている。語られたことが実際に生じた出来事であると単純に扱うのではなく、これらは相互に関連しつつも複数の位相にかかわる可能性を考慮し、絡み合ったフィールドの状況を、時空間的広がりや象徴的世界ふまえて解き明かしている。

②　記録

何をどのように「みるか」という点に加え、人類学と霊長類学では、その記録法も異なる。これは同じ分野であっても個々の調査者による差が大きい部分である。何を切り取って記録するか、さらにそれを記録する際に使う記号ないし語や数字の選択も様々である。本書執筆者の調査法・記録法も、レコーダーやカメラといった機器を使ったものや、ノートに記す方法が採用されていた。調査者がフィールドでノートに記す場合、図、数字、日本語、英語、さらには現地の言葉、音声記号などを駆使して記録する。そこにおける行動や行為の定義、記録方法や記述の仕方といったものは一様ではない。例えば本書では類似の行為や行動にたいし、日本語で「食物分配」、「分かち合い」という語が使われたり、英語でsharing、distribution、food transferという語が使われたり、さらに人類学の場合は日本語での説明とともに現地語が用いられていたりと様々であった。

しかしそれでも、何に着目し記録するかについては研究の目的に加え、各分野の「作法」によって一定の枠におさめられている。霊長類学の場合は、行動を記録し分析するために特定の定義に従って情報を捨象する（8章）。霊長類研究のすべてがそうであるわけではないが、本書でみられるように多くの研究では「毛づくろい」（2章）や「食物分配」（4章）、「離乳や伴食」（8章、12章）といった行動を操作的に定義することによって記述し、その連鎖や反復をもとに行動の意味や社会における機能を理解することを志向する。また、行動を操作的に定義することで、社会行動を種内または種間で比較してきた。

いっぽう人類学は行動という語も使用するが、それ以上に行為という語を使うことが多く、行為者もしくは行為主体には何等かの意図があったり、そうした行為によって有意味な社会交渉がなされたという立場でその場の文脈も含めて分析する。特に近代化の基盤となった思想や枠組みを客体化するポストモダンの潮流など従来の学術的枠組みも等しく考察の対象とする動きが高まって以降、対象社会でその行為がいかに表現されるかにも強く注意を払い、それを理解し調査者側の枠組みのみで情報を捨象することを避ける傾向にある。(1) またこうして、人々の認識面を分析に含めることが時空間的広がりや、象徴的世界を踏まえて解き明かすことにもつながる。こうしたこともあり、対象社会や調査者によって語の使い方に幅がみられ、ノートに記録する時点から調査者によるフィールドの現実理解が多少なりとも含まれているのが現実である。

③　理論化と書くこと

霊長類学における「操作的定義」や人類学における「説明」に代表されるように、それぞれの分野によって対象への向き合い方が異なり、それは、学術的概念やより抽象的な語の使用法といった理論化の過程にも表れる。序論でも述べたように二分野は、「同じ語」を使用しているようにみえても実はそうでないことが多く、こうした学術的背景等を抜きにそれぞれの成果を比較したり相互に参照することは困難である。本書の各論考も観察された経験的事実に基づきながら既存の枠組みを批判的に検討しつつそれぞれの学問的背景、目的、学史のもとで、念化や類型化、そして理論化をおこなっていた。

霊長類学では、Hinde (1976) に代表されるように、フィールドで観察可能な相互行為があり、相互行為が反復されることで特定個体間の関係が顕在化し、集団に属する様々な個体間の関係を統合することで集団の構造を記述、行為（行動）—関係—構造という型に基づいた機能主義的・解釈主義的な図式をとることが多い。

いっぽう人類学でもマリノフスキーに代表されるような機能主義や、個々の行為が社会でそれぞれ機能を担

（1）これは、人類学が植民地支配と強く関係する学問であるという歴史とも関連する。

うことで社会構造が成立するとみるラドクリフ＝ブラウンをはじめとする機能構造主義といった潮流が存在する。しかし現在は、こうした立場をふまえながらも、より広い「外部」との関係のうえにフィールドの現実があるとして重層的な影響をつかもうとする。本書でも、観光の影響（5章）、国家的制度の変化（11章）、経済の変化（1章）、歴史のなかで作り出されてきた宗教（13章）などが論じられた。

さらに人類学では調査者が研究成果を発表した後それが現地社会に影響を与えることがある。たとえば、人類学者が特定集団を表す際に用いていた民族名称をその人々が自称として使うようになったり、逆に歴史の中でネガティブなイメージがその語に付与されて人々がそれの使用を拒否したり、といった具合に、である。こうした学問と社会の再帰的関係は、先述した調査者と調査対象が同種で言語等の象徴を用いて相互コミュニケーション可能であることによって生じる。そして現在の人類学では、以前は意識されずにいた「自らの社会」と「対象とする社会」の繋がりといった点も分析対象とするのも、霊長類学とは異なる点である。

④ スケールと一般化

最後に、人類学と霊長類学という対象を異にする分野がともに議論するなかで、また本書作成の過程でしばしば浮上したスケールや一般化の問題について指摘しておきたい。これら二分野は互いに関係しつつもそれぞれに発展してきたため、別々の学史をもつ。とくに細分化の進んだ近年では互いの分野を把握しているわけではない。

そうしたなか、人類学者は霊長類について十分な知識を有しておらず漠然としたイメージで捉えるしかないいっぽう、霊長類学者はヒトの捉え方について特定のイメージに基づいて議論するということが現実であった。人類学者は多様な人類社会を対象として長く発展してきたため霊長類を含めたより広い霊長目という枠組みにおけるヒトの位置づけについて考える傾向が薄く、それゆえ多様な霊長類を身近な「サル」のイメージに基づいて語るしかない。いっぽうで霊長類学の分野でイメージし語られる「ヒト」は、実は自社会の人々の一般的なイメージに基づいていながら普遍的な「ヒト」の姿であるかのように提示される。それぞれ多様なフィールドの現実を理解している立場からは、にわかには納得しがたいことも多く、本書では個々の文脈や議論のスケールを丁寧に示すことでそうした点を乗り越えることを試みた。

以上、霊長類学と人類学の共通点や差異について、①調査法と調査対象、②記録、③理論化と書くこと、④スケールと一般化といった観点から整理し、学際的に議論する際の課題について論じた。また、こうした差異や課題があるからこそ、フィールドをもとに経験的事実に根差して考察する手法を用い、それによって様々な〈社会性〉とその実態がみえてきた。次節では、これら〈社会性〉を軸としたヒトと霊長類の共通点や特異性を「まとまりのフレキシビリティ」、「まとまりの相互依存性」、「同種内・異種間コミュニケーション」の三点から論じる。

〈社会性〉のゆらぎ

「まとまり」のフレキシビリティ

しばしば当然のように人類も霊長類も「集団」を形成すると語られる。しかしわれわれ人間であっても、大人数でいることもあれば一人でいることもある。また大人数でいてもその関係のあり方は多様であり、今ここに共には存在しない他者とのつながりといった想像上の関係など、「集団」のありようはさまざまである。また霊長類においても種間はもちろんのこと種内においても「集団」のありようは同様に多様である（2章、6章、10章）。こうしたことから、本書では「人類も霊長類も集団を形成する」という前提を検討しなおすために、他者との共存を必然とする「集団」という概念から一度離れ、他者との共在である「まとまり」という概念を用いて、フィールドにおける相互行為をもとに共存のあり方を捉え直すことを試みた。

たとえば本書第11章のモーケンのように、環境や資源との関係から移動を頻繁におこなう人々の築くまとまりは、「個人の視点からみた自他関係の重なり」であり、それは個人や個体にとっての関係の重なりともいえよう。その基盤になるのが、毛づくろいや互いの「世話」など日々の交渉によって築かれる「つながり」や「絆」ともいえる関係性であり、これは人類も霊長類も一定程度は共有するとみられる。また本書で示された、食物を渡したり分かち合ったり日々の経験を共有するといった事例から分かるように（たとえば1章、3章、4章、5

章、12章）、一度きりで終わる交渉を反復したり、より重要な経験を通じて関係を結ぶことで、その関係の確実性が増す。そのためには空間的に「共にある」ことが条件である。

しかし、こうして築かれる関係が常に同様に作用するとは限らない。ある場面では「仲間」として認められる人々や個体も、第2章のニホンザルの繁殖期のように時と場合によっては敵対する相手となることもある。つまり、関係の「重なり」や空間的な密集性を前提としたまとまりとしての「集団」は、確固とした境界をもって実在するのではなく、何等かの「他者」というものの存在によって浮かび上がるものともいえる。こうしたフレキシビリティをもつ集団性は、状況依存的に、ある時点で、誰またはどの個体が「他者」とみなされるかに強く左右されるものである。

これはある意味物理的な空間や行為の「場」を共有する人類や霊長類という側面からみた共時的なまとまりといえるが、本書では時空間を超えたまとまり、つまり歴史や象徴的なものを共有する人々としての集団性についても論じられた。これは前述のまとまりとは異なる様式で形成されるものであり、人類に顕著にみられる「象徴や概念をもとにした集団性」と便宜的によぶこともできるだろう。同じものを身に着けたり、語られる歴史によって過去との結びつきを築いたり、同じ言語を話すという理由から形成される「われわれ」意識は、人類に特有のものと考えられる。そしてこうした「われわれ」意識が喚起される契機においても「他者」の存在が重要になる。しかし他者性が敵対的に位置付けられた場合には、関係を「友好的なものへと転換する」ために財を贈与しあうという象徴的やり取りを遂行することもあるし、二者間関係を確実にするモノや第三者の機能も指摘された（7章）。

こうした象徴的な関係操作以外にも空間を異にすることで関係を調整することも可能である。これは霊長類にも同様にみられ、ニホンザルも、優劣関係が顕在化した際にその場を離れることでそれ以上の敵対的なやり取りの表出が抑えられる（2章）。こうした「うまくやる」だけではなく、特定の相手とは「かかわらない／敵対する」といったネガティブな面（他者の存在）を含めた「まとまり」のあり方、集団性が、向社会性とは異なる「社会性」として理解できるであろう。

まとまりの相互依存性

本書で明らかになった「まとまり」のもう一つの側面として、集団内の相互依存性が挙げられる。これは、まとまりを形成する人々や個体が、日々の暮らしやインタラクション、言語といったものを共有しながらも、個々人や個々の個体が異なるからこそ成立する相互依存性（頼る・頼られる関係）ともいえる。この相互依存性は年齢や性別など、生物学的差異によってある程度規定されている部分があり、本書では生活史といったトピックで論じられた。

本書で対象としたすべての種は、生まれてすぐの子どもが自らの生存を大きく母親に依存する点で共通し、母乳などの栄養面だけでなく、自力で移動できる範囲が限定されているため移動も依存を前提とする。これは樹上での生活に適応した進化史的基盤をもつヒトを含む霊長目に共通する。しかしその後をみていくと、ニホンザルのメスは生まれた集団に留まるいっぽう成熟したオスはそこを離れる傾向があり、チンパンジーは逆に成熟したメスが元いた集団を離れるなど、年齢や性別による関係の築き方は一様ではなく、また種内でも差異がみられる（8章）。さらに種分化せずに地球の広域に拡散したヒトの場合は、個々の環境で集団が選択する食糧獲得の方法などの生業も人々の相互依存形態と強く関係する。しかし、こうした依存関係や個々の役割が完全に年齢や性別によって決定される訳でない点には留意する必要がある。

そうした違いはあるが、人類学と霊長類学がこうした依存関係について比較検討する場合は、生物として生存に欠かせない食を介した関係を手掛かりにするのが適当であろう。この観点にたつと、母乳に依存する点はヒトを含むすべての霊長目に共通である。しかし離乳の時期は種によって異なり、また種内でも特にヒトにおいて多様性がみられる。さらに、栄養学的側面を重視するのか、あるいは実際の行為を重視するかなど何をもって「離乳」とみるかの基準も一様ではないことが本書で指摘された(8章)。またヒトの場合は離乳後も自力で自らに必要な食糧をすべて得るのは難しい一方、ニホンザルのように霊長類は早くから自力で食物を探し、食糧獲得という面では早い時期から母親への依存を低める。この差は身体的差異やそれに結びついた調理という人類に特有の文化実践とも関係すると考えられる(8章、9章、12章)。

また言語を用いる人間の場合、呼称もこうした相互依存関係に大きな影響を与える(1章)。呼称は人々の関係を複雑で社会依存的なものに導き、より持続的なものにする。特定の呼称を用いて接し合うことでその個人と個人は一定の関係に定位され、交渉が繰り広げられる場を構造化し、特定の文脈がつくりだされる。しかし同時に、ある人物にあてられる呼称やそれに伴う社会役割は変化しうるため、人々の結びつき方、関係性は可変性をおび、行為の接続の可能性や次に何が生じるかはより不確実性を伴うゆらぎあるものとなる。こうしたことから、人々のまとまりは固定されておらず相互依存関係やその場その場の文脈によって変化するといえよう。

いっぽう霊長類においても、呼称を用いずとも、ニホンザルなどは順位づけられた社会を形成する(6章)。

しかしこの場合も、個体どうしの関係性とその個体が位置づけられる階層は必ずしも一定ではなく、文脈依存的な部分がある（2章）。霊長類の場合も、まとまりの中で親和的な行為や敵対的な行為が起きるのではなく、まとまりそれ自体もそのような交渉によって不断に姿を変えるといえる。

組織化・構造化されたまとまりにみられる依存関係の強固さや膠着性、また関係の持続性には、まとまりを形成するメンバーや個体の流動性も関係するとみえる。「集団」や群れが特定メンバーや個体で形成され構成に変化が少ない場合は、特定の関係が内部で維持されやすい。逆に都市部における塔づくり（3章）のように、メンバー構成に流動性が見込まれるが故に関係をゆるやかに保つことで維持されるまとまりもある。離合集散という形でも論じられたこの流動性については、食物の入手方法や経済活動とも強い関係にある（11章）。霊長類のように環境からの食糧獲得に強く依存する場合は、その時々の食糧資源との関係で空間的な個体分布が規定されるため、常に特定個体同士のみでまとまりを形成するのが困難である（10章、12章）。いっぽう食料を生産したり購入したりする場合は、移動せずに暮らせるため特定のメンバーでともに生活していくことも可能となる。

生業集団のように互いの協力や相互依存によって人々の生存が維持されるような場合は、集団内部は複雑に結びつき個々の存在は独立したものとして切り離されなず全体としてのまとまりが強固に存在する。メンバーが独立した個人として存在する以前に、「構造化されたまとまり」という集団の一員として自己意識が形成されるわけである。しかし、近代社会のようにそれが複雑になり、「独立した個人」というような他者との関係が意識されずに自己が認識される場合もあり、これは人類において特に近代以降に特徴的であろう。

同種内・異種間コミュニケーションの諸相

関係性が友好的なものであれ敵対的なものであれ、複数の個体や個人間のコミュニケーションには多様性がある。フィールドで実際に観察されるコミュニケーションとしては、身体の動きや接触を伴う身体を介したもの、また鳴き声や言葉といった音声を介したものが代表的であり、これらは基本的に目視できる範囲の「同じ空間」でおこなわれる。しかし実際には、人間も霊長類も鳴き声や音を使って目視できない離れた場所の相手とコミュニケーションをとることがある。また、互いに出くわすことが稀なオランウータンの場合は、その一帯のオスの状態によってフランジオスが特定個体のみに限定され、そのフランジオスが死亡すると他のオスの身体が変化しフランジオスになることが4章で論じられた。これは、人間には意識されないような目に「見えない」、耳で「聞こえない」コミュニケーションがなされていることを示している。

さらに、コミュニケーションは種内や特定の空間に暮らす集団や群れ内に限定されるのではない。13章で論じられたように人間も他種と相互に作用しながら共生関係を築いてきたともいえ、その最たるものが動物の家畜化や植物の栽培化といったドメスティケーションである。こうした様々な情報のやりとりやコミュニケーションのなかでも言語やジェスチャーは人類が顕著に発達させてきたものであり、それを用いる集団に強く依存しているであるがゆえに集団ごとの多様性も大きい。

またコミュニケーションにかんしてしばしば本書の執筆者らが指摘した点として、相手の気持ちや欲望を想像するというものがある。霊長類学や進化心理学では、ヒトと霊長類の決定的な違いとして、他者と自己を区別したうえで他者の状態を理解しその感情状態に共鳴する認知的共感の差異が指摘されてきた。このような認知的共感によって協力行動や利他行動が頻繁におこなわれるという理由から、霊長類と比べ「ヒトは寛容である」と表現されることがある。本書でも相手が食物を欲しがるだろう、欲しがっているだろうという意図を想像したり読みとったりすることで自分の飲み物を相手に渡す事例が示された（5章）。しかし、こうした事例と霊長類にみられる行動が明確に異なるかについてはいまだ議論が続いており、本書でも自分が手にした食物を同様の理由から相手に「先渡し」するオランウータンの議論もあった（4章）。

他者の行動を予想し、それに自らの行動を合わせることで目的を達成するという「協力行動」も霊長類にみられ、遠くにある食物を手に入れるため、他個体に合わせて食物の入った容器の紐を引っぱるニホンザルの事例が挙げられる。しかしニホンザルという同じ種であっても、先述のような協力行動の成功率は個体群によって大きな差がある（6章）。

種内で多様性があることをふまえて考察を進めると、「ヒトは寛容である」という表現についても細かな分析が必要であることに気づく。これは先述の「スケールと一般化」の議論とも関係し、「ヒト」ということでどこまで普遍的な議論として成立可能かという問いにつながる。これについては第7章のガダルカナル島の事例で詳細に論じられた。相手と自らの重なりが強い、もしくは「仲間」と意識される場合や、そうした関係が築かれている人々の間では寛容性が高いともいえ、逆に自らの利益に直結するわけでもないのに「われわれの敵」という理由づけで相手を傷つけることもある。これは先述した「われわれ」意識といった「集団性」の第一の論点と関連する。

別の例を挙げると、目の前に腹をすかせて食べ物をねだる子供がいても、それが小さな地方コミュニティで生じた場合と都市のストリートチルドレンの場合とでは、その子が食物を得られる蓋然性は異なるだろう。さらに都市でストリートチルドレンに食べ物を恵まずにやりすごした大人であっても、家庭では「自分の子ども」に食事を与える。場面や状況によって個人の行為は異なり、これは相手と自らを同じ集団のメンバーとみなすかといった関係性が大きく影響する。

ニホンザルでも群れ内と群れ間のコミュニケーションでは様相が大きく異なる。本書でとりあげられた屋久島では、資源となる食べ物を争うため群れ同士は敵対的な関係になることが多い一方、そのような「外」の群れに対抗するために群れ内部は友好的な交渉が多く行われ、優劣関係も緩やかである。この点では、屋久島に生息しているニホンザルに「われわれ」意識のようなものがみられた。このような群れ内の社会的な特徴を「寛容」と呼ぶこともあるが群れ間ではそのような寛容さは見られず、相手とのかかわりの中で「われわれ」意識やコミュニケーションの実態も変容するのである。

人類学と霊長類学がともに議論することで、霊長類と人類の両方にかんしてこうした詳細な分析ができた点は本書の成果であろう。そして今後は、どの様な条件や契機によってフレキシビリティをもった「まとまり」が境界をもつ集団性を表すのか、分析軸を適切に定めて研究していく必要がある。

またコミュニケーションを考えるうえでは、こうした「まとまり」の第一側面に加えて第二の側面、すなわち「まとまり内の相互依存性」による個々の位置づけも重要である。たとえばニホンザルでは相手が自らより高位にある個体の場合とそうでない場合では、インタラクションの様相が異なる（6章、10章）。また人間の場合は、相手に対する呼称や、行為や状況をどのように表現するかによってその場の文脈や構造をつくりだし、一定程度の「適切」なコミュニケーションを規定する（1章）。そうして形成された場とで個々人が異なる役割を担う「協力行動」によってより難易度の高い目的が達成されることもある。しかしなかには、立場が異なるがゆえに通じあえない場合もあり、そうであるからこそ第3章の塔づくりの現場では言葉を用いて意見を伝えていた。

もちろん集団内で特定の関係が維持されるのは人間社会だけではない。霊長類でも毛づくろいを受けたら役割を交代し毛づくろいをする側に回るだけなく、そうした相手がほぼ決まっているという点、攻撃を受けた後は劣位であることを表出する態度をとることが多いという点に類似性を見出すことができる（6章）。しかし行為の一式が規範化されたり常識化されることで一連のコミュニケーションが維持・固定化されるのは人類社会に顕著で、狩猟採集民のあいだでみられる捕った獲物を分かち合うのが当然だという規範もそのひとつといえよう（5章）。こうした規範は特定の人々の間で継承され世代を超えて影響力をもつが、全く変化しないものではない。その一方、メディアの発達により、ほんのわずかな時間で物理的には離れた人々が同様の認識をもち行動に影響を与えることもある。こうした現象は言語等の象徴に強く影響される。しかし、そうした象徴との関係を調整することもでき、13章で論じられたように宗教や神秘的体験を通じて象徴的思考による縛りや構造からいったん解放され、それを再組織化することで既存の関係が調整される可能性もあるだろう。

おわりに

本書1章～13章では人類学者と霊長類学者がさまざまな人々や霊長類を対象として、〈社会性〉にかかわるキーワードを鍵として論じてきた。その際、理論や概念だけでなくフィールドでの視座にたつことで、これまで捨象されがちだった具体的な相互行為に注目して考察を進めるようにした。そして本章では、そうした一三章を参照し、人類学と霊長類学という二つの学問の共通点や差異、ともに議論し研究を行う際の課題について検討した後、〈社会性〉を軸とした人間と霊長類の共通点やそれぞれの特異性について論じた。「フィールドの科学としての人類学と霊長類学」では、各分野の調査対象の違いにはじまり、調査法、記録、理論化と書くことに至るまで、人類学と霊長類学の共通点と差異が存在した。その共通点はフィールドでの観察にもとづく学問であることを基盤としつつ、進化史において樹上生活に適応したことに由来する形質や成長上の特徴など生物学的共通点にも関係していた。いっぽう、その差異はとくに研究者と対象が同じ種であるのか、フィールドで調査者が相手といかほどの相互コミュニケーションが可能かという点に由来する。このような点に留意することは、本書では十分にはできなかったが、異分野の理論や概念の導入にも貢献するだろう。

そして、「〈社会性〉のゆらぎ」においては、〈社会性〉を軸に人類社会と霊長類社会の共通点や特徴について、それぞれの共存の実態について迫ってきた。人類、霊長類、ともに相互行為の連なりが重要である点は共通だが、音や身体の動きだけでなく、特定の種や集団にのみ感知できるコミュニケーション様式も存在する。さらに個々の交渉は、年齢や性別といった生物学的差異にくわえ、群れにおける地位や集団における役割によって枠組みづけられており、人間社会の場合はこうした枠組みや場面の文脈が多様で複雑である。こうした「まとまりの相互依存性」とともに、「まとまり」自体もフレキシブルに姿を変える。とくに人類の場合は、象徴が人々の関係に重要な役割をはたしており、象徴的関係操作や、時空間を超えて作用するものである点が明らかになった。こうした点をふまえると、「社会のなかでうまくやる」という「向社会性」自体も、その前提として存在するであろう「うまくやらない」「対立する」状態までもふまえる必要があることが示され、今後は〈社会性〉の「ゆらぎ」に着目して検討していく必要があるだろう。

参考・参照文献

Hinde R. A. (1976) "Interactions, relationships and social structure", *Man* 11: 1–17.

河合香吏（二〇二二）「共感の諸相——他者との関わり他者を認めるとはどのようなことか」河合香吏編『関わる・認める』京都大学学術出版会、三〇三—三三四頁。

あとがき

人類学と霊長類学の研究者が同一のテーマの下で議論をする。これは広く行われているようでありながら、実際には霊長類学者の議論に人類学者が参加したり、あるいは人類学者の議論に霊長類学者が参加したりというように、片方の分野にもう片方が部分的に参加することが多く、本書の執筆者の多くも人類学と霊長類学を同等の重みで取りあげながら議論をするのは初めてであった。本書は、二〇一九年度後半〜二〇二三年度に実施された科学研究費基盤研究（S）「社会性の起原と進化：人類学と霊長類学の協働に基づく人類進化理論の新開拓」（代表：河合香吏氏）の一組織である若手による研究会（通称、「若者研究会」）の参加者との議論を基に築きあげたものである。「若者研究会」は本書の編者三名が企画運営を担い、約四年のあいだに計一一回開催した。なお、本研究会が始まった二〇一九年度の冬季に、新型コロナウィルスのパンデミックに入ったことにより、第一回と第一一回を除きすべてオンラインでの開催となった。

本研究会のメンバーの多くは、互いの分野のことはほとんど知らず、「サルはなにを食べるの？」「人類学では普遍的に使われる『家族』という概念はないの？」など、それぞれの分野で常識となっているような基本的な事項の質問も多く、互いにとまどいながら研究会は始まった。また、霊長類学者は、ヒトと霊長類を比較し、例えば、「ヒトの社会行動がどのように進化したのか」というような系統進化的な視点で議論する傾向にある。一方で、文化人類学者は、過去に西欧の自文化中心主義的な価値観から、各地の多様な文化が近代への発展段階にある「霊長類に近い」ものとして位置づけられ、植民地支配に多少なりともかかわった歴史から、進化について語るのを避ける傾向にある。そのため、「自分が調査してきた人びとをサルと比較するなんて……」という雰囲気が人類学のメンバーからは感じられた。霊長類学者側は、ヒトと比較することで、社会性の進化を議論したいという気持ちがあったためとまどっただろう。一方で、霊長類学者が、人間の多様性をあまり考慮にいれず、「ヒト」として一様に扱う様子は、文化人類学者にとってもとまどいがあっただろう。

そのような状況で、研究会はどのような形式がふさわしいのか、研究会をいかに開催するかを悩んでいた際に、編者三名の問題意識にあったのは、「人類学と霊長類学で同じ用語を用いることがあるが、同じ用語を使用していても、どうも議論がかみあわない」というものであった。そのため、研究会では、人類学と霊長類学の若手が対話を通して互いの分野を知ることからはじめ、自身の研究に新たな視点を取り込むと同時に、協働研究への道筋を見つけることを目的とした。あえてはじめから協働研究を目的として掲げず、まずは互いの分野の相互理解に努めた点は、異分野で協働研究を行う際のすれちがいを解消する一つの新しい試みといえるだろう。

毎回の研究会では、ひとつのテーマを掲げ、人類学と霊長類学の研究者が各分野の概念を理解するためのキーワード・レビューと議論、および各回のテーマに関連した個別の研究報告と議論という形で実施した。これを行うことにより、各分野における基礎概念と分野間の相違を研究会の参加者が共有したうえで、個別研究報告の理解と議論に繋げようとした。

研究会の各回で扱うテーマは、個々人の研究に関わり、かつ〈社会性〉に繋がるキーワードを募り、それを基に以下の八つに分類した。①配偶形態・婚姻形態・社会組織・親族関係、②互酬性・優劣関係・需要と供給、③集団間関係、対立と連帯、④協力、共同性、⑤離合集散性、移動性、遊動性、⑥環境、社会性の生態学的・物質的基盤、⑦分配⑧時間軸でみた個体／個人。本書では、研究会で明らかになった基礎的な概念や手法に関する両分野の相違点を示したうえで、具体的な事例を基に議論を展開してほしいと各章の執筆者に依頼し、編者三名と執筆者のあいだで幾度も議論をかわしながら完成したものである。当初の分野間のすれちがいが解消されたかはわからないが、各執筆者がそれぞれのかたちで、人類学または霊長類学との協働の道筋を描けたことは、これからの新たな協働研究への小さな一歩になったと信じたい。

※　※　※

本書には執筆していないが、生駒美樹氏（東京外国語大学）、上野将敬氏（近畿大学）、徳山奈帆子氏（中央大学、当時：京都大学）、田所聖志氏（東洋大学）という四名のメンバーも若者研究会にて貴重な発表やご意見をいただいた。四名の報告を含めて、二〇一九年度〜二〇二三年度までの四年間に開催された研究会の履歴を次に記す。また、研究会のオブザーバーとして、河合香吏氏（東京外国語大学アジア・アフリカ言語文化研究所）とデイビッド・スプレイグ氏（東京外国語大学アジア・アフリカ言語文化研究所、当時：農業・食品産業技術総合研究機構）に参加いただいた。編集会議では、コメンテーターとして、大村敬一氏（放送大学）と足立薫氏（京都産業大学）から人類学と霊長類学の協働を進めていく上での、貴重な指摘を多くいただいた。お二人の指摘により、大幅に改稿した執筆者も多かったように思う。記して御礼を申し上げたい。

なお、次に記す各回の報告書は、社会性科研のホームページ（https://sociality.aa-ken.jp/reports/）からダウンロードできる。本書と併せてご一読いただけたら幸いである。

二〇一九年度

第一回　二〇二〇年二月一一日

趣旨説明

二〇二〇年度

第二回　二〇二〇年一二月一三日

メンバー全員で議論「研究会の進め方」

二〇二一年度

第三回　二〇二一年六月六日

テーマ：配偶形態・婚姻形態・社会組織・親族関係

発表者：川添達朗、河合文、田所聖志

第四回　二〇二一年九月二日

テーマ：互酬性・優劣関係・需要と供給

発表者：上野将敬、生駒美樹

第五回　二〇二一年一二月一六日
テーマ：集団間関係、対立と連帯
発表者：徳山奈帆子、藤井真一
第六回　二〇二二年二月二四日
テーマ：協力、共同性
発表者：貝ヶ石優、岩瀬裕子

二〇二二年度

第七回　二〇二二年六月一一日
テーマ：離合集散性、移動性、遊動性
発表者：西川真理、鈴木佑記
第八回　二〇二二年一〇月一二日
テーマ：環境、社会性の生態学的・物質的基盤
発表者：谷口晴香、後藤健志
第九回　二〇二二年一一月一九日
テーマ：分配
発表者：田島知之、八塚春名
第一〇回　二〇二二年一二月一七日

テーマ：時間軸でみた個体／人
発表者：松本卓也、園田浩司

二〇二三年度
第一一回　二〇二三年一〇月九日
執筆者による成果本の執筆内容に関する発表と議論
コメント：足立薫（京都産業大学）、大村敬一（放送大学）

※　※　※

本書は、多くの方々の援助を受けて刊行された。左記に感謝の意を表したい。

本書を刊行するにあたり、京都大学学術出版会の大橋裕和氏には、企画段階から編集作業、各章へのコメント、最終的な構成にいたるまですべての場面においてお世話になった。大橋氏の辛抱強い働きかけなしには、本書が世にでることはなかった。執筆者を代表して厚く御礼を申し上げたい。また、執筆者おのおのの調査地の人びとや対象となった霊長類にも感謝したい。

最後に、本書はＪＳＰＳ科研費基盤研究（Ｓ）「社会性の起原と進化：人類学と霊長類学の協働に基づく人類進化理論の新開拓」（#19H05591）の研究集会での議論をもとにしている。研究を実務の面で支えてくださった東京外国語大学アジア・アフリカ言語文化研究所の研究協力課の皆様、そして、社会性科研事務局の和田千穂さんに心より謝意を記したい。

二〇二五年二月二八日

編者一同

【ま】

【や】

【ら】

【わ】

【a-z】

【な】

【は】

【た】

【さ】

索引

◎主な著作
「ニホンザルのアカンボウの集まり——地域間比較の試み」河合香吏（編）『社会性の起原と進化 始論——種と性を越えた比較研究のために』京都大学学術出版会，2025 年.

“How the physical properties of food influence its selection by infant Japanese macaques inhabiting a snow–covered area,” *American Journal of Primatology* 77, 2015.

後藤健志（ごとう たけし）

立命館大学衣笠リサーチオフィス・専門研究員／独立行政法人日本学術振興会・特別研究員（RPD）．博士（文学）．

◎主な著作
「熱帯ダイズ産業がもたらす世界の単純化——遺伝子組換え種子の内部性と外部性に着目して」『ラテンアメリカ研究年報』43，2023 年.

「アマゾニア植民者による空間への知覚と従事——統治の工学にみられる官僚的実践の美学」佐川徹・大澤隆将・池谷和信・岡野英之（編）『フロンティア空間の人類学——統治をめぐる実行力と想像力』ナカニシヤ出版，2025 年.

松本卓也（まつもと たくや）
信州大学理学部生物学コース・助教．博士（理学）．
◎主な著作
“Opportunistic Feeding Strategy in Wild Immature Chimpanzees: Implications for Children as Active Foragers in Human Evolution,” *Journal of Human Evolution* 133, 2019.
「医療診断なきチンパンジー社会の「障害」について」稲岡司（編）『生態人類学は挑む SESSION 3 病む・癒す』京都大学学術出版会，2021 年．

園田浩司（そのだ こうじ）
新潟大学人文学部・准教授．博士（地域研究）．
◎主な著作
『教示の不在――カメルーン狩猟採集社会における「教えない教育」』明石書店，2021 年．
「狩猟採集民は教えているか――「教示の不在」という観点から」安藤寿康（編）『教育の起源を探る――進化と文化の視点から』ちとせプレス，2023 年．

西川真理（にしかわ まり）
人間環境大学・准教授．博士（理学）．
◎主な著作
Nishikawa, M., Suzuki, M., and Sprague, D. S. 2014. “Activity and social factors affect cohesion among individuals in female Japanese macaques: A simultaneous focal-follow study,” *American Journal of Primatology*, 76（7）.
「群れの維持メカニズム」辻大和・中川尚史（編）『日本のサル――哺乳類学としてのニホンザル研究』東京大学出版会，2017 年．

鈴木佑記（すずき ゆうき）
国士舘大学・准教授．博士（地域研究）．
◎主な著作
『現代の〈漂海民〉――津波後を生きる海民モーケンの民族誌』めこん，2016 年．
「海のフロンティア――タイ領アンダマン海における国家・資本・海民の関係性を探る」佐川徹・大澤隆将・池谷和信・岡野英之（編）『フロンティア空間の人類学――統治をめぐる実行力と想像力』ナカニシヤ出版，2025 年．

＊**谷口晴香**（たにぐち はるか）
公立鳥取環境大学・講師．博士（理学）．

◎主な著作

「群れない類人猿―オランウータンの関わり合いから見える「集まらない」社会性」河合香吏（編）『生態人類学は挑む SESSION 5 関わる・認める』京都大学学術出版会，2022 年.

「空飛ぶトカゲと森の人」『はじめてのフィールドワーク 1 アジア・アフリカの哺乳類編』東海大学出版部，2016 年.

八塚春名（やつか はるな）

津田塾大学学芸学部多文化・国際協力学科・准教授．博士（地域研究）.

◎主な著作

「タンザニアの狩猟採集民ハッザによる食料獲得戦略の多様化――民族観光と他民族の影響に着目して」『農耕の技術と文化』30，2022 年.

“Farming Practices among African Hunter-gatherers: Diversifying without Loss of the Past,” In: Hyden, Goran, Sugimura, Kazuhiko. and Tadasu Tsuruta (eds.) *Rethinking African Agriculture: How non-Agrarian Factors Shape Peasant Livelihoods*. Routledge, 2020 (Co-author: Ikeya, Kazunobu).

貝ヶ石優（かいがいし ゆう）

京都大学高等研究院・特定研究員．博士（人間科学）.

◎主な著作

Yu Kaigaishi, Masayuki Nakamichi, Kazunori Yamada. 2019. “High but not low tolerance populations of Japanese macaques solve a novel cooperative task,” *Primates* 60 (4).

Yu Kaigaishi, Shinya Yamamoto. 2024. “Higher eigenvector centrality in grooming network is linked to better inhibitory control task performance but not orher cognitive tasks in free-ranging Japanese macaques,” *Scientific Reports*.

藤井真一（ふじい しんいち）

国立民族学博物館・助教．博士（人間科学）.

◎主な著作

「暴力の連鎖を断ち切るための術――ソロモン諸島における紛争処理の文化」『季刊民族学』186，2023 年.

『生成される平和の民族誌――ソロモン諸島における「民族紛争」と日常性』大阪大学出版会，2021 年.

執筆者一覧（掲載順）

＊は編者

＊河合文（かわい あや）

東京外国語大学・准教授．博士（学術）．

◎主な著作

『川筋の遊動民バテッ――マレー半島の熱帯林を生きる狩猟採集民』（生態人類学は挑む MONOGRAPH 5）京都大学学術出版会，2021．

“Searching for Status in the National Sphere: Among Religions and Ethnicities,” In Ikuya Tokoro & Hisao Tomizawa (eds.) *Islam and Cultural Diversity in Southeast Asia* (Vol. 4). ILCAA. 2024.

＊川添達朗（かわぞえ たつろう）

特定非営利活動法人里地里山問題研究所・特任研究員／東京外国語大学アジア・アフリカ言語文化研究所・フェロー．博士（理学）．

◎主な著作

「群れの「外」の関わり合い――ニホンザルの互恵性からみる社会」河合香吏（編）『生態人類学は挑む SESSION 5 関わる・認める』京都大学学術出版会，2022 年．

「オスの生活史ならびに社会構造の共通性と多様性」辻大和・中川尚史（編）『日本のサル――哺乳類学としてのニホンザル研究』東京大学出版会，2017 年．

岩瀬裕子（いわせ ゆうこ）

東京都立大学人文科学研究科・博士研究員／東京外国語大学アジア・アフリカ言語文化研究所・共同研究員／スペイン国立ルビラ・イ・ビルジリ大学（カタルーニャ州）・訪問研究員／東洋大学健康スポーツ科学部・非常勤講師．博士（社会人類学）．

◎主な著作

「「基盤的コミュニズム」のゆらぎと調整――スペイン・カタルーニャ州バイスにある「人間の塔」の継承集団を事例に」『社会人類学年報』弘文堂，2023 年．

「こわれるモノが創る〈共〉としての「人間の塔」――安全のための物理的・文化的な技術的実践に着目して」『物質文化』102，2022 年．

田島知之（たじま ともゆき）

大阪大学 CO デザインセンター・特任講師（常勤）／NPO 法人日本オランウータンリサーチセンター・理事．博士（理学）．

フィールドにみえた〈社会性〉のゆらぎ
——霊長類学と人類学の出会いから

2025年3月31日　初版第一刷発行

編　者　河　合　文
川　添　達　朗
谷　口　晴　香

発行人　黒　澤　隆　文

京都大学学術出版会
京都市左京区吉田近衛町69番地
京都大学吉田南構内（〒606-8315）
電　話（075）761-6182
FAX（075）761-6190
Home page http://www.kyoto-up.or.jp
振　替 01000-8-64677

ISBN978-4-8140-0558-1
Printed in Japan
印刷・製本　亜細亜印刷株式会社
定価はカバーに表示してあります